WALTER BÜHRER

VOM JAKOBLI ZUM JAKOB

novum ◢ pro

Dieses Buch ist auch als
e-book
erhältlich.

www.novumverlag.com

Bibliografische Information
der Deutschen Nationalbibliothek:

Die Deutsche Nationalbibliothek
verzeichnet diese Publikation in
der Deutschen Nationalbibliografie.
Detaillierte bibliografische Daten
sind im Internet über
http://www.d-nb.de abrufbar.

© 2020 novum Verlag

ISBN 978-3-99107-126-6
Lektorat: Isabella Busch
Umschlagfotos: Michal Bednarek,
Maxirf | Dreamstime.com
Umschlaggestaltung, Layout & Satz:
novum Verlag

Gedruckt in der Europäischen Union
auf umweltfreundlichem, chlor- und
säurefrei gebleichtem Papier.

www.novumverlag.com

In seinen Erinnerungen, **Vom Jakobli zum Jakob** versteckt sich der Schreibende hinter dem Vornamen seines Großvaters, dem Stege-Jakob, und seinem früh verstorbenen Onkel Jakob.

Namen sind zum Teil erfunden, zum Teil authentisch.

Die Flurnamen sind, mit wenigen Ausnahmen, authentisch.

Am Anfang

Am 01. Januar 1933 erblickte ein zartes Büblein das Licht der Welt.
Von seinen Eltern wurde für den jungen Erdenbürger der
Name Jakobli schnell gefunden.

Wie es damals Brauch und Sitte war, gaben die Eltern ihrem
Erstgeborenen den Vornamen seines Vaters.

Kaum lebensfähig musste der Neugeborene in den ersten Wochen gepäppelt und gehätschelt werden.

Jakoblis Mutter Anna war während der Hausgeburt ihres Erstgeborenen dem Tod gerade noch von der Schippe gesprungen.
Die Hebamme und der im letzten Moment herbeigerufene Arzt
bangten um das Leben von Jakoblis Mutter und ihrem Kind.

Hebamme Elsa

Der Säugling wollte im ersten Moment seines Daseins nicht atmen, die Hebamme Elsa gab ihm einen Klaps auf seinen Hintern.
Vom Schock, hervorgerufen durch den Hebammschen Klaps, begriff Jakoblis Unterbewusstsein, dass er einatmen und wuchtig
ausatmen musste, seine Lungen traten in Funktion.

Hebamme Elsa war im Dorf eine bekannte, liebenswürdige
und von den Einwohnern geschätzte Frau. Sie wurde gerne von
den Eltern zum Betreuen ihrer Kleinkinder beauftragt.

Die Mütter im Dorf waren glücklich, der Hebamme Elsa ihre
Kleinsten in Obhut geben zu dürfen, wenn von Frauen und Mannen in heißen Sommertagen Feldarbeiten verrichtet werden mussten, zu denen die Kleinsten nicht mitgenommen werden konnten.

Mutter Anna

Nach vier Wochen hatte sich Jakoblis Mutter von der komplizierten Geburt ihres Sohnes erholt. Sie konnte bald wieder ihrem gewohnten Tagesablauf nachgehen. Vorerst mit sich schonendem Ausführen der Haushaltsarbeiten, die im Landwirtschaftsbetrieb anfallen, erfüllte Mutter Anna zusammen mit Erna, der treuen Gehilfin, die vielfältigen Tätigkeiten, die zu bewältigen waren.

Ihr Neugeborener war ein magerer, zarter Säugling. Die besorgten Eltern gaben sich viel Mühe, das junge Menschlein zum Gedeihen anzuregen. Nur langsam erholte sich Jakobli von den Strapazen, die auch er während seiner Geburt durchgemacht hatte. Nach und nach nahm der Kleine an Gewicht zu, die Eltern durften Hoffnung schöpfen, dass aus dem Knirps noch etwas werde.

Als er achtzehn Monate alt war erfüllte sich die Hoffnung der Eltern. Jakobli entpuppte sich als ein reges Kleinkind. Er war ständig auf allen vieren in Bewegung, wollte möglichst viel entdecken, in der Wohnstube und bei der Mutter in der Küche.

Bald hatte Jakobli die Erfahrung gemacht, dass er die Treppe zu Großmutters Wohnung selbstständig besteigen konnte. Von diesem Tag an war Jakoblis Revier um einen weiteren Ort reicher. Wenn er nicht zu finden war in der Wohnung der Eltern, dann sicher bei Großeli, so drückte sich der Kleine aus, wenn sein Weg nach oben zu Großmutters Wohnung führte. Großeli war eine von Jakobli geliebte Frau, schon früh hatte er die von Großeli gemachten Rahmtäfeli entdeckt.

Der Mutz

An seinem ersten Weihnachtsfest wurde Jakobli mit einem großen Teddybären beschenkt.

Mutz wurde der mollige Bär genannt, ein Wort, das Jakobli bald aussprechen konnte.

Aufrecht stehend war Jakobli um einen Kopf kleiner als sein großer, stummer Plüschkamerad.

Überall, wo sich Jakobli bewegte, musste Mutz dabei sein. In der gemütlichen Bauernstube, im Bett, manchmal auch auf der Wiese der Hofstatt.

Von der Hofstatt schoss zum Andenken an Jakoblis erste Gehversuche Mutter Anna eine Foto, wo der Bub und der Mutz an einem Ast des Zwergapfelbaumes angelehnt nebeneinander stehen.

Mit einiger Mühe zerrte Jakobli seinen braunen Begleiter überall hin, der Mutz musste immer bei dem Sprössling sein. Mutz musste mit Jakobli schlafen. Mutz durfte beim Essen nicht fehlen, darum wurde neben den Kinderstuhl ein Taburettli hingestellt, wo Mutz darauf saß und zuschauen konnte, wie der Esser sich tüchtig seinem Brei zuwandte.

Als bei Jakobli die ersten Zähne sich mit Schmerzen bemerkbar machten, reichte ihm jemand, der gerade für den kleinen Leidenden den Hüterdienst innehatte, ein weiches, fein abgerundetes Holzstäblein in die Hand. Jakobli wusste, wie mit dem erlösenden Ding umzugehen war, meistens war das eine Ende mit Honig bestrichen. Das süße Ende im Mund wurde sorgfältig gekostet und dann dem Zahnfleisch bearbeitet. Natürlich gab Jakobli bald zu verstehen, dass Mutz auch ein Holz haben musste.

Honig bekam Jakobli, auch wenn er aus anderen Gründen leidend war.

Vater Jakobs Hobby war die Bienenzucht, sodass immer genug des süßen Saftes im Haus zur Stege vorrätig war; auch für die anderen Kinder und für die Menschen, die im Haushalt und auf dem Feld mithalfen.

An Weihnachten erhielten die Knechte, auch die auswärts lebenden Helferinnen und Helfer, mit den Geschenken, die Mutter Anna für jeden richtete, immer noch ein Glas Honig als Zugabe.

Unbeschwerte Zeiten

Jakobli durfte, wie oben erwähnt, bei seinen Eltern auf dem Bauernhof zur Stege in familiärer Geborgenheit seine Jugendjahre verbringen.

Als Einzelkind wuchs er mit Nachbarskindern auf. Diese Kinder kamen aus Familien, deren Väter in Schaffhauser Firmen arbeiteten oder später lange Zeiten im Aktivdienst weilten.

Die Mütter Gehring, Kohli, Scheffmacher und Tassi halfen im Haushalt und auf den Feldern von Jakoblis Eltern, wenn kein oder nur ein geringer Geldsegen von ihren Ehemännern zu erwarten war.

Jakoblis Paten

Jakoblis Pate, Ludwig Vogelsanger, Tante Friedas Ehemann, übernahm mit der Patin Hedwig Dietrich nach kirchlicher Sitte die Erziehungspflichten, wenn die Eltern von Jakobli dies wünschten. Götti Ludwig war für den Buben neben Jakoblis Vater ein großes Vorbild.

Götti Ludwig wurde in einer armen Familie im Dorf Beggingen geboren. Ludwig wurde in seiner frühen Jugend als Verdingbub über den Randen nach Hemmental in eine Bauernfamilie gegeben. Von Götti Ludwig hat Jakobli im Lauf der Zeit vieles erfahren und gelernt. Der Junge hat mit seinem Paten Ludwig interessante Wanderungen unternehmen dürfen. Unvergessliche Wege führten die beiden von Herblingen über den Randen in Götti Ludwigs Heimatort Beggingen.

Ludwig erlöste seinen Göttibuben manchmal von den Arbeiten auf dem Bauernhof, indem er Jakoblis Eltern eröffnete, dass der Bube mit ihm am nächsten Sonntag über den Randen wandern dürfe. Diese Wanderungen leben heute noch in Jakobs Erinnerungen. Götti Ludwig hat in Begleitung von Jakobli den Randen erkundet. Viele verschiedene Wege führten die beiden ins Dorf hinter dem Randen.

Pate Ludwig erzählte während dieser Wanderungen seinem jungen Begleiter von den freien Sonntagnachmittagen, wenn ihm seine Austauschfamilie die Erlaubnis gab, zu seiner Familie nach Beggingen zu gehen. Der Bauer habe ihm jeweils klar zu verstehen gegeben, dass Ludwig zum Abendfüttern der Kühe wieder an seiner Arbeit in Hemmental sein müsse.

Jakoblis Patin Hedwig Dietrich lebte in Tengen, heute Kreis Konstanz in Deutschland.

Die Familie Dietrich bleibt Jakob in guter und liebevoller Erinnerung. Als Menschen, die ihn bei seinen Besuchen wie einen kleinen Prinzen verwöhnten.

Nicht lange Zeit durften diese Besuche dauern, denn bald kam die Hitlerzeit, welche auch in Tengen ihre unmenschlichen Einflüsse, in Form streng einzuhaltender Gebote, hinterließ. Bald kam die Zeit, wo die Verwandten aus der Schweiz nicht mehr nach Tengen hinter Burg in den <Felsen>, damals ein weitherum bekannter Gasthof, gehen durften.

Gotte Hedwig musste ihre zwei Kinder, Rita und Otto, allein erziehen, weil ihr Ehemann im Krieg verschollen blieb.

Jakobli war ein dünnes Kerlchen. Seine Eltern waren bemüht, den jungen Nachfolger möglichst gesund zu ernähren, damit er bald kräftiger wurde und weniger schnell in die Höhe wuchs.

Jakoblis Schutzengel

Das Büblein durfte schon früh in seinem Leben, im Alter von acht Monaten, von seinem Schutzengel profitieren.

Eines Abends, nach Beendigung der Arbeiten im Kuhstall, hatte Sepp, ein Knecht in den Diensten von Jakoblis Eltern, den von der Wiese frisch eingefahrenen, vollbeladenen Grünfutterwagen in die Scheune zurückgestellt, um am darauffolgenden Morgen das nasse Gras vor die Futterkrippen der Kühe zu streuen. Vom Gras auf dem Brückenwagen tropfte Wasser auf den Scheunenboden. Ohne Aufsicht hatte sich Jakobli hinter einem Wagenrad mit dem Spielen in einer Wasserlache vergnügt. Sepp, der Knecht, welcher den Graswagen zurückbewegte, konnte nicht wissen, dass sich der kleine Bub direkt hinter einem der eisenbereiften Räder befand. Beim Zurückrollen des Wagens überfuhr das Rad beiden Knie des Buben. Nach des Buben Aufschrei kam der Wagen in dem Moment zum Stillstand, wo das eisenbereifte Rad den Schädel des Kleinen überrollt hätte.

Noch Jahre später hatte Jakobli in den Nächten Schmerzen in seinen Knien. Mutter oder Vater holten ihn dann in ihr Bett, nachdem sie seine Knie mit Arnikaheilwasser eingerieben hatten.

Jakoblis Eltern freuten sich an den täglichen Fortschritten, die ihr Erstgeborener zeigte: durch seine Gewichtszunahme und durch sein Temperament, das er von Tag zu Tag entwickelte.

Nonna Nodari

Als die Katze von Familie Nodari, Jakoblis Nachbarn, fünf Junge geboren hatte, kam Nonna Nodari zu Mutter Anna mit der Mitteilung, dass Jakobli zu ihr kommen solle, die Katzenbüseli zu schauen. Von diesem Moment an fand man Jakobli, wenn er nicht zu Hause war, bei Nonna Nodari. Auf der Eingangstreppe zur Wohnung sitzend, hatte der kleine Bube die jungen Kätzlein auf seinem Schoß. Die jungen Kätzlein spielten miteinander, kletterten an Jakoblis Pullover hinauf, der junge Erdenbürger hatte seine helle Freude an Nonnas Vierbeinern.

Flora und Gret

Flora, eine Rappenstute, und Gret, die um Jahre jüngere Fuchsstute, waren zwei treue Zugpferde auf Jakoblis Elternhof.

Im September 1935 durfte Jakobli mit seinen Eltern auf das
Feld im Stüdliacker fahren. Die Kartoffelernte war in vollem
Gang. Jakoblis Vater führte mit einem Knecht das Gespann, das
den Pflug durch die Furchen mit den geschätzten Knollen zog
und diese öffnete, um die Kartoffeln freizulegen. Jakoblis Mutter,
Tante Frieda und Frau Gehring sammelten und sortierten die aus
den Furchen ans Tageslicht geförderten Früchte. Zwei Knechte
waren als Träger der schweren Kartoffelsäcke geschätzte Kräfte,
die das Beladen des Brückenwagens besorgten.

Zur Vesper versammelten sich alle beim Brückenwagen. Die
Leute nahmen Platz auf der Wagenbrücke. Die beiden Pferde
standen neben der Wagenbrücke, ihre Zügel nur lose über die
Wagenbrücke gelegt. Vor jedem Pferd standen ein Hafersack und
daneben ein Wasserkessel.

Jakobli durfte während der für alle wohlverdienten Ruhezeit auf
Floras Rücken sitzen. Flora kannte Jakobli von Kindesbeinen an.
Gret war weniger interessiert am Beschnüffeln und Kennenlernen eines kleinen Kindes. Die junge Fuchsstute zog das Galop-
pieren, das Umherspazieren, die Freiheiten, sich auf der Wiese
der Hofstatt zu vergnügen, dem Ruhigstehen und Streicheln eines Kindes vor.

Plötzlich wurde die ruhige Vesperpause auf dem Kartoffelfeld
durch einen wiehernden Juchzer, den Gret von sich gab, unterbrochen. Im selben Moment drehte sich Gret von der Wagenbrücke, Flora folgte ihrer Kollegin, und Sekunden später sahen
die ruhenden Menschen auf der Wagenbrücke nur noch zwei
Pferderücken, die sich im Galopp dem anderen Ende des Ackers
zuwandten.

Über Wiesen, Felder und Straßen erreichte das flotte Pferdeduo
die Stalltür des Bauernhauses zur Stege. Weil Flora, die Jahre älter

war als Gret, sich beim Austritt und beim Eintritt bücken musste, um unter dem Stall-Türbogen durchzukommen, blieb nach dem selbst gewählten Ausflug vor der Stalltür stehen. Flora fühlte den jungen Reiter auf ihrem Rücken. Die treue schwarze Stute wartete mit ihrer Kollegin, die nicht anders konnte, als auch geduldig zu warten, bis Jakoblis Vater aufatmend auf dem Hof ankam.

Jakobli hielt sich immer noch an Floras Mähne fest, bis der Vater den jungen Reiter vom Pferderücken zu sich herunterhob.

Nach einer kurzen Standpauke, die Jakoblis Vater den beiden Ausreißerinnen hielt, setzte Vater Jakob seinen Sohn auf den Rücken von Flora. Dann nahm, unter Vaters Kommando, das Gespann den Rückweg zum Kartoffelacker auf.

Die Erwachsenen hatten auf dem Kartoffelfeld schon einige Reihen gefüllter Säcke auf den Brückenwagen geladen.

Die beiden Pferde spannte Jakob wieder vor den Pflug. Weiter ging die Erntearbeit, bis es Zeit wurde, die Heimkehr anzutreten, die Arbeiten in Haushalt und Stall zu übernehmen.

Zu Hause auf dem Hof wurde der beladene Wagen über Nacht in den Schopf gefahren. Die Männer begaben sich in Scheune und Stall, Guiseppe und Justa säuberten die Krippen, um dem Vieh das Futter in saubere Futterkrippen zu reichen.

Vater Jakob begann mit Hans, den Kühen die Euter zu reinigen, um die prallen Euter durch das Melken zu entlasten. Die Frauen bereiteten das Abendessen vor, Jakoblis Mutter versorgte den jungen Reiter für die Nachtruhe.

Am nächsten Tag war das Sortieren der Kartoffeln angesagt. In drei Sorten wurden die Ackerfrüchte eingeteilt: die kleinsten, unansehnlichen waren Schweinefutter, die mittleren wurden als Saatkartoffeln genutzt sowie für den Verkauf auf dem Markt, die großen waren die Speisekartoffeln für die Familie.

Die Früchte für den Verkauf wurden nach den Empfehlungen des Bauernverbandes an die Landwirtschafts-Sammelstelle beim Landhaus, hinter dem SBB-Bahnhof Schaffhausen, geliefert.

Jakoblis Vater hatte auch Abnehmer im Kanton Appenzell. Diese bestellten direkt bei den Produzenten große Mengen der Früchte.

Ab dem Jahr 1951, Jakoblis Vater hatte den ersten Traktor gekauft, fuhr der Stegebauer mit zwei vollbeladenen Brückenwagen angehängt, beladen mit Tafelobst der eine, mit Speisekartoffeln der andere, vom Wohnort nach Heiden im Appenzellerland. Der Gastwirt des Löwen in Heiden war seit Jahren Kunde beim Jakob.

Eine Fuhre mit dem Hürlimann-Traktor begann der Vater am Morgen früh um 05.00 Uhr und endete jeweils am späten Abend vor 22.00 Uhr.

Der Vater hatte nach solch einem langen Tag den Seinen von manchem Erlebnis, das er auf dem weiten Weg erlebt hatte, zu erzählen. Ein Punkt wurde mit Staunen erwähnt, dass der Treibstofftank noch für gute 60 km Reise gereicht hätte.

Vor, während und nach dem Zweiten Weltkrieg lieferte Jakoblis Vater Milch und Früchte an Familien in der Stadt. Solange Lebensmittelkarten die Bezüge regelten, gelangten diese Produkte gegen Abgabe der nötigen Marken an die Empfänger.

Großelis letzter Gang

An einem Juninachmittag im Jahr 1936 verließ Jakoblis Großmutter den Hof, die Heugabel geschultert und mit einem weißen Kopftuch gegen die Sonnenstrahlen geschützt. Zum Feld im Brüel wollte die Betagte, den anderen Frauen helfen, das am vorherigen Tag gemäht Gras zu wenden. Kurz nach dem Besuch bei Frau Meister, Mutter von Jakoblis Freund Ernstli, der Haarpflegerin im Dorf, fiel das Großeli, vom Hirnschlag getroffen, auf die Straße.

Jakoblis Eltern erzählten dem Buben, der liebe Gott habe einen Engel gesandt, um Großeli in den Himmel zu holen. Des Buben Fragen über Fragen wurden von den Eltern in schonenden Antworten befriedigt.

Im Herbst des gleichen Jahres besuchten Jakoblis Eltern mit dem Buben seine Patin in Tengen. Hedwig Dietrich betrieb im Dorf über dem Kerbeltal die weit bekannte Wirtschaft zum Felsen, hinter der Burg. Dieses Haus und der Schäzelemarkt bedeuteten für Tengen die zwei wichtigsten Anlässe, die jedes Jahr Besucher aus nah und fern zu einem Ausflug lockten. Beim Abschiednehmen wurde Jakobli von seiner Patin mit einem Geschenk überrascht. Hedwig übergab ihrem Patenkind aus der Schweiz ein Päckli mit einem Paar Kinder-Hosenträger. Diese waren mit farbigen Blumen und Kühen verziert. Am darauffolgenden Tag, auf dem Hof zu Hause in der Schweiz, durfte Jakobli die schönen Hosenträger anziehen. Der kleine Knirps ging nach draußen vor die Haustür, stieg auf die Bank, schaute gegen den Himmel und rief: „Lueg, Großeli, wa ich für schööni Hoseträger vom Gotti überchoo han!"

Mit Großmutters Tod wurde Jakoblis gewohnte Lieblingsbeschäftigung, Großeli zu besuchen, abrupt abgebrochen. Vom Großeli hergestellte Rahmtäfeli gab's auch nicht mehr. Mutter Anna, Erna und Heidi, die drei Helferinnen im Haushalt, sorgten hin und wieder dafür, diese Lücke mit der Eigenherstellung auszufüllen.

Jakobli fehlte von nun an die liebe, ruhige Ansprechperson, die immer Zeit fand, bereit war, des Buben Fragen zu beantworten.

Milch von den eigenen Kühen

Kuhmilch vom Bauernhof, auf dem Jakobli aufwuchs, war genügend vorhanden. Aber des Buben Magen vertrug in den ersten Jahren seines Lebens die Kuhmilch schlecht. Seine Eltern meldeten Jakobli bei der Familie Fischer im Gässli, gegenüber seinem Elternhaus, als Ziegen-Milch-Pensionär an. Fischers hatten im Stall fünf Geißen, von denen gesunde Milch gewonnen wurde.

Sein erster Gang am Morgen war daher stets zur Familie Fischer, mit einem Milchkesseli gefüllt mit Kuhmilch. Vorbei an der Haustür vom Untermieter der Familie Fischer, Herrn Pfister, ein hässlicher Alter mit einem Holzbein, der von Beruf Uhrenmacher war. Der alte Pfister war für den jungen Jakobli ein

Albtraum. Herr Pfister vertrug die Kinder schlecht. Wenn Jakobli zaghaft und ängstlich, an der Pfisterschen Haustür vorbeischlich, atmete der Milchbote stets erlöst auf, wenn er es unbeschadet geschafft hatte. Dann übergab er Frau Fischer sein mit Kuhmilch gefülltes Milchkesseli, welches diese mit Ziegenmilch gefüllt an den Buben zurückgab. Und hurtig verschwand Jakobli jeweils durchs Gässli in Richtung Elternhaus zur Stege.

Einmal gelang dem Buben der Rückzug nicht. Pfister, der Grimmige, stand mit seinem am Holzbein hochgezogenen Hosenbein mitten im Weg. Jakobli bekam einen derartigen Schreck, dass er das Milchkesseli vor Pfisters Beine warf. Der schockierte Bub rannte so schnell ihn seine Beine trugen am Hindernis vorbei über die Trüllenbuckstraße seinem Elternhaus entgegen.

Jakoblis Mutter regelte diesen Vorfall mit dem alten Pfister in den nächsten Minuten. Von jenem Tag an war Pfister nicht mehr vor seiner Haustür zu sehen, wenn der kleine Milchbote den Milchaustausch vorzunehmen hatte.

Die Familie Fischer im Gässli hatte vier Kinder, zwei Töchter und zwei Söhne. Fünf Ziegen, die Jakobli bald seine vierbeinigen Freundinnen nannte, standen im Stall.

Es kam der Tag, an dem Jakoblis Magen die Milch der Kühe vom eigenen Landwirtschaftsbetrieb vertrug. Fischers Ziegenmilch konnte an andere Verbraucher verkauft werden. Die nachbarlichen Kontakte jedoch blieben erhalten. Jakobli musste nicht mehr vor einem Kontakt mit Herrn Pfister bangen, dem gruseligen Mann mit dem Holzbein.

Schwester Elise

Die Kinder vom Dorf lernten sich schon im dritten oder vierten Altersjahr im Kindergarten kennen. Die Eltern, in der Mehrzahl Bauernfamilien, waren glücklich, ihre Jüngsten bei Schwester Elise, der geschätzten Kindergärtnerin mit dem weißen Häubchen als Kopfschmuck, das Wahrzeichen der Riehener-Schwestern, gut betreut zu wissen.

Jakoblis erste Freunde, Buben am Familientisch von Jakoblis Eltern, kamen aus Familien, deren Eltern in der Stadt arbeiteten. Von manchen dieser Freunde war der Vater im Aktivdienst, die Mutter fand ihre Arbeit in einem Schaffhauser Fabrikbetrieb oder verrichtete Arbeiten bei den Eltern von Jakobli im Landwirtschaftsbetrieb. Diese Jugendfreunde hatten jeweils außerhalb der Schulstunden die Bleibe vom Morgen bis zum Abend bei Jakoblis Eltern.

Als Jakobli drei Jahre alt war, durften ihn seine Eltern in die Kleinkinderschule im Dorf zur Schwester Elise geben.

Sein erster Ort einer Schulung fürs Leben gefiel Jakobli ganz und gar nicht.

Manchmal flüchtete der junge Zögling aus dem Klassen-Bereich von Schwester Elise, stürmte an den Gartenzaun des Kindergartens und hielt Ausschau, ob sein Vater mit dem Pferdegespann die Bahnhofstraße hinunterfuhr. Nicht selten kam unser kleiner Student mit Tränen in den Augen zurück zu Schwester Elise, enttäuscht ob der Schlechtigkeit der Großen, ihn im Kindergarten gefangen zu halten, anstatt mit seinem Vater Jakob aufs Feld fahren zu dürfen.

Zur Linderung des Druckes, der zur Erfüllung der Kleinkinderschule-Richtlinien sich in den Gedanken des jungen Buben aufbaute, zur Minderung der Traurigkeit, die auf Jakoblis Seele lastete, durfte der Bube jeden Samstagmorgen vor dem Eintritt bei Schwester Elise zum Adler-Beck hinunterlaufen und für 5 Rappen ein Salzbrötli kaufen.

Seine ersten Skier

Skier haben ihm seine Eltern früh geschenkt. An Weihnachten 1937 strahlte Jakobli wie die Sonne am Mittagshimmel, als ihm das Christkind seine ersten Skier unter den Baum gelegt hatte.

Richtige Eschenbretter, hergestellt von Schreiner Müller, Lö sein Spitzname. Bindungen von Emil Kübler, Eisenwarenhandlung an der Neustadt Schaffhausen. Skistöcke mit richtigen Stahlspitzen und aus Weiden geflochtene Stockteller. Skischuhe mit der Rille hinten am Absatz für die Halterung der Skibindung.

Nach einigen Trockenübungen in der Wohnstube erfolgte im Beisein seiner Eltern die erste Abfahrt vom Beckewääldli Richtung Wäierhaaldewald. Im Tiefschnee, ohne Sturz, wurde die Fahrt unten im Gebüsch des Waldrandes aufgefangen. Der Ostabhang des Beckewääldi war das Wintersportgebiet der Dorfjugend.

Später wurden die Touren ausgedehnter, manchmal an einem Tag vom Dorf auf den Hage im Randengebiet. Der Skimarsch führte Jakobli mit seinen Begleitern nicht direkt unten am Hohberg vorbei. Die jungen Sportler erlaubten ihren Kraftreserven den Umweg über den Hohbärg, der Schussfahrt zuliebe bis zur Liegenschaft Baur beim Dachsebüehlwald. Von dort dann über das Brandtobel, Schwiizersbild dem Längenberger Waldsaum entlang nach Merishausen, die Zwetschgenalee entlang hinauf zum Hagen. Bei Sonnenschein wurde der Heißhunger mit dem Mitgebrachten an den Tischen beim Hagenturm gestillt, bei Schneefall unter dem Vordach der Pfadihütte. Zu jener Zeit bestand der Hageturm aus drei armierten Betonpfeilern, oben mit einer kleinen Plattform, die von einer Stahlleiter aus erreicht wurde. Unvergesslich sind die bei untergehender Sonne abenteuerlichen Schussfahrten über das Hagetobel oder an der Radfahrerhütte vorbei über das Randehorn nach Merishausen hinunter der Heimat zu, die meistens bei Einbruch der Dunkelheit erreicht wurde.

Geistige Umnachtung

An einem Vormittag trug Jakobli einen Brief zur Post im Höfli. Vor dem Posteingang stand das kleine Häuschen, das als Kellereingang der Familien Wegmanns und Zieglers diente, wenige

Meter vom Wohnhaus entfernt. An diesem späten Vormittag, als Jakobli am Häuschen vorbeiging, war Großvater Ziegler, Gneps Vater, im Begriff, einen großen Quaderstein ums Häuschen zu tragen. Im Nachthemd umrundete der alte Mann, etwas Unverständliches vor sich her murmelnd, das Häuschen. Für Jakobli eine unerklärliche Sache. Der Bube konnte sich nicht erklären, was es mit dem alten Nachbarn auf sich hatte. Ein Schreckmoment packte den Buben, Jakobli rannte mit dem Brief zum Elternhaus zurück. Sein Vater nahm den Buben bei der Hand und ging mit ihm zur Post hinüber.

Und tatsächlich, Großvater Ziegler war immer noch am Umrunden des Kellerhäuschens, vor sich hertragend den schweren Stein. Vater Jakob sprach Großvater Ziegler an, erklärte ihm ruhig, es sei nun Zeit, den Stein neben die Mauer des Häuschens zu legen und sich zurück in seine Wohnung zu begeben. Der verwirrte Mann nahm Vaters Ratschlag an, wanderte zufrieden, ein Liedlein pfeifend, zu seiner Wohnungstür zurück.

Der Sohn von Großvater Ziegler war im Dorf ein gut bekannter, fröhlicher Mann. In der Brauerei Falken hatte Eugen Ziegler, Gnep sein Spitzname, den Posten eines Bierfuhrmanns. Von Schaffhausen bis nach Kreuzlingen führten seine Biertouren. Über den Seerücken mussten die verschiedenen Gaststätten auf dem Hinweg mit Bier beliefert werden. In jeder Wirtschaft wurde nach getaner Arbeit eine Flasche Bier getrunken, sodass es kein Wunder war, dass der Lastwagenfahrer nicht ganz nüchtern in Kreuzlingen eintraf. Auf dem Heimweg fuhr Gnep zurück dem Untersee entlang. In den Dörfern dem See entlang hatte er noch einige Wirtschaften zu beliefern. So auch in Mammern, wo er um den Dorfbrunnen herum zum Gasthof Schiff fahren musste. Nach dem Abladen der Bierfracht und des Eises zum Kühlen des Biers, der Eiswagen war am Lastwagen angehängt, musste Eugen rückwärts fahren, um seinen Weg Richtung Schaffhausen fortsetzen zu können. Das schwere Fahrzeug wurde sorgfältig zurückgestoßen. Der Anhänger schob, ohne großen Lärm zu verursachen, vom Brunnen an der Straße den kleinen

Brunnentrog auf die Seite. Gnep gewahrte in seiner Verfassung das Missgeschick nicht.

Auf dem Weg nach Eschenz fuhr das Zugfahrzeug samt Eisanhänger auf die Wiese. Dort knickte der Lastwagen einem Telefonmasten um. Dieses Malheur bemerkte Eugen. Er stieg aus und lud den schönen, geraden Holzmasten auf das Fahrzeug. Spätabends erreichte der Abenteurer nach mit viel Glück beendeter Fahrt endlich die Bierbrauerei in Schaffhausen.

Direktor Hermann hat am anderen Tag Jakoblis Vater angerufen, ihm das Geschehen vom Vortag geschildert, mit der Bitte, Jakob möge mit Eugen sprechen. Er sollte Nachbar Ziegler zu mehr Vorsicht ermahnen, denn auf ihn höre der Kerl nicht immer.

Gnep konnte keinen Beruf lernen, jedoch bildete sich der aufmerksame, intelligente Mann autodidaktisch in verschiedenen Berufszweigen weiter. Als Arbeiter in der Reparaturwerkstätte des Lastwagenparks war Eugen Ziegler ein geschätzter Kenner im Reparieren der Holzvergaser-Motoren.

Flugzeuge

Schon als junger Erdenbürger durfte Jakobli mit seinem Vater zum Flugplatz Schmerlät bei Neunkirch. Oben auf dem Flugfeld mit Graspiste verfolgte der Bube die Flugversuche der mutigen Piloten.

Zu jener Zeit, es war vor dem Zweiten Weltkrieg, saßen die Flugzeugführer angeschnallt auf einem einfachen Sitz, dem Fahrtwind ausgesetzt, offen an der Spitze ihres Apparates. Edy Keucher war einer der ersten Mutigen, die sich mit dem Segelflugzeug in die Lüfte wagten. Ein langes Gummiseil diente zur Fahrt-Beschleunigung des Flugzeuges. Während vier Männer den Apparat am Startort zurückhielten, zogen fünf bis sechs Kameraden das Seil in die Länge bis zu dessen Dehnungsgrenze. Auf ein Signal des Piloten ließen die, das Flugzeug am Seitenruder zurückhaltenden Kameraden die Haltegriffe los. Der Flugapparat wurde von zwei Kameraden an den beiden äußeren Enden der vorderen Tragflächen in der horizontalen Lage gehalten. Sie spurteten mit, bis sie mit dem schneller werdenden Flugzeug nicht mehr mithalten konnten. Kurz darauf zog der Pilot seinen Steuerknüppel an, das Flugzeug stieg Richtung Dorf Neunkirch hoch in die Luft, um nach kurzem Geradeausflug zu wenden, und nach einigen Minuten wieder auf dem Startplatz zu landen. So konnten Jakobli und sein Vater die ersten Flugversuche der Schmerläter-Flieger miterleben.

Nach so einem Aufenthalt anlässlich einer Sonntags-Velotour fuhr der Vater mit seinem Sohn nach Schleitheim weiter. Dort hatte Vater Jakob einen Besuch bei Jakob Peyer, dem Bienenzüchter und Straßenwart, vereinbart. Jakob Peyer und Jakoblis Vater frönten, als ihr Hobby, der Bienenzucht. In Schleitheim bei Peyers wurden die beiden Herblinger mit Freude empfangen. Tante Hermine, die Frau von Jakob Peyer, war eine Schwester von Jakoblis Pate Ludwig.

Auf dem Heimweg fuhr der Vater mit seinem Sohn über den Randen. Jakobli genoss die Überfahrt durch den schönen Randenwald. Die Gegend hinab zum Chlooschterfäld, Richtung links den schmalen Durchgang zum Orserentaal durchfahrend. Die Fahrt dem Waldsaum entlang bis zum Birch war ein lange Zeit im Gedächtnis des jungen Mitfahrers haftendes Ereignis.

Hans-Ueli Peyer, einer der Peyer-Söhne, war damals schon ein begeisterter Bastler von Modellfliegern.

Nach seiner Rekrutenschule bei der Schweizer Flugwaffe trat Hans-Ueli zur Berufsarmee über.

Als Fluglehrer unterrichtete er die angehenden Militärpiloten auf den Flugzeugtypen, zuerst auf dem Typ-Venom, nach dem Ausscheiden des Venom-Typen übernahm er die Schulung auf dem Typ-Hunter.

Hans-Ueli, später arbeitete er in der Firma Hispano-Suiza, weilte einige Monate im Auftrag der Genfer Waffenfabrik in Indonesien als Testpilot. Er hatte die Aufgabe, die an die Indonesische Armee verkauften Venom-Flugzeuge mit den neu eingebauten Bordkanonen der Hispano-Suiza einzufliegen.

Allein

Schon bald bezog Jakobli sein eigenes Schlafzimmer. Anfänglich hatte der kleine Mann Mühe mit dem Einschlafen. Mutter Anna und manchmal auch die liebe Haushalthilfe Erna sorgten dafür, dass des Buben Erlebnisse, die er während des vergangenen Tages erlebt hatte, durch das Erzählen einer Gutenachtgeschichte, vertrieben wurden.

Sein Schlafzimmerfenster war auf der Seite der Schwaderlochstraße, gegenüber des Gashauses Löwen.

Wenn der junge Schläfer aufgeweckt wurde, dann hörte er mitten in der Nacht die Stimmen der heimkehrenden Wirtshausgäste. Er erkannte die meisten Ruhestörer, wenn das Gegröle zu laut in seine Ohren drang.

In einer Sommernacht hatten die Junggesellen vom Dorf noch nicht den Drang, nach Hause zu gehen. Es wurde draußen vor dem Gasthof beraten, was man noch unternehmen könne. Battista, Ehrhard, Willi, sein Spitzname war Gummi, Franz und der Eugen, sein Spitzname war Gnep, wurden einig, einer von ihnen dürfe wohl der Serviertochter des Restaurants noch einen Besuch in ihrem Schlafzimmer abstatten. Die Übermütigen, zu allen Streichen aufgelegt, beschlossen, dazu Vater Jakobs große Leiter zu nutzen. Nonnas Sohn Battista, der Nachbar von Jakoblis Eltern, wusste, wo die lange Leiter stand.

Die Kavalleriekollegen hängten die Leiter aus der Verankerung hinter dem Haus und stellten sie an das Vordach des Gasthofs. Vom Vordach war es möglich, das Schlafzimmerfenster des begehrten Fräuleins zu erreichen. Jakobli verfolgte mit Interesse diese außerordentliche Aktion. Er sah, dass der Gnep beim Besteigen der hohen Leiter seine Tabakpfeife im Munde hatte.

Der kleine Zuschauer bemerkte, dass sich eine Frauengestalt aus dem Posthof zur Gruppe der Übernächtler begab. In dem Moment, als Genp von der Leiter zum Dach wechseln wollte, rief Emma, seine Ehefrau: „Wa machscht du döt obe?" Vor Schreck ließ Gnep seine Tabakpfeife aus dem Mund in die Tiefe fallen.

Jakobli sah einen Funkenregen sich zwischen den Holmen über die Leiter hinunter ergießen.

Langsam kam Genp die Stufen hinunter. Er hatte einen Blumentopf mit Geranien in der Hand und erklärte seiner Gemahlin, dass sie doch sehe, wie nötig es sei, den Blumen Wasser zu geben. „Also mach weidli, sisch Ziit daat haam chunsch, aber zerscht duesch alli Geranien tränke." Ehefrau Emma harrte vor der staunenden Spitzbubengruppe aus, bis ihr Ehemann sämtliche Geranientöpfe in den nahen Brunnentrog getaucht und wieder zurück ins Blumengitter gestellt hatte.

Tödliches Methangas

Einmal entging Gnep nur durch Zufall seinem Tod. Ein Fahrer konnte den ihm zugeteilten Lastwagenmotor nicht zum Laufen bringen. Die Zeit drängte, Gneps Chauffeurkollege wurde ungeduldig. Mehrmalige Startversuche misslangen ihm. In seiner Bedrängnis suchte der verzweifelte Fahrer seinen Kollegen Gnep auf, der sich mit einem anderen Fahrzeug beschäftigte. Eugen, der immer Hilfsbereite, ging zum unbeweglichen Motor, dessen Holzvergaser unter Feuer stand. Das Wichtigste, das Gnep nicht beachtet hatte: Der Vergasungsprozess war bei seinem Fahrzeug im vollen Gange.

Eugen wollte beim Lösen von Problemen immer allein sein, so auch in diesem Fall. Darum bat er seinen ungeduldigen Arbeitskollegen, sich aus dem Staub zu machen.

Eugen suchte und fand nach kurzer Zeit, wo der Fehler liegen könnte. Unter dem Motor befand sich die Ablassschraube für das Kondenswasser, das sich bei kaltem Wetter in der Gasleitung sammelte. Gnep kroch unter den Motorenteil, gelangte zur schwer zugänglichen Ablassschraube, und schlief nach einigen Minuten ein. Eugens Chef, Herr Mörsen, suchte Gnep wegen einem dringenden Vorfall. Als Herr Mörsen in die Lastwagengarage trat, entdeckte er zu seinem Schrecken unter einem Lastwagen ein Paar Beine, die sich nicht bewegten. „Hallo Eugen! Was machst du da?" Keine Antwort vom Angerufenen. Mörsen, der in der Betriebsfeuerwehr diente, nahm sofort wahr, was diese Situation zu beuten hatte. Kurz entschlossen unternahm der Lebensretter, was zu tun war. Das Garagentor weit öffnen, an den beiden bewegungslosen Beinen ziehen, den durch die geruchlosen, unsichtbaren Metangase ohnmächtig gewordenen Verunfallten an die frische Luft schleppen. So rettete Herr Mörsen seinen hilfsbereiten Mitarbeiter Gnep vor dem Tod, hervorgerufen durch eine Methangasvergiftung. Am Abend erzählte der Wiederauferstandene im Kreis der Bierrunde im Restaurant Löwen, dass er heute fast, wenn sein Chef nicht richtig gehandelt hätte, im Himmel gelandet wäre.

Eugen war im Turnverein Herblingen ein geschätzter, guter Geräteturner. „Gnep, mach eine Übung vor." Wenn so ein Wunsch von den Turnerkameraden geäußert wurde, war Eugen schnell bereit, einen interessanten Übungsteil vorzuführen. Am Barren, am Pferd und auch am Reck, Eugen war an jedem Turngerät ein guter Turner.

Beim Durstlöschen nach der Turnstunde hatte Gnep meistens eine Idee, seine Kollegen mit einer Vorführung in Staunen zu versetzen.

Eine Wette mit dem Schreinermeister und Feuerwehrkommandant Arthur, die Kameraden im Dorf nannten ihn Chüngelschreck, der gerade von der Jagd kam, führte dazu, dass Arthur ein Bierglas mit scharfem Thomysenf gefüllt, auslöffeln sollte, während Gnep eine Brissagozigarre rauchen musste. Der Schnellere sei der Gewinner, erhalte vom Langsameren die Wettkosten und einen Becher Bier dazu. Gnep war mit wenigen Ausnahmen meistens der Gewinner.

Die Gaststube glich nach einer solchen Wette einer Hufschmiede, nach dem einem Pferd die Hufeisen eingebrannt wurden.

Die blinde Anna

Schon früh, im Kindesalter, verlor Anna ihr Augenlicht.

Mit ihrer Schwester und mit ihrem Bruder, dem Geometer mit dem schönen weißen Bart, wohnte Anna, umsorgt von ihrer Schwester, im Einfamilienhaus zwischen dem Haus zur Heimat und dem Krämerladen Surbecks an der Dorfstraße.

Zum Krämerladen Surbeck wurde Jakobli schon zu seiner Kindergartenzeit geschickt, um Presshefe zum Brotbacken oder Zwick-Schnüre für die Kuh-und Pferdepeitschen zu kaufen.

Das Herblinger Schlachthaus war im Erdgeschoss des Hauses zur Heimat untergebracht.

Die zwei Orte, Surbeck und Schlachthaus, waren Anziehungspunkte. Wenn Presshefe für den Brotteig für das wöchentliche Brotbacken nötig war, führte Jakoblis Weg zum Surbeck. Wenn es nötig wurde, die Kuh- oder die Pferdepeitschen mit neuen Zwicken zu versehen, wurde der Bub zum Surbeck befohlen.

Wenn der Bub Angstschreie von Schweinen vernahm, die der Metzger im Schlachthaus tötete, führte sein Weg dann vor dem Haus der blinden Anna vorbei.

Wenn der Bube auf dem Heimweg vom Kindergarten das Schreien eines Schweins hörte oder er den Einkauf bei Surbecks zu tätigen hatte, meistens beim Vorbeilaufen vor dem Heim der blinden Anna, wurde Jakobli von Annas Schwester gerufen. Er solle kurz heraufkommen, Anna wolle ihn fühlen, messen, wie er gewachsen sei, mit ihm nur ein paar Worte sprechen. Solchen Aufforderungen leistete Jakobli gerne Folge, denn nach den Besuchen bei den alten Damen wurde er immer mit einem Stück Schokolade oder einem Stück Kuchen beschenkt.

In der Stube saß dann die blinde Anna auf ihrem Sessel, sie erwartete die näher kommenden Schritte des jungen Besuchers. Wenn der Jakobli seine rechte Hand in Annas Hand legte, begrüßte die Blinde den Buben mit freudigen, fröhlichen Worten. In Annas Nähe fühlte sich Jakobli geborgen und wohl. Er erzählte gerne den aufmerksam zuhörenden Frauen, was er heute im Kindergarten erlebt hatte. Wie weit das von Jakobli geflochtene Brotkörblein gediehen ist. Vor dem Abschiednehmen von Anna und ihrer Schwester legte die blinde Frau ihre Hand auf Jakoblis Kopf, fühlte die Distanz vom Boden aus und sagte „du chliine Bueb, duu bisch wieder gwachse siit dim letschte Bsuech".

Tagesablauf im Bauernhaus

Bauernfamilien hatten immer genug Arbeit. Von morgens früh bis abends spät waren für Eltern, Mägde und Knechte die Tagesabläufe ausgefüllt. Arbeiten, welche den Kindern noch nicht übertragen werden konnten, mussten durch die Erwachsenen verrichtet werden.

In Jakoblis Familienkreis befanden sich Kinder von Verwandten und aus Familien, bei denen nicht alles zum Besten stand. Manchmal tage-, wochen- oder monatelang oder auch bis zum Eintritt in eine Lehre fanden Jakoblis Freunde im Haus zur Stege einen Ort der Geborgenheit, bis ein Elternteil von ihnen zu Hause war.

Die Tassibuben, Franz und Sepp, waren beide älter als Jakobli. Frau Tassi war eine hilfsbereite, liebe Italienerfrau. Sie half Jakoblis Eltern im Haushalt, wenn nötig auch bei Feldarbeiten. Ihre beiden kleineren Buben waren viel bei Jakoblis Eltern, besuchten ihre Schulklassen im Dorf. Jakobli fühlte sich immer beschützt, wenn er nach der Schule in eine freche Kindergruppe geriet, die Tassi Buben waren seine, ihn erlösenden Helden.

Sepp Tassi, der Ältere, verlor sein Leben im Zweiten Weltkrieg als Angehöriger der italienischen Armee. Franz, der als Schüler eine Zeitlang die Hilfsschule in der Stadt besuchen musste, wurde ein erfolgreicher Maurerpolier.

Die Scheffmacherkinder verbrachten am Familientisch gegenüber Jakobli Zeiten der Gleichberechtigung. Maxli war wie ein Bruder von Jakoblis. Mutter Scheffmacher, eine tüchtige Hausfrau, war immer bereit, Jakoblis Eltern helfend beizustehen. Diese arbeitsame, ruhige Frau war geschätzt von Jakoblis Eltern. Frau

Scheffmacher zeigte ihre Dankbarkeit Jakoblis Eltern gegenüber mit sorgfältiger Ausführung der Arbeiten, im Haushalt und auf den Feldern. Für Jakobli als Einzelkind waren diese Tischgemeinschaften von großer Wichtigkeit, auch fürs spätere Leben.

Kurz nach seiner Rekrutenschule verließ Max die Schweiz Richtung Mexiko. Er lebt seither im fernen Land.

Er hat mit seiner hübschen Frau, einer Mexikanerin, Jakob und seiner Familie Jahrzehnte später an der Gugerhalde einen Besuch abgestattet.

Anlässlich solcher Zusammenkünfte wurden Erlebnisse aus der Jugendzeit aufgefrischt, längst vergangene Zeiten in die Gegenwart geholt, von gemeinsam verbrachten Lebensabschnitten erzählt.

Max hatte seine Lehre als Stahlbauer bei der Firma Hübscher auf dem Ebnet in Schaffhausen absolviert. Nach seiner, mit einer guten Abschlussprüfung bestandenen Lehre, musste Max die Sommer-Rekrutenschule hinter sich bringen. Als Kanonier durchlief Max unbeschadet die siebzehn Wochen der von ihm nicht geschätzten Militärdienstzeit.

Im Wiederholungskurs, der im Jahr nach der Rekruten-Schule zu absolvieren war, löste ein Zielfehler des Geschütz-Richters in Max den Entschluss aus, die Schweiz für immer zu verlassen. Max erzählte, wie der plötzliche Auswanderungsentschluss zustande kam.

„An einem Samstagmorgen, vor dem Abtreten in den Sonntagsurlaub, wurde mit meiner Abteilung ein Scharfschießen abgehalten. Ich wurde als Geschützrichter bestimmt. Das Zielgebiet war hoch oben über einer Kuhweide abgesteckt. Ich hatte meine Gedanken schon auf Urlaub eingestellt. Nach dem ersten Schuss stieg unter dem Zielgebiet eine weiße Wolke aus dem dort unter dem Zielfeld stehenden Kuhstall empor.

Der nachträgliche Bericht der Untersuchungskommission bestätigte, dass ein Geschoss unserer Kanone in den Alpstall eingeschlagen hatte. Dabei wurde eine Kuh getötet, die frisch gekalbt hatte. Der entstandene Schaden zahlte die Militärhaftpflichtversicherung.

Als Geschützrichter trat ich einen scharfen Arrest an. Nach Verbüßung meiner Strafe reiste ich, glücklich dass mein Fehler nicht ein Menschenleben gekostet hatte, nach Mexiko."

Max erzählte, dass er zweimal Meister im Stadtlauf von Mexico wurde.

Als Fabrikationschef arbeitete er in einer Waschmaschinenfabrik. Seine Frau war Krankenschwester im Stadtspital Mexikos.

Er musste nach den vielen Jahren seines Abschieds vom Dorf, in dem er mit seinen Freunden die Jugend verbracht hatte, eine Suchaktion unternehmen, bis er Jakobs Wohnort, an der Gugerhalde, gefunden hatte. Als letzte Möglichkeit sei er mit seiner Begleiterin zum Friedhof, dort habe er die Grabsteine von Jakobs Eltern gefunden. Durch die Todes-Daten der beiden konnte er Jakobs Wohnort ausfindig machen.

Streiche im Kindergartenalter

Während Jakoblis Eltern mit ihren Gehilfen im nahen undere Stroossacker Obst ernteten, saßen die Kleinkinderschüler Maxli, Ernstli, Peterli und Jakobli am Straßenrand der aalten Thääingerstrooss. Die Herbstsonne strahlte so intensiv, dass sich das Bitumen des Straßenbelages verflüssigte. Mit dieser schwarzen Bitumenmasse formten die Kinder Kügelchen. Die Hände wurden klebrig schwarz.

Ein bekannter Mann, Herr Augustin aus dem Nachbardorf, war damals ein selten gesehener Autobesitzer. Manchmal ritt er auf seinem Schimmel durch die Herblingergegend.

Am Nachmittag des Bitumenvorfalls fuhr Herr Augustin in seinem Erstaunen erweckenden Auto von Herblingen nach Thayngen. Als dieser Herr, der Jakoblis Vater gut kannte, an den spielenden Buben vorbeifuhr, warfen die Knirpse gegen das weiße Auto die Bitumenkügelchen. Herr Augustin stoppte sein Fahrzeug, fuhr zu den Buben zurück, gab ihnen Instruktionen, die die Bösewichte nicht verstanden. Der Unverstandene begab sich darauf zu Jakoblis Vater, um den Vorfall mitzuteilen. Vater Jakob hatte mahnend erklärt, dass die Buben solche Sachen nicht mehr machen dürfen. Das nachträgliche Reinigen der schwarzen Hände besorgte Mutter Anna zu Hause unter Zuhilfenahme von Benzin.

Im vierten Kindergarten-Jahr waren Jakobli und seine Freunde eine verschworene Bande.

Eines Nachmittags wurden die Spitzbuben einig, anstatt in den Kindergarten zu gehen, den Weg Richtung Bahnhof fortzusetzen.

Vor dem Überqueren der Bahnbrücke nahmen die Buben den Weg Richtung Fröschehaalde unter die Füße. Im Wald, dort wo der Haaldewisliweg steil aufwärts führt, nahm das Sechsergrüpplein neben der altehrwürdigen Buche Aufstellung, um zu beraten, wie es weitergehen solle. Die von den Bäumen herabhängenden Lianen ließen die Idee reifen, man könnte sich unter dem prächtigen Baum niederlassen und Lianen rauchen. Aber wie rauchen ohne Feuer? Erwinli, der an der Bahnhofstraße wohnte, begab sich kurz entschlossen zu seinen Eltern, das fehlende Feuerzeug zu besorgen.

Eine fröhliche, verbotene Raucherrunde wurde bald durch die laute Mitteilung an Schwester Elise brüsk unterbrochen.

Esther, eine Kindergarten-Kollegin, hatte die Buben erblickt, in dem Moment, als der Schülertross am Seili auf dem oberen Waldweg vorbeizog. „Schwester Elisä, de Jakobli isch döt unne bim grossen Baum", rief die Esther voller Schadenfreude.

Von einer Schulkollegin verraten, entfernten sich die jungen Raucher vom scheinbar geschützten Ort.

Jakoblis Kopf dröhnte, seine Zunge fühlte sich an wie eine grobe Feile.

Die jungen Abenteurer mussten Vater Jakob versprechen, nie mehr der Schule fernzubleiben, um solchen Unfug zu treiben.

Erste Kindergartenreise auf den Hohbärg

Die erste Kindergarten-Schulreise durften die Kinder auf den Hohbärg machen. Am Seili, mit den am Seil eingebundenen Querhölzchen, an denen sich jeweils links und rechts vom Seili ein Kind festhielt, marschierten Jakobli und seine Schulfreunde hinter Schwester Elise den Zickzackweg hinauf zum Aussichtspunkt, der heute noch die Besucher der schönen Aussicht wegen anzieht.

Auf einer alten Fotokopie ist zu sehen, dass schon Jakoblis Vater mit seinen Kindergarten-Kameraden auf den Herblinger Hausberg wandern durfte.

Als stolzer Träger der kleinen Fahne, mit seinen Kameradinnen und seinen Kameraden des Herblinger Kindergartens, geführt und überwacht von der Kindergärtnerin Schwester Marie, dies im Jahre 1907.

Heute, wo Herblingen als Stadtquartier eingestuft ist, leuchtet jeweils am ersten August, vom Quartierverein Herblingen aufgebaut, das Höhenfeuer auf dem Hohbärg weit über die Lande.

Die zweite Kindergartenreise

In seinem dritten Kindergartenjahr war die zweite Reise für Jakobli und seine Schulfreunde ein Ereignis, das Wochen zuvor in Gesprächen die Vorfreude erkennen ließ.

Zum Kindergarten an der Munothalde in Schaffhausen reisten die Herblinger Kindergärtler für einen ganzen Tag.

Die Hinreise ab dem Dorf-Kindergarten auf Vaters Brückenwagen, die Rappenstute Flora war vorgespannt, bis hinauf zum Munot bedeutete für die reiselustigen Passagiere ein richtiges Abenteuer.

Zurück ging die Reise vom „Tagungsort" durch die Innenstadt Schaffhausen zum Bahnhof SBB, mit der DB bis zum Bahnhof Herblingen.

Die Begegnung mit den fremden Studienfreunden an der Munothaalde ist Jakobli noch soweit in Erinnerung, wie die Herblinger dort, vor den Mauern der Festung Munot, den Znüni gemeinsam essen durften. Der Durst wurde gelöscht mit, von der Sonne aufgewärmtem, lauem Wasser, das den Betreuten von Schwester Elise gereicht wurde.

Die Festung hinter dem tiefen Graben, wo die Hirsche die auf der Zugangsbrücke zum Munot stehenden Kinder nach Futter anbettelten, wurde von den jungen Besuchern mit Ehrfurcht zur Kenntnis genommen: das kühle Dunkel in der Kasematte, der Pflasterstein-Pfad hinauf auf zur Munotzinne, wo sich die gefährlich tiefen Luftschächte befinden, die weite Aussicht von der Zinne aus durch die farbigen Guckfensterlein, alles wurde bestaunt.

Die beiden Kanonen, deren Rohre gegen die Altstadt gerichtet sind.

Der feine Duft der Rosen, die im großen Blumengarten blühten. Alle diese eindrucksvollen Momente waren noch lange nach der Reise Gesprächsstoff.

Die Geschichte die vom Bauwerk Munot und vom Munotglöcklein handelt, hat Schwester Elise nur angedeutet.

Im Elternhaus, am runden Eichentisch, erzählten jeweils nach den Abendessen Jakoblis Eltern ihm und seinen Kameraden mehr aus der Geschichte vom Bau des Munot.

Tante Frieda und Götti Ludwig

Götti Ludwig hatte sein Einfamilienhaus am Bärg an der Dützebüelstraße gebaut.

Südwestlich davor lag ein schöner Gemüsegarten, nordöstlich der Hauseingang mit dem Blumengarten.

Jakobli durfte schon allein zu Tante Frieda gehen, um Tante Frieda ein Kesseli voll Kuhmilch, ein Brot von Mutter Anna gebacken, ein Stück Räucherspeck oder manchmal auch ein Päärli Rauchwürstli zu bringen.

Der Weg zum Bärg war meistens ein abwechslungsreiches Abenteuer für den jungen Boten.

Götti Ludwig hatte ein Zimmer an den Pöstler Genner aus Ramsen vermietet. Der Pöstler Genner war ein groß gewachsener, freundlicher Mann. Wenn er dem kleinen Buben begegnete, grüßte er den scheuen Kleinen mit aufmunternden Worten, die Jakobli dann auch zu einem Gruß an den Pöstler veranlassten. Solche Begegnungen waren viele Male Auslöser eines Gesprächs zwischen Alt und Jung.

Dann konnte Jakobli Tanti Frieda erzählen, dass er den Herrn Genner getroffen habe, dieser mit ihm gesprochen und ihm gesagt habe, wie weit er an diesem Tag laufen müsse, dass alle Familien am Abend die Postsendungen bekommen hätten.

Tanti Frieda erzählte ihrem jungen Besucher vom Vorfall, den sie mit Herrn Genner erlebt hatte. Dieser sei an einem Morgen auf dem Gartenweg zur Straße der Länge nach hingefallen. Er habe um Hilfe gerufen, sodass die Tante aufgeschreckt zum Daliegenden geeilt sei und ihm geholfen habe, wieder auf die Beine zu kommen. Tante Frieda habe dem Verunglückten die Nase verpflastern, ihm seine Uniform vom Blut reinigen und einen Finger verbinden müssen.

Götti Ludwig hatte damals schon einen Radioempfänger. Einen braunen Holzkasten mit dem runden Loch über dem Tuch. Aus dem Tuch wurden die Musik und manchmal auch Reden gehört. Dieser Radioempfänger interessierte Jakobli sehr. Der Bube hätte gerne mehr erfahren über dieses Gerät, warum die Musik, die Stimmen aus dem Holzkasten tönen konnten, wie es möglich sein konnte, beim Drehen eines der Knöpfe Piepsen, Knistern oder andere Stimmen zu vernehmen. Tante Frieda ließ den Kleinen am Gerät spielen, bis es ihm verleidet war.

In der Küche war dann für den jungen Besucher meistens ein Zvieribrot bereit, das Jakobli besonders schätzte, denn es war ein

Beckenbrot vom Bäcker Fischer aus dem Dorf. Ein Beckenbrot, so nannte der Kleine das längliche Brot, war etwas anderes als das von Mutter Anna gebackene.

Wenn Jakoblis Eltern mit allen Gehilfen aufs Feld fahren mussten, durfte Jakobli mit seinen Freunden an schulfreien Nachmittagen zu Tante Frieda gehen, sich dort mit Spielen die Zeit vertreiben.

Als die Jungen die Elementarschule besuchten, durften sie zur Abwechslung an einem schulfreien Nachmittag Götti Ludwig helfen, das Brennholz in den Estrichboden zu versorgen.

Diese Arbeit war für die Buben eine interessante Tätigkeit. Die Brennholz-Scheiter waren vor dem Gartentor gelagert. Von dort hatte Götti Ludwig eine aus Holzflecklingen gefertigte Rollbahn bis vor das Haus gelegt. Auf der Rollbahn wurden auf einem flachen Rollbrett große Zainen, gefüllt mit dem Brennholz, bis zum Hauseingang gefahren. Hoch über dem Hauseingang unter dem Dachvorsprung war das Fenster zum Dachboden. Über dem Fenster hatte der Götti eine Seilrolle befestigt. Mit dieser Seilrolle wurden die schweren, mit den Scheitern gefüllten Körbe hochgezogen, geleert und die Scheiter im Estrichboden gelagert.

Jakoblis Vater im Kindergarten

Als Jakoblis Vater seine ersten Jugendjahre bei der Kindergärtnerin Schwester Marie verbrachte, wurde dort die erste Reise auf den Hohbärg gemacht. Als Fahnenträger hatte Schwester Marie Jakoblis Vater bestimmt. Auf einem Foto der damaligen Zeit ist der kleine Kindergärtler festgehalten, wie er stolz die weiße Fahne vor sich herträgt.

Nach dem Abendessen erzählte Vater Jakob den Kindern öfter, wie es zu seiner Zeit im Kindergarten zu- und herging.

Er erinnerte sich noch gut, dass Schwester Marie eine gute, aber auch strenge Kindergärtnerin war. Dass die Eltern, zur damaligen Zeit waren im Dorf mehrheitlich Bauernfamilien, froh waren, dass sie ihre Kleinkinder in die Obhut von Schwester Marie geben durften.

Jakoblis Vater erzählte an einem dieser Abende, wie sie, die Kindergärtler, mit dem Förster Ziegler vom Neuhof die Lindenbaumsetzlinge der Straße entlang vor der Stigele einpflanzen helfen durften.

Nach Vaters Erinnerungen war es in seiner Kindergartenzeit auch so, dass die Kinder Körbchen flechten durften.

Auch habe Tante Sofie von der Bahnhofstraße nach jedem 1. Augustfestlein den Kindern den 1. Augustweggen geschenkt.

Schwester Marie veranstaltete, so wie dies Jakoblis Vater den Jungen erzählte, mit ihren Schutzbefohlenen auch viele Wanderungen zum Dützebüelwald hinauf.

Cirkus Stei

Ende Juni hatte der Circus Stei seinen Standort für die Zirkusvorführungen auf dem Platz vor dem Löwen gewählt.

Für die Dorfjungend ein seltenes Ereignis, das sich jedes Jahr um diese Zeit wiederholte. Die Kinder fanden sich, wenn immer möglich, neben dem Geschehen des Aufbaus der Vorführbühne zusammen. Jakobli, Gerdli und Maxli waren auch dabei. Die drei Buben staunten, wie die Männer den hohen Baumstamm, der dem gefährlichen Schaukel-Spiel des Artisten diente, aufstellten.

An einem Samstagnachmittag durfte Jakobli mit seinen beiden Freunden die Zirkusvorstellung besuchen.

Weil für einen Zirkusbesuch kein Geld übrig war, reichte Mutter Anna ihrem Buben einen Kratten, gefüllt mit frischen, süßen Kirschen. Jakobli könne mit seinen beiden Freunden zur Frau Stei gehen, ihr einen schönen Gruß von der Stegebäuerin ausrichten. Er soll beim Übergeben der Kirschen gleich die Bitte anbringen, dass diese Kirschen als Eintrittsgeld für ihn und seine drei Freunde gedacht seien.

Die nette Ehefrau des Zirkusbesitzers geleitete die drei glücklichen Besucher zur Zuschauerreihe in vorderster Front.

Die drei Zuschauer hielten sich mit Applaudieren, Rufen und Staunen nicht zurück.

Beim Abendessen war ein Thema das wichtigste, der Zirkusbesuch.

Theater im Dorf

Im September kündigte eine Bekanntmachung, die an der Tür der Milchzentrale angebracht war, an, dass Alice und Berti Wegmann ihren Theaterabend im Holzschopf über dem Postbüro eröffnen werden.

Jakobli fragte seine Mutter, ob er mit Gerdli und Maxli das Theater im Holzschopf besuchen dürfe. Beim Abendessen wurde dem Vater der Wunsch des Buben unterbreitet. Über den Eintrittspreis wurde nicht lange verhandelt. Mutter Anna wusste von der Mutter der beiden Theater-Vorführerinnen, dass frische Eier auf der Post sehr begehrt waren.

Am Abend der Theatervorführung marschierten Jakobli, Gerdli und Maxli und Jakobli mit einem Eierkarton, gefüllt mit sechs frischen Hühnereiern, vom Hof zur Post. Mutter Wegmann dankte, gab ihren beiden Töchtern bekannt, dass zur Theatervorführung die Buben von der Stege abzuholen seien.

Im dunklen Holzschopf über dem Postbüro empfing eine fröhliche Kinderschar die drei Kollegen. Ein Glöcklein mahnte zur Ruhe. Die Vorführung wurde ungestört zu Ende gebracht, Applaus, Jubelrufe wurden zum Abschied den beiden Wegmann-Töchtern dargeboten.

Die Theaterbesucher hatten wieder Gesprächsstoff zum Erzählen nach dem Abendessen.

Sparsamer Umgang mit Znünipapier

Znüni, die Zwischenverpflegung im Kindergarten, war in Lebensmittelpapier eingewickelt. Mutter Anna hatte Jakobli gelernt, nachdem der Imbiss verzehrt war, das Znüni-Papier sorgfältig zu falten und für den nächsten Gebrauch am andern Tag wieder nach Hause zu bringen.

Diese Wiederverwendung wurde wiederholt, bis das Papier jeweils unansehnlich zerknüllt war.

Heute bekommen die Jungs von den Eltern ihren Imbiss in kunstvoller Verpackung, so hergestellt, dass meistens eine Weiterverwendung unmöglich ist. Der Einfachheit halber geben die Eltern ihren Sprösslingen Geld, damit sie vor dem Schulhaus, beim vorfahrenden Verkaufsstand, ihren Znüni nach freier Wahl kaufen können.

Heute landen diese Verpackungen von gut erzogenen Kindern im nächsten Papierkorb. Wenn es schlecht läuft landen sie aus Bequemlichkeit und unüberlegtem Handeln im nächsten Gartenbeet, in der Grünhecke neben dem Schulweg.

Der Markt der Verpackungsindustrie wird in der heutigen Zeit wegen schlechter Erziehung, aus Unachtsamkeit, aus unüberlegtem Tun unterstützt. Ein Milliardengeschäft wird dadurch aufrechterhalten, dessen Umsätze steigern sich von Jahr zu Jahr. Rücksicht auf die Umwelt wird ignoriert, Profitdenken kommt vor dem Naturschutz.

Das Hirschenbrünneli

Jakobli hatte sich von seiner Mutter verabschiedet, mit fröhlichem Hüpfen begab er sich auf den Weg zum Kindegarten. Bei Meisters wartete schon sein Kamerad Ernstli auf ihn. Die beiden Jung-Studenten marschierten plaudernd Richtung Restaurant Hirschen dem Kindergarten zu. „Luueg, Jakobli, Iis"!, rief Ernstli seinem Freund zu. Auf der Wasseroberfläche des Brunnentroges hatte sich über Nacht eine feine Eisschicht gebildet. Mit den Fingern war die gefrorene Schicht nicht zu durchstoßen, also versuchten es die beiden Forscher mit den Schuhen. Beide stiegen auf den Rand des Brunnentroges, die Eisschicht war so interessant, nicht zu knacken, dass beide im gleichen Moment darauf standen, mit dem Resultat, dass sie nach einem kurzen Knacken bis zu den Knien im kalten Wasser standen.

Den beiden, vor Schreck und von der Kälte geschockt, wurde bewusst, in diesem Zustand konnten sie nicht bei Schwester Eliese eintreten. Was also tun? Zur blinden Anna und ihrer Schwester auf der anderen Seite der Dorfstraße laufen. Dort konnten die nassen Hilfesuchenden Zuflucht finden, bevor die anderen Mädchen und Buben sie erblickten.

Die beiden Baumer-Schwestern waren einsichtig genug, die Notlage der beiden Buben zu erkennen und zu verstehen. In der warmen Stube von Anna und ihrer Schwester wurden Jakobli und Ernstli liebevoll aufgenommen. Die Schuhe und die durchnässten Strümpfe durften auf Zeitungspapier auf die Ofenkunst gelegt werden. Neben den zum Trocknen aufgestellten Sachen hockten die beiden Besucher und berichteten den beiden Gastgeberinnen, wie es zum Unglück gekommen war.

Die Mütter der beiden Eisforscher wurden nachträglich von Schwester Eliese informiert, dass Anna und ihre Schwester ihr, der Kindegärtnerin, erklärt hatten, warum Jakobli und Ernstli an jenem Morgen dem Kindergarten ferngeblieben waren.

Landesausstellung in Zürich

Schon sieben Monate waren verstrichen seit Jakoblis sechstem Geburtstag. An einem schönen Spätsommertag im Jahr 1939 durfte der junge Bube mit seinen Eltern auf die weite Reise nach Zürich fahren.

Schon während der Bahnfahrt von Schaffhausen nach Zürich kam der junge Reisende kaum aus dem Staunen heraus.

Die Gegend schoss an Jakobli, der seine Nase ans Wagenfenster drückte, zu schnell vorbei.

Plötzlich stellte der Bube fest, dass sich das Gelände nach unten verabschie-dete, tief im Tal floss der Rhein dahin.

Am Bahnhof Eglisau konnte der Vater Jakobli erklären, dass aus der Fabrik, die neben den Bahngeleisen steht, das sprudelnde süße Mineralwasser Eglisana kommt.

Zürich, eine für den jungen Besucher große, unübersichtliche Stadt, in der vom 06. Mai bis zum 29. Oktober 1939 die Landesausstellung stattfand, ließ Jabli nur staunen.

Unser kleiner Besucher durfte an einem Tag die Ausstellung besuchen. Die Brücke, über deren Durchgang die vielen Fähnlein der Gemeinden der Schweiz aufgehängt waren. Der Schifflibach, den Jakobli mit seinen Eltern im Boot befahren durfte. Die Luftseilbahn, die Jakobli mit seinen Eltern über den Zürichsee ans andere Ufer brachte. Die Erzähltante, die mit ihrer Geschichte, der er zuhören durfte, Jakobli und die anderen Kinder für kurze Zeit fesselte. Die Gruppe der Bernhardinerhunde, schön aufgestellt, bereit zum Rennwettbewerb.

Jakobli hatte Frage um Frage, die Eltern beantworteten dem interessierten Sohn möglichst alles, was einem jungen Menschen erklärbar war.

Am Abend eines langen, erlebnisreichen Tages musste Jakobli mit seinem Onkel Franz, dem Bruder von Jakoblis Vater, am Hauptbahnhof Zürich von seinen Eltern Abschied nehmen.

Onkel Franz fuhr mit dem müden Sprössling nach Schaffhausen. Vater Jakob und Mutter Anna gönnten sich, als seltene Ausnahme, einen weiteren Tag in Zürich. Anna war als junges Mädchen im Alter von achtzehn Jahren bei der Familie Manz, Besitzer des Hotels Gotthard, im Haushalt tätig. Bei der Familie Manz blieb Anna drei Jahre. Familie Manz hatte Anna vorzüglich behandelt, darum waren aus dem einen Jahr, nach Anstellungsvertrag festgelegt, drei Jahre geworden. Im Lauf dieser Zürcher Jahre lernte Anna die Stadt kennen und lieben, sodass der Besuch der Landesausstellung um einen Tag verlängert wurde, um am zweiten Tag mit ihrem Ehemann die geliebten Orte der Stadt an der Limmat und Sihl zu besichtigen. Ein solcher Feiertag war nur möglich, weil Jakoblis Eltern sich auf die Dienerschaft im Bauernbetrieb verlassen konnten.

In Schaffhausen angekommen bestiegen Onkel Franz und Jakobli die Bahn Richtung Winterthur. Zum zweiten Mal an diesem Tag konnte Jakobli ein Naturschauspiel erleben. Nach der Durchfahrt des Bahntunnels ab der Station Neuhausen am Rheinfall, über die Eisenbahnbrücke, machte Onkel Franz den Kleinen auf den Rheinfall, dessen Wassermassen sich zwischen den beiden Felsen hinunterstürzen, aufmerksam. Kaum hatte Jakobli das Naturschauspiel wahrgenommen, wurde der zweite Tunnel durchfahren. Den Zug verließen die zwei Reisenden am Bahnhof Dachsen. An diesem erlebnisreichen Tag wurde der letzte Fußmarsch angetreten. Jakobli war eingeladen, bei Tante Elsbeth und Onkel Franz zu übernachten.

Am nächsten Tag besuchte Onkel Franz mit Jakobli die Firma SIG in Neuhausen am Rheinfall. Dort arbeitete Onkel Franz als kaufmännischer Direktor. Onkel Franz legte Wert darauf, von Zeit zu Zeit den persönlichen Kontakt mit dem Betriebspersonal aufzufrischen, den Menschen einen Besuch abzustatten, sich zu erkundigen über betriebliche und persönliche Belange.

Der junge Fabrikbesucher interessierte sich schon damals für die mächtigen Dampfhämmer, die in der Gesenkschmiede-Abteilung standen. Der erschütternde Lärm, das zischende Saugen der sich aufwärts bewegenden Zylinder, die dann donnernd auf das zu formende Werkstück prallten. Herr Scherrer, der Chef im Konstruktionsbüro, erklärte dem kleinen Besucher die Eisenbahn-Drehgestelle.

An der Mechanik, die eingesetzt wurde bei der Fabrikation von Verpackungsmaschinen, hatte Jakobli sein großes Interesse gefunden.

Nach der Besichtigung der Firma SIG begaben sich die beiden nach Schaffhausen, hinauf zur Lägernstraße im Breitequartier. Dort hatten die Bauarbeiten für das schöne Einfamilienhaus der Familie Franz Bührer-Lüscher begonnen. Onkel Franz zeigte Jakobli die Arbeiten fürs neue Heim an schönster Lage über der Stadt.

Zurück im Dorf konnte Jakobli am Familientisch, beim Erzählen seiner Erlebnisse während der zwei Tage mit Onkel Franz aus dem Vollen schöpfen.

Der Bub erzählte voller Stolz von den großen Maschinen, die glühende Stahlstücke zu den vorgegebenen Formen schmiedeten.

Diesem Besuch in der SIG folgten in den folgenden Jahren unzählige Kontakte, von denen später noch zu lesen sein wird.

In noch jungen Jahren

Als Jakobli und seine Kameraden noch jung waren, mit hoffungsvollen Einstellungen die Tagesabläufe erlebend, ließen sie sich von Tatsachen, die plötzlich vor ihnen lagen, erwartungsvoll fröhlich stimmen.

Ein schulfreier Tag, wenn ein Lehrer plötzlich erkrankt war, wurde als freudiges Ereignis wahrgenommen.

Erschüttert wurden die Kinder, wenn am Familientisch Nachrichten vom nahenden Krieg behandelt wurden.

Die Jungen wurden in ihrer Hilflosigkeit traurig, wenn sie von einem Unglück erfuhren.

Erlebnisse nahmen sie teils oberflächlich, nichts Böses ahnend auf. Das waren ihre unbeschwerten, schnell in Vergessenheit geratene Zeiten.

Die damaligen Tagesabläufe, unter den Vorgaben der Eltern, waren viel weniger reguliert als dies die Jugend in der modernen Zeit erleben muss.

Jakobli und seine Freunde waren geprägt von den Vorkommnissen der damaligen Vorkriegszeiten, so wie man diese in der Schweiz nach Hitlers Machtergreifung erlebte.

Jakobli durfte am runden Esstisch, besetzt mit seinen Eltern, mit den Gehilfen und drei Buben von Familien aus der Nachbarschaft, wichtige Erfahrungen sammeln.

Eindrücke, die prägten. Er war noch ein ganz kleiner Bube, es war vor dem Zweiten Weltkrieg im Jahre 1938, als es an der Lebernstraße neben der Schützenmatte brannte. Niederrösts Wohnhaus stand in Flammen. Einer der Knechte in Jakoblis Familie hatte den Buben auf die Schultern genommen. Gottlieb, der liebenswürdige Helfer aus Stetten, musste den jungen Reiter festhalten, um die zitternde Last nicht von seinen Schultern zu verlieren.

Kurz nach dem Zweiten Weltkrieg, im Juli 1946, brannte das Wohnhaus der Familie Sigg an der Lebernstraße oberhalb der Hofstatt von Jakoblis Eltern. Die Familie Sigg musste zusehen, wie ihr Haus in Asche und Staub versank. Klärli, die Tochter der Familie Sigg, verlor kurz vor ihrer Hochzeit mit Guido Schurter ihre gesamte Aussteuer.

Diesen Brand konnte Jakobli aus nächster Nähe verfolgen. Der junge Zuschauer erlebte, wie Heina Müller, der Einarmige, mit einigen Helfern als die ersten Brandbekämpfer kurzentschlossen einen Schlauchwagen aus dem Feuerwehrmagazin behändigten, schnell die erste Löschleitung vom Hydranten an der Ecke beim Höfli vor Schlatters Wohnhaus zum Brandobjekt legten.

Nach dem Brand fehlten aus Mutter Annas Hühnerschar einige Exemplare der Eierlieferanten.

Beinahe ein Beinunfall

Ein weiteres Eingreifen von Jakoblis Schutzengel erlebte der Bube in jenem Alter, in dem die Kinder nicht immer die Worte der Erwachsenen verstanden oder verstehen wollten.

Jakoblis Vater spannte an einem Nachmittag auf dem Hof vor dem Elternhaus Zur Stege die Pferde vor den Brückenwagen. Das Ziel war der Lochacker zwischen den Köhlländern und dem Gsang-Wald.

Der Acker befand sich unterhalb des Wolfbühels hinter dem Zimmerplatz. Zimmerplatz genannt, weil der Zimmermann Emil Müller, Lö war sein Herblinger Spitz-Name, auf jenem Platz seinen einfachen, offenen Holzschopf aufgebaut hatte. Unter dem Dach seines Schopfes lagerte Lö, der Schreinermeister, die zum Aufbau von Dachstöcken in seiner Werkstatt vorbearbeiteten Balken. Auf dem Rasenplatz vor dem Zimmerplatz-Schopf wurden diese Balken probeweise zusammengebaut, bevor sie jeweils dem Bauherrn angeliefert wurden. Auf dem Zimmerplatz hatte Jakobli mit seinen Freuden viele interessante Momente erlebt. Wenn sie sich unbemerkt von der Feldarbeit verabschiedet hatten, wussten die Eltern, wo die Verschwundenen zu finden waren.

An jenem Nachmittag vor der Fahrt zum Wolfbühel ermahnte der Vater die Kinder, sie saßen auf der breiten Fläche des Brückenwagens, die Beine immer ganz auf die Brücke des Wagens zu legen.

Jakobli hatte in jenem Moment nicht die beste Laune, er nahm Vaters Worte nicht ernst, hockte sich gegenüber der andern Kinder und ließ seine Beine über die Brückenbrüstung baumeln.

Die Pferde zogen im Galopp den Wagen mit seiner Fuhre die Lebernstraße hinauf. Den Rank vor dem Eckhaus, die Eigentümer waren Kiesgrubbührers, nahmen die lustig dahinjagenden Pferde zu eng, sodass die Wagenbrücke auf der Seite, an der Jakobli saß, an der Hausecke vorbeischrammte. In dem Moment, bevor seine Beine zwischen Hausecke und Wagenbrücke zermalmt worden wären, flogen des Buben Beine auf die Wagenbrücke zurück. Sein Schutzengel war im rechten Moment da. Er hat im richtigen Moment das Unterbewusstsein des Buben aktiviert.

Schiffskoch

Im Kindergartenalter antwortete Jakobli, wenn er gefragt wurde, was er einmal werden wolle, Schiffskoch möchte er werden.

An den Wochenenden, wenn Jakoblis Freunde bei ihren Familien weilten, war der Bube in der Küche neben seiner Mutter am Kochherd zu finden. Mutter Anna hatte ihrem Hilfskoch kleine Pfännchen geschenkt, damit er neben ihr seine Kochkünste ausprobieren konnte. Selbst vorbereitete Suppen, Kartoffelstock sowie Gemüse, kochte Jakobli für seinen persönlichen Gebrauch.

Später jedoch kam in der Berufsfrage alles anders, von dem im Folgenden noch zu lesen sein wird.

Wünsche werden erfüllt

Der Moment war gekommen, als das Christkind einen Wunsch, den Jakobli schon lange Zeit seinen Eltern anvertraut hatte, erfüllte. Das Christkind brachte dem Buben die ersten Skier.

Vater Jakob hatte die Skibretter aus Eschenholz beim Schreinermeister Lö anfertigen lassen. Die Skibindungen und die beiden Skistöcke wurden beim Händler Emil Kübler, der in der Neustadt seinen Eisenwarenladen führte, gekauft.

Noch am Heiligen Abend bat Jakobli seinen Vater, die Skier anziehen zu dürfen, um zu prüfen, ob alles in Ordnung sei.

Mit einem unbeschreiblichen Stolz versuchte der junge Sportbegeisterte, mit den Brettern an den Schuhen und den beiden Skistöcken ausgerüstet, über den Hausgangteppich in die von den Feiernden besetzte Stube zu laufen. Die Anwesenden beglückwünschten den vor Glück strahlenden Knirps.

Am folgenden 01. Januar, Jakoblis viertem Geburtstag, lag eine tiefe Neuschneeschicht auf Feldern und auf Straßen. Nichts wie los, seine Bitte an die Eltern richtend, sorgte Jakobli dafür, dass Mutter und Vater mit ihm zum Beckenwääldli hinaufpilgerten, um ihn zu beobachten, wie er als Skifahrer den Hang hinuntersausen würde.

Oben beim Wäldli angelangt gab Mutter Anna den Startbefehl. Jakobli mit Heldenmut begann seine erste Skiabfahrt. Ohne die Abfahrt zu unterbrechen, näherte sich der junge Skifahrer dem Waldsaum bei der Wäiherhaalde. Die Sträucher am Waldsaum fingen die Schussfahrt auf, so erreichte Jakobli seine ungewollte Zieleinfahrt durch einen natürlichen, gelinden Stopp, der den Sträuchern des Wäierhaalde-Waldsaums zu verdanken war.

Mit einigen Kratzern im Gesicht erreichte Jakobli seine Eltern, die oben auf ihren Skifahrer warteten.

Wieder hatte ein fürsorglicher Schutzengel Jakoblis Abenteuer begleitet.

Schneefall

Damals im Alter von fünf bis sieben Jahren frohlockte Jakobli mit den anderen Kindern, wenn über Nacht viel Schnee gefallen war.

Draußen war eine seltsame Ruhe eingekehrt, kein Vogelruf, der Glockenklang vom Kirchturm kam gedämpft an, die Stimmen der Fußgänger waren dumpf zu vernehmen.

Im Schein der Straßenlaternen funkelten winzige glitzernde Schneesterne aufmerksamen Kinderblicken entgegen.

Wenn auf dem Hof zur Stege eine Neu-Schneeschicht von bis zu 60 cm lag, beim Hanggäärtli die Stämme der beiden Lindenbäume im Tiefschnee standen, wenn die Mauer, die das Hanggäärtli zur Straße abgrenzt, unter Frau Holles Wintermantel unsichtbar verborgen war, dann fuhren die Kinder mit Schlitten und Skiern von der Hofstatt den schmalen Pfand hinunter. Über den Hofplatz zwischen den Baumstämmen der beiden Linden hindurch, der Dorfstraße weiter folgend, führte die Fahrt bis zur Bäckerei Fischer. Der große Schnee sorgte, bevor der Pfadschlitten seine Runde gemacht hatte, für Abenteuer und Freude in einer feierlichen Morgenruhe. Die Kinder tobten sich freudig in der stiebenden, weichen, weißen Schneemasse aus. Oben in der Hofstatt wurden Lawinen gerollt für den Bau von Schneemännern, Schneehütten gebaut. Unterwegs auf der Abfahrtpiste wurden Schanzen erstellt, sodass eine Skirennbahn, die einiges an Können abverlangte, befahren werden musste. Wer unten auf der Dorfstraße heil ankam, war ein richtiger Skirennfahrer, der bejubelt wurde.

Von Stetten nach Herblingen

In den Wintermonaten zwischen 1938–1948 war der Schneesegen manchmal so ergiebig, dass eine Schlittenfahrt von Stetten bis zum Dorf ohne Unterbrechung möglich war.

Jakobli und seine Freunde hatten das Postauto, vom Chauffeur Adolf Gerber gelenkt, bald als Zugmaschine ihrer Schlitten entdeckt. Das Postauto hatte hinten einen Gepäckkasten angebaut. Im Gepäckkasten wurden die Postsendungen, die für Herblingen und für die Reiatdörfer bestimmt waren, transportiert. Der Griff zum Abschließen des Gepäckkastens diente als idealer Anhängehaken für die Schlitten-Zugschnüre.

Wenn Adolf Gerber die Postsendungen fürs Dorf beim Bushalt zur Stege in den Zweiräder-Postkarren von Frau Wegmann, Poststellen-Halterin, geladen hatte, und die Kastentüre wieder verriegelt war, rannten Jakobli und seine Freunde aus dem Versteck hinter dem Elternhaus um die Ecke zum Postauto. Sobald Herr Gerber im Chauffeursitz wieder Platz genommen hatte, hakten die Spitzbuben die Zugschnüre ihrer Schlitten am Kastenhebel ein, und eine fröhliche Schlittenfahrt, bergwärts in Richtung Stetten, konnte beginnen.

Wenn unterwegs bis Stetten kein Zwischenfall geschah, konnten die Schwarzfahrer beim Rank des Sunntigmuurer Bauern, so wurde der Vater von Margritli Waldvogel genannt, vom vordersten Schlitten steigen und das Schlitten-Zugseil lösen.

An einem Nachmittag, als die Straße beim Sunntigmuurer-Rank mit einer glatten Schneeschicht bedeckt war, konnte Jakobli den Haken am Postkasten nicht mehr erreichen. Adolf Gerber, erstaunt, was er da angehängt sah, löste vor der Stettemer Poststelle die drei Schlitten ab. Er übergab die fremde Last, die er von der Haltestelle Stege bis vor die Post Stetten gezogen hatte, dem Posthalter mit der Bitte, die drei Schlitten aufzubewahren, bis sich die Schlingel meldeten.

Das Ergebnis dieser Tat war eine kräftige Standpauke des Oberlehrers von Herblingen sowie das Ende der Gratis-Schlittenfahrten nach Stetten.

Wenn der Tag vergangen war

Wenn der Klang der Betzeitglocke sich zum Dorf hinter ausbreitete, bedeutete dies für die Kinder, sich sofort ohne Widerspruch auf den Heimweg zu begeben. Eine Nachkontrolle, ob noch Jugendliche auf der Straße waren, geschah manchmal durch den Dorfpolizisten, durch den hochgeehrten Herrn Pfarrer, durch den Gemeindepräsidenten, durch den Schulpräsidenten oder durch Jakoblis Vater, den Gemeindeschreiber. Das Überschreiten der Heimkehrzeit hatte meistens ein Gespräch mit den Eltern des Delinquenten zur Folge.

Und heute? Sind leider viele Eltern glücklich, wenn ihre Kinder möglichst spät und bettreif nach Hause kommen, nur um von deren Fragen verschont zu bleiben.

In Jakoblis Jugendzeit durften seine Freunde, deren Eltern spät aus der Fabrik nach Hause kamen, bei Jakoblis Eltern das Abendessen einnehmen, um danach gemeinsam am runden Tisch die Schulaufgaben zu erledigen. Diese Kameradschaften bedeuteten dem Einzelkind Jakobli viel, auch fürs spätere Leben.

Die Kinder durften am runden Tisch ihre Aufgaben lösen und sich gegenseitig ergänzen. Die Eltern von Jakobli, manchmal war auch ein Knecht, eine Haushalthilfe in der guten Stube, waren stets bereit,, während des Zeitunglesens oder während des Strickes eine Pause einzulegen, um den Kindern bei Fragen Hilfe leistend beizustehen.

Übernachtung im Freien

Die erste Nacht im Freien verbrachte Jakobli auf Einladung der Blauringgruppe vom Dorf. Dorli, ihre Schwester Nelly, beide von der Sägerei, dazu noch Dorli Manz aus der Familie Manz am Haaldewiesliweg und noch weitere, ältere Mädchen und Jünglinge, die sich als Blauringler kategorisch dazu bekannten, keinen Alkohol zu trinken. Dabei waren Bruno Flückiger von der

Herblingerstrooss, Herbert Ziegler von der Familie Ziegler im Sunnebärg und Hermann Schmocker vom Tränsche.

Jakobli war eingeladen, mit seinen Kameraden Gerdli, Ernstli, Maxli, Peterli, Franzli und Erwinli an diesem einmaligen Campieren im Freien teilzunehmen.

Mit kleinen Zelten und einigen Schlafsäcken beladen, verließ die kleine Abenteuergruppe an einem Sommerabend das Dorf.

Das Gwölb neben der Spitzwiese wurde als Endziel bestimmt. Dort traf die Wandergruppe, nach einem Marsch zum Forsthaus, dem Spitzwisebach entlang, ein.

Das Gwölb, ein Betonbau aus der Zeit des Zweiten Weltkrieges, diente damals den Soldaten vom Grenzschutz und den Grenzwächtern als Beobachtungsposten und als Schutzort. Auf der Pfaffenwis, über der Straße, gegenüber dem Gwölb, wurde das Zeltlager aufgebaut. Beim Gwölb unter der Blutbuche flackerte bald ein Feuer, auf dessen Glut Käse, Teigschlangen und Würste gegrillt wurden.

Der Schulthek

An Weihnachten, bevor Jakobli sieben Jahre alt wurde, erhielt er vom Christkind seinen Schulthek, dessen Deckel mit einem schönen Kuhfell überzogen war.

Im Frühling freuten sich die Kinder an den Blumen, die ihre Farbenpracht entfalteten.

Am Muttertag spazierten die Kinder in Grüpplein zum Striitholz-Wald, um Maiglöckchen zu pflücken, mit diesen ihren Müttern eine Freude zu bereiten.

Jakoblis Mutter nahm sich Zeit, ihm ihre echte Freude kundzutun. Auch Frau Tassi war eine geduldige Mutter, die ihren beiden jüngsten Söhnen, Jakoblis Freunden, für die heimgebrachten Blumensträuße ihren ehrlichen Dank aussprach.

Wechsel vom Kindergarten zur Elementarschule

Am Osterdienstagmorgen des Jahres 1940 betrat Jakobli das Klassenzimmer, in dem die Lehrerin Fräulein Marie Walther die Erst- und die Zweitklässler unterrichtete.

Jakobli wurde ohne Begleitung auf seinen ersten Gang ins Trüllenbuck-Schulhaus verabschiedet. Seine Eltern hatten Vertrauen zu ihrem Sohn, der mit dem Schulthek auf dem Rücken in stolzem Schritt den Hof seines Elternhauses verließ. Mutter Anna winkte ihrem Sohn zum Abschied, begleitet mit freudigen Worten.

Mit gemischten Gefühlen betrat unser junger Schüler das Klassenzimmer.

Staunend, aufmerksam der Dinge harrend, die auf ihn zukommen werden, nahm er die vielen Kinder wahr, von denen schon jedes seinen Platz eingenommen hatte. Fräulein Walther gab dem unschlüssigen Bub die Hand, ging zur hintersten Bankreihe neben der Fensterfront und erklärte Jakobli, wie er sich an seinem Platz einrichten konnte.

Jakobli musterte seine Schulkameraden, unter denen er, zu seiner Beruhigung, einige bekannte Gesichter ausmachen konnte. Alfredli, Erwinli, Franzli, Gertli, Maxli und Peterli hatten mit ihm bei Schwester Elise die Kindergartenzeit verbracht. Diese waren seine engeren Freunde, die im Haus zur Stege viele Stunden verbringen durften.

Elementarschulzeit

Die Lehrerin, Fräulein Marie Walther, war eine geduldige, herzensgute und von den Kindern hochgeachtete Person.

Was Fräulein Walther sagte, galt. Nach ihren Anordnungen wurde ohne Widerrede gehandelt. Wenn Schüler mit Schulaufgaben Probleme hatten, durften sie sich mit ihren Sorgen an Fräulein Walther wenden. Jakobli und seine Kameraden konnten sich zu Hause an Mutter Anna, aber auch an Vater Jakob wenden. Manchmal, wenn beide Eltern abwesend waren, stand einer der Knechte, Erna oder Heidi, den Buben zur Seite. Diese schenkten Jakobli und seinen Freunden die nötige Aufmerksamkeit. Sie halfen, so weit wie möglich, Probleme bei den Schulaufgaben zu lösen. Es gab damals nur eine außerschulische Aufgabenhilfe, das Elternhaus, auch für einige seiner Kameraden, am runden Familientisch im Haus zur Stege.

Das Zuhause war der Ort, wo die Aufgabenhilfen empfangen wurden.

Und wie ist es heute? Wie viele Eltern haben an ihrem Feierabend genügend Zeit, anstelle des Fernsehens oder eines anderen Vergnügens Fragen der Kinder zu beantworten?

Leider herrscht in immer mehr Familien die Meinung, die Schule sei da, die Erziehung der Kinder zu übernehmen. Das ist die heutige Einstellung vieler, vom Arbeitstag gestresster Eltern.

Nach dem ersten Schultag erzählten die Jungen nach dem Abendessen von ihren Erlebnissen des verflossenen Schultages. Auf die Fragen, welche von den Erwachsenen an die Schüler gerichtet wurden, antworteten die Schüler mit Freude, weil sie von ihren Vorbildern als Menschen ernst genommen wurden.

Das Klassenzimmer

Die erste und die zweite Klasse verbrachte Jakobli bei Fräulein Walther. Diese Lehrerin war für ihn eine spezielle Person, weil sie manchmal mit ihrem Personenwagen zur Schule gefahren kam. Voller Ehrfurcht betrachtete Jakobli ihre Wendemanöver hinter das Schulhaus, auf den freien Platz, wo heute das Haus zur Trülli steht.

Das Klassenzimmer von Fräulein Walther war im Erdgeschoss untergebracht.

Auf der linken Seite, neben der Treppe zum Schulhauseingang. Dieser Hauseingang war zugleich der Eingang zur Wohnung des Oberlehrers Waldvogel.

An heißen Sommertagen wurden die Zimmer durch das Öffnen der Fenster zur Trüllebuckstraßenseite gekühlt. Manchmal ließ die Lehrerin die Fenster weit geöffnet, bis alle Schüler an ihrem Platz saßen.

An solchen heißen Tagen stand zur Durchlüftung im Haus zur Stege auch die Stalltür offen, wo die Kühe und die Pferde, davon die Rappenstute namens Flora, ihre Unterkunft hatten.

Manchmal folgten die Pferdestute Flora und der dicke Kater Butz Jakobli auf seinem Schulweg bis zum Schulhaus hinauf. Der Schüler freute sich, wenn dann ein schwarzer Pferdekopf durchs Fenster des Schulzimmers hereinschaute.

Kein einziges Mal durfte Jakobli mit Flora und Butz zurück zum Elternhaus. Es war immer der Oberlehrer Herrmann Waldvogel, der von Lehrerin Marie Walther zur Rückführung von Jakoblis Begleiter gerufen wurde. Lehrer Waldvogel nahm diese Aufgaben gern und verantwortungsvoll als Abwechslung an. Eine Gelegenheit, mit des Buben Vater oder mit seiner Mutter einen kurzen Schwatz zu halten.

Schulreise

Die erste Schulreise im Jahr 1940 wurde schon Wochen im Voraus von Fräulein Walther bekanntgegeben. Vorgesehen war eine Schifffahrt von Schaffhausen nach Stein am Rhein. Begeistert und mit Freude erzählte Jakobli seinen Eltern, wohin die Reise ginge. Mutter Anna kaufte dem Buben eine Lunch-Tasche. Eine praktische Umhängetasche, in der genügend Reiseproviant verstaut werden konnte.

An einem Augustabend wurde von Mutter Anna der Tagesproviant vorbereitet. Jakobli durfte seinen Eltern vorführen, wie er die vielen Sachen einpacken werde. Um ruhig ins Bett gehen zu können, sich seinem erholsamen Schlaf anvertrauen zu dürfen, um am anderen Morgen in der Früh gut ausgeruht auf die Reise zu gehen, versprach ihm der Vater, dass er den Buben zur rechten Zeit wecken werde.

Trotz allen Vorbereitungen und Versprechungen konnte Jakobli in der Nacht vor der Reise schlecht schlafen. Er träumte, nicht zur festgelegten Zeit vor dem Schulhaus zu erscheinen. Er sah sich den Trüllebuck hinauf zum Schulhaus eilen, um dort einen leeren Platz vorzufinden.

Als endlich sein Vater neben seinem Bett stand, um den Buben behutsam zu wecken, kam freudiges, erleichterndes Leben in Jakoblis Dasein. Rechtzeitig traf der Bube neben dem Schulhaus ein. Die Reiseführer, Fräulein Walther mit dem Schulpräsident, Jakoblis Pate Ludwig Vogelsanger, marschierten vor der Klasse zum DB-Bahnhof. Mit dem DB-Zug reiste die fröhliche Schar nach Schaffhausen. Vom Bahnhof in der Stadt die Vordergasse hinunter, war von weither fröhliches Kinderplaudern zu vernehmen.

Vor dem Betreten des Schiffes wurden von Fräulein Walther die Verhaltensregeln, welche während der Fahrt nach Stein am Rhein einzuhalten waren, eingehend erklärt. Erst danach duften die jungen Passagiere hinter ihren Betreuern einsteigen.

Die Schaffhausen, ein großes, mit grüner und weißer Farbe bemaltes Dampfschiff, wurde durch zwei Schaufelräder rückwärts und vorwärts bewegt. Der Dampfkessel wurde durch das Kohlenfeuer erhitzt. Die leise arbeitende Dampfmaschine zog das Interesse Jakoblis und seiner Kameraden auf sich. Fräulein Walther und ihr Begleiter mussten die interessierten Schiffsreisenden dazu ermahnen, die Schifffahrt nicht nur der Technik zu widmen, sondern auch die schöne Gegend links und rechts dem Strom entlang zu genießen.

Nach dem Ablegen von der Schiffsstation Diessenhofen erlebten die Kinder eine aufregende Aktion. Der Schiffskamin musste, zur sicheren Fahrt unter der Diessenhofer Holzbrücke hindurch, flach auf die dafür bereitstehenden Stahlträger gelegt werden. Jakobli und seine neben ihm stehenden Freunde betrachteten staunend, wie der Kamin, seiner Funktion beraubt, flach dalag. Aus dem freigelegten Schlund der Feuerstelle stiegen kleine Funken und eine spärliche Rauchsäule gen Himmel.

Die Graureiher auf den Bäumen vor dem Weiler Bibermühli, wurden mit den Rufen der Kinder begrüßt.

Angelangt an der Schiffanlegestelle Stein am Rhein, verabschiedeten die Matrosen die fröhliche Kinderschar.

Fräulein Walther versammelte auf dem Rhein-Quai die beiden Klassen zu einem wichtigen Gespräch.

Zu jener Zeit herrschte eine ernst zu nehmende gefährliche Zeit. Hitlers Schergen von Nazideutschland machten allerhand unmenschliche Sachen, vor denen sich jeder und jede in Acht nehmen musste.

Die Lehrerin erklärte eine Sache, die sie schon einige Male mit den Kindern in der Klasse besprochen hatte.

Oben bei der Gaststätte Bläichi, dem Ort, wo die Reise hinging, war nur einige Meter von der Grenze zu Deutschland neben dem Spielplatz des Restaurants gefährliches Land. Das von Nazideutschland beherrschte Gebiet. Keines der Kinder dürfe sich vom Spielplatz entfernen. Nur im vorgegebenen Umkreis dürfe man sich bewegen. Diese Anweisungen sorgten bei den Kindern, auch bei den Erwachsenen, für belastende, trübe Gedanken. Für die Kinder war das schwer zu verstehen.

Diese Reise fand mit der Bahnfahrt von Stein am Rhein nach Schaffhausen ohne Zwischenfall einen glücklichen Abschluss.

Mutter Anna, die Köchin

Mutter Annas Kochkünste waren bekannt bei der Helferschaft im Haus zur Stege und bei ihren Angehörigen.

In der Winterzeit servierte sie nicht selten ein reichhaltiges Essen, was während der Kriegsjahre nicht einfach auf den Tisch zu zaubern war. Zum Abendessen eine Rösti gebacken mit Grüben-Würfel aus ausgelassenem Schweineschmalz. Zur Abwechslung wurden Salzkartoffeln mit Emmentaler-Käse aufgetragen. Die Mittagessen bestanden zum Beispiel aus Kartoffelstock, Blut- und Leberwürsten mit Rosenkohl oder Sauerkraut, alles vom Hof.

Bauernfamilien waren zu jener Zeit größtenteils Selbstversorger.

Schlittschuhlaufen

Absatzreißer wurden die Schlittschuhe genannt, weil nicht selten beim Abschrauben der Eisen in den Klammern der Schlittschuhe noch ein Schuhabsatz hängen blieb.

Im Moos nordwestlich des Bunkers West liegt im malerischen Tal das kleine Hochmoor, Moos genannt. Das Moos war ein beliebter Ort zum ungestörten Sein. Die großen Buben und Mädchen zeigten den Kleinen sich als Vorbilder im Eislaufen. Auch bei anderen Vergnügungen, zum Beispiel im Rauchen von Zigaretten. Entweder wurde ein Junge zu den Soldaten im nahe gelegenen Bunker befohlen. Er sollte dann schauen, versuchen, ob ein guter Grenzschutz-Soldat einige Zigaretten verschenken würde. Wenn so ein Gang erfolglos war, wurden die Kleinen gebeten, ins Dorf hinter zu gehen, bei Tante Frieda ein Päcklein Rauchwaren, Zigarretten mit den Namen Fip, V2, Capitol, Parisienne zu kaufen. Der Bote wurde angewiesen zu sagen, die Zigaretten seien für den Baumeister Leibacher. Solche Botengänge führte Jakobli, wegen des Lohns, der ihm winkte, einige Male gerne aus. Dieser Lohn wurde in Naturalien bezahlt, zwei bis drei Zigaretten.

Auch im Wettewiswäier und im Rootwisetal sorgte Jakobli mit seinen Kameraden dafür, dass bei kalten Temperaturen eine Eisfläche entstehen konnte.

Durch das Stauen des Krebsbaches, der heute überdeckt ist, bei den Drei Bäumli floss das Wasser auf eine weite Fläche, von der Rootwiese, eine Fläche war im Eigentum von Jakoblis Vater, bis zum Heuschopf der Familie Blanz, die in Gennersbrunn ihren Landwirtschaftsbetrieb führte.

Einige Jahre wurden in den Monaten Februar/März scharenweise Schlitt-schuhläufer aus Herblingen, Schaffhausen und Gennersbrunn auf dem Eisfeld im Tüüftaal beim schnellen Gleiten auf dem Eis beobachtet.

Jahre später konnten und wagten sich die Herblinger in die Spitzwiesen, heute Fulachwise, um dort, gegenüber der Brauerei Falken, auf großer Fläche das Eislaufen zu genießen. Für ein Eintrittsgeld von 20 Rappen konnten die Jungen in das weite Eisfeld eintreten, wo der Eishockeyklub EHS seine Gegner manchmal in Bedrängnis führte, oder umgekehrt.

Die Spitzwiese ist heute verbaut mit Gleisen des Güterbahnhofs der SBB.

Ein wichtiges Abstellgebiet für –

1. Zugkompositionen, in Abruf-Bereitschaft abgestellt, für den Fall wenn Mehrkapazität für den Personentransport verlangt wurde.
2. Für außer Betrieb gestellte Bauzugkompositionen, Güterwagen, Holztransporte, Zementtransportwagen usw.

Der neue Standort der Spitzwiese und das zu ihr gehörende Bächlein befinden sich heute im östlichen Teil des Industriegebietes im Herblingertal.

Der Lauf des Spitzwiesebachs zieht sich vom Pfaffewiesesee durch die Pfaffewiese/Spitzwiese, neben den Schrebergärten, zum kleinen Wasserfall bis in den Lauf der Ochsewies.

An dem Ort vorbei, wo früher, vor der Industrieland-Zusammenlegung, die Herblinger Badeanstalt im Krebsbach gelegen hatte.

Wo damals Jakobli mit seinen Schulkameraden seine ersten Schwimmübungen absolvierte.

Heute befindet sich auf der Ochsewis der große Bau der Firma Janssen. Neben dem Wasserfall des Spitzwiesebachs wurde ein schöner Rastplatz erstellt. Dort können die Menschen grillieren, plaudern, ruhen, sitzen.

Der Wanderweg von der Solenbergstraße führt am Waldessaum bis zum Spitzwiesebach entlang. Zwischen dem Weg und dem Waldbord liegt das von Amphibien bewohnte, schützenswerte Biotop.

In fünf Minuten Wanderung ist der Mogerewäier, die Ausgleich-Wasserfläche zur überdeckten Wasserfläche des ehemaligen Krebsbachs.

Heizenergie sparen

Währen der Kriegsjahre und noch Jahre danach wurden die Schulstunden der Elementarschule im Schulhaus am Trüllenbuck nach einem Winterstundenplan besucht.

Die eine Hälfte der Klassen war für den Morgen, die andere Hälfte für den Nachmittag eingeteilt. Der Wechsel von den Morgenlektionen zu den Nachmittagslektionen erfolgte jeden Montag. Diese gedrängtere Einteilung wurde angeordnet, um Heizenergie zu sparen. Ein Teil der Klassenzimmer, die beheizt wurden, wurde mit der Kohlefeuerung über die Zentralheizung gewärmt, der andere Teil mit runden Sägemehlöfen in der Form großer Ölfässer. Jakob erinnert sich noch, wie das Bestücken dieser Öfen vor sich ging. Das Sägemehl wurde, nachdem in der Mitte des Füllraumes ein Rohr für die Sauerstoffzufuhr hineingestellt war, eingebracht und dann festgestampft. Nach der Bestückungszeremonie zog man das Mittelstück (Rohr) heraus und der Wärmespender war bereit für die Inbetriebsetzung. Eine kleine Menge Petroleum schüttete der Heizer in den runden Sauerstoffhohlraum, das Brenngut konnte mit einem Streichholz angezündet werden. Der Verantwortliche für das dosierte Abbrennen dieser Öfen war unser allseits bekannter Dorfweibel und -polizist.

Fräulein Nelly Buchter, eine charmante junge Aushilfslehrerin wohnte in Thayngen. Von den Schülern wurde die beliebte Lehrerin geschätzt und ihre Anordnungen mit gutem Willen erfüllt. Nelly Buchter unterrichtete als Stellvertreterin des im Aktivdienst weilenden Lehrers Ernst Wanner. In der Zeit, in der

die junge Lehrerin die Schüler der fünften und sechsten Klas-
sen- unterrichtete, waren die Kontrollgänge des Heizöfbetreu-
ers, auffallend zahlreich.

Der Wilderer

Die Lehrerin der ersten und zweiten Klasse war krank. An einem Wintermorgen, als Jakobli den Trüllenbuck zur Schule hin-
aufwanderte, kam ihm sein Kamerad Gerdli freudestrahlend mit
der Mitteilung entgegen: „'S Fräulein Walther isch chrank, mir
häd en freie Tag." Beide Buben erreichten kurz nach diesem Bericht Jakoblis Elternhaus, die Mutter wurde über die glückliche
Rückkehr benachrichtigt. Jakoblis Vater und Justa, dem Elsässer
Flüchtling, waren im Begriff, das Haus zu verlassen. Die beiden
Männer hatten vor, zur Waldarbeit in den Dachsebüel-Wald zu
gehen, Bäume zu fällen, für den Brennholz-Vorrat im nächsten
Winter zu sorgen. Jakoblis Vater fragte die beiden Glücklichen,
ob sie im Wald mithelfen möchten. Die Buben waren sofort einverstanden, mit den Erwachsenen ins Holz zu gehen. Nachdem
die Schulkleider durch die Arbeitskleider ausgetauscht waren,
marschierten die vier Waldarbeiter die Leebere-Straße hinauf
Richtung Gsang – Dachsebüel.

Im eigenen Wald angekommen, gab Vater Jakob den beiden
Buben die Aufgabe, Äste einer gefällten Buche hinunterzuschlei-
fen und in der Nähe am unteren Wegrand ordentlich aufzuschichten, damit der Büschelmacher später dann mit Leichtigkeit Ast
um Ast zubereiten konnte. Mit Sicht gegen die beiden Schwiizersbildfelsen arbeiteten die beiden Jungen, bis plötzlich Gerdli Jakobli auf die aus dem gegenüberliegenden Wald fliehende
Gruppe von Rehen aufmerksam machte. Plötzlich war ein Ge-
wehrschuss zu hören, ein Reh fiel aus der fliehenden Gruppe
zu Boden. Die beiden Buben sahen dann einen Mann aus dem
Wald treten, der Kerl packte das von ihm erschossene Reh an
den Vorderbeinen, schleifte seine gewilderte Beute zum ersten

Schwiizersbildfelsen. Gerdli erzählte dem herbeigeeilten Justa, was geschehen war.

Am nächsten Tag, die vier waren wieder im Wald bei der Arbeit, erschien der Schlämpegaarte-Beni. Er begrüßte die beiden Erwachsenen, diskutierte mit Jakoblis Vater, den er seit seiner Jugend kannte. Er wollte im Geheimen erfahren, ob seine gestrige Tat bekannt geworden war. Jakobli und Gerdli standen in der Nähe der Diskutierenden, Justa war dazugekommen, beobachtete aus einigen Metern ruhig den fremden Besucher. Als Beni sich verabschiedet hatte, fragte Justa den Vater, ob er die blutigen Flecken an Benis Hosenbeinen gesehen habe. Alle vier Waldarbeiter hatten die Spuren des Verbrechens entdeckt. Am Abend, nach dem Nachtessen, telefonierte Jakoblis Vater dem Beni. Alle in der Stube Anwesenden konnten das Gespräch durch die offen gelassene Tür mithören. Vater Jakob erklärte dem Wilderer, dass er die gestrige Tat dem Jagdaufseher melden werde, wenn er, Beni, dies bis in drei Tagen nicht selbst getan habe.

Vier Tage nach dem Mord am Reh fragte Vater Jakob den Jagdaufseher Wälti, ob er mit Beni ein Gespräch gehabt habe. Hermann Wälti antwortete mit Ja. Die Sache war für die vier Waldarbeiter bereinigt.

Großvater Jakobs Gerichtsfall

Als Vater Jakob mit Jakobli und seinen Gehilfen bei der Arbeit im Dachsebüelwald waren, erzählte er den Anwesenden während des Vesperbrots das Ereignis, welches sich damals zwischen seinem Vater und einer städtischen Lehrerin hier an diesem Ort abgespielt hatte.

An einem Juninachmittag büschelte Großvater Jakob die letzten Wellen am unteren Straßenrand des Waldes. Plötzlich hätten sich junge Menschen um ihn versammelt, ihn gefragt, was er da mache, wofür und zu wessen Verwendung. Großvater sei begeistert gewesen, solche Fragen von den jungen Menschen gestellt zu bekommen, währenddessen er gesehen habe, wie noch mehr junge Menschen durch das über der Straße liegende Hohkleefeld wanderten. Großvater Jakob gab den jungen Menschen ausführliche Antworten zu ihren Fragen. Dann fragte er einen jungen Buben, woher sie kämen und warum sie durch das schöne Hohkleefeld wanderten. Ihre Lehrerin habe es ihnen so befohlen, kam die Antwort. Wer ist eure Lehrerin?, wollte Großvater Jakob wissen. Auf seine Gegenfrage sei eine charmante junge Dame auf Großvater zugekommen und habe in hochnäsiger Art gefragt, was er wissen wolle.

Alt Jakob habe die Dame gefragt, ob es sicher sei, das sie eine Lehrerin sei. Die Dame sei vor den Großvater getreten, habe ihm eine schnodderige Antwort gegeben, – päng – päng – habe ihr der Großvater links und rechts eine Watsche verpasst, so stark habe es geklatscht, dass es die Schülerinnen und Schüler gut hören konnten. Dann habe er sie gefragt, ob sie wisse, was Anstand sei. Die Lehrerin hätte perplex vor dem Alten gestanden, der ihr weiter erklärt habe, dass sie, die Lehrerin, eine saublöde Kuh sei. Eine richtige, nützliche Kuh würde niemals ihr schönes Futter zertrampeln, wie dies ihre Schüler gemacht hätten.

Dieses Ereignis führte zu einer Friedensrichter-Verhandlung zwischen Jakoblis Großvater und der Lehrerin. Die Verhandlung führte zu keinem Erfolg. Der Friedensrichter, der kannte Großvater Bührer sehr gut, hatte keinen Erfolg, musste daher die Sache ans Gericht weiterleiten. Dort habe Großvater Jakob nochmals deutlich erklärt, dass eine solche Person eine saublöde Kuh sei, nicht eine richtige. Er könne nicht verstehen, dass so eine Studierte vor eine Schulklasse gestellt werde.

Großvater Jakob wurde mit 60,00 Franken gebüßt, eine sehr hohe Strafe für die damalige Zeit.

Die Medien, Arbeiter Zeitung, Schaffhauser Nachrichten und Schaffhauser Bauer, hatten Freude, ein solches Vorkommnis in die Öffentlichkeit zu bringen.

Großvater Jakob erhielt unzählige Dankesbriefe, in denen ihm für seine mutige Tat gratuliert wurde.

In der Gass

Die Gass war eine steile Wiese mit einem Bestand schöner Kirschbäume, wie es in der weiteren Umgebung keine gab. Auf dem steilen Grundstück zwischen der Straße, die zum Bunker Ost führt, und der alten Thääingerstrooss standen vier alte, gesunde Kirschbäume, die jedes Jahr viele Früchte trugen, ein wahrer Segen. Jakoblis Vater lud jeweils die in der Umgebung von Schaffhausen wohnhaften Verwandten zum Mithelfen beim Ernten der süßen Früchte ein.

Jakob erinnert sich heute noch an den grauhaarigen Papa Lüscher, der damals im 85. Altersjahr auf die hohe Leiter hinauf bis zu den obersten Spetteln stieg, zum Pflücken der schönsten Früchte. Beim gemeinsamen Vesper wurden im Schatten der Bäume erholsame Momente erlebt. Glücklich nahm Jakobli die Botengänge entgegen, Kirschen in der Nachbarschaft zu verteilen. Die Helferinnen und Helfer bei Jakoblis Eltern wurden mit den Kirschen beschenkt, zum Dank für die Mitarbeit im Haus zur Stege sowie auf den Feldern.

In den Monaten Juli/August wurde die Gass-Wiese je nach dem Grasbestand umzäunt, um dem Vieh, das dort an die frische Luft zum Weiden frei gelassen wurde, die Weidefläche zu begrenzen. Jakobli war es erlaubt, während dieser Tage sein Kuhkalb, das er selbstständig aufzog, eigenhändig zur Gass-Wiese zu führen und mit ihm umherzutollen, bis beide müde den Heimweg antraten.

Die Kühe marschierten vom Stall bis zum Weideland im Gänsemarsch, auf der alten Tääingerstrooss begegnete der Schar kein Auto, höchstens ein Fuhrwerk.

Unfall mit Leiterwagen

Im Gasthaus zum Löwen, gegenüber dem Haus zur Stege, war eine der beiden Dorfmetzgen.

Neben dem großen Schaufenster der Metzg, die Konrad Brotbeck sein eigen nannte, führte die Treppe zum Metzgerladen hinauf. Unten an der Hauswand, zwischen dem Schaufenster und der Treppe, hatte eine junge Mutter ihr Kind im Kinderwagen stehen gelassen, um beim Metzger ihren Einkauf zu besorgen. Während die Mutter in der Metzg weilte, standen zwei Knaben oben auf dem Hofplatz vor Jakoblis Elternhaus. Diese Knaben, Gerdli und Jakobli, hatten einen freien Schulnachmittag. Die beiden Buben interessierten sich für den Leiterwagen, der bereit stand, die an diesem schwülen Tag letzte Ladung Heu heimzuholen. Karl und Hans, die zwei Knechte, hielten in der Küche Vesper, die Pferde weilten im Stall. Gerdli und Jakobli hatten eine Idee. Gerdli spielte den Mann, der für das Fuhrwerk verantwortlich war, Jakobli spielte die Pferde. Gerdli befahl Jakobli an die Kette vorne bei der Deichsel. Hü, befahl Gerdli und löste gleichzeitig die Wagenbremse. Jakobli hüpfte und wieherte wie manchmal die Pferde, wenn sie losfuhren. Der leere Wagen kam langsam in Fahrt, Gerdli bremste, löste wieder die Bremse, bremste das Gefährt wieder, ließ auf einmal den Wagen in ein schnelleres Tempo fahren, aber zu schnell war das Tempo, sodass Gerdli nicht mehr den Bremshebel erreichen konnte. Jakobli ließ im letzten Moment die Deichselkette los. Die beiden Buben mussten zusehen, wie der Wagen in immer größerem Tempo gegen das Schaufenster der Brotbeckmetzg fuhr. Ein Schutzengel hatte der Mutter des Kindleins im Wagen vor dem Schaufenster den Auftrag gegeben, hinaus zu ihrem Kind zu gehen, um zu kontrollieren ob das Baby immer noch schlafe. Geschrien hat das Kindlein, die Mutter nahm es auf den Arm und trug es zur Metzg hinauf. Kurz darauf krachte der Leiterwagen neben dem Schaufenster in die Hauswand. Der Kinderwagen war nur noch ein zusammengeschrumpftes Häuflein aus Tuch-, Leder-, Gummi- und Stahlteilen.

Karl erwischte zuerst den schockierten Jakobli, legte den Buben über das Knie und versohlte ihm dermaßen den Hintern, dass der Jakobli vom Schock gelöst in die Hosen machte. Schreiend vor Schmerz stand Jakobli auf dem Hofplatz. Als die Mutter ihn zu sich holte blieb eine Pfütze aus Urin zurück. Drei Tage sah Fräulein Walther, die Lehrerin, Jakobli nicht in der Schulstube.

Die Eltern des Buben hatten ihr die Geschichte vom Unfall geschildert. Gerdli war am Tag nach dem Unfall nach den ersten Unterrichtsstunden niedergeschlagen an seinem Platz im Schulzimmer sitzen geblieben. Fräulein Walther munterte ihren Erstklässler auf, ihr zu erzählen, was mit ihm los sei.

Durch ein liebevolles Gespräch konnte die Lehrerin Gerdli wieder zum Sprechen bringen. Er erzählte ihr von dem verhängnisvollen Spiel, das er mit Jakobli gestern gespielt hatte.

Jakoblis Vater besprach mit Karl und Hans den Vorfall. Erleichtert wurde festgestellt, dass dem Kindlein im Wagen nichts passiert war. Der Schaden und die Aufregung wurden von Jakoblis Vater zur Zufriedenheit aller Beteiligten bereinigt.

Das runde Loch in der Hauswand des Löwen, geschlagen durch die Wagen-Deichsel, wurde durch Baumeister Ernst Leibacher fachmännisch zugeflickt.

Des Jakoblis Hintern heilte langsam. Der Vater erklärte dem Karl, dass er richtig gehandelt habe, doch soll er bei einem ähnlichen Fall die nötige Vernunft walten lassen.

Vater Jakob bestellt bei dem Wagner Wipf in Lohn eine neue Holzkonstruktion für den Leiterwagen.

Durch diesen glimpflich abgelaufenen Bubenstreich hatte Jakob Fischer, der Huf- und Wagenschmied Fischer im Dorf, einen Auftrag erhalten, für das Herstellen der Eisenbeschläge des neuen Leiterwagens.

Wo ist Jakobli?

Der Gasthof Löwen nebenan war seit einiger Zeit in neuem Besitz. Die Familie Schöpfer hatte Haus und Metzg von Brotbecks gekauft. Herr Schöpfer war Metzger wie sein Vorgänger. Durch diese Handänderung wurde der Metzgerladen zur Freude der Einwohner im oberen Dorfteil weitergeführt. Im Hinterhof des Löwen war die Trotte, wo Most gepresst wurde. Es geschah an einem Oktobernachmittag des Jahres 1938, Jakoblis Vater hat-

te mit seinen Helfern Hans und Guiseppe gerade die Mostobst-
säcke vom Brückenwagen auf den Boden über der Mostpresse
verfrachtet. Dort war der Trichter über den beiden Schredder-
walzen montiert. Eine gefährliche Konstruktion, in deren Nähe
Vorsicht geboten war. Das zum Mosten bereitgestellte Obst leerte man in den Trichter, die Schredder-Walzen mit den gefährlichen Hackzähnen zerkleinerten das Obst. Jakobli stand dabei,
schaute den Mannen zu, wie sie die Früchte, einen vollen Ju-
tesack nach dem andern, in den nimmersatten Trichter leerten.
Staunend blickte der Bube in den offenen Holz-Kännel, der die
zerkleinerten Obststücke in ihrem eigenen Saft schwimmend
zum Presskorb lenkte.

Langsam wurde dem Buben langweilig, er begab sich hinunter in den Nebenhof hinter dem Löwen.

Großvater Schöpfer, Vater des Besitzers der Metzgerei, kam in
diesem Moment aus dem Kuhstall in den Hof. Hinter sich führte er seine Milchkuh am Seil. Jakobli schloss sich dem Zweier-
gespann an. Der Bube wanderte neben Großvater Schöpfer, der
eine schwarze Zipfelmütze trug und zur sicheren Fortbewegung
einen Wanderstock in der linken Hand.

Die Kuh in langsamen Schritten sich hinter dem Führer be-
wegend, Jakobli neben dem Großvater einhergehend, so nahm
die Dreiergruppe den Weg Richtung Schlossgasse ein. Die Kuh
weidete die Trassenborde ab, die im Besitz des Kantons sind.

Nach getaner Arbeit beim Mostpressen, wurde im Stall auf
der Stege gefuttert, ausgemistet und gemolken. Jabolis Mutter
fragte die Männer nach dem Buben. Keiner konnten ihr sagen,
wo sich der Bube befindet. Heidi und Erna wurde aufgetragen,
auf die Suche nach Jakobli zu gehen. In der Scheune, auf dem
Heuboden, oben in Großelis verlassener Wohnung, hinüber zu
den Nachbars im Gässli. Weder bei Tassis, noch bei den Nodaris
war der Kleine zu finden, wo war der Vermisste?

Spätabends kam der Gesuchte müde heim.

Das erste und das letzte Mal in seinem Leben musste der junge Ausreißer mit Vaters harter Strafe Bekanntschaft machen.

Badeanstalt

Die Dorf-Badi in der Ochsewis, die Laag und die Badi in Thayngen wurden je nach Transportmöglichkeiten von den Herblingern besucht.

Während der Jahre, in denen sich die Herblinger Badi noch im zurückgestauten Chrebsbach befand, wurde im kalten Bachwasser dem Badevergnügen gefrönt.

Ein betonierter Boden, etwa zwanzig Meter lang, war das eigentliche Revier, wo man sich, ohne im Bodenmoor zu versinken, bewegen konnte. Dort unten im Tal, nicht weit vom Forsthaus entfernt, hatte Jakobli an einem Julinachmittag seinen ersten Erfolg des sich selbstständig über der Wasseroberfläche haltend, schwimmend zu bewegen, ohne mit den Füßen den Boden zu berühren, feiern können. Das gestaute Bachwasser hatte eine Temperatur von maximal 17° Celsius. Jakobli schwamm unter den Blicken seiner Kameraden Richtung Bachbrücke gegen das Forsthaus. Plötzlich gewahrte der junge Schwimmer vor sich auf der Wasseroberfläche eine sich in seine Richtung nähernde Wasserschlange. Im Nu hatte Jakobli seinen Kurs geändert, seine Schwimm-Richtung war wieder zurück zur festen Bodenfläche, er demonstrierte in schnellen Zügen, dass das Schwimmen von Vorteil sein kann. An dem Ort, an dem Jakobli das Reptil gesichtet hatte, war der Boden weiches Moor. Beim Versuch, mit den Beinen zu stehen, versanken seine Füße tief im weichen Moor-grund.

In der Zeit, als Jakobli und seine Kollegen Velos hatten, besuchten die Herblinger Buben gerne die Thaynger Badeanstalt. Die Bademöglichkeit im Nachbardorf war für die Herblinger eine sehr moderne Anlage mit wohlig warmem Badewasser gefüllten Bassins. Der Preis für den Eintritt war für Buben, die mit dem Sackgeld, das sie hin und wieder durch Handreichungen erhalten hatten, erschwinglich.

Wenn die nötige Liquidität nicht vorhanden war, nahm man den Weg per Velo zur Laag am Rhein bei Dörflingen in Kauf.

Dort, auf der schönen Wiese am Rhein, überquerte Jakobli das erste Mal schwimmend den Rhein.

Stigele

So nannten die damaligen Dorfbewohner ihren einzigen Sportplatz im Dorf.

Eine grobe Schotterwiese mit einer spärlichen Grasnabe bedeckt, lag der heutige Sportplatz neben der Lindenbaumallee.

Zwei Reckstangen standen auf dem Teil des Hoch- und Weitsprungplatzes.

Ein Klettergerüst mit vier senkrechten und mit vier schräg liegenden Kletterstangen war neben einem sechs Meter langen Stemmbalken platziert. Die Bodenfläche unter den Reckstangen war ausgefüllt mit einer Schicht aus grobem Sand. Benkemer-Sand wurde dieses grobe Auffangmaterial genannt. Aus der Sandgrube der Zürcherischen Gemeinde Benken wurde an weit entfernte Gemeinden dieser Sand geliefert.

Jugendriege

Jakobli hatte sein achtes Altersjahr erreicht, als ihm sein Vater an einem Morgen mitteilte, dass er nach Ostern auch in die Jugendriege eintreten dürfe. Dann begann für Jakobli und seine Freunde das zweite Elementarschuljahr.

Die Jugendriege und die Mädchenriege waren die Vorstufen der turnerischen Leibesübungen. Die beiden Riegen der Jüngsten wurden durch Leiterinnen und Leiter des Turnvereins gefördert

Acht Jahre alt wurde Jakobli am ersten Januar 1941, dies bedeutete das Erreichen des Eintrittes in die Jugendriege. Wie seine Schulkameraden durfte auch Jakobli an diesem Osterdienstag der Jugendriege Herblingen beitreten.

Mit ihren vorturnerischen Vorgaben, Vorschriften und Wünschen konnten die Instruktoren Jäckle Hans, Fischer Alphons, Keel Karl, Schönholzer Koni die Buben zum Turnen begeistern.

In Herblingen war die Jugendriege, die Abteilung der Jüngsten im Turnverein, ein Begriff bei den Zweitklässlern.

An den Geräten, welche der Jugend damals auf dem Stige-le-Turnplatz zur Verfügung standen, wie oben schon erwähnt, ein Klettergerüst mit fünf Meter hohen Kletterstangen, ein im Boden fest montierter langer Stemmbalken aus einem Baumstamm, eine Weitsprunganlage mit Kies, gefüllt aus der Benkemer Kiesgrube. Die Hochsprunganlage diente zugleich als Platz fürs Reckgerüst. Die Knie waren manchmal blutend vom vielen Landen beim Üben, respektive vom Landen im griffigen Sand nach den Hoch- und Weitsprüngen.

Im Benkemerkies fanden die Kinder Zähne von Fischen, die vor Jahrmillionen im damaligen Meer, das unsere Gegend überflutete, lebten.

Heute landen die Leichtathleten nach dem Überqueren der Hochsprunglatte auf dicken weichen Sprungmatten.

Für Zartbesaitete war damals das Mitmachen in der Jugendriege nicht geeignet. Härte zu sich selbst und Mut wurden dort geübt und am eigenen Leib ausprobiert, gespürt, wie viel und wie stark man sich belasten konnte.

Die Jugendriege war für Jakobli eine vortreffliche Vorbereitung für das Turnen im Turnverein.

Beim Übertritt in die Stammsektion, mit den älteren Turnern als Vorbilder, kamen Jugendriegler gut vorbereitet an.

Jakobli schloss durch das Mitmachen in der Jugendriege neue Freundschaften.

Die Huf- und Wagenschmiede

Jakob Fischer und seine Frau betrieben die Schmiede beim Dorfbach Richtung Schützenstand. Fischers hatten zwei Kinder, Trudi und Oskar. An die Schmiedewerkstatt angebaut war Fischers Wohnhaus, anschließend erstreckte sich der kleine, bewaldete Hügel, das Schidsbückli. Unten am Hügel, zwischen dem

Schmiedsbückli und dem Maschinenschopf der Landwirtschaft-
lichen-Genossenschaft, stand das Bienenhaus des Imkers Oskar,
Ehemann der Frieda Fischer, die viele Jahre den Lebensmittel-
laden am Schwaderloch führte.

Am Ende des Hügels Schmidsbückli schloss eine etwa sechs
Meter hohe Felsformation die Krete ab. Der steile Abschluss des
Schmiedsbückli mit dem Baumbestand war für die Buben ein beliebter Ort. Sich dort oben für Indianer-, Räuber, Poli- oder andere Abenteuer zu treffen, war für Jakobli und seine Freunde ein
besonderes Vergnügen. Vom Boden neben der steilen Felspartie
ragten ein paar Bäume neben der Felswand empor. Ein Hagenbu-
chen-Stamm war ca. drei Meter vom Felsvorsprung entfernt. Die
Buben hatten bald gelernt, dass sich der dünne Stamm des Bau-
mes beim Hin- und Herwiegen, wenn man an ihm hoch genug
geklettert war, langsam dem Boden zu neigte, so weit hinunter,
dass sich der an der Baumkrone haltende Knabe aus etwa zwei
Meter Höhe zum Boden fallen lassen konnte. Eine Erkenntnis,
sich anlässlich einer Flucht, die die Lausbuben nach ihren Streichen auf sich aufnehmen mussten, durch diese gewagte Aktion
im letzten Moment retten konnten.

An einem Donnerstagnachmittag, die Schüler hatten frei, hatte
Jakobli von seinem Vater den Auftrag erhalten, zum Schmied zu
gehen und ihm drei Bickel zum Schärfen der Spitzen zu bringen.
Zwei Freunde waren zugegen. Jeder nahm einen schweren Bickel
auf die Schulter, und schon zog die Bubengruppe zur Schmiede
los. „ Sooo, waa brings miir dooo Stege-Jakobli? Und weer sind
diee zssweiii Buuuebää?" Jakob Fischer, Oskars Vater, verhed-
derte sich beim Sprechen und züngelte noch dazu. Diese Begrü-
ßungsart weckte in den Köpfen der Überbringer die Idee, dem
alten Mann einen Streich zu spielen.

Die Buben interessierten sich vorerst für dies und jenes, das in
der Werkstatt zu entdecken war. Schmied Jakob, mit seiner ge-
bogenen, rauchenden Tabakpfeife im Mund, erklärte den jungen
Besuchern in ausführlichen Sätzen die Verwendung der verschiedenen Gerätschaften. Nach einiger Zeit wurde es den jungen Be-

suchern beim Verharren in der Schmiede langweilig. Nachdem sie sich neben der Esse gewärmt hatten, verabschiedeten sie sich beim alten Mann, stiegen durch den kniehohen Schnee hinter der Schmiede zur Schmidsbückli-Krete hinauf. Von dort konnten die Lausbuben ohne große Mühe aufs Dach der Werkstatt gelangen. Der Kamin der Esse ragte ca. einen Meter über die Dachziegel hinaus. Auf dem Dach rollten die Buben eine Schneelawine zusammen, legten die Schneemasse auf die Kaminöffnung und warteten gespannt auf das, was sich in der Werkstatt ergeben würde. Der Schnee versank bald im Kamin, ein lautes Zischen war oben bei den Schlingeln zu vernehmen.

Husten und nach Luft ringend, rannte Schmied-Jakob aus der Werkstatt auf den Hof hinaus und schrie: „Ooochäli, Ooochäli, chooom, die bööösää Bube siiind doo!" Kurze Zeit nach den Hilferufen des Vaters erschien sein Sohn, der Oskar war zwölf Jahre älter als die Missetäter, auch ein Aktivturner. Der Schmied erklärte seinem Sohn den Sachverhalt, der Oskar rannte in weit ausholenden Schritten gegen den Standort der drei Buben, die sich im Spurt zum rettenden Felsvorsprung begaben. Als sich der letzte Spitzbube von der Hagenbuchenkrone auf den sicheren Boden fallen ließ, erschien der Kopf des Verfolgers. Oskar erkannte Jakobli und seine Mitgegangenen. Am Abendbrottisch bekamen die drei Abenteurer von Jakoblis Vater die verdiente Standpauke, mit der Erklärung, in Zukunft solche Streiche zu unterlassen.

Schmied-Hännes und Gertrud

Beide, Hännes mit seiner Schwester, der Schmieds-Griete, wohnten in ihrem Bauernhaus beim Schwaderloch. Hännes war ein alter, gebrechlicher Mann. Von den Arbeiten auf seinem Hof, mit zwei Milchkühen und zwei Mastschweinen, trieb er mit seiner Schwester, das Auskommen zu sichern, Ackerbau und Wiesland um. Sein Landwirtschaftsbetrieb war ein kleines Unternehmen, gerade ausreichend, den Lebensunterhalt der zwei Geschwister zu bestreiten. Jakoblis Vater hatte die Aufgabe, als Sozialreferent der Gemeinde, Hännes finanzielle und kaufmännische Angelegenheiten zu verwalten. Dieser Posten veranlasste Hännes und seine Schwester, eine rege Verbindung zwischen ihnen und Jakoblis Eltern aufrecht zu halten. Wenn Hännes an einem Winterabend in der warmen Stube auf der Ofenbank bei Jaboblis Eltern saß, während Jakoblis Vater die kaufmännischen Verpflichtungen für Hännes erledigte, erzählte der alte Nachbar dem Buben Geschichten aus dem Militärdienst in den Jahren 1914–1918. Während den Erzählstunden saß Jakobli neben Hännes, aufmerksam den Worten des Alten folgend.

Hännes Schwester Gertrud, die Dorfbewohner nannten sie Schmiedsgriete, konnte nicht gut sprechen. Die Worte. die aus ihrem Mund kamen, waren als unklares Gekeuche zu vernehmen. Ihre rechte Wange war beim ersten Blick als auffallende Narbe erkennbar. Jakoblis Mutter erzählte dem kleinen Fragesteller, dass Griete einen Unfall mit einem Pferd hatte. Die arme Frau habe sich zu nahe an das Maul eines Pferdes gewagt. Plötzlich habe das Pferd Griete gebissen. Jakobli hatte immer Angst, wenn er dem Hännes einen Brief überbringen musste. Wenn anstelle Hännes die Griete ihm die Haustür öffnete, ergriff der Bube unverrichteter Dinge die Flucht.

Ein eigenes Velo

Ein großes Geschenk für Jakobli wurde von seinem Vater bei der Firma Hermann Narr in Thayngen bestellt. Der Besitzer des Velogeschäftes, Hermann Narr, war ein begnadeter Fachmann, was Zweiräder betraf.

Der Mann versprach Jakoblis Vater, für seinen Zweitklässler Jakobli ein Velo zusammenzubauen. Für den Preis von 20,00 Franken war nach einer Woche das super Zweirad abholbereit. Schon zwei Wochen vorher hatte Jakobli bei seiner Cousine Heidi Fahrstunden. Nach ein paar Übungsstunden fuhr Jakobli schon, ohne dass Heidi ihn am Velosattel halten musste, um den Dorfbrunnen. Vater Jakob lud den Buben in den Kindersitz seines Velos, um die Fahrt zur Fahrzeugübernahme in Thayngen anzutreten. Mit Begeisterung hörte Jakobli dem Herrn Narr zu, der dem Beschenkten die Bedienung des Fahrzeuges erklärte. Das Velo war von spezieller Fabrikation. Das Vorderrad hatte einen kleineren Durchmesser als das Hinterrad. Ohne Übersetzung, mit Rücktritt und einer Bremse am Vorderrad, die auf die Radfelgen wirkte. Jakobli konnte es kaum erwarten, bis sein Vater das Finanzielle mit Herrn Narr in Ordnung gebracht hatte. Fröhlich, innerlich jauchzend, folgte der Bube seinem vorausfahrenden Vater Richtung Herblingen. Sein eigenes Velo war das Höchste, das Jakobli sich nur träumen konnte. Sein Mutz war bald ganz außer Acht gelassen, sodass Mutter Anna den Bär Frau Müller, der Tochter von Nonna, schenken durfte, mit dem Hinweis: „Jakobli hat sein eigenes Velo, darum schenkt er seinen Mutz dem kleinen René." René, der Nachbarsbub, der um vier Jahre jünger war als Jakobli, feierte durch das Geschenk Jakobli als großen Gönner.

Eine große Velotour

Jakoblis Eltern staunten, wie ihr Sohn mit seinem neuen Gefährt sehr gut zurechtkam. Anfang Herbst, an einem schönen Sonntag radelten Anna und Jakob mit ihrem Sohn in früher Morgenstunde von Herblingen nach Kreuzlingen, zu Mutter Annas Vetter Essenz.

Vetter Essenz und Tante Hermine waren Ernas Eltern. Erna war die liebevolle Helferin in Mutter Rosas Haushalt. Erna hatte sich von Jakobli in Herblingen verabschiedet mit ihren Wünschen für eine gute Fahrt und mit lieben Grüßen an ihre Eltern.

Wenn die Eltern eine Umdrehung mit den Pedalen ihrer Velos machten, hatte Jakobli für die gleiche Wegstrecke drei Umdrehungen zu tun. Der Rückweg von Kreuzlingen nach Herblingen wurde mit einer Zusatzschlaufe über das Schloss Eugensberg verbunden. Von dort ging die Fahrt zügig voran, bis die ebene Hauptstraße erreicht war. Dort wurde für Jakobli und auch für seine Eltern die Fahrt recht beschwerlich. Nach der sehnlichst erwarteten Ankunft in Herblingen war Jakobli überreif fürs Bett.

Milchgenossenschaftsreise

Als er sieben Jahre alt war, durfte Jakobli seine Eltern auf die Reise der Milchgenossenschaft begleiten.

Das erste Mal mit der Bahn von Herblingen nach Schaffhausen, von Schaffhausen nach Arosa. Früh am Morgen versammelte sich die Schar der Genossenschaftler vor dem DB-Bahnhof in Herblingen.

Für den Buben war dieser Tag ein großes Ereignis, denn so weit war Jakobli noch nie gereist. Es waren viele Eindrücke, die der Bub von Chur bis Arosa erlebte. Auf seine Fragen bekam er von seinen Eltern in verständlicher Art und Weise, Antworten. Vater Jakob erklärte ihm zum Beispiel, wie die Stein-Tische auf den allein dastehenden Moränentürmen entstanden sind.

Namen der hoch oben am Horizont stehenden, mit Schnee bedeckten Berge wurden von seinen Eltern kommentiert. Die grünen, in weite Täler sich ausbreitenden Alpwiesen, voller schöner, fein duftender Blumen. Die braunen Kühe, anders als die von Vater und der anderen Bauern in Herblingen. Die neuen Bilder beeindruckten den jungen Reisegefährten mächtig. Am darauffolgenden Tag konnte Jakobli seine Eindrücke den staunenden Schulkameraden schildern.

Skiferien

Mit Onkel Franz, dem Bruder seines Vaters, und dessen Frau Tante Elsbeth durfte Jakobli in seiner Schulzeit für ein bescheidenes Kostgeld während der Winter-Sportferien nach Monstein bei Davos.

In diesen ersten Ferien, die er in Monstein verbringen durfte, wurde die geistige Nabelschnur zwischen seinen Eltern, den Knechten, den Helfern auf dem Hof, den Schulkameraden und den Tieren von Herblingen getrennt.

Diese Trennung machte sich in seiner traurigen, trüben Verfassung bemerkbar. Die ersten Tage in der Fremde war Jakobli untröstlich krank.

Die Krankheit wurde von Tante Elsbeth und von Onkel Franz als Heimweh deklariert. Sie haben sein Heimweh mit einfühlsamen Erklärungen für immer geheilt. Seine Vettern Fredy und Peter waren skifahrend an seiner Seite und die Tiere der Familie Ambühl im Hof, wo die Buben viele schöne Momente verbringen durften, ließen Jakobli das Fernsein von zu Hause vergessen.

Hoch über der schönen Landwassergegend haben die Jungen unvergessliche Abenteuer erlebt. Im Tiefschnee sind sie über die Steilhänge gegleitet, als hätten Flügel sie über die weiße Pracht getragen. Die Monsteiner Jugend war skeptisch gegenüber den unbeschwerten Aktionen, die die Bleichgesichter aus dem Unterland furchtlos ausführten.

Als eines Morgens eine hohe Neuschneeschicht die Monsteinerwelt in eine ruhige, wunderschöne Märchengegend verzaubert hatte, stiegen Fredy, Peter und Jakob mit den Skiern, an denen Skifelle montiert waren, über die Hauptstraße Monstein-Frauenkirch, hoch über dem Hof Ambühls, das Bord hinauf. Im oberen Teil des Abhanges kamen die drei Skialpinisten auf den Gedanken, über die Folgen nicht nachdenkend, wie sich die Schneeschicht wohl verhalten würde, wenn einer hinter dem anderen mit den zur Abfahrt bereiten Skiern quer zum Abhang, eine Linie getreten treten würde. Durch ihr Tun haben die drei Abenteurer ein breites Schneebrett ausgelöst. Schutzengel gaben den dreien einen Impuls, sich sofort zur Abfahrtstellung zu bringen, um vor der sich in Bewegung geratenen mächtigen Schneemasse dem Tal zuzugleiten. Die drei Buben hatten großes Glück. Selbstsicher fuhren die drei auf dem Schneebrett bis über die Hauptverbindungsstraße. Diese einzige Verbindung des Dorfes war jetzt mit einer ca. zwei Meter hohen Schneewand blockiert.

Diese Aktion hatte zur Folge, dass die drei Lausbuben in Monstein, in Frauenkirch und bei der Kantonspolizei aktenkundig wurden.

Vetter Fredy hatte mit seinem Ausspruch damals Jakobli belastet, er sei der Urheber dieser Aktion gewesen.

Eigentlich hatte Fredy recht, denn Jakob war wirklich manchmal Urheber waghalsiger, aber auch erfolgreicher Aktion, auch später in seiner beruflichen Laufbahn. Bei Rittmeyer in Zug und bei Charmilles in Genf sind solche Urheberschaften in Form von Patenten festgehalten.

Die klare Bestätigung seines Vetters Fredy sind die Patente, welche Jakob sich als Inhaber seines Betriebes selbst machte.

Die drei Lawinenauslöser mussten sich bei Herrn Meissen, dem Gemeinde-präsidenten von Monstein, zu einem Vernehmen melden.

Mit der Erklärung über ihr gefährliches Tun und der Ermahnung, in Zukunft solche Versuche zu unterlassen, verabschiedete sich Herr Meissen, der Posthalter und Gemeindepräsident sowie Dorfpolizist von Monstein, von den Buben aus dem Unterland. Diese schauten sich gegenseitig tief und befreit atmend in die Augen.

Welche Folgen würden wohl heute solche Aktionen haben?

Geliebter Skisport

Als Jakob seine Fortbildung an der Abendschule in Genf absolvierte, besuchten an freien Tagen zwei Freunde mit ihm die Savoyer Skigebiete. Morzine, Samoëns, bei Megève den M.d'Arbois. Dies waren die unvergesslichen Orte, von wo die drei schöne Erinnerungen heimnehmen durften.

Zurück in seinem Heimatort, hat Jakob mit seinen Freunden Hans und Fritz unzählige Fahrten ins nahe Toggenburger Skigebiet unternommen.

Über die Ostertage in die Gegend von St. Moritz, auch einige Male in die höheren Schweizer Bergregionen zum Skifahren.

Lily Dätwyler, seine heutige Gemahlin, hatte während ihrer Verlobungszeit mit Jakob wieder das Skifahren aufgenommen.

Mit ihren drei Kindern sind Lily und Jakob diesem Sport treu geblieben, bis die Jungen ihre eigenen Wege gingen.

Achtundsechzig Jahre lang durfte Jakob dem Skisport frönen, bis auch er die Bretter für immer, nach Skiferien in Anzère hoch über Sitten, in die Ecke stellte.

Usteräpfel und die Zukunftswünsche

An einem sonnigen Herbstnachmittag saßen in der Hofstatt, hinter dem Bienenhaus Jakobli, Gerdli und Maxli an den Stamm gelehnt des Usterapfelbaumes. Sie schmausten die süßen Früchte des alten Hochstammriesen.

Die drei Buben hatten geholfen, Jutesäcke mit den kleinen, knackigen Äpfeln zu füllen, die zur Mosterei gefahren wurden. Nach getaner Arbeit durften sie ungestört ruhen. Die drei schwärmten von ihrer Zukunft.

„Wenn ich mal groß bin, dann werde ich Zigaretten rauchen, so viel ich will", meinte Gerdli. „Ich werde die Lina heiraten und mit ihr nach Amerika reisen", verriet Maxli den beiden. Und Jakobli erklärte seinen beiden Freunden: „Und ich werde Lokomotivführer."

Derweil hatte sich die Sonne hinter Waldvogels Zweifamilienhaus gesenkt. Die Sitzenden verspürten Kühle auf dem Wiesenboden. Sie erhoben sich und spazierten zum Haus hinunter. In der warmen Stube warteten Schulaufgaben, die mussten noch erledigt werden.

Arbeiten im Wald

Wenn im Winter Waldarbeiten angesagt waren, ging Vater Jakob mit seinen Helfern in einen seiner Wälder. An schulfreien Tagen und während der Sportferien durfte Jakobli die Großen begleiten. Manchmal standen ihm dort harte, kalte Stunden bevor. Auch begeisternde Erfahrungen konnte der junge Waldarbeiter sammeln.

Unannehmlichkeiten wurden durch schöne Erlebnisse aufgewogen.

Aus achtzigjährigen Baumbeständen mussten, zum weiteren Aufbau der gesunden Bäume, teilweise ansehnliche Bäume ausgelichtet werden. Mit Interesse nahm der Bube beim Fällen von Bäumen Vaters wichtige Anweisungen entgegen.

Brennholz musste geschlagen werden. Bäume wurden ausgeastet bis zum letzten Doldenstück. Äste und Reisig wurden im folgenden Frühjahr zu Bürdeli verarbeitet. Das Nutzholz bereitete der Vater mit seinen Knechten in 6,6 Meter lange, wenn nötig in 5,5 Meter lange Stücke zum Transport in die Sägerei vor.

Stammholz, das zu Brennholz ausgesondert war, wurde zu meterlangen Spälten hergerichtet.

Diese Arbeiten werden heute größtenteils maschinell erledigt.

Damals war Handarbeit mit der Wald-Säge, die beim Sägen einen wohlklingenden Ton von sich gab, mit Axt und Beil nötig. Viele schöne Momente durfte Jakobli im Wald erleben. Vater Jakob und die Knechte entfachten um die Mittagszeit ein Feuer, in dessen Gluthitze die Gamellen, mit der von Mutter Anna vorbereiteten Fleischsuppe, aufgekocht wurden. Es gab auch an Spießen gegrillten Käse und Würste.

Solche Waldarbeiten machten später Lilys und Jakobs Kinder mit Begeisterung mit.

Nach Jahren durften die Enkel erleben, wie Brenn- und Nutzholz zubereitet werden.

Darum kennen heute noch die jungen Waldarbeiter, unsere Enkelkinder, die meisten der bei uns im Wald vorkommenden Bäume und die verschiedenen Pflanzen.

Die Haselmaus

Im Winter 1942/1943 waren Jakoblis Vater, Hans, ein Knecht, und Jakobli im Oberwis-Wald beim Fällen von Bäumen. Aus Sicherheitsgründen musste Jakobli weit oberhalb der ansehnlichen Buche, die gefällt wurde, seinen Zuschauerplatz einnehmen. Der Baum fiel im steilen Hang gegen eine ebenso stattliche Rottanne. Durch die Wucht des Aufpralls der Buche krachten knirschend die beiden mächtigen Bäume den Hang hinunter. Die Tanne hob einen mächtigen Wurzelteller aus dem Boden. Vater Jakob, der mit Hans neben dem Loch stand, das vom Wurzelteller ausgehoben wurde, rief den Jakobli zu sich. Er hielt in seinen Händen ein rundes Moosknäuel mit dürren Gräsern durchmischt. Vater erklärte Hans und Jakobli, dass in diesem Knäuel sicher eine Haselmaus schlafe. Er reichte Hans das Knäuel mit der Bitte, das Nest vorsichtig in eine Außentasche von Jakoblis Rucksack zu legen.

Hans und Jakobli stiegen gemächlich den Hang hinunter zu den Rucksäcken. Jakobli wollte nahe dabei sein, um Hans beim Einpacken des Nestleins zu helfen.

Am Abend auf dem Heimweg wanderte Jakobli ordentlich neben den zwei Männern, immer darauf bedacht, dass dem Nest in seinem Rucksackt nichts passieren konnte.

Mutter Anna empfing die drei Waldarbeiter mit der Mitteilung, dass das Abendbrot bereit sei. Sepp, der zweite Knecht, habe die Arbeiten im Viehstall schon beendigt. Beim Abendbrot erzählte der Vater vom Fund unter dem Wurzelstock. Mit Begeisterung gab Jakobli bekannt, dass er das Nest in eine Holzkiste, ausgelegt mit Stroh und Heu, legen dürfe. Mutter Anna, die einen Horror vor Mäusen hatte, nahm die freudige Mitteilung ihres Sohnes mit Stirnrunzeln entgegen. Vater Jakob nahm nach dem Nachtessen Jakobli in die Scheune mit. Er legte das Nest in eine Kiste, die mit Stroh ausgelegt vorbereit war.

Er erklärte dem Buben, dass es etwa bis Ende Februar/Anfang März dauern werde, bis Jakobli erfahre, was sich in dem weichen Knäuel befinde.

Jakobli durfte den Fund mit dem unbekannten Etwas hinauf in Großelis Küche tragen. Nach drei Tagen gab die Mutter bekannt, dass sie nicht geneigt sei, diese Maus in der oberen Küche zu füttern. In der warmen Küche erlebte die Maus einen zu schnellen Frühling. Jakobli musste auf Vaters Geheiß der Haselmaus ein Schälchen Wasser und Baumnüsse in die Kiste geben. Der Aufenthaltsraum wurde gewechselt in den oberen Estrich, wo die Temperatur winterlich war.

Nach einigen Tagen musste Jakobli erkennen, dass die Haselmaus verschwunden war, sie hatte in den Winterschlaf zurückgefunden.

Mitte März kam zu Jakoblis Freude das niedliche Tierlein wieder ans Tageslicht. Am nächsten freien Nachmittag wanderten Hans und Jakobli mit der Maus in den Oberwis-Wald. Vater hatte den beiden aufgetragen, die Maus samt dem Nest und dem Heu ins Wurzelloch der Tanne zu legen.

Am nächsten Sonntag wollte Jakobli unbedingt mit Hans in den Wald, um zu kontrollieren, ob seine Maus noch dort sei. Die beiden kamen mit der Mitteilung zurück, dass das Nest zerzaust gewesen sei, keine Nüsse mehr gesichtet wurden und von der Maus keine Spur gesehen wurde. Gut, so meinte der Vater, dann hat sie ihre Familie gefunden.

Im Frühling, wenn auch im Wald der Schnee geschmolzen war, führten die Männer die Holzspälten auf den Hof. Dort kreischte die Kreissäge auf. In kurzen Arbeitsstunden waren Berge von

33 cm langen Stöckli zum Spalten bereit. Das Holzspalten, damals noch von Hand mit Axt und Beil, hinterließ beim Jakob heute noch sichtbare Spuren. Jakobli wollte, wie die Großen, auch mit der rechten Hand das Beil führen, mit der Linken das zu spaltende Holzstück halten. Zwei Narben am linken Handballen verraten, dass er am Anfang noch nicht die nötige Sicherheit hatte, das Beil gut geführt niedersausen zu lassen.

Ein untreuer Knecht

Als Bube musste Jakobli manchmal einem Knecht, der im Wald Bürdeli machte, im Henkelmann sein Mittagessen zum Arbeitsort bringen. Einer der Knechte war Italiener, nicht unbedingt ein vorbildlicher Mitarbeiter. Jakoblis Vater war ein Arbeitgeber mit großer Toleranz, mit großem Vertrauen seinen Mitmenschen gegenüber. So auch dem Italiener, der schon im Frühjahr zuvor bei Jakoblis Vater seinen Dienst quittiert hatte, weil angeblich die Großmutter von Guiseppe gestorben war. Guiseppe erschien erst wieder im Herbst, in der Zeit, als die gröbsten Feldarbeiten vorüber waren. Guiseppe war ein kontaktfreudiger Mensch, besonders Damen gegenüber. Eine der Grazien konnte diesem Charmeur nicht widerstehen, dies musste Jakobli enttäuscht feststellen. Wieder einmal an einem freien Winter-Schultag bekam Jakobli den Auftrag, mit dem Henkelmann in den Wald zu laufen, dem Guiseppe sein Mittagsmahl zu bringen. Im Neuschnee war keine Fußspur auszumachen, die zum Arbeitsort geführt hätte.

Jakobli folgte trotzdem dem Weg bis zur Arbeitsstätte, die jedoch unberührt war. Axt, Gertel und Bürdelidrähte lagen in ihrem Versteck, aber kein Guiseppe war bei der Arbeit. Mit vollem Henkelmann trottete der Bube heim, musste der Mutter wohl oder übel erzählen, warum das Essen unberührt war. Vater Jakob inspizierte am nächsten Tag den Arbeitsort von Guiseppe, auch an diesem Tag war Guiseppe nicht auffindbar.

Jakoblis Vater hat dann unangemeldet den italienischen Mitarbeiter bei einer flotten Herblingerdame besucht und diesem darauf den Laufpass gegeben.

Rogers Fallschirmsprung

Vier, vielleicht sechs Meter hoch war das Bord zum Wäldli bei der Chisgrueb.

Heute befindet sich das Herblinger Einkaufscenter gegenüber diesem Ort. Ein schöner Teil der ausgebeuteten Grube diente als Abfallort, wo die Dorfbewohner sich ihrer nicht mehr benötigten Waren entledigten.

Jakobli, Gerdli, Maxli und Gerdlis kleiner Bruder Rogerli, waren auf dem Weg zur Feldarbeit auf dem Grundstück zur Tanne. Das Feld Tanne war einen Hektar groß. Die fünf Buben hatten den Auftrag, dort das am frühen Morgen gemähte Gras zu zetteln. Beim Vorbeigehen an der Abfallhalde kontrollierten die fünf interessierten Heuer, ob es etwas Nützliches zu entdecken gab. Rogerli, der Jüngste im Quintett, sichtete einen großen, schwarzen Regenschirm. Diesen Schirm besorgte sich Rogerli, spannte ihn auf und zeigte damit, dass er einen nützlichen Fund gemacht habe. Die Idee, wofür sein Fund verwendet werden könnte, kam Rogerli schnell in den Sinn. Der glückliche Finder erklärte seinen Begleitern, dass dieser Regenschirm als Fallschirm dienen kann. Rogerli verblüffte seine Begleiter mit der Mitteilung, er zeige ihnen, wie weit er jetzt vom hohen Bord zur darunter liegenden Wiese springen werde. Von keinem der Buben kam Widerspruch. Etwas Waghalsiges musste in der Praxis den Beweis erbringen, ob das vorgegebene Ziel erreicht werde, oder ob der Test ein schlechtes Resultat ergebe. Rogerli, der junge Draufgänger, nahm über die Straße Anlauf, an der Bordkante setzte er zum Sprung in die Tiefe an, den Schirmgriff mit beiden Händen umklammernd. Gespannt schauten die vier Zuschauer dem Fallschirmflieger nach. In der Luft zog der

Schirm Rogerlis Körper rücklings in die Horizontale bis zur harten Landung des Springers unten im Hochkleeacker. Dort im tiefen Gras lag nun Gerdlis Bruder regungslos, immer noch den Schirmgriff fest umklammernd, sein Gesicht schmerzverzerrt, hechelnd, ohne einen normalen Atemzug zu tun. Schnell waren die vier Buben bei Rogerli. Gerdli fragte seinen Bruder „was hesch, wa machsch, wege waa tuesch nid schnuufe". Der Fallschirmspringer lag regungslos wie ein Toter da. Jakobli auf der einen, Gerdli auf der anderen Seite hoben Roger unter den Armbeugen in die Sitzstellung, dann kam langsam der erste ausgedehnte Atemzug durch Rogerlis Mund und Nase zugleich, sein Brustkorb blähte sich zur Freude der Helfer. Der Verunglückte erklärte den auf ihrem Weg zur Arbeit Dahinziehenden, dass er nach dem Aufschlag am Boden einfach nicht mehr atmen konnte. Verständlich, wenn einem Menschen die Lungenflügel derart hart an das Brustfell prallen.

Kegelfänger

Jakobli ging in die vierte Klasse. Es war das Schuljahr mit einem für den Buben belastenden Anfang. Eines Tages hatte Jakoblis Mutter die Eingebung, ihr Sohn müsse mit dem neuen Modetrend Schritt halten. In der Öffentlichkeit müsse gezeigt werden, dass Bauernbuben nicht immer als Hinterwäldler angezogen auftreten.

Schöne, sportliche Knickerbocker-Hosen lagen am Morgen auf dem Stuhl, wo des Buben Kleider deponiert waren. Die Mutter war dabei, als Jakobli dieses neue Kleidungstück begutachtete, seine Abneigung mit der Bemerkung kundtat, dass er diese Hosen nicht anziehe. Dass diese blöden Hosen zu lang und erst noch zu plump waren, das störte Jakobli enorm. Mutter Anna insistierte. Jakobli zog, dem Frieden zuliebe, das neue Kleidungstück an.

Neben der Unsicherheit, mit diesen neuen, modernen Hosen unter seine Schulkameraden zu treten, kam kurz darauf die

Enttäuschung dazu, die der Bube erfahren musste. Sein bester Freund fragte ihn, ob er mit diesen Hosen auch über die Hochsprunglatte setzen könne.

Sein erster Arztbesuch

Der Herbst kam und Jakobli wurde von Tag zu Tag apathischer, seine Eltern fragten ihn, was ihm fehle. Jakobli konnte ihnen keine schlüssige Antwort geben.

An einem Montagmorgen reiste Mutter Anna mit ihrem psychisch niedergeschlagenen Sohn in die Stadt. Bei Frau Dr. med. Lili Häberli hatte sie sich angemeldet, um endlich aus erfahrenem Mund zu hören, was los sein könnte mit dem bleichen Patienten.

Abtasten, abhorchen, zuletzt noch vor den Röntgenapparat, diese drei Untersuchungen eröffneten der besorgten Mutter ein nicht erfreuliches Resultat. Die Frau Doktor erklärte der Mutter, dass der Jakobli zu wenig Gewicht aufweise, zu wenig Eisen im Blut habe, dazu ein Lungenflügel einen Schatten aufweise. Bei der Mutter leuchtete die rote Alarmlampe auf. Hatte nicht Jakoblis Onkel Jakob, der Bruder ihres Ehemanns, Lungentuberkulose, an der er im Alter von dreiundzwanzig Jahren verstarb? Musste nicht Jakoblis Vater wegen Jakobs Tod den Hof übernehmen?

Am Abend nach dem Arztbesuch saßen besorgte Menschen um den Familientisch, während Mutter Anna Frau Doktors Befund erklärte.

Jakobli musste in den nächsten sechs Monaten einmal pro Woche in die Stadt zur Frau Doktor, sich einer speziellen Strahlentherapie unterziehen. Frau Doktor Häberli schrieb, parallel zur Strahlentherapie, dem Buben noch eine Fischtran-Kur vor. Jeweils vor der Hauptmahlzeit musste er einen Esslöffel dieser unbeliebten Medizin zu sich nehmen. Des Jakoblis Appetit nahm wieder zu, der Junge blühte auf, konnte sich nach einer langen Zeit wieder am Spiel mit den Freunden beteiligen, sich beim Turnen in der Jugendriege wieder mit Freude an die Turngeräte wagen.

Zahnarzt Dr. Meier

In der Stadt an der Vordersteig befand sich die Zahnarztpraxis Dr. Meiers, der Ort, an sich Jakob gut erinnern kann.

Seiner Milchzähne verlustig geworden, musste sich der Junge einer Zahnwurzelbehandlung unterziehen. Für Jakob begann eine neue Leidensgeschichte. Mit seinem Velo stellte er sich manchmal vor das Haus des Leidens und fragte sich: Soll ich hineingehen oder einfach umkehren und daheim sagen, dass die Tür geschlossen gewesen sei? Entschlossen zu besserem Tun, drückte der Mutige die Türklinke und stellte sich einem der letzten schmerzhaften Eingriffe. Dr. Meier war ein netter Zahnarzt, hatte immer ein tröstendes Wort, durch das er dem kleinen Patienten Vertrauen einflößte.

Der Dedektor

Radio hören ohne elektrischen Strom aus dem öffentlichen Netz, nur mittels des elektromagnetischen Felds, das das Universum durchströmt, davon hatte Jakob in einer Jugendzeitschrift gelesen.

Ohne Strom aus einer Batterie oder aus dem Stromnetz zu beziehen. Diese Mitteilung hatte der Bube mit Interesse verfolgt. An freien Tagen hatte Jakob alles herausfinden wollen, was nötig war, um ein Radio bauen zu können. Kupferdrähte erhielt er vom Radiomonteur Guntli. Herr Guntlis Werkstatt war eingemietet beim Nachbarn Jakob, gegenüber von Jakobs Elternhaus. Dort hielt sich der Fünftklässler während der kalten, regnerischen Tage meistens auf. Wenn Jakob zu Herrn Guntli ging, erklärte er seiner Mutter, dass dort Arbeit für ihn warte. Der Tüftler Guntli hatte meistens eine Arbeit für den jungen Nachbarn. Als Lohn durfte Jakob Reste von Kupferdrähten aussuchen. Anstelle eines groben Bergkristalls, der in der Dedektor-Schaltung nötig war, schenkte Herr Guntli dem Knaben einen Drehkondesator. Herr Guntli war ein begabter Fachmann auf dem Gebiet der Radiotechnik. Er stand Jakob beim Aufzeichnen eines Schemas zum Bau des Dedektors zur Seite. Von ihm erhielt Jakob ein Paar alte Kopfhörer. Am Werktisch von Herrn Guntli, unter Verwendung der nötigen Werkzeuge und Geräte, durfte der Knabe seinen Dedektor bauen.

Die für den jungen Tüftler unbekannten physikalischen Naturwunder weckten im Jungen das Interesse am Forschen.

Der rohe Bergkristall, die Energie-Zapfstelle für seinen Dedektor, war das heikelste Einzelteil im Schaltkreis. Diese natürliche Energiequelle zu beschaffen war für Jakob nicht einfach.

In einem Trödlerladen in der Neustadt fand der junge Techniker das Gesuchte. Des Herrn Weilenmanns Trödlerladen war der Ort, in dem tausend Dinge von Radiozubehörteilen zu finden waren. Beim Stöbern in einem alten rostigen Blechbehälter, der ihm vom Ladenbesitzer vorgelegt wurde, entdeckte Jakob das Gesuchte. Ein rohes, schwarzes, schmutziges Etwas stach dem Knaben ins Auge. Er nahm dieses unansehnliche Etwas in die Hand. Ein blitzender Strahl von einer glatten, winzig kleinen Fläche ausgehend führte den Suchenden zu dem Entschluss, dieses unwerte Ding zu kaufen. Jakob erkundigte sich über den Preis. Herr Weilenmann sah den Kunden fragend an: „Das da interessiert dich? Was willst du denn damit machen?" Jakob log, er gab dem Ladenbesitzer zur Antwort, er wisse es noch nicht. Für Fr. 1,30 ging das köstliche, lange gesuchte Stück in den Besitz des Knaben.

Tagelang, Abend für Abend, versuchte Jakob erfolglos, einen Ton aus seinem Dedektor zu empfangen. An einem Samstagabend, in seinem Schlafzimmer, hörte der Knabe plötzlich aus seinen Kopfhörern leise, weit entfernte Musik. Dann die Ansage einer Männerstimme „Radio Beromünster …" Der Bub war derart begeistert, dass er die Treppe hinunter in die Stube sprang, den um den runden Eichentisch Versammelten jubelnd kundtat, dass er seinen Dedektor auf Empfang habe. Vater und Hans kamen hinter Jakobli in das Zimmer der großen Entdeckung. Zuerst der Vater, dann Hans, später der hinzugekommene Gerd durften nacheinander durch die aufgesetzten Kopfhörer bestätigen, dass des Jungen Dedektor funktionierte.

Der Heuschopf auf dem Surbeck

Das Grundstück Surbeck, heute überbaut mit Einfamilienhäusern, zwischen der Neutrottenstraße und der Kirchbergstraße gelegen, war der zwischen Herblingen und dem Quartier Neuherblingen/Randenbahn gelegene Kirschen- und Obstlieferant. Randenbahn wurde zu Jakobs Jugendzeit die Gegend von Neu-Herblingen genannt. Auf der oberen, flachen Grundstückfläche des Grundstücks Surbeck war ein offener Heuschober. Im haldigen Wiesenstück bis zur Kirchbergstraße hinunter standen Apfel-, Birnen-, Kirschen-, Pflaumen- und Zwetschgenbäume. Lieferanten der von jedermann begehrten Früchte.

Neben dem Heuschober wuchs ein alter, prächtiger Usteröpfelbaum. Mit seinen gelb-grünen süßen Früchten war dieser Baum der Anziehungspunkt für Groß und Klein.

Vor der Reife der Usteröpfel fanden Kirschen, später Pflaumen sowie Zwetschgen den Weg in die Münder vieler Schüler aus der Randenbahn, deren Schulweg am Surbeck vorbeiführte.

Jakoblis Vater erklärte den Schülern, die er allesamt persönlich kannte, immer wieder, sie dürften sich doch gern mit Früchten von den Bäumen bedienen, doch sie sollten bitte keine Äste abbrechen. Neben dem Selbstbedienungsort für Früchte stand der Surbeckheuschober, ein beliebter gemütlicher Zufluchtsort der Randenbähnler.

Die älteren Buben und Mädchen waren physisch gerüstet, den offenen, vollgestopften Heustock über die vertikalen Dach-Stützen zu erklimmen. Dort oben, in guter Deckung, wurden verschiedene Nöte neutralisiert: Schulnoten besprochen, Schäferstündchen abgehalten, Unbekanntheiten erforscht und gelüftet.

Jeweils gegen den Frühling, wenn das dort eingelagerte Heu abgebaut wurde, kamen diverse Gegenstände zum Vorschein, die auf die oben erwähnten Beschäftigungen schließen ließen.

Sorgen bereiteten nicht die Taschentüchlein und andere Textilien, welche im Heu zurückblieben. Bleistifte, Federhalter und anderes, für Kühe und Pferde Unverdauliches, waren eine ständige Sorge für Jakoblis Eltern.

Jahrzehnte später ist Jakob mit seiner Familie auf einer Wanderung im Tösstal, zwischen Manzenhueb und Sternenberg, wieder auf einen Usteröpfelbaum gestoßen, dessen Früchte ihn an den Baum im Surbeck erinnerten.

Der steile Hang am Surbeck

Wiesland, wie schon erwähnt, mit vielen Apfel-, Birnen-, Kirschen- und Zwetschgenbäumen.

Am steilen Südhang trugen die Bäume jedes Jahr die begehrten Früchte. Jakobli und seine Freunde verbrachte dort manchen schulfreien Nachmittag mit dem Pflücken der Kirschen, Birnen und Äpfel. Mostobst wurde geschüttelt. Die Buben zeigten ihre Kletterkünste beim Hochsteigen in die obersten Regionen der Bäume. Vorsichtig auf die Äste tretend, dann kräftig schüttelnd, dass die Früchte hinunterprasselten.

Vater Jakob verkaufte einen ersten Grundstückteil für den Bau des Einfamilienhauses der Familie Weissenberger.

Dadurch wurde ihm die Auflage erteilt, eine im geforderten Umfang großzügige Beton-Abwassergrube zu bauen.

Ab 1943 musste Jakobli alle zwei Wochen am Samstag die Abwassergrube in diesem Hangstück leeren. Am Auslauf der Betongrube war ein Verschluss angebracht, an den ein Spezialgummischlauch angeschlossen wurde. Auftragsgemäß verteilte, im untersten Wiesenstück beginnend, Jakobli, manchmal auch ein Kamerad von ihm, mit einem Wendrohr am Gummischlauch montiert, die Jauche auf der Wiese. Wenn zur kalten Jahreszeit der Knabe diese Jauche-Verteilaktion ausführte, dauerte es nicht lange, bis sich eine Schar Raben auf dem mit Jauche überdeckten Feldabschnitt einfand, die Madenwürmer verspeisend.

Die Dampfmaschine

Aus jener Zeit hat Jakob die schönen Erinnerungen an seine Dampfmaschine, die die Buben, Alfred Hitz, ein Klassenkamerad und er, manchmal bei Jakobs Elternhaus, ein andermal bei Alfred vor seinem Elternhaus, neben der Stigele, dem damaligen Turnplatz neben der Linden-Baumallee, in Betrieb setzten.

Diese alten, einige davon heute noch stehenden Lindenbäume wurden von den Vorfahren, die bei Schwester Marie den Kindergarten besuchten, gepflanzt.

Diese Pflanzaktion muss in den späteren Jahren des 19. Jahrhunderts geschehen sein. Karl Pfund, der frühere Feuerwehrkommandant, Vorgänger von Arthur Dietrich, hat Jakobli einmal erzählt, dass er und Jakoblis Vater bei der Pflanzung dieser Bäume dabei waren. Karl zeigte dem Jakobli eine Fotokopie mit Kindern vor den jungen Linden. Diese Kinder, Knaben und Mädchen, hatten alle Schürzen getragen, ein Knabe auf dem Bild zeigt Karl Pfund.

Mit der Dampfmaschine haben Alfredli und Jakobli viele Nachmittage verbracht.

Als Anbauteile an die Dampfmaschine hatten die Buben auch ein richtig funktionierendes Butterfässlein. Jakoblis Mutter hatte ihnen jeweils ein Schälchen Rahm mitgegeben, Alfredlis Vater hatte die Methatabletten für das Beheizen der Dampfmaschine besorgt.

Landwirt, Gemeindeschreiber, Kirchenpräsident

Jakoblis Vater war hauptberuflich Landwirt. Im Nebenamt war er Gemeindeschreiber, dessen Pflichtenheft die Alkoholkontrolle der Gemeinde, die Einwohnerkontrolle, das Gemeindearchiv, die Führung der Versammlungs-Protokolle, das Sozial- und Waisenreferat enthielt.

Dazu nahm er in der reformierten Kirchgemeinde noch das Amt des Kirchenpräsidenten an.

Nicht weil Vater Jakob nicht Nein sagen konnte. Nein, weil sich keine Person für diese Aufgabe zur Verfügung stellte, nahm er durch seine Einstellung, dem Gemeinwesen dienen zu wollen, das Amt an. Jakoblis Mutter war gar nicht glücklich, dass ihr Ehemann sich mit solchen Ämtern zusätzlich belastete.

Jakob Fischer

Jakob Fischer, Inhaber der Huf- und Wagenschmiede im Dorf, war froh, sich bei seinem Kunden, Jakob von der Stege, melden zu können, wenn behördliche Angelegenheiten zu erledigen waren. Wie der Herblinger Schmiedemeister kamen zu Jakoblis Vater unzählige Dorfbewohner, zu jeder Tageszeit, um Rat und Hilfe zu erhalten. So wie auch die Ehefrau vom Dorfschmied, die an einem Abend weinend ins Haus zur Stege kam. Die umsichtige Hausfrau half auch ihrem Mann viel mit Handlangerdiensten in der Schmiede.

Gerdrud hatte an jenem Tag bei einem Vertreter für Staubsauger einen Kaufvertrag unterschrieben. Der Schmiedemeister machte seiner Frau wegen dieses Kaufvertrags Vorwürfe, jagte die Arme aus dem Haus mit dem Befehl, zum Gemeindeschreiber zu gehen, den Kaufvertrag rückgängig zu machen.

Frau Schuhmann

Mit ihren fünf Kindern war zu Jakoblis Zeiten die Frau des Schuhmachers eine im Dorf bekannte, tüchtige Hausfrau.

Schuhmachers hatten ihre Wurzeln im Chlooschter des Dorfs. Familienvater Hans war mit seiner Schuhmacherwerkstatt beim Nachbarn Jakob Brütsch, vis à vis Jakoblis Elternhaus, eingemietet.

Hansens Ehefrau war eine fanatische Hitlerverehrerin. Wenn die Führer des „1000-jährigen Reichs", Goebbels, Göring usw., eine Ansprache an ihr Volk hielten, ließ diese Nazifreundin jeweils ihr Radio in höchster Lautstärke erschallen. Diese Radioansprachen waren nicht erwünscht bei Jakoblis Nachbarn. Frau Schuhmann, so der Spitzname von Hansens Frau, öffnete ihre Stubenfenster weit, dass auch ihre Nachbarn das Gebrüll Hitlers, Görings oder Goebbels hören konnten.

Weil Frau Schuhmann die Warnungen von Jakoblis Mutter nicht entgegennahm, als Antworten der Reklamierenden jeweils die Zunge zeigte, wurde die fünffache Mutter zu einer Aussprache zwischen dem Gemeindepräsidenten, dem Gemeindeschreiber und dessen Frau Anna eingeladen. Der Eingeladenen wurde vom Gemeindepräsident erklärt, dass sie sich im öffentlichen Raum zurückhaltend benehmen müsse. Ansprachen im Radio dürfe sie nicht lautstark außer Haus, indem sie die Stubenfenster öffne, verbreiten. Eine Bitte zur Zurückhaltung an sie dürfe sie nicht mit dem Zeigen ihrer Zunge beantworten, sie müsse sich dazu in Worten äußern.

Vom Moment dieser Aussprache an zeigte Frau Schuhmann, wenn sie bei Jakoblis Elternhaus vorüberging, ihre weit herausgestreckte Zunge, begleitet mit Worten aus ihrem deutsch-schweizerischen Dialekt „Saukeiben".

Den Kindern zuliebe

Im Lauf eines Sommermorgens kam Frau Schuhmann über den Hof von Jakoblis Elternhaus marschiert. Den Milchkessel hatte die erzürnte Frau in der Hand. Jakoblis Vater war zu jener Zeit Präsident der Milchgenossenschaft, Jakoblis Mutter war in der Küche beschäftigt. Sie erblickte die Besucherin, bevor diese die Hausklingel betätigte. Jakoblis Vater war im oberen Stock in seinem Büro, als er die Mutter warnend rufen hörte, dass Besuch von Frau Schuhmann zu erwarten sei. Der Vater begab sich zur Haustür hinunter, öffnete der zornigen Nachbarin, die ihm ihren Milchkessel unter die Augen hielt und keifte, es sei eine verdammte Sauerei, denn die Milch sei sauer.

Sauberes Milchgeschirr

Folgen Sie mir, gab Vater Jakob der erzürnten Besucherin kurz
zur Antwort. Die Frau Nachbarin folgte dem Vater, der sich mit
ihr zu den Schweineställen begab. Dort leerte er die saure Milch
in einen Schweinetrog. Die schmatzenden Laute der Schweine
hinter sich lassend führte der Stege-Bauer seine Besucherin in die
Küche, wo er der Reklamiererin vorführte, wie sie ihr verkrus-
tetes Milchgeschirr von der alten Kruste von Milchrückständen
mit heißem Wasser reinigen solle.

Über der Schwaderlochstraße beim Dorfbrunnen, hinter
ihm die Närrin, führte Vater Jakob ihr vor, dass beim Nachspü-
len mit frischem Brunnenwasser der Milchkessel gefüllt werden
kann. Dort zeigte Jakoblis Vater der ruhiger gewordenen Dame,
wie dann der sauber gespülte Milchkessel frisch und glänzend
sauber aussah.

Zurück im Hof füllte Vater Jakob, in Gedanken an die Kinder der Familie Schuhmann, den Milchkessel mit frischer Milch.

Mit Onkel Franz zur OLMA

Onkel Franz lud Jakobli zum Besuch der OLMA in St. Gallen
ein. Jakoblis Vetter Peter, der mit Jakobli während der Schulfe-
rien in Jakoblis Elternhaus vieles erlebte, befand sich als zweiter
Fahrgast im Vangard, dem schönen, gepflegten Auto von Onkel
Franz. Die beiden Vetter erlebten eine kurzweilige, interessante
Fahrt nach St. Gallen.

Die OLMA-Ausstellung war für Peter und für seinen Vetter
aus dem Nachbardorf ein Erlebnis sondergleichen. So viele schöne Kühe in ihren sauber gepflegten Ständen, so viele verschiedene Rassen hatten die beiden Buben noch nie gesehen.

Im Stall von Peters Pate, Jakoblis Vater, waren Kühe von der
Rasse Fleckvieh. Peter hatte viele Stunden im Stall zur Stege
mit Jakobli bei den Kühen verbracht. Das Vieh striegeln, bürs-

ten, ausmisten, neues Stroh in die Schlafstellen streuen, alle diese Arbeiten waren Jakoblis Vetter nicht fremd.

Auf manchem Gang auf die Weiden in die Gass, in der Hofstatt, in den Surbeck hat Peter geholfen, die Kühe zu begleiten. Dafür zu sorgen, dass kein Tier auf die Idee kam, auf dem Weg bei der nächsten Wiese zu grasen.

In der Olma-Halle mit den Kühen, Schafen, Ziegen waren noch Gänse, Hühner und Schweine zu bestaunen. Ein Mutterschwein lag dösend im Stroh, umringt von acht Frischlingen, die während der Messezeit, so war zu lesen, geboren wurden. Mit ultraviolettem Licht wurde den Jungen die nötige Wärme zugeführt.

In einer anderen Halle wurden Landwirtschaftsmaschinen jeglicher Art gezeigt, diese Ausstellungsgüter interessierten die beiden Buben.

Traktoren mit verschiedenen Anbaugeräten wurden als wertvolle Helfer angepriesen.

Jakobli hatte für die nächsten Tage genügend Gesprächsstoff für den runden Tisch zu Hause.

Das Tier als Nahrungs- und Geldquelle

Am Familientisch wurde von den Großen die Aufrüstung der Nazis diskutiert. Was kümmerten Jakobli die Diskussionen der Erwachsenen. Für ihn war wichtiger, dass seine Lieblingskuh Elsa ein Kalb geboren hatte. Viel wichtiger als Politik war für ihn, dass er mit Elsas Kalb bald in der Hofstatt umherspringen durfte, manchmal konnte er mit dem Kalb bis zur Gass spazieren, eine der Wiesen an der alten Thayngerstraße.

Interessanter war für Jakobli, dass er Elsas Kalb in seinen ersten Tagen nach der Geburt ohne Hilfe der Erwachsenen mit der Flasche, später aus dem Milcheimer, gefüllt mit der Muttermilch, großziehen durfte.

Wo der Bube war, lebte er in seiner Umgebung fröhlich und hoffnungsvoll, unbelastet in den Tag hinein.

Fröhlich, bis der Tag gekommen war, wo Elsas Kalb, von Jakobli monatelang mit vollem Einsatz gehegt und gepflegt, zum Metzger geführt werden musste. In diesem Moment kamen dem jungen Tierfreund die Tränen. Er konnte nicht verstehen, dass ein so schönes Kälblein, nur weil es ein Muneli war, auf seinen letzten Gang gebracht werden musste.

Mutter und Vater erklärten ihrem Sohn, warum ein solches Tier zur Schlachtbank geführt werden muss. Einer der beiden Knechte hat es verstanden, dem trauernden Buben einfühlsam, parallel zu den Erklärungen von Jakoblis Eltern, die Wichtigkeit vor Augen zu führen, warum ein Tier mit seinem Tod die Liquidität eines Bauernbudgets zu sichern hat.

Jakoblis trübster Tag

Der letzte Lebenstag seines Muneli wurde für Jakobli zum schwersten Tag in seinem bisherigen Leben. Er musste mit seinem Vater in die Stadt zum Metzger fahren. Mit seinen eigenen Augen zuschauen, wie der alte Metzger Wirth, für sein Bubenherz ein grausamer Rohling, sein Muneli mit einem großen Holzhammer zu Tode schlug.

Um sich vom ersten Schock über das grausige Geschehen zu lösen, kaufte Vater Jakob seinem Sohn einen Schoggistengel. Das süße Geschenk dürfe er ganz allein essen. Dieser Stengel war nicht angebrochen, er war klebrig und unansehnlich, als die beiden aus der Stadt vor dem Elternhaus ankamen. Traurig, mit tränenverschmierten Wangen überreichte Jakobli das Ablenkungsgeschenk seiner Mutter, die die beiden der heilen Rückkehr wegen freudig begrüßte.

Für einige Zeit mürrisch und untröstlich, musste Jakobli die Tatsache annehmen, dass Menschen über die Tiere verfügen, dass die Tiere für die Menschen Geld und Nahrung sind.

Erst später hörten die Kinder während der biblischen Geschichte, dass Tiere geopfert wurden, nicht nur zum Verzehr durch die Menschen, auch zur Versöhnung Gottes den Menschen gegenüber.

Für sein Bubenherz bedeutete das Opfern von Tieren nicht Versöhnung, für Jakoblis Geisteswelt war das unverständliche Gewaltanwendung, Krieg, Morden.

Später mussten Jakobli und seine Freunde erfahren, dass Hitler und seine Banden mit Hitlers Versprechen auf ein tausendjähriges Reich die jüdischen Menschen vernichten wollten.

Dass Menschen, welche Macht über Mitläufer hatten, die Mitläufer dazu ermächtigten, auf Befehl Menschen zu ermorden.

Kaninchen im Bienenhaus

In Vaters Bienenhaus wurde ein Platz hergerichtet, wo Jakobli zwei große Kaninchengehege aufbauen durfte. Kaninchenzüchter Ziegler schenkte dem Buben drei junge, kleine Tiere, die er in ihr neues Heim brachte. Justa, ein Knecht bei Jakoblis Eltern, hatte dem Buben geholfen, die beiden großen Gehege zu gestalten, sodass die drei Hasen sich weiträumig verteilen konnten.

Sein Vater lehrte Jakobli, wie das Futter, welches sich am besten eignete, den Langohren zu reichen ist. Die drei lustigen Gesellen wurden zu Jakoblis Freude schnell größer. Beim Heben der Tiere fühlte der junge Züchter das zunehmende Gewicht, auch die Kraft und die Krallen der zappelnden Vierbeiner.

Sobald die Frühlingssonne für genügend Wärme sorgte, durfte der junge Tierhalter seine drei Kaninchen in der Hofstatt frei laufen lassen.

Mit lustigen Sprüngen erkundeten die drei ihre neue Umgebung. Sie knabberten mit schnellen Mundbewegungen an den Löwenzahnblättern.

Jakobli musste nur besorgt sein, dass die Tiere sich nicht aus seinem Blickfeld verabschiedeten.

Nach drei Jahren erfolgreicher Aufzucht wurde dem Züchter eröffnet, dass es Zeit war, die drei fetten Hasen zu schlachten.

Wieder war ein starker Entscheid zu fällen. Dieser Entschluss wurde mit den nötigen Erklärungen dem Buben überlassen. Seine Hasen hatten schöne, schwarz glänzende Felle, mit dunkelroten Flecken durchsetzt. Mutter Anna bestätigte ihrem Sohn, dass es ein schwerer Entscheid sei, sich zum Schlachten der Kaninchen zu entschließen. Aber dies sei nötig, denn dazu züchte man diese Tiere, bis sie das Schlachtgewicht erreichen.

Am 21. Dezember jenes Jahres meldete sich ein Dorfbewohner beim Elternhaus. Dieser Mann hatte Jakoblis Vater zugesagt, als Schlächter und Metzger zu walten. Jakobli, Gerdli und Maxli waren dabei, als der Mann, ein Rohling in den Augen der Buben, die drei Hasen tötete. Mit einer Terzer-Pistole erschoss Herr Schneckenburger einen Hasen nach dem anderen. Jakobli öffnete seine Augen erst wieder, als das dritte Kaninchen zum Erschießen an der Reihe war. Beim letzten Mord gab es einen Unfall. Als der Metzger dem Hasen den Pistolenlauf hinter das Genick drückte, zappelte der Todeskandidat so heftig, dass die Kugel in den Daumen des Mörders drang.

Weil dieser Unfall geschah, musste Justa, der Knecht aus dem Elsass, das letzte Kaninchen töten. Er war es gewohnt, den Tieren die Felle artgerecht über die Ohren zu ziehen, die Tiere auszunehmen, die Fleisch-Portionen richtig einzuteilen und die Felle aufzuspannen.

Beim Festessen am heiligen Tag, an dem die ganze Familie mit Jakoblis Freunden und den Helfern versammelt war, wurde das Fleisch der drei Hasen, von Mutter Anna köstlich zubereitet, mit Kartoffelstock, Rosenkohl und einer feinen Sauce serviert. Nachdem er die Suppe gegessen hatte, entfernte sich Jakobli ohne Worte vom Tisch.

Die drei Felle seiner Kaninchen wurden, nach einigen Wochen, da sie richtig getrocknet waren, dem Kürschner Stemmler zur Verarbeitung zu Fausthandschuhen, die für Jakobli bestimmt waren, übergeben.

Dieses Paar Handschuhe, die Innenseiten mit Hasenfell gefüttert, die Außenrückenseiten mit den schönen schwarz-roten Fellen seiner Kaninchen, die Handballen mit dem weichen Leder

der Hasenfelle, waren das Andenken an seine ersten und letzten Kaninchen, die er aufzog.

Diese speziellen Handschuhe verehrte Jakobli im Gedenken an seine schönen Tiere, die er mit Liebe und Sorgfalt aufgezogen hatte. Der Bube trug sie viele Winter zum Skifahren als die wärmsten Handschuhe, die er je besessen hatte. Solange er diese Handschuhe benutzte, so lange hatte Jakobli während der Winterzeit nie kalte Hände.

Der Krieg nähert sich

Immer häufiger, teilweise mit heftigen Diskussionen, wurde am Familientisch über den nahenden Krieg gesprochen.

Dabei ging es um Machtgelüste, um Menschen, die mit Hitler den Weg zur Eroberung Europas beschritten. Um dieses Ziel zu erreichen mussten nicht nur Tiere geschlachtet werden. Es wurden Menschen aussortiert und getötet, was die Jungen nicht begreifen konnten.

Erklärungen wurden ausgetauscht, Erkenntnisse wurden erläutert. Von General Guisan wurde geredet. Über die Anschaffung guter, präziser, starker Waffen wurde am Familientisch diskutiert. Die Bunker OST und WEST wurden gebaut. Georg Bührer, der Kiesgruben-Bührer. „Gooht Schoo – Gooht Schoo" war sein Rufname, wenn über das Bauen gesprochen wurde. Er, der Georg Bührer, war noch ein Baumeister, der, wenn es windstill war, ohne Senkblei Backstein-und Betonmauern hochzog, die Vertikale prüfte, indem er einen saftigen „Speutz" an der bereits aufgeschichteten Mauer hinunterjagte, sein Ausspruch „Gooht Schoo – Gooht Schoo" als Gut zum Weitermachen quittierte. Darum sein Rufname, der den Dörflern in der Umgebung bekannt war.

Der Ausführende Baumeister beim Bunkerbau der Festungen OST und WEST war Baumeister „Gooht Schoo – Gooht Schoo".

Diese Bunker stehen heute noch und waren für die damaligen Verhältnisse unzerstörbar.

Ernsthafte Gespräche am Familientisch verrieten ihm und seinen Freunden nichts Gutes. Düstere Gedanken kamen hoch. Die Wut der Dreikäsehochs wurde durch bubenhafte Kraftausdrücke abgelassen.

Wenn sein Vater nicht im Militärdienst war, saßen meistens acht und mehr Personen, seine Eltern, die Haushalthilfe Erna, zwei Knechte, zwei bis drei Freunde aus der Nachbarschaft und Jakobli, um den runden Eichenesstisch.

Die Tischgemeinschaft, bestehend aus seinen Eltern, einem Italiener, einem Franzosen, seinen Vettern Peter aus Schaffhausen, einem aus Deutschland und ihm, konnte hin und wieder der Ursprung zu einer politischen Debatte werden.

Solche Anfänge zu unschönen Tischdiskussionen wurden stets von Mutter Anna abrupt abgebrochen, mit der klaren, laut zum Ausdruck gebrachten Mitteilung von ihr: „Wenn ihr politisiere wänd, dänn hauet's uf de Hofplatz usse."

Besuche bei den Soldaten

Wie schon erwähnt, standen (stehen heute noch) nicht weit vom Herblinger Dorfkern die zwei Festungen.

Zwei Verteidigungsbunker, derjenige im Nord-Osten vom Dorfkern, Bunker OST, der im Nord-Westen vom Dorfkern, Bunker WEST, waren die geheimnisvollen Objekte für die Buben. Die Wehrmänner, stationiert in den Festungen und im Dorf, standen unter dem Kommando von Hauptmann Ernst Steinemann. Steinemann war ein beliebter, menschlicher und weitsichtiger Kommandant. Er hatte ein Herz für seine Soldaten und auch für die Zivilbevölkerung. Nicht selten kommandierte er Soldaten, welche zu Hause einen landwirtschaftlichen Betrieb führten, an Herblinger Betriebe ab, deren Meister irgendwo in der Schweiz im Militärdienst waren.

In seiner Kompagnie war Jakoblis Vater, solange er in der Region Dienst tat, für die Telefon-Verbindungen zwischen den beiden Bunkern verantwortlich. Seine Mutter übergab dem Jakobli manchmal einen Laib selbst gebackenes Brot, eine tüchtige Tranche geräucherten Speck, Rauchwürste, einen Sack voll Grüben mit dem Auftrag „Für de Vater, er isch im OST". Mit diesen willkommenen Naturalien für einen Znüni durfte Jakobli, der junge Besucher, den Soldaten Abwechslung im eintönigen Wachdienst bringen. Dafür bekam er die Gelegenheit, die düsteren Bunker zu betreten.

Jakob erinnert sich an einen Besuch im Bunker WEST. Seine Besichtigung begann jeweils durch den getarnten, mit Stacheldraht gesicherten oberen Haupteingang, hinein in den düsteren Bunkerraum, hinter den Geschützstellungen, zur Stahlleiter zum unteren Notausgang hinunter, im damaligen Steinbruch, der heute mit Kehricht- und anderen Abfällen aus dem Dorf und mit Bauschutt aufgefüllt ist. In guter Erinnerung bleibt ihm die drückende Atmosphäre, im von Waffen bestückten Betonungetüm. Beim Anblick der Kanonen, deren Geschützrohre Richtung Schlosshalde-Stettemerstraße-Moosacker zeigten, wurde der Bube von einem Gefühl der Sicherheit beruhigt.

Manchmal durfte Jakobli einen Kameraden auf eine solche Znünitour mitnehmen. Die jungen Boten fühlten sich wichtig, wenn sie auf dem Platz vor der Soldatenunterkunft, Holzbaracken im Wald, gut getarnt über der Stettemerstraße unter dem Bunkerstandort, mit den Verteidigern ihres Vaterlandes Tischtennis spielen durften. Beim Bunker OST lagen nicht nur die Männer hinter den Waffen im Bunker bereit zur Abwehr deutscher Eindringlinge. In der nordwestlichen Ecke des Beckenwääldli, eingegraben zwischen den Eichenbäumen und den beiden (heute noch dort stehenden) Buchen, harrten ihre Kameraden als Außensicherungen hinter LMGs und MGs, Schussrichtungen Bunkerumgebung-Seeäcker-Panzersperre Seebrugg.

Mit einem Gefühl von Stärke und Sicherheit nahm Jakobli die scharfe Munition der Waffen wahr, hinter denen die Soldaten in ihrem Schützengraben einsatzbereit lagen.

Zur Verteidigung des Dorfkerns

Im Mai 1940 konnten die Buben die Panzersperre, welche die Dorfumgehungsstraße im Höfli/Thayngerstraße bei Leibachers Bauernhof absperrte, inspizieren.

Mit Baumstämmen, geliefert vom Sägermeister Müller, und mit Landwirtschaftsmaschinen hatten die Soldaten den Durchgang abgeriegelt.

Noch in Erinnerung sind Jakob die MG-Stellungen, eingegraben an der Ecke hinter der Abschlussmauer zum Höfli. Die Läufe ihrer schweren Waffen waren auf die Thayngerstraße gegen den Stäuber gerichtet.

Sein Geburtsdatum erklärt, dass und warum Jakob vom Anfang des Völkermordes, 1939 bis 1945, als Kind nur schleierhafte Erinnerungen an die damaligen Begebenheiten hat.

Später hat Jakob erfahren, dass vor der zweiten Mobilmachung die schweren Waffen aus den Bunkern OST und WEST über den Rhein an die zweite Verteidigungslinie verlegt wurden.

Die Linke hatte zu lange gewartet bis zu ihrem klaren Bekenntnis, dass die Schweizer Armee aufzurüsten sei.

Dank Walther Bringolf, damals Stadtpräsident von Schaffhausen und Nationalrat, wurde eine starke Schweizer Armee gefordert.

Walther Bringolf war vom Kommunisten zu den Sozialisten gewechselt.

Er war ein feuriger Gegner der Nazis, hatte daher gefährliche Mitglieder der fünften Kolonne in der Schweiz. In Schaffhausen war der Kern dieser Banden in den Großbetrieben und bei bekannten Kleinbetriebs – Inhabern zu finden. Architekten und Ärzte waren auch Mitglieder der Schaffhauser-Nazis. Im Dorf hatten die Nazis den Gemeindepräsident und den Gemeindeschreiber in einer Liste festgehalten. Unter den Fröntlern, wie die Nazis genannt wurden, waren ehemalige Schulfreunde der beiden.

Zwei von ihnen, sie hatten keinen Schweizer Pass, wurden nach 1945 von den Franzosen nach Deutschland überführt.

Justa

Justa Göpfert wurde 1944 durch die Fremdenpolizei als Hilfskraft an Vater Jakob vermittelt.

Justa arbeitete als geschätzter Knecht mit Vater Jakob überall,
wo er um Hilfe gebeten wurde. Bald hatte sich Jakobli mit Justa angefreundet, was nicht bei jedem Knecht der Fall war. Jakoblis Eltern hatten dem Knaben von Justas Flucht aus seinem Heimatort erzählt.

Justa war mit einigen seiner Kameraden aus dem von den
Deutschen besetzten Elsass in die Schweiz geflohen. Ein Kamerad von Justa wurde in Beggingen bei einem Landwirt aufgenommen, ein weiterer in Schleitheim.

An Sonntagen trafen sich die Elsässer gerne in der Stube von
Jakoblis Eltern.

Die drei Beliebten waren katholischen Glaubens, sie fragten
während eines Treffens in Herblingen Mutter Anna, die sich als
ehemalige Katholikin zu erkennen gab, wo sie eine Andacht in
einer katholischen Kirche besuchen könnten. Die katholische
Kirche in nächster Nähe war die in Thayngen.

Jakobli wurde beauftragt, am nächsten Sonntag mit den drei
Knechten nach Thayngen zu fahren, um ihnen die Kirche zu
zeigen. Die drei Flüchtlinge wussten, dass die deutsche Grenze
nicht weit von Thayngen entfernt war.

Die Elsässer hatten ein ungutes Gefühl, als sie von Jakoblis
Mutter erfuhren, dass der Bube sie zur Kirche begleiten werde.
Vater Jakob beruhigte, er erklärte dem Justa und seinen Kamera-
den, dass Jakobli wisse, wo er mit ihnen hinzufahren habe. Sein
Bube sei gut informiert, wie er sich zu verhalten habe.

Fahrt zur Kirche

Am nächsten Sonntag begleitete Jakobli mit seinem Velo die drei Elsässer nach Thayngen.

Der Bube ließ sich ins Gotteshaus, das ihm ein wenig fremd vorkam, führen. Jedoch die Verbeugungen, die seine drei großen Freunde aus dem fremden Elsass vollführten, verstand Jakobi nicht, machte der Bube nicht mit.

Die Armbrust

Justas Vertrauen zu Jakobli war groß. Er beglückte eines Tages den Buben mit einer selbst gefertigten Armbrust. Diese hatte er zusammengesetzt aus den Stäben eines Regenschirmes, die er zu einem Bündel als Bogen zusammengefügt hatte. Den Schaft hatte er aus Tannenholz geschnitzt. Den Mechanismus von Tells Waffe montierte der tüchtige Handwerker so kunstgerecht, dass die Armbrunst als richtige Schusswaffe diente. Pfeile hat Justa aus Schilfrohren hergestellt, die er mit Jakobli im Schilfland beim Mogerewäier holte.

Am Tor des Wagenschopfes befestigte Justa eine Zielscheibe. Dort übte er mit dem Jakobli das Schießen, sicheres Umgehen mit der gefährlichen Armbrust und die Treffsicherheit.

Justa erzählte an einem Abend nach dem Nachtessen, dass Jakobli am nächsten Samstag, wenn sie in den Wald gehen werden, einen Hasen schießen werde. Jakoblis Eltern nahmen diese Ankündigung gelassen entgegen, Vater Jakob billigte ein solches Ansinnen.

Jakobli hatte seine eigene Armbrust, die er geschultert mit in den Wald trug.

Die schwere Waffe nahm der Bube mit, weil ihm Justa erzählt hatte, wie er, als er noch Bube war, mit so einer Armbrust bei ihnen im Wald gejagt hatte.

Angekommen im Wald fällten die Mannen Bäume, der junge Jäger hatte sich weitab vom Baumfällen zur Jagd davongemacht. Vater Jakob hatte dem Buben erklärt, wo er sich bewegen könne. Wenn der Knabe des Vaters Rufe höre, sei das das Zeichen, dass er sich zu ihnen begeben müsse.

Als Jakobli die Rufe vom Vater vernahm, machte er sich auf den Rückweg zu den Holzfällern.

Am Feuerplatz angekommen wärmte eine schöne Glut die Gerstensuppe. Für jeden war ein Gnagi in den gefüllten Gamellen. Auf Justas Frage, wo er den Hasen habe, antwortete Jakobli, er habe nur drei Rehe gesehen, die seien aber blitzgeschwind geflüchtet. Einen Pfeil habe er verloren. Der sei hoch oben an einem Baumast hängen geblieben.

Der Gang zur Seebrücke

In Seeäcker, so besteht heute noch der Flurname für das Landwirtschaftsland bei der Seebrugg, an der alten Straße, die nach Thayngen führt, hatte Jakoblis Vater einen Acker Hafer angebaut. Hafer als Zusatznahrung für die Pferde und für die Schweine, die dieses Getreide sehr schätzen.

Das Haferstroh schätzten die Leute, welche das abgelegte, geschnittene Korn, Gerste, Roggen, Weizen, zu Büschel binden mussten. Haferstroh ist weich und eignete sich vortrefflich, die Bürdeli zu binden.

An einem heißen Augustnachmittag wurde Jakobli allein nach dem Haferfeld in Seeäcker gesandt. Er hatte den Auftrag, dem Hans und dem Guiseppe das Vesperbrot zu bringen. Die beiden Helfer auf dem Bauernhof hatten das Haus zur Stege nach dem Mittagessen verlassen. Die beiden tüchtigen Schnitter schritten mit den speziellen Ablegern, Sensen mit Drahtgeflechten an den Holmen angeschraubt. Die an den Sensen angeschraubten Drahtgeflechte dienten zum sorgfältigen Ablegen der geschnittenen Hafer- und Weizenhalme.

Jeder einen Rucksack auf dem Buckel und die Sensen geschultert verließen sie mit einem Bissen Brot und genügend Most im Rucksack den Hof. Jakoblis Mutter war immer besorgt, dass die Leute, bevor sie den Durst löschten, einen Bissen Brot aßen. „So steigt euch der Alkohol weniger in den Kopf", meinte sie stets. Genügend Süßmost war im Stege-Keller in zwei Eichenfässern zu je 640 Litern gelagert. Hans und Guiseppe waren keine Süßmöstler, wie sie sich jeweils ausdrückten, wenn Mutter Anna den beiden noch je einen Krug Süßmost mitgeben wollte. Lieber einen Krug mehr Most, dann könne man besser arbeiten, meinten die beiden.

Zur Vesperzeit, als Jakobli beim See eintraf, lag der Sonnstand leicht über dem Hohberg. Schon hatten die beiden Knechte ein breites Stück Haferähren in schönen Mahden abgelegt, aber wo waren die beiden Tüchtigen.

Jakobli schritt mit seinem Korb den Mahden entlang bis zum Platz, wo die beiden Schnitter sich niedergelegt hatten, in friedlichem Ruhen verharrend. Jakobli, der die beiden Knechte, wie seine Eltern auch, zu schätzen gelernt hatte, trat mit sorgfältigen Schritten näher zu den Ruhenden, ließ einen Pfiff über das Feld hallen, so wie die überraschten Schläfer es selbst immer auf den Weiden taten, um die Kühe zu sammeln. Staunend und froh, dass sie in die Wirklichkeit zurückgeholt wurden, nahmen die beiden Arbeiter Jakobli wahr. Gemeinsam wurde gevespert, geplaudert und die neue Mostlieferung genossen. Hans und Guiseppe waren gute Freunde für Jakobli. Der Bube schätzte das Zusammensein mit den beiden Helfern, die seit Jahren bei seinen Eltern dienten. Während Hans und Guiseppe noch zwei Mahden mähten, wurde Jakobli mit dem Binden von Bürdeli beauftragt.

Bei einem schönen Sonnenuntergang schritten die drei Arbeiter fröhlich plaudernd dem Dorf entgegen.

Von heißen Kugelbirnen und Tafelobst

Zwei hohe Kugelbirnenbäume standen auf dem Wiesenfeld im näheren Strassacker. Eine lange Reihe Hochstamm-Apfelbäume stand hinter den beiden Kugelbirnenbäumen. Die Apfelbäume lieferten Tafelobst, das Stück um Stück gepflückt und in den Pflücksack getan wurde. Wenn er voll war, wurde er sorgfältig in die bereitstehenden Holz-Harrasse geleert. Äpfel und Birnen, die nicht als Tafelobst geerntet wurden, schüttete man als Mostobst in Jutesäcke. Die Mostobst-Früchte wurden erst, nachdem das Tafelobst gepflückt war, von den Bäumen geschüttelt. Zum Schütteln der Früchte musste man auf den Baum steigen, um Ast um Ast mit großer Vorsicht kräftig zu schütteln. Neben dem Feld zog sich ein Wiesenbord parallel der Straße entlang. Von der Tahyngerstraße zum Feld unterbrach eine flache Einfahrt mit wenig Gefälle zur Wiese das Bord.

Während der Sommerferien war Peterli, Jakoblis Vetter, viele Male bei Jakoblis Eltern zu Besuch. Mit Ernstli, Gerdli, Maxli und seinem Vetter Peterli war immer etwas los.

Die fünf Buben waren an einem freien Schulnachmittag im nahen Stroossacker beim Pflücken von Tafelobst an der Arbeit.

Der Förster, verantwortlich für den Gemeindewald, nicht gerade sehr beliebt bei der Jugend, da er manchmal die Baumhütten abräumen ließ, durchquerte mit seinem Traktor das Wiesland von Jakoblis Vater. Die vier Obstpflücker waren für den wilden Traktorfahrer nicht sichtbar. Der Dieselmotor übertönte die Schmährufe der Spitzbuben. Bei der Ausfahrt von der Wiese zur Tayngerstraße verlor der Traktorfahrer ein fast ganz volles Pack Wurmann-Stumpen. Streichhölzer waren bei Feldarbeiten immer in Jakoblis Tasche.

Maxli fand die verloren gegangenen Stumpen und brachte diese triumphierend zu den anderen. Die haben darauf gewartet, einen der Schweizerstumpen zu rauchen. Jeder, wie die Großen, einen Stumpen im Mund, tat, als ob es das Normalste sei, rauchend der Arbeit nachzugehen. Das gepflückte Obst, in den Holzharrassen von ca. 25 kg Gewicht verstaut, wurde sorgfältig auf den kleinen Brückenwagen geladen. Die geschüttelten Äpfel und Birnen schöpften die tüchtigen Stumpenraucher in Jutesäcke ab. Alles sorgfältig auf den Wagen geladen, die fünf Erntearbeiter hatten den Vesper verdient. Süßmost, Brot, geräucherten Speck und Rauchwürste hatte Mutter Anna in den Znünikorb verstaut. Das Rauchen der Wurmannstumpen war abgeschlossen, fünf hungrige Buben labten sich am Vesper. Die Abendsonne neigte sich dem nahen Waldessaum zu, als die fünf den kleinen Brückenwagen zur Straße zogen.

Die Heimfahrt zog sich unüblich in die Länge. Keine fünf Minuten hatte die Fahrt gedauert, als Maxli vom Wagen sprang und sich in den Straßengraben erbrach. Seine restlichen Kollegen hielten nach kurzer Weiterfahrt den Wagen an. Das Erbrechen von Maxli übertrug sich auf die vier anderen.

Bleich und in schlechter Verfassung, kamen die Buben auf dem Hof von Jakoblis Elternhaus an.

Warum saßen die Obsternter so ruhig am Abendtisch? Die Bleichgesichter schauten in gedämpfter Stimmung einander an. Keiner hatte Appetit. Ernstli, Gerdli und Maxli gingen an diesem Abend ausnahmsweise früh zu ihren Familien. Jakobli und Peter verschwanden auch bald in ihren Betten. Am nächsten Morgen waren die Folgen vom Wurmann-Trip nur noch in schlechter Erinnerung.

Der Zweite Weltkrieg ist da

Jakoblis Vater und die anderen Männer aus dem Dorf mussten in den Aktivdienst einrücken. Mutter Anna war mit Erna, der lieben Haushalthilfe aus Kreuzlingen, sowie mit den beiden Knechten, verantwortlich für das Weiterführen des Bauernbetriebes.

Die dienstpflichtigen Pferde waren eingezogen.

Sein Vater verließ mit dem Pferd Flora an einem späten Abend das Zuhause. Flora vor den kleinen Brückenwagen gespannt, Vaters Tornister auf die Wagenbrücke gezurrt, fuhr das Gespann zur Dorfstraße hinunter.

„Wohin?", fragte Jakobli. „über den Rhein irgendwohin", war die Antwort, „du wirst bald von mir hören."

Das Bald erfüllte sich nach einiger Zeit. Jakoblis Vater brachte Jakobli zu seiner großen Freude eine funkelnagelneue Pferdepeitsche mit. Eine aus einem gleichen federnden Material wie Fredy Knie vom Zirkus Knie sie bei seiner Pferdenummer benutzte.

Die Freude an dieser neuen Pferdepeitsche war so groß, dass das wichtigste Thema beim Tagesgespräch bei Jakoblis Freunden die neue Peitsche betraf.

Beim Tränken der Kühe am nahen Dorfbrunnen unten, gegenüber dem Restaurant Löwen, war Jakobli seit Jahren für das ordentliche Benehmen der vierbeinigen Stallbewohner auf dem Weg vom Kuhstall zum Dorfbrunnen und vom Brunnen zurück verantwortlich.

Seine neue Peitsche knallte weit hörbar bis zu seiner Lieblingskuh Elsa, die zum Brunnen als Leitkuh ihren elf Kolleginnen voranschritt. Vor der Stalltür, über der Mistgrube, blieb der junge Dompteur mit seiner eleganten Peitsche stehen. Er musste nicht mehr hinter der letzten Kuh herlaufen, um mit Peitschenknall seine Anwesenheit zu markieren. Der gute Peitschen-Zwick, gekauft im Dorfladen Surbeck, war der Grund des lauten, scharfen Knalls, genügend, um die Marschordnung seiner Schutzbefohlenen einzuhalten.

Beim Rückmarsch vom Brunnen, Elsa stapfte vor ihren Kolleginnen zum Hof hinauf, war die Kuh oben angekommen aus Jakoblis Blickfeld geraten. Sie drehte sich Jakoblis Rücken zu, mit einem kurzen Stups gab die Erzürnte dem Buben das Zeichen, nicht zu laut den Peitschenknall hören zu lassen. Der junge Dompteur landete in der Mistgrube. Welche Buben der heutigen Generationen können eine solche Stelle einnehmen?

Nur Kinder, die auf einem Bauernhof aufwachsen. Nicht einmal alle dieser Bauernkinder können das, weil die Kühe in modern eingerichteten Stallungen nach ihrem Bedürfnis das Trinkwasser aus der Tränkevorrichtung entnehmen. Vielfach sind Viehweiden mit Tränkstellen versehen.

Hilfe auf dem Bauernhof

Als Kinder hatten die Jungen immer Arbeiten zu erledigen, die
auf ihre physischen Möglichkeiten ausgerichtet waren. Den Kindern, Jakobli und seinen Freunden, wurde es nie langweilig.

Jakoblis Vater, seine Mutter, eine ihrer Haushalthilfen und
die Knechte hatten hin und wieder eine Tätigkeit für die Jungen vorrätig. Runkelrüben vom Feld führen. Kartoffeln von den
Austrieben befreien. An Samstagen den Hof besenrein kehren.
Wenn sie schulfrei hatten, einen Wagen mit Kuhmist laden. Vor
dem Melken die Kuhliegen ausmisten. Den Stallgang reinigen,
den Kuhmist zum Miststock schieben. Vom Heustock das von
den Großen ausgestanzte Heu zum Futtergang hinunterwerfen.
Kurzfutter schneiden. Runkelrüben bröckeln und mit dem Kurzfutter mischen. Den Tieren das Futter in die Krippe geben. Den
Kälbern die Milch reichen. Alle vierzehn Tage den Hühnerstall
ausmisten, zur Desinfektion mit Kalksteinpulver den Boden des
Hühnerstalls überstreuen. Der Mutter Hühnereier vom Nest in
die Küche bringen. Vom Holzschopf Scheiter in die Küche holen, neben dem Holzherd lagern. Holzbüschel vom Holzschopf
zum Backofen tragen. Die frisch gemolkene Milch zur Milchzentrale bringen. Die Kühe mit Striegel und Bürste pflegen. Bei
Bedarf mit den Knechten auf den Feldern den Mist zetteln. Im
Sommer beim Heuen zugreifen. Auf dem Weizenfeld zugreifen
beim Puppen aufstellen.

Die Dreschmaschine

Im Herbst, wenn die Dreschmaschine in der väterlichen Scheune aufgestellt war, als er schon die Elementarschule besuchte,
übernahm Jakobli einige Jahre die Funktion auf sehr gefähr-
lichem Posten. Die Bindschnüre der Weizen-Puppen aufschnei-
den, bevor diese dem gefährlichen Tambour zugeführt wurden.
Die Funktion des Zuführens der ausgebreiteten Weizenhalme

hatte Heinrich Müller, sein Spitzname Heina, der Dreschmaschinist und Verantwortliche über das ganze Dreschwerk. Noch einige Jahre führte Heina diese Arbeit auf der Dreschmaschine aus, trotz seines Unfalls am Tambour, der ihm den linken Arm während der Drescharbeiten beim Bauer Jakob Sigg abgeschlagen hatte. Der einarmige Heina hatte noch einige Jahre jeden Winter die Revisionsarbeiten ausgeführt, wenn die Dreschmaschine ihre Runde gemacht hatte.

Die Dresch-Runden führten von Herblingen aus weit verstreut bis Altdorf, Bargen, Barzheim, Buchthalen, Dörflingen, Gennersbrunn und Merishausen. Jakob weiß nicht mehr, ob Hemmental auch noch bedient wurde.

Die Revisionsarbeiten der Dreschmaschine und der Strohpress hat der einarmige Heina noch bis zu seiner Pensionierung sorgfältig und kompetent ausgeführt.

Heina war der geborene Erfinder, Techniker und korrekte Arbeiter. Er war einige Zeit bei Jakoblis Vater Knecht, für den Kleinen ein Vorbild. An unver-gesslichen Abenden machte Jakoblis Vater mit den Knechten, mit Jakoblis Mutter, der Haushalthilfe Erna und den Freunden von Jakobli in der wohlgewärmten Bauernstube Spiele.

Heina hat Jakobli geholfen, als des Buben Dampfmaschine, die er durch ein Tauschgeschäft mit dem vier Jahre älteren Walter Schwarzenberger erstanden hatte (Rollschuhe gegen Dampfmaschine), nicht zum Laufen gebracht werden konnte. Schritt um Schritt hatte Heina den Bub zum technischen Punkt, der das Funktionieren der Hin- und Herbewegungen des Zylinders beeinflusst, geführt. Heina hat den Fehler gefunden, der in kurzer Zeit behoben wurde. Der Schieber beim Zylinder war falsch montiert. Der einströmende Dampf wurde dadurch in umgekehrter Richtung zum Stoßzylinder geleitet. Der Schieber, richtig montiert, hatte zur Folge, dass die Dampfmaschine, unter dem Jubel von Jakobli, das Schwungrad mit der angebauten Transmission in Bewegung setzte.

Winterweizen

Im Oktober/November, je nach Witterung, wurde die Winterweizensaat im gepflügten, geeggten Ackerland gesät. Jakoblis Vater erfüllte diese wichtige Arbeit noch von Hand. Den Körnersack um die Schultern gehängt, bewegte sich der Landwirt, gemächlichen Schrittes über den vorbereiteten Ackergrund, nach jedem Schritt die Körner mit geübtem Griff über die Ackererde streuend. Später wurde die Saat mit der, von Pferden gezogenen Sämaschine ausgebreitet. Ab dem Jahr 1951 hatte Jakoblis Vater diese Feldarbeit mit einem großen Umbau modernisiert.

Der Hürlimanntraktor als Zugmaschine brachte eine Erleichterung. Vater Jakob kaufte, als Anbaugräte zum Traktor, eine Agrar Gras-Mähausrüstung,

eine Agrar Gras-Zettelmaschine, einen hydraulisch steuerbaren Ackerpflug, Fabrikation Schmied, und eine am Traktor anbaubare Agrar Ackeregge. Dies waren Zusatzgeräte zur Modernisierung der verschiedenen Landwirtschaftsarbeiten. Um den Ackerbau zu fördern, kaufte der Vater die mechanische Egge, seitlich wurde die Egge an den Traktor montiert. Mit diesen neuen Geräten zeigte Jakoblis Vater seinen Berufskollegen das zukünftige Vorgehen beim Ackerbau, beim Grasmähen, beim Heuen, beim Pflügen und beim Säen.

Vater Jakob führte in der Praxis vor, wie zum Beispiel ein Acker in kurzer Zeit umgepflügt, geeggt und mit der Wintersaat versorgt wird.

Über den Winter, wenn sich eine Schneedecke schützend auf die Felder legte, ruhte das Wachstum.

Im März, wenn die Sonne die Schneedecke geschmolzen hatte, zeigte sich die Wintersaat in frischem Grün. Das zukünftige Brot gedieh bis zur Reife. Ende Juli, Anfang August wurde der Bindemäher, von Heina revidiert, für die Weizenernte gerüstet. Vom Traktor gezogen wurden die Weizenfelder mit den modernen Hilfen gemäht.

Der Bindemäher stieß Weizenbüschel um Weizenbüschel sorgfältig gebunden auf den Boden aus. Helferinnen und Helfer sorgten in fröhlicher Zusammenarbeit für das Aufstellen der Büschelpuppen. Eine Puppe wurde aus einem senkrecht stehenden Mittelbüschel zusammengestellt, aus fünf seitlich anliegenden Büscheln am Mittebüschel anliegend, als Schutz vor Regen wurde ein Büschel in der Mitte geknickt, als Deckbüschel über die Pyramide gelegt. Die Frauen sorgten dafür, dass die Puppenreihen in schnurgeraden Linien auf den Äckern standen. Nach getaner Arbeit wurden die Puppenreihen mit Befriedigung kontrolliert, geprüft, ob nicht eine Puppe aus der Reihe tanzte. Wenn das Wetter mitspielte, konnten die Büschel nach einigen Tagen heim auf den Strohstock gefahren werden.

Im Spätherbst kam dann Heina mit der Rauschenbach Dreschmaschine, an deren Stroh-Ausstoß die Rauschenbach Strohpress angefügt war.

Huusmetzgete

Das Weizendreschen und die Huusmetzgete waren zwei wichtige Tätigkeiten auf dem Bauernhof.

Die Huusmetzgete war zu Jakoblis Zeiten noch eine reine Hausschlachtung. Mutter Anna und die ihr zur Seite stehenden treuen Helferinnen freuten sich jeweils, diesen für Küche und Haushalt arbeitsreichen Tag ohne Zwischenfall hinter sich zu bringen.

Jakoblis Vater war zuständig für die Vorbereitungen zur Schlachtung des Schweines, das sein Leben lassen musste.

Wenn die Kinder bereits in der Schule waren, und wenn der Störmetzger Franz im Elternhaus erschien, war der Moment des Zugreifens gekommen. Die Werkzeuge für die Schlachtung des Schweines brachte Metzger Müller in seinem Rucksack mit.

Nachdem die Arbeiten im Kuhstall beendet waren, und alle das Morgenessen eingenommen hatten, wurde ein gut gemästetes Schwein zum Schlachten ausgesucht. Im Hinterhof, zwischen Jakoblis Elternhaus und Nachbars Nodari, den seit langen

Jahren mit Anna und Jakob befreundeten Menschen, wurde das Schwein betäubt, die Halsschlagader geöffnet und sein Blut in einem Kessel gesammelt.

Das Schweineblut wurde vom Metzger mit diversen Gewürzen zur speziellen Blutwurstfüllung vorbereitet.

Gearbeitet wurde ein Tag lang, bis das Schwein in die gewünschten Portionen zerlegt war.

An den folgenden Tagen hatte Mutter Anna mit ihren Helferinnen noch viel zu tun.

Die Rauchwürste mussten für die Räucherung in der hauseigenen Rauchkammer bereit gemacht werden. Das Fleisch, das geräuchert wurde, musste in die gewünschten Stückgrößen geteilt, für die Pökel-Lake vorbereitet sein.

Blut- und Leberwürste mit dem Kesselfleisch wurden zum Mittagstisch aufgelegt.

Jakoblis Mutter hatte mit ihren Helferinnen dafür gesorgt, dass alles Nötige zu einer Huusmetzgete auf dem Esstisch vorhanden war.

Jakobli wurde beauftragt, den Nachbarn und den Verwandten im Dorf mit dem Kesseli Gaben von der Huusmetzgete zu bringen.

Das Fett wurde aus den Speckschwarten, dem äußeren Teil des Schweine-körpers geschnitten und von den Frauen in kleine Würfel zerlegt. Die Speckwürfel wurden in Pfannen erhitzt, wenn die Würfel schön braun gekocht waren, getrennt von den Fleischresten im heißen Fett schwammen, leerte Mutter Anna das heiße, flüssige Fett in Tontöpfe. Die schönen, hellbraunen zurückgebliebenen Grüben, wurden in kaltem Zustand zum Essen mit Brot dargeboten. Eine geschätzte, leckere Speise, passend zum Genießen an den Winterabenden.

Als er älter war, im Turnverein schon als Aktivmitglied mitturnte, durfte Jakob jeweils an einem Winterabend seine Turnerkameraden ins Elternhaus zu einem Grübenessen einladen.

Die meisten der Turnerkameraden nahmen diese Einladungen gerne an. Bauernbrot mit Grüben und Most wurde von den Kameraden sehr geschätzt. Während der Kriegsjahre, und noch bis 1951, waren solche selbst gemachten Köstlichkeiten kaum zu kaufen, ohne Mahlzeiten-Coupons war nichts zu haben.

Besuch im Feld

Nach dem Abendessen, im Juni 1941, erzählte Jakoblis Mutter vom erfreulichen Ereignis des vergangenen Nachmittages.

Während die Kinder die Schule besuchten, die Erwachsenen waren am Heuen im Strassacker, habe plötzlich ein Biertransporter neben dem Feld angehalten.

Onkel Ferdi aus Winterthur habe den Heuern einen unverhofften Besuch abgestattet. Bei sommerlicher Hitze habe Ferdi den Frauen und Mannen auf dem Feld mit einigen Flaschen Haldengut-Bier eine erquickliche Arbeitspause beschert.

Onkel Ferdi war ein Verwandter von Jakoblis Mutter. Er war in jener Zeit Chauffeur, mit Unterbrechungen durch seine Aktivdienstzeit, bei der Brauerei Haldengut in Winterthur. Wegen einer Spezialfuhre nach Thaygen sei er am Stroosacker vorbeigekommen.

Er habe die Feldarbeiter erblickt, die Leute erkannt, gebremst, denn bei dieser Hitze musste er für sein gekühltes Getränk in produktwerbender Voraussicht für den Namen Haldengut etwas unternehmen.

Von den Feldarbeitern wurden mit einem herzlichen Dankeschön die flüssigen Werbemuster entgegengenommen, das Wiedersehen mit Onkel Ferdi am schattigen Waldrand gefeiert.

Tante Trudi und ihr Bruder, Onkel Ferdi, hatten vor und während des Weltkriegs Jakoblis Eltern hin und wieder besucht. Die Verwandten aus Winterthur verbrachten mit ihren Kindern im fernen Dorf ennet dem Rhein gemeinsame Sonntagnachmittage. Bei solchen Besuchen war die Gelegenheit gegeben, die Gäste mit Speck, Rauchwürsten und Bauernbrot zu bedienen.

Tante Trude hatte ihren Ehemann schon früh, als ihre drei Kinder noch klein waren, verloren. Die junge Witwe war dankbar, wenn eines ihrer Kinder während der Schulferien bei Jakoblis Eltern sein durfte.

Nach dem Zweiten Weltkrieg, als im Jahr 1945 der Friede eingekehrt war, hatte Onkel Ferdi wieder bei der Firma Sulzer in Winterthur eine Stelle angenommen. Dort war er Chef der Abteilung für die Revision von Flugzeugtriebwerken. Diese Triebwerke wurden in den Jagdflugzeugen der Typen Vampire DH-100 und Venom-TK eingebaut.

Das Dreschen

Wie schon erwähnt, wurde zu Jakoblis Zeiten in den Bauernhäusern das Korn mit der Dreschmaschine gedrescht.

An der Scheunen-Ausfahrt stand, gekoppelt mit der Dreschmaschine, die Strohpress, die die sauber ausgedreschten Strohhalme zu viereckigen Ballen presste. Die Strohballen wurden durch den Pressvorgang auf zwei Holzholmen über den Brückenwagen gestoßen. Dort übernahm ein Helfer die schweren Strohballen und ordnete diese so an, dass der Wagen voll beladen mit diesen schweren Ballen zum Strohstock gefahren werden konnte.

Im oberen Estrich von Jakoblis Elternhaus hingen noch lange Zeit alte Dreschflegel zur Ansicht und zur Erinnerung, wie in früheren Zeiten die Körner aus den Ähren gewonnen wurden.

Am hinteren Teil der Dreschmaschine war der Schieber des Kornbehälters angebaut. An derselben Ecke war ein kleiner mechanischer Aufzug montiert. Dieser Aufzug diente als Plattform, um die Jutesäcke daraufzustellen, diese durch das Öffnen des Kornschiebers zu füllen und dann die schwere Last in die Höhe zu fahren, bis der Mann, welcher den vollen Sack zum Estrich trug, die Last unkompliziert auf seinen Rücken übernehmen konnte.

Das gedrechte Korn wurde zum ersten Estrichboden hinaufgetragen. Die beiden kräftigen Mannen, Hans und Guiseppe, trugen die schweren Jutesäcke, 70 kg bis 80 kg schwer. Der Weizen wurde in Bretterrahmen geleert. Zwei solcher Rahmen bedeckten zwei Drittel der gesamten Estrich-Bodenfläche. Jakoblis Vater rechnete den Leuten nach dem Nachtessen einmal vor, dass ca. 7,5 bis 8,5 Tonnen Körner zum Trocknen dort oben lagern.

Alle vierzehn Tage mussten die Körner im Weizenlager umgerührt werden. Diese Arbeit wurde den Buben aufgetragen, um an freien Nachmittagen das Korn sorgfältig umzurühren.

Jeweils im April des folgenden Jahres wurden die getrockneten Weizenkörner in Bundessäcke, spezielle Jutesäcke zu 100 kg, abgefüllt. Die Jutesäcke mit dem roten Aufdruck, das Schweizerkreuz in der Mitte hervorgehoben, wurden den Landwirten gratis geliefert.

Butz, der vorsorgliche Kater

Der Tag, an dem die Drescharbeiten stattfanden, war von Mutter Anna und Erna Tage vorher geplant worden.

Zum Znüni gab es, unter anderem, Kartoffelsalat mit Rauchwürsten. Für diejenigen, welche Wurstsalat bevorzugten, gab es Servelats-Wurstsalat.

An einem dieser wichtigen Tage kam, vor der Znünizeit, Jakoblis Mutter in die Scheune. Sie verlangte, dass Jakobli vom Dreschmaschinendach zu ihr herunterkam und teilte ihm mit, er müsse kurz in die Küche kommen. Dort erklärte sie dem Buben, dass ihr etwas nicht begreiflich sei. Erna habe am Vorabend zwei Kränze Servelats beim Metzger Brotbeck gekauft. Jetzt, wo sie die Würste zubereiten wollte, war nur noch ein Kranz der Würste vorhanden. Erna habe die beiden Wurstkränze auf den Küchentisch gelegt, sei kurze Zeit zu ihr in den Gemüsegarten, der neben dem Hof stand, geeilt, um ihr mitzuteilen, dass es Zeit sei, den Znüni zu richten. Und jetzt sei nur noch ein Wurstkranz vorhanden. Wo könnte die verschwundene Wurst sein? Nachdenken, überlegen, ein Entschluss fassen. Erna kam die Idee, ob wohl Butz, der Kater hinter der Sache stecken könnte. Butz war Jakoblis vierbeiniger Liebling. Ein großer, starker Kater mit schwarz-weißem Fell. „Wo ist Butz?", fragte Jakobli. „Er war hier", antwortete Erna. Jetzt waren nur die drei, Mutter Anna, Erna und Jakobli, in der Küche, Butz war nicht mehr zu sehen. Jakobli wusste, dass die Meite, Butzlis Partnerin, im zweiten Estrich oben, versteckt in einer Ecke unterm Dach, fünf junge Kätzlein hatte. Das Versteck kannten nur der Jakobli und Erna.

Um die Katzenmutter vor Gaffern zu schützen, in Ruhe zu lassen, hatten die beiden vom Familienzuwachs noch nichts erzählt.

Der Mutter, dem Vater und den Knechten war es aufgefallen, dass die Meite schon einige Tage dem Fressnapf ferngeblieben war.

Jakobli rannte hinauf in den oberen Estrich. Da stand er staunend, betrach-tete das Bild, das ihm die Katzenfamilie bot. Butz war beschäftigt, Servelats um Servelats zu zerkleinern und der Meite hinzulegen, die wonnevoll fraß, was ihr dargeboten wurde.

Jakobli bat seine Mutter um Geld. Er wolle zum Brotbeck hinüber, einen Kranz Servelats kaufen, denn der gesuchte Wurstkranz sei im zweiten Estrich, doch für die Leute nicht mehr zu haben.

Beim Neun-Uhr-Imbiss wurde das Versteck der Meite verraten.

Der Wald

Anstelle der Arbeiten wie in früherer Zeit auf den Feldern, betätigt sich Jakob in der heutigen Zeit im Wald. Der Großvater freut sich, mit seinen drei Enkeln, wie damals mit Doris, Andreas und Susanne, in den Wald zu gehen, um Bäume zu fällen, Brennholz aufzubereiten, gefälltes Nutzholz sauber auszuasten, Jungwuchs auszulichten. Das Mittagessen wird jeweils am Feuer im Wald eigenommen. Käse und Würste werden gegrillt, während des Essens an frischer Luft wird besprochen, was weiter zu tun ist. Die nächsten Arbeiten müssen so ausgeführt werden, dass der Wald sich gesund entfalten kann.

Jakob bekommt nach jedem Aufenthalt im Wald von den jungen Menschen bestätigt, dass das Ansprechen, das Erklären Früchte bringt, indem sich die Jungen für die verschiedenen Baumarten interessieren. Wie sie sich am Aufforsten des Jungwuchses beteiligen. Wohltuend ist es zu erleben, wie sich seine Enkelkinder an die Arbeit machen, um im Winter genug Brennholz im Vorrat zu haben.

Im Cheminée der Wohnstube des Hauses an der Gugerhalde 11 ist der elfire® Cheminée-Einsatz, auch ein Patent von Jakob, als Prototyp eingebaut. Die Nachfolger und jetzigen Hausbesitzer Heidi und Fred beheizen das Cheminée heute, nach mehr als vier Jahrzehnten, immer noch und in die Zukunft weisend als Wärmequelle mit Holz aus unseren Wäldern. So tauscht der elfire® nach 43 Betriebsjahren Energie des Cheminée-Feuers einen beträchtlichen Anteil Wärme in das Zentralheizsystem aus.

Wenn das Feuer im Cheminée für eine Grillade angefacht wurde, erlebten Jakob und Lily mit Genugtuung, wie der Wärmetauscher einen Großteil der Feuerenergie an das Zentralheizungssystem bringt, denn nach kurzer Zeit wird der Ölbrenner automatisch außer Betrieb gesetzt, trotzdem strahlen die Heizkörper im ganzen Haus Wärme ab.

Für Jakobs Familie war es an unzähligen Winterabenden das schönste Erlebnis, mitzufeiern und die Momente genießen zu dürfen, wenn seine Frau mit den drei Kindern, in den späteren Jahren mit ihren Enkeln, vor dem offenen Feuer saß, die Strahlungshitze auf sich einwirken ließ, im Bewusstsein, welche Arbeitsvorgänge nötig waren, um diese schönen Stunden erleben zu können.

Geschäftsfreunde aus aller Welt kennen durch ihre Besuche bei Lily und Jakob das Haus Gugerhalde 11.

Private Verbindungen dieser Menschen zu Jakob und seiner Frau bestehen noch heute.

Die heute immer noch eingehenden Grüße aus den verschiedenen Ländern, wo Jakob vor Jahrzehnten Kunden besuchte, bestätigen seiner Frau und ihm, dass die durch die elmass®-Produkte geknüpften menschlichen Kontakte immer noch halten, obwohl vor Jahren Jakob und Lily ihr eigenes Haus für immer verlassen haben.

Mit Stolz genießen die Großeltern Lily und Jakob die Momente, wenn ihre Enkel mit ihren Freunden Bäume und Sträucher, die in unsern Wäldern zu entdecken sind, fehlerlos benennen und erklären können.

Verbindungsdienste, Telefon und Meldeläufer

Außerhalb der Mobilmachungszeiten war Jakobs Vater, wie schon erwähnt, manche Wochen in den Bunkern OST und WEST im aktiven Grenzschutzdienst, dem Trupp der Telefonverbindungen zugeteilt.

Mit seinen Kameraden musste er in den Bunkerzonen bleiben. Er durfte nicht die kurze Strecke, bis zu seiner Familie, heimkommen, um nach dem Rechten zu schauen, zum Übernachten, oder um nachzufragen, wie es im Landwirtschaftsbetrieb lief.

Dafür durfte Jakobli einige Male, beladen mit einem Laib Brot, mit Rauchwürsten, Speck und Most, zu dem Bunker gehen, wo sein Vater gerade Dienst hatte.

Der Feldwebel Hans Deggeler war die Person, welche seiner Mutter jeweils den Aufenthaltsort bekanntgab.

Einmal durfte er, als Lohn für seine Botengänge, im Bunker WEST unter der Führung des zuständigen Offiziers und seines Vaters den Verteidigungsraum besichtigen. Oben im Wald durch den Haupteingang in den mit allerhand Waffen bestückten Bunkerraum. Über die Eisenleiter hinunter zum Notausgang in den Steinbruch (der heute durch die Kehricht-und Schuttablagerungen der Herblinger aufgeschüttet ist).

Mit Gerd, einem Schulkollegen von ihm als seinem Begleiter, der seine zweite Bleibe bei Jakoblis Eltern hatte, begaben sich die beiden Freunde wieder einmal zum Bunker WEST. Beladen mit Naturalien, welche bei den Soldaten immer sehr willkommen waren, mit freundlichen Worten empfangen, trafen sie dort oben ein.

Sonntagnachmittage verbrachten die Buben vor den gut getarnten Unterkunftsbaracken beim Tischtennisspielen mit den Soldaten. Die Holzbaracken, Unterkunfsträume für die Festungswächter, lagen im Wald gleich unterhalb des Bunkers, über der Verbindungsstraße zwischen dem Dorf und dem Schloss Herblingen.

Begehrte Lohnzahlungen

Mütter, deren Ehemänner im Aktivdienst waren, Frauen, die nicht in einem Betrieb in der Stadt Arbeit fanden, haben in Jakoblis Eltern Haushalt auf Äckern und Wiesen mitgeholfen.

Diese begehrten Hilfskräfte waren glücklich, anstelle von Bargeld Naturalien, bestehend aus Brot, Butter, Gemüsen, Milch, Obst, Speck und Würsten, zu erhalten.

Viele dieser Frauen haben nach der Tagesarbeit, vor dem Sonnenuntergang, mit Eifer und Fleiß auf abgeernteten Feldern liegen gebliebene Ähren, Erbsen und Kartoffeln gesammelt.

Flüssiges Geld war für Bauern eine Mangelware. Das Milchgeld war die monatliche Gegenleistung für die Milchlieferungen. Die Löhne für die fest angestellten Knechte mussten von diesem Geld, manchmal mit Zusatzbezügen aus, wenn vorhanden, Bankguthaben gesichert werden.

Einmal im Jahr, an Martini, konnten die Gelder für Weizen und Feldfrüchte eingezogen werden.

Wie schon erwähnt, wurde in Jakoblis Elternhaus einmal im Jahr während der Winterzeit ein Schwein für die Selbstversorgung geschlachtet. Die fünf restlichen Tiere wurden, um die Haushaltskasse aufzubessern, an Metzger verkauft.

Am Tag der Huusmetzgete konnte Mutter Anna auf die Nachbarinnen, die ihr bei den Haushaltverpflichtungen beistanden, in der Küche beim Zubereiten der Fleischportionen und beim Wursten zählen.

Die Knechte hatten sich mit dem Störmetzger abzusprechen, er sagte ihnen, welche Verrichtungen sie übernehmen sollten.

Manchmal durfte, musste Jakobli mit einem Bauernbrot, einigen Rauchwürsten oder mit einem Stück geräuchertem Speck den Weg zu einem der beiden Bunker antreten. Den Weg trat er an, unter Mutters Hinweis „Bunker OST" oder „Bunker WEST". Der Feldwebel Hans, mit ihm der Fourier, waren, wie bereits erwähnt, die Verbindungsleute zwischen der Familie und Vaters jeweiligem Einsatzort. Die streng vertraulichen, geheimen Angaben behielt Jakoblis Mutter für sich. Nur ihr Sohn durfte im Moment der Ausführung eines Besuches wissen, wohin sein Weg führte.

Fiselerstorch, der deutsche Spion

Im Winter an einem Soldaten-Besuchstag zum Bunker OST, begleitete der Höfli-Hans, Jakoblis Freund und Sohn der Nachbars Bauerfamilie, seinen Freund von der Stege.

Hans, zwei Jahre älter als Jakobli, hatte die Idee, auf dem Weg zu den Soldaten die Luftgewehre mitzunehmen.

Beide Buben hatten zur vergangenen Weihnacht ein Diana-Luftgewehr geschenkt bekommen. Diese Gewehre zeichneten sich durch Zielpräzision auf 30 Meter genaue Treffer aus. Die Zielsicherheit hatten die beiden Schützen gleich nach Weihnachten, einmal im Höfli-Estrich, das andere Mal im Estrich der Stege, geübt.

Am oben erwähnten Wintertag begaben sich die beiden Vaterlands-Verteidiger mit geschulterten Gewehren auf den Weg zum Bunker OST. Dort angelangt, die Esswaren den dankbaren Empfängern abgegeben, meldeten sich die Überbringer ab. Die beiden Schützen legten sich, nicht weit entfernt vom Bunker, in eine Schneewechte.

„Angenommen, die Nazis kommen auf der Straße bei der Seebrugg vorbei, dann schießen wir." Auf diese Weise stachelten sich die Jungen gegenseitig zum (nutzlosen) Verteidigungskampf an. Nach einigen Minuten des Austausches solcher Gedanken nahmen die Buben Motorenlärm wahr. Von Osten näherte sich im Tiefflug ein Fiseler-Storch der deutschen Wehrmacht. Das langsam sich nähernde Flugzeug überflog das Gelände um den Bunker, drehte über dem Dorf ab, kam noch tiefer fliegend zurück zum Bunker. Jetzt wurden die beiden Außen-Verteidiger aktiv. Gewehre laden, Läufe gegen das Flugzeug, gut zielen und abdrücken. Außer Rufen vom Bunker her geschah nichts. Jakoblis Vater kam zu den Schützen gerannt: „Um Himmels Willen, was denkt ihr euch denn, dieser könnte euch mit einer Handgranate antworten." Vom Schnee gereinigt traten Jakoblis Vater und Hans mit seinem Freund den Rückweg zum schützenden Bunker an. Bevor die drei in den schützenden Bunker traten, taten sie einen kurzen Blick zum Himmel. In dem Moment war über der Seebrugg der Fiseler-Storch, der sich gegen das deutsche Hoheitsgebiet davonmachte, nur noch als kleiner Punkt auszumachen.

Hilfe in der schweren Zeit

Wie schon erwähnt, waren Soldaten aus dem Appenzell und vom Züribiet während des Aktivdiensts im Dorf einquartiert. Diese Männer schützten unsere Gegend zwischen Deutschland und der Schweiz. Sie waren verantwortlich dafür, einem unerwünschten Eindringling sofort bei seinem unerlaubten Übertritt auf Schweizer Boden, den Grenzschutz mit knallharter Gegenwehr spüren zu lassen.

Bei seinen Spaziergängen, vom Rheinfall linksseitig dem Rheinufer entlang bis zur Schifflände in Schaffhausen, führt der Weg, den Jakob wählt, heute noch an Zeugen des Wehrwillens aus der damaligen Zeit vorbei.

Einer ihrer Kommandanten war der oben erwähnte beliebte Kompanieführer. Er war menschlich, klar, korrekt und bei seinen Soldaten und im Volk beliebt. Er zögerte nicht lange, den Bauersleuten Hilfe anzubieten.

In der Zeit, als zu den Mobilmachungen aufgerufen wurde, einige Bauern aus dem Dorf zum Aktivdienst einrücken mussten, erkannte dieser Kommandant die Not an Arbeitskräften auf den Höfen. Wo das Vieh in den Ställen, wo auf den Feldern die Ernten warteten, waren die Frauen allein, Arbeitskräfte waren bitter nötig.

Der Kommandant wendete sich während des ersten Antrittsverlesens an seine Soldaten mit der Frage, wer Bauer sei. Hand hoch, wer bei einem Bauern im Dorf helfen möchte, nochmals Hand hoch.

„Vortreten, Feldwebel, eine Liste erstellen und jeden dieser Männer zu einem Landwirtschaftsbetrieb zur Mithilfe abkommandieren", lautete sein Befehl.

Seinen Kameraden und Jakobli selbst flößten diese Aktionen Beruhigung ein, Hoffnung und die Überzeugung, dass unser Militär hilfsbereit, kampfbereit und unser Beschützer ist.

Von diesen Aktionen wurde in der Schule und beim Spielen gesprochen, die Tat mit Hochachtung gelobt.

Heute noch ist hin und wieder von solchen Befehlen die Rede, wenn das Gespräch auf den Aktivdienst, auf die Schweizer Miliz-Armee gelenkt wird.

Die Ader aus Tonerde. Sein Kamerad, der Höfli-Hans vom Nachbarhof, und Jakobli haben miteinander viel Zeit verbracht, bei Entdeckungsfahrten auf ihren selbst gebastelte Seifenkisten. Die Höfli-Anna, Hanslis Mutter, war, nach Schätzung der beiden Freunde, die beste Gugelhopfbäckerin.

Wenn Jakobli bei Hansli im Höfli weilte, die beiden Freunde in der Stube die aufziehbare Märklin-Eisenbahn laufen ließen, erhielten sie von der Höfli-Anna zum Vesperbrot viele Male einen feinen Gugelhopf.

Von Herblingen Richtung Gennersbrunn bot sich die Straße zum Tüüftaal hinunter als erstklassige, steil abfallende Rennstrecke an. Kein Auto weit und breit, selten einmal ein Militärfahrzeug oder ein Fuhrwerk benutzten diese Straße. Ohne Hindernisse konnten die Buben auf ihren Seifenkisten bis zur DB-Bahnüberführung sausen. Jene Straßenüberführung nannten die Dörfler die Immoosbrücke. Immoos deswegen, weil unten in der Wiese am rechten Brückenfuß die Liegenschaft der Familie Immoos lag. Vater Immoos war ein Innerschweizer, Spezialist im Auftürmen der runden Heustöcke nach Innerschweizer Art.

Durch die Gegensteigung der Straße, vom Talgrund bis hinauf zum Scheitel dieser Brücke war die gebogene Straße gesäumt von Birnbäumen, zwischen den Baumabständen waren gefährlich hohe Randsteine in der Erde verankert, wurden die Schussfahrten abgebremst, sodass die Buben meistens vor dem Erreichen des Scheitelpunktes ohne Fahrt waren. Dann mussten die Fahrzeuge die letzten Meter geschoben werden.

Der Weg zurück dem Dorf entgegen war anstrengend, das Vorwärtskommen langsam, manchmal sehr langsam, wenn im Sommer die Abendsonne ihre Strahlen in die Straßenschlucht entlangsandte.

Die beidseitigen Straßenböschungen waren auf der Höhe, bevor die Ebene zum Dorf begann, beim tiefsten Straßeneinschnitt gute fünf bis sechs Meter hoch. Für die beiden Rennfahrer war diese kurze Strecke auf ihrem Heimweg eine gute Gelegenheit, sich am Straßenbord auszuruhen.

Während einer dieser Ruhepausen kam den beiden plötzlich in den Sinn, was ihnen ihre Väter über die Zusammenlegung der landwirtschaftlichen Güter, in der Gegend Hagenacker, Chrummhans, Tanne, Tobeläcker, erzählt hatten.

Die Güterzusammenlegung, die in den Dreißigerjahren durchgeführt wurde, verlangte Aushubarbeiten, die damals mit dem Bickel und der Schaufel von Hand ausgeführt wurden, Das Aushubmaterial wurde dann mit Rollwagen an die gewünschten Stellen befördert. Durch diese Arbeiten der Güterzusammenlegung wurde die Gennersbrunnerstraße tiefer in das Gelände gelegt, um die Steilheit der Straßenführung auszugleichen, die steilsten Abschnitte zu mindern.

Auf einer Seite im Straßenbord war in der Grasnarbe ein größerer Kalkstein zu sehen. Zu jenem Stein sind die beiden Buben während einer ihrer Ruhestops hinaufgerobbt, um ihn näher zu betrachten. Unter dem Stein entdeckten sie eine kleine Höhle, die beim Hineinlangen mit der Hand sich erfrischend kühl anfühlte. Die Buben führten kleine Schaufeln mit zum Sammeln der Rossbollen, die sie an Hobbygärtner in Herblingen lieferten. Mit ihren Werkzeugen hatten sie sorgfältig unter dem Stein Erde ausgehoben. Je weiter sie mit dem Ausgraben ins Innere der Höhle gelangten, desto größer wurde deren Hohlraum. Bald hatten die Forscher eine angenehm kühlende Höhle entdeckt. In dieser Höhle entdeckten sie trotz einer jenem Sommer vorangegangenen, langen Trockenperiode feuchte graue Tonerde.

Mit dieser Erde füllten sie eine ihrer mitgeführten Kisten und fuhren voller Tatendrang ins Höfli, zu Hansens Elternhaus. Beim Dorfbach hinter dem Haus hatten die beiden Buben im Geräteschopf eine Ecke frei gemacht und auf einem Brett ihren Fund mit den Händen zu einer gut verformbaren Masse geknetet.

In der Schule wurde seit einigen Tagen während der Handarbeitsstunden getöpfert. Lehrer Rossel erklärte den Schülern das Grundmaterial zum Töpfern, den geschmeidigen, grauen Ton, der in der Gegend nicht vorkomme und nicht billig sei.

Die zwei Besitzer des seltenen Grundmaterials brachten einige Muster ihrer Töpferkunst, hergestellt aus ihrem Ton, in die Schule. Lehrer Rossel wollte wissen, woher sie diesen Ton hätten. Den Fundort ihres Tons behielten die beiden als ihr Geheimnis, gaben aber zu verstehen, dass sie mehr davon in die Schule mitbringen könnten, wenn der Lehrer das wollte.

Nach einer Brennprobe der Produkte, welche aus dem Ton von Hansli und Jakobli gefertigt waren, und die im Ofen des Tonwerkes in Thaygen stattfand, wurde deren Ton als erstklassige Qualität eingestuft.

Von diesem Moment an waren Hans und Jakob geschätzte Zulieferer des Töpfertons.

Wenn Jakob heute die Gennersbrunnerstraße benutzt, betrachtet er immer wieder die Stelle unter dem westlichen Brückenpfeiler der Autostraße T-15, wo er damals mit Hans die Tonerde ausbeutete, ob vielleicht noch mehr von dem edlen Grundmaterial zu finden wäre.

Wieder ein Schutzengel

An einem freien Nachmittag wurde von den Buben, der Zick-Zack-Wanderpfad von der Höhe des Düzebüehlwaldes, der bis zur DB-Station Herblingen führte, für Velo-Abfahrtsrennen ausgewählt.

Oben beim Start, am Platz neben der kleinen Kiesabbaustelle, versammelten sich Jakob, Max, Gerd, Ernst und Hans.

Jakob war mit seinem vom Velohändler Herrmann Narr zusammengebauten Velo dabei. Max durfte das Velo von Jakobs Vater haben, Gerd dasjenige seines Vaters, der bei den Militär-Radfahrern eingeteilt war, Ernst und Hans besaßen jeder ein Velo ihrer Eltern.

Als erster Fahrer wurde Jakob mit seiner Spezialkonstruktion auf die gefährliche Strecke befohlen.

Die Fahrt gelang ihm gut bis vor die Tür des DB-Stationsgebäudes.

Von der Autostraße T-15 war damals noch nichts zu sehen.

Den nächsten drei Fahrern gelang die Fahrt, ebenso gut wie Jakob. Ohne Probleme nahmen diese auch jede enge Kurve bis zum Standort, wo Jakob auf sie wartete.

Max war der letzte Teilnehmer des Privatrennens. Auf ihn warteten mit Spannung die drei Buben am Ziel.

Plötzlich hörten sie einen Schrei von Max, dann das Rascheln von Sträuchern. Dann herrschte Ruhe. Als die vier Kameraden Max, der am Boden zwischen dem Dickicht lag, gefunden hatten, hörten sie vom stöhnenden Rennfahrer die Geschichte vom Unglück, das seine Fahrt beendete. „Wo ist das Velo?", fragte einer. Oben im Geäst eines jungen Eichenbäumleins hing Vater Jakobs Fahrrad. Mit vereinten Kräften konnte der junge Baum so weit zur Erde gebogen werden, dass das Velo vom Geäst befreit werden konnte. Max hatte eine Beule an der Stirn, der linke Fuß tat ihm weh, aber zum Glück war nichts gebrochen. Nur die linke Pedale am Velo war abgebrochen.

Hüttenbau

Baumhütten wurden gebaut, um vor „Feinden" sicher zu sein. Die Feinde waren zu Jakobs Zeiten die verdammten Nazis. Neben den Baumhütten wurden Beobachtungsposten bestimmt.

Auf Bäumen im Beckewääldli, im Dützebüelwald oder im Oberwishölzli haben die Buben ihre Baumhütten errichtet. Darin Beobachtungsfunktionen ausgeführt. Räuber und Poli gespielt und das geschwinde Hinauf- und Hinunterklettern geübt. Manchmal auch Pech gehabt, beim zu schnellen Hinuntertauchen, zwischen dem Blätter- und Astwerk einen Haltepunkt verlierend, ein Stück vom Hosenstoff oder vom Pullover zurücklassend.

In den Steinbrüchen im Wettewiswald, heute aufgefüllt mit Bauschutt, haben die Knaben in einer hohen Felsabbruchwand eine versteckte Felsnische ausgemacht. Ein schmales Felsband führte als einziger, kritischer Zugang zu jener Nische, die sich in einer Höhe von ca. acht Metern vom Steinbruchboden als vortreffliches Fundament für einen Steinhüttenbau befand. Zu diesem Felsbalkon in der Abmessung von ca. 6 x 8 Metern schleppten die Abenteurer Kalksteinplatten, um eine stabile Steinhütte zu erstellen. Das schmale Felsband musste mit größter Vorsicht begangen werden. Unten am Boden, in der Tiefe lagen die von den Steinbrucharbeiten zurückgelassenen Kalksteinreste, das Baumaterial für die Hütte, die im Falle eines Falles ein unsanftes Landen erahnen ließen.

Die Steinhütte, in verborgener, schlecht zugänglicher Lage, haben die Buben mit Sorgfalt aufgebaut, zwischen jeder Steinplattenschicht eine Moosschicht eingelegt, um das Rutschen der Steinplatten zu verhindern. Das Dachgebälk aus dürren Holzstangen haben sie mit feineren Steinplatten abgedeckt.

Die fünf eingeweihten Kameraden waren stolz auf ihr gut getarntes Naturhaus, in dem Feuer gemacht werden konnte, um die Fremdbewohner jeweils fliehen zu lassen. Wenn der Innenraum kurze Zeit mit undurchsichtigem Rauch gefüllt wurde, flohen die Fremdbewohner, es waren meistens Blindschleichen, Kreuzottern, manchmal auch Eidechsen, die sich eine Bleibe gesucht hatten.

In dieser Steinhütte, nicht weit vom Bunker WEST entfernt, haben sich die Knaben an vielen Freitagen aufgehalten. Sie haben Suppen gekocht, Würste gebraten und zur Abwechslung den nahe gelegenen Oberwisbach besucht, um das nötige Wasser zu fassen. Geraucht haben sie reines Naturmaterial, gut getrocknete Lianen, nach deren Genuss die Zungen sich jeweils wie eine Feile anfühlten.

Bei der Rückkehr vom Wasserfassen, beobachteten sie immer aufmerksam die Umgebung, dass keiner ihrer virtuellen Feinde den Eingang zum Reduit ausspionieren konnte. Diese Steinhütte war ein Bau, der lange Zeit unentdeckt blieb und darum nicht zerstört wurde.

Als Jakob und seine Freunde in die Schule ins GEGA in Schaffhausen einziehen durften (mussten), wurden einige Fünftklässler aus dem Dorf, die als die auserwählten Nachfolger ernannt wurden, von den Hüttenerbauern in das Reduit eingeweiht.

Mit Stolz haben diese dann den Naturbau übernommen, streng gehütet, um im geschützten Steinhaus und außerhalb der Öffentlichkeit noch viele Abenteuer erleben zu können.

Forellen aus dem Chräbsbach

Neben ihren täglichen Verrichtungen, die in Jakobs Elternhaus auf sie warteten, durften die Jungen immer wieder mit anderen Kameraden in die Freiheit, Räuberlis-Polizist spielen.

Im Wettewiswäier selbst gebastelte Flossen ausprobieren oder Baumhütten errichten. Jakob hatte mit seinen Jungendfreunden manche Forelle von Hand aus dem Chräbsbach gefischt.

Die Buben wussten, wie sie vorzugehen hatten. Sie achteten darauf, vom Fischereiaufseher nicht erwischt zu werden. Die besten Fangplätze fanden sie unterhalb des Auslaufes vom Herblinger Dorfbach in dem, damals noch im offenen natürlichen Bachbett dahinziehenden Chräbsbach.

Der Auslauf des Dorfbaches befand sich ca. 20 Schritte unterhalb des Bachstaues der Herblinger Badi. In den Dorfbach wurden vom Schlachthaus, das im Haus zur Heimat gegenüber dem Restaurant Hirschen untergebracht war, die Schlachthausabfälle abgeleitet.

Auch gute Fischorte waren nach dem Wasserfall bei den drei Bäumli, neben der Rootwise, ein beliebter Ort, den die Jungen als Ausweichplatz zum Baden benutzten, sowie nach den diversen Bachschnellen gegen die Immoos Straßenbrücke bei der damaligen Siedlung Immoos. Dort, wo das Wasser sich niederstürzte, befanden sich größere Steine im Bachbett, die Unterschlupforte der Forellen, unter denen die jungen Fischräuber von Hand Prachtexemplare von Fischen hervorangelten.

Die Jagdbeuten, Bachforellen, durften Jakob und seine bei seiner Familie wohnenden Kameraden nicht nach Hause bringen. Vater Jakob, gut bekannt als Bauer, Gemeindeschreiber, Kirchenpräsident und in anderen Gemeindefunktionen, hatte seinem Sohn und den bei ihnen wohnenden Kostgängern verboten, wildernd im Chräbsbach zu verweilen.

Mutter Anna musste dieses Verbot widerwillig anhören und den Vater darin bestärken, obwohl sie hin und wieder gern einmal eine Forelle nach Müllerinnenart oder Bleue in der eigenen Küche zubereitet hätte.

Nutznießerin von den verbotenen Fischjagdzügen war meistens Frau Mamié am Trüllebuck. Die Mutter Mamié mit ihren hervorragenden Kochkünsten war eine liebenswürdige Frau. Nicht selten sind bei Mamié Forellen übrig geblieben. Von diesen übrig gebliebenen Forellen wurden dann im Geheimen, wenn Vater Jakob im Aktivdienst war, der Mutter Anna, der Frau Scheffmacher oder der Frau Tassi unter der Hand einige Exemplare der geschätzten Rotgetupften übergeben.

Fast erwischt

Nur einmal hat der Fischereiaufseher Nägeli beinahe die Wildererbande erwischt, als die Buben an einem grauen Herbstsonntagnachmittag beim verbotenen Fischfang waren. Schon hing an einem Weidenzweig eine Reihe schöner Forellen-Exemplare, als einer der Knirpse eine Gestalt entdeckte, die vom Forsthaus her sich näherte. Wie auf Kommando rasten die Strolche mit ihrer Beute dem Solebärgwald zu und verschwanden im Dickicht. Im natürlichen Versteck angekommen fehlte einer, Roger Kohli, der meistens gegen die vorherigen Abmachungen etwas Spezielles unternahm. Was nun? Beobachten und sich ruhig verhalten, war die eingefleischte Verhaltensregel. Die bedächtigsten unter den Buben waren Max Scheffmacher und der fehlende Roger. Gert, der seinen jüngeren Bruder Roger besser kannte als die beim ihm im Verseck Harrenden, mahnte, sie sollen nur ruhig bleiben. Mit Spannung verfolgten die in Deckung Verweilenden, dass dort unten am Bach zwischen Roger und dem Aufseher ein Zwiegespräch stattfand.

Bei der nachherigen Wiedervereinigung erfuhren die Freunde, dass Roger dem Aufseher auf seine Frage, was er da im Bach mache, erwiderte, er solle nur kurz warten, bis er die Maus, welche (per Zufall) den Bach hinuntertrieb, herausgefischt habe. Tatsächlich habe eine tote Feldmaus, die durch Zufall den Tod im Bach fand, kurz danach vor den Füßen des Aufsehers gelegen.

Gefährliche Fallen

Im Ried hinter dem Mogerewäier befanden sich zu Jakobs Bubenzeit drei sehr tiefe, gefährlich hinterspülte Teiche. Rund um diese vier bis sechs Meter tiefen, ca. sieben Meter im Durchmesser großen Wasserfallen war, und ist sicher heute noch, der Boden durchnässt, instabil und hinterspült. Fällt dort ein Mensch hinein, gibt es ohne fremde Hilfe keine Rettung aus einem solchen, an den Rändern hinterspülten Wasserloch. Ein elendigliches Ertrinken ist dort vorprogrammiert. Die Buben waren auf ihren Abenteueraktionen meistens zu fünft.

Beim Fangen von Jungfischen, die sich in diesen Teichen aufhielten, haben Jakob und seine Freunde stets vorgesorgt, die nötigen Hilfsmittel dabeizuhaben, sollte einer von ihnen in einen dieser mit klarem Quellwasser gefüllten Teiche abtauchen. Durch Unachtsamkeit beim Fangen der Jungfische hätte ein solcher Unfall leicht geschehen können.

Ausgerüstet mit langen Astgabeln aus Haselstauden, in den Gabeln je ein Taschentuch eingespannt, das waren ihre Fischnetze.

Die jungen Fische trugen die Frevler sorgfältig zum Chräbsbach. Sie wilderten die Jungfische in die Freiheit des Chräbsbaches aus, immer darauf achtend, dass die jungen Forellen in einem ruhigen Hinterwasser ihre Freiheit fanden.

Jakob kann sich nicht vorstellen, dass heutzutage fünf neun- bis zwölf-jährige Buben sich längere Zeit ungestraft solchen abenteuerlichen Aktionen widmen könnten.

Unvorhergesehenes

Nicht nur mit Freiheiten ohne Aufgaben waren die Tagesabläufe gefüllt. Die Buben hatten immer Arbeiten im Haus, ums Haus und im Feld zu erledigen.

Mit je einer Heugabel geschultert hatten sie, Jakob und seine drei Kameraden, die bei Jakobs Eltern lebten, an einem Junitag zur Rootwis, südlich vom Chräbsbach bei den Dreibäumli, zu gehen, um dort das am frühen Morgen gemähte Gras zu wenden.

Barfuß, mit kurzen blauen Jugihöschen und einem weißen Leibchen bekleidet, die Heugabeln geschultert, überquerten die vier Tüchtigen die DB-Brücke beim Bahnhof Herblingen. Wie heute noch, war damals die Bahn samt Bahntrasse deutsches Eigentum.

„Räder müssen rollen für den Sieg", mit diesem Slogan auf den Wagen der Deutschen Reichsbahn wurde für das Tausendjährige Reich geworben.

In dem Moment, als die vier jungen Heuer die Brückenmitte erreicht hatten, fuhr eine pustende, rauchende Lokomotive mit einigen Güterwagen mit offenen Ladebrücken, die mit Bahnschotter beladen waren, die Fahrt verlangsamend unter die Brücke. Auf den Schotterbergen stand pro Wagen je ein uniformierter Aufseher der Deutschen Wehrmacht mit einigen verwahrlost gekleideten Männern, wahrscheinlich Kriegsgefangene oder sonst arme Kerle. Die vier Buben auf der Brücke hielten, verwundert, was da passiere, an. Dabei hörten sie plötzlich den Schlachtruf „Ran an die Schweizer".

Der vom Befehlsgeber angepeilte „Schweizer" war ein wunderbarer, in schönster Blüte, unten am Treppenende stehender Holunderbusch, an dem die ganze Besatzung mit Schottersteinen die Wut zur Schweiz ausließ oder auf Befehl der Aufseher auslassen musste.

Die Buben oben auf der Brücke beobachteten staunend die Zerstörung der weißen Blütenpracht, auf deren schwarze Früchte sie sich schon gefreut hatten.

In den Monaten Oktober/November, wenn der Holunder reif war, hatten die Kinder ihre Sammeltage gut vorbereitet. Mit Kesseln, Stangen und Rebscheren wurden die Beeren gesammelt.

Die geernteten Beeren wurden zu feiner Konfitüre verarbeitet. In der Winterzeit war Holunderkonfitüre auf einer Brotschnitte immer ein herrlicher Schmaus.

Beim Zusehen der Zerstörung des Holunderbusches begann sich in den Köpfen der vier oben auf der Brücke verharrenden Zuschauer ein wütender Fanatismus zu entfachen. Sie unterbrachen ihren Weg auf der Bahnbrücke. Die Straße über die Brücke war eine Naturstraße mit schönen, faustgroßen Kieselsteinen. Wie auf Kommando begann ein Bubengebrüll. Die Jungen bombardierten mit den Kieselsteinen, ohne Bedenken, die Bewacher könnten bewaffnet sein, oder die Männer auf den Schotterwagen könnten schwere Verletzungen davontragen, die auf dem Zug stehenden Menschen.

Der Steinehagel von der Brücke auf die Darunterstehenden dauerte einige Minuten, bis die Schreie der Aufseher zum Lokomotivführer drangen und sich der Zug, unter furchtbaren Drohungen der Nazi-Wächter zu den Buben hinauf, wieder in Bewegung setzte.

Schnell wurden das Gemetzel des schönen Holunderbusches und der Kampflärm in der Aufenthaltshütte, in der die Schweizer Soldaten der Brückenwache ihre Unterkunft hatten, vernommen. Die Unterkunft der Wachsoldaten war in der Nähe unten am Straßenbord, nicht weit entfernt der Bahngleise, aufgebaut.

Die wachhabenden Soldaten, welche in dieser Hütte auf Pikett sein mussten, waren in Bereitschaft, im Ernstfall die Bahnlinie zu blockieren, um mit der Eisenbahn anrückende Truppen aufzuhalten, zu bekämpfen oder am Weiterkommen zu hindern.

Nach dem Abflauen der Wut gegen die deutschen Holunderbuschmörder standen plötzlich drei bewaffnete Soldaten neben den Buben. Diese mussten ihre Namen angeben und erklären, warum sie die Männer auf den Schotterwagen mit Steinen beworfen hatten.

„Sooo, sooo", kam die Antwort eines Soldaten mit weißen Winkeln auf den Waffenrockärmeln, und die Heuer trennten sich von den Soldaten. Die Buben mit den Heugabeln auf den Rücken gingen die steile Brückentreppe zu den Wiesen hinunter, die Wachsoldaten zu ihrer Baracke zurück.

Vom Einsatz für den Holunderbusch hörten die Buben nichts mehr. Der Oberlehrer Waldvogel hatte von diesem Fall, so scheint es, auch nichts erfahren.

Diese und andere Nazi-Überraschungen hätten in der heutigen Zeit nicht auszudenkende Folgen.

Die jungen Menschen kannten die Zusammenhänge nicht, waren unwissend, hatten keine Ahnung von den Umständen, keine Ahnung von Mitläufern, welche der braunen Nazi-Führungsriege zur Macht verholfen hatten.

Kindliche Gedanken

Ernst gemeinte kindliche Gedanken haben die Jungen vor dem Einschlafen in gutem Glauben, dass sich diese Wünsche erfüllen mögen, mit folgendem Gebet, dessen Text sie von den Älteren übernommen hatten, von sich gegeben:

„Unser Vater, der DU bist, ghei de Hitler uf de Mischt, Goebbels, Göring au derzue, denn ät doch die ganz Wält Rue."

Auch haben Vorfälle wie der Angriff auf den Holunderbusch und dazu die Gespräche am abendlichen Familientisch ihre Bubengedanken in Aufruhr gebracht.

Die Buben wurden fanatische Schwabenhasser. Sie hatten gefährliche Einstellungen angenommen. Diesen jugendlichen Hass versuchte Jakoblis Mutter Anna, ehemals Deutsche aus Büsslingen, mit ihren Erklärungen so weit wie möglich zu relativieren.

Die Jungen mussten von Mutter Anna erfahren, dass es Schweizer gab, welche mit ihrem Übertritt in das Nazi-Deutschland, die Schweiz verraten haben. Dass Schweizer Frauen und Männer sich zur Nazi-SS bekannten, für diese Sorte Menschen auf die Straße gingen. Schweizer Bürger, die sich nach Deutschland absetzten, um die Hitlertreue zu unterstützen.

Trotzdem verübten die Jungen gegen alles, was deutsch war, schwere Bubenstreiche.

Franz Weh

Franz Weh, der Vorsteher der DB-Station Herblingen, war Jahrgänger mit Jakoblis Vater und einer seiner Jugendfreunde. Ein netter, ruhiger Mensch, absolut kein Nazi im Sinne der Einstellung, die die Jungen hatten. Franz Weh war im innersten Kern ein Schweizer mit deutschem Pass.

Franz war Gründungsmitglied des Turnvereins Herblingen, ein ehrlicher, treuer Kamerad. Er war immer bemüht zu glätten, wenn wieder etwas passiert war. Nachsichtig und überlegt verhandelte er. Diese Tatsache haben die Buben nicht beachtet.

A. K.

Ein anderer DB-Angestellter, A. K. sein Name, war ein richtiger Nazi, wohnte im DB-eigenen Wohnhaus neben dem DB-Bahnhof, führte immer einen aufmerksamen, schönen deutschen Schäferhund mit sich.

Dieser A. K. trug auch immer eine Schlagkette bei sich. Die Jungen mussten von diesem Mann bei jeder Gelegenheit aufhetzende Äußerungen gegen die Schweizer hören, was der Wut der Buben nur Auftrieb gab.

Diesem Nazi-A. K., damit leider auch Franz Weh, haben die Buben Streiche gespielt, wo sie nur konnten. Der eine hatte es verdient, der andere hatte mitgelitten.

Manchmal mussten die jungen Bösewichte zum Oberlehrer Waldvogel, Standpauken entgegennehmen, sich entschuldigen.

Einmal hat sogar Jakoblis Vater von einem der Einsätze gegen SS-A. K. vernommen. Er hat seinem Sohn und dessen Freunden geraten, sich von diesem Mann fernzuhalten und sich nie erwischen zu lassen.

A. Ks. Hausdach wurde von den Buben mit Steinwürfen aus der Höhe des Dützebüelwaldes malträtiert, die armen Hühner konnte er nicht mehr im Hofgehege frei laufen lassen. Sein Gemüsegarten wurde von unsichtbaren Mächten abgeerntet.

An einem Sonntagnachmittag wollte A. K. an den Jungen Rache nehmen. Er kam vor das Hanggärtli, der Buben jeweiliger Sammelplatz bei den beiden Lindenbäumen, vor dem Haus zur Stege. Die Schlagkette schon einsatzbereit in einer Hand. Edy Pletscher, der Älteste in der verschworenen Gruppe, bot ihm die Stirn mit der Erklärung, dass er der größte Strolch auf Schweizer Boden sei. Ohne Warnung prasselte die gefährliche Kette auf Edys Schulter. Kurz entschlossen rannten Edys Freunde, eine Gruppe von sechs, sieben Buben, auf A. K. los, sein Hund nahm ob der Übermacht Reißaus, und A. K. lag kurz darauf im großen Dorfbrunnentrog vor dem Restaurant Löwen.

Am Montag darauf mussten die Freunde vom Oberlehrer erfahren, dass A. K. sehr gefährlich sei, er habe gedroht, sich mit Waffengewalt gegen einen künftigen Angriff zu wehren.

Die fehlende Zeit für Ratsuchende

In der heutigen Zeit, im Jahr 2019, werden hin und wieder Fälle von fliegenden Objekten aus der Höhe von Autobahnbrücken bekannt. Schwer verletzte Menschen sind die Folgen.

Meistens, sind Jugendliche, manchmal auch geistesgestörte Alte, die Urheber von solchen sehr gefährlichen Dummheiten.

Was wollen diese Menschen damit bezwecken? Bei näherem Betrachten und während eines ruhigen Gesprächs mit diesen verzweifelten Menschen stellt man fest, dass aufgestauter Frust/Wut in der heutigen modernen Zeit für Alte wie für junge, intelligente, nicht mehr belastbare Gemüter schwer verdaubar ist. Solcher Frust/Wut kann gefährliche Reaktionen auslösen, wie unsere Taten während des Zweiten Weltkrieges.

Manchmal geschehen solche unüberlegten Aktionen unter Alkoholeinfluss, aus Angebertum, aus Frust, aus Geltungssucht oder als Verzweiflungstat.

Manchmal wollen Menschen mit einer solchen Aktion aufmerksam machen auf ihre, für sie vermeintlich ausweglose Lage, auf Zerwürfnisse in der Familie, auf Probleme in der Schule usw.

In solchen Fällen sind Mitmenschen gefordert, Mitmenschen mit offenem Geist und guter Beobachtungsgabe. Mitmenschen, die sich die Zeit nehmen, den Verzweifelten zuzuhören, ihnen Mut und Vertrauen zuzusprechen.

Bubenstreiche, heute ohne polizeiliches, richterliches Nachspiel undenkbar.

Sie waren keine Engel, manchmal waren sie Bengel, nach dem, was sie Menschen, die es nicht verdienten, angetan hatten. Menschen, die von ihnen gefoppt wurden.

Zum Beispiel die O-Bein-Lotti im Chlooschter.

Weil diese Lotti nicht übersehbare O-Beine hatte, war sie einmal Opfer der Buben geworden. Wagners Fritz, auch wohnhaft im Chlooschter, Lottis Nachbar, war Lottis strenger Beschützer und Behüter.

Während des Zweiten Weltkriegs sind die Buben hin und wieder bei Ernst Meisters Großvater Gottfried Stutz zu Besuch im Chlooschter aufgetaucht.

Ernst, der mit der Simpelfransenfrisur, war meistens der Befehlshaber-/Kommandant der Bubenbande. Er gab den Befehl, wo das Ziel beim Versteckspiel war, wo beim Schnelllauf durchs Chlooschter der Start und wo das Ziel gesteckt wurde.

Vor Lottis Elternhaus war der große Hofplatz, ideal um den Kreis für blinde Kuh-Spiele zu formieren.

Für O-Bein-Lotti, Nachbarin des Großvaters Stutz, eine nicht alltägliche, für Lotti eine ungeliebte Visite, welche von ihr auch prompt und dementsprechend kommentiert wurde. Sie mochte die Kinder nicht. Der Wagner-Fritzli, aufmerksam wie er war, doppelte meistens nach. Die Spitzbuben konnten keine Zurückhaltung üben, nein, ihrerseits wurde mit frechen Bubensprüchen noch Öl ins Feuer gegossen. So entstanden laut hörbare Auseinandersetzungen in der sonst ruhigen Chlooschtergasse.

Lottis Schreckmoment

An einem Dezemberabend durften die fünf Kameraden bei Jakobli schöne Runkelrüben aus Vaters Keller holen. Aus diesen schnitzten die Buben mit Eifer hässliche Rübenlichter. Herunterhängende Mundwinkel mussten lang und hässlich sein, die

Augen schmal, die Nase klobig. Unter dem Deckelrand wurden Haare von Elsas und Floras Schwanzhaaren deponiert. Kerzen wurden von seiner Mutter gestiftet; ihr erzählten die Lausbuben nichts von der bevorstehenden Aktion.

Am Abend des 6. Dezembers war die Fünferbande bereit zum nächtlichen Einsatz. Bei Lottis Waschküchenfenster an der Thayngerstraße war die Ausführung des Streichs ausgedacht. Leise kletterten die Buben über den Gartenzaun. Sorgfältig wurden die vom flackernden Kerzenlicht schauerlich aussehenden Fratzen auf O-Bein-Lottis Waschküchen-Fenstersims postiert. Der Sims war ebenerdig zum Rasen, auf dem die fünf Strolche zum Waschhausfenster krochen. Lotti war über das Waschbrett gebeugt am Waschtrog beschäftigt, wo die Buben draußen auf das Kommando von Ernst warteten. Dann kam das Kommando des Anführers Ernst, die Buben klopften am Oberlicht-Fenster – Lottis markdurchdringender Schrei hatte die Wirkung des überfallmäßigen Aktes bei ihrem Beschützer verraten. Kaum konnten die Unruhestifter in gemeinsamer Flucht den Tatort verlassen, stand schon Wagners Fritzli mit der Kuhpeitsche hinter den Übeltätern, knallte auf die Flüchtenden los. Mit einigen Striemen an Wangen und Waden hatten die Jungen ihre St. Niklaus-Aktion überstanden.

Für Jakobli kam später, nach dieser gelungenen Vorstellung, der Gang nach Canossa. Sein Vater war Präsident der Milchgenossenschaft Herblingen.

Wagner Fritz, der Vater von O-Bein-Lottis Beschützer, hatte als Kassierer der Milchgenossenschaft die Milchmarkenausgabe unter sich. Zwischen Wagner Fritzes Vater und dem Vater von Jakobli wurde die monatliche Marken-Abrechnung getätigt. In diesem Zusammenhang wurden auch private Vorkommnisse erwähnt, auch jenes vom Überraschungscoup bei O-Bein-Lotti. So schlossen sich immer wieder die Kreise beliebter und weniger beliebter Vorkommnisse.

Wagner Fritz als HD-Soldat

Fritz wurde gegen Ende des Krieges aufgeboten, sich wie viele andere auch, als Hilfsdienst-Soldat dem Vaterland zu stellen. Um militärisch aufzutreten musste Fritz im Zeughaus eine Uniform mit Seitengewehr fassen.

An einem Abend kam Fritz zu Jakoblis Eltern, seine Uniform hatte er so gut wie möglich angezogen, um sich Jakoblis Vater vorzustellen und sich zu vergewissern, ob an seiner Uniform alles richtig war. Vater Jakob erklärte ihm, dass das Seitengewehr an die linke Seite gehöre, und dass er im Übrigen ein guter HD-Soldat sei. Fritz erkundigte sich über das Kürzel HD, welches auf seiner Armbinde aufgedruckt war. Hans Wirz, ein treuer Knecht bei Jakoblis Eltern, der auch am Familientisch in der Runde saß, erklärte Fritz die Bedeutung dieses Kürzels. Er erklärte ihm, dass das **H**öllische **D**raufgänger bedeute. Diese Auskunft nahm Fritz stolz zur Kenntnis. Er, der Fritz, müsse ab jetzt die Marschformation zu den Trommelklängen des Tambours üben, denn Gleichschritt sei oberstes Gebot, erklärte Hans dem Fritz.

Wie üben, fragte Fritz, die Antwort von Hans an Fritz war, dass das Üben am besten gehe, wenn man beim Marschieren immer mit dem lauten Ruf *Miniwitt-Miniwitt-Miniwitt ... witt-witt ...* den Taktschritt ausführe.

Ernstli, Jakoblis Kamerad, der nicht weit von der Chlostergasse wohnte, alarmierte an einem Abend seinen Freund, er müsse mit ihm zum Anfang der Chlostergasse zu kommen, natürlich in Deckung. Die zwei Buben, die sich hinter den Baumstämmen vor der Sägerei Müller versteckt hatten, konnten in Deckung vom Chloster her hören, wie Fritz für seinen militärischen Ernsteinsatz die Marschordnung übte. Die Trommelklänge *Miniwitt-Miniwit Miniwitt ... witt-witt ...* imitierte der HD-Mann mit seiner unverwechselbaren Stimme, Fritz' Aussprache presste er schwer näselnd ins Freie.

Obst – Most

Jakoblis Vater kelterte Most mit und ohne Alkohol. Die Grundprodukte stammten alle, ohne Ausnahmen, von den eigenen Obstbäumen.

Leider wurden diese Hochstammbäume gefällt, weil der nachmalige Pächter des Wieslandes, für dessen Bewirtschaftung mit seinen Landwirtschaftsmaschinen freie Fahrt haben musste.

Als Apfelobst wurden Thurgauer Weinäpfel, kleinere Quanten von den Äckerli- und Grafensteiner Sorten geerntet.

Jakobli erlebte noch das Obstpressen in der Korbpresse, welche dann später von der moderneren Packpresse der Firma Rauschenbach abgelöst wurde.

Auf eine Pressekorb-Ladung setzte Vater Jakob jeweils einen Sack Kugelbirnen dazu. Diese Mischung ergab einen klaren Apfelsaft, der nach dem Gärungsprozess wie Weißwein schmeckte, auch dessen Alkoholgehalt wenig, wenn überhaupt unterschritt.

Für den Süßmost standen zwei neue Eichenfässer im Stege-Keller. In diesen Fässern wurde der frische Most mit einem Tauchsieder auf die vorgeschriebene Temperatur erhitzt. Nach dem Erreichen der Temperatur mussten die beiden Fässer mit speziellen Luftfiltern abgedichtet werden. Solange der Sohn bei seinen Eltern wohnte, war genügend Süßmost und Apfelwein vorhanden. Für Sohn Jakob war es ein richtiges Trinkvergnügen, diese edlen Durstlöscher gemischt zu genießen, ein Drittel Apfelwein mit zwei Drittel Süßmost.

Gehilfen, die nicht auf Süßmost erpicht waren, die nur Apfelwein tranken, erhielten auf Mutters Annas Geheiß, immer noch ein Stück Brot zum Essen vor dem Durstlöschen. Auf den nüchternen Magen werde kein so strenger Most getrunken, war Mutters Empfehlung, die sie bei jeder Trinkrunde weitergab.

Auch Nachbar Jakob Brütsch, sein Spitzname war Gootstromi, wohnhaft gegenüber Jakobs Elternhaus, musste, wenn er vom Straßenbordemähen heimkam, diese Empfehlungen entgegennehmen.

Durstig nahm Gootstromi seine Richtung zum Stege-Kellereingang ein, wenn Jakobli z. B. Kartoffeln abkeimen musste, dabei die Kellertüre weit offen stand. Die Anwesenheit des Nachbarn war für Jakobli eine erlösende Abwechslung von der monotonen Arbeit, der alte Nachbar war ein interessanter Gesprächspartner. Wenn er an einem warmen Junitag, müde und durstig auf der Kellertreppe hockte, sein Glas Apfelwein kostete, kam manchmal Jakoblis Mutter dazu. Dann gab es zwischen Mutter Anna und Gootstromi ein kurzes Intermezzo, gleich danach war Jakoblis Mutter mit einem Stück Brot wieder bei den Gesprächspartnern im Keller mit der Empfehlung „Jakob, nimm um Himmels wille en Mupfel Brot, suscht häscht dänn bald ein Tiirggel". Manchmal wankte Nachbar Jakob mit der Sense auf dem Buckel über die Straße seinem Scheunentor zu.

Spielen mit den Großen

Schon als kleiner Bube, noch nicht im Kindergartenalter, durfte der Nachbarsbube mit Gootstromis beiden Söhnen spielen.

Erwin und Max hatten allerhand Geräte aus Märklinbausätzen zusammen-montiert.

Kräne wurden auf der Heubühne postiert, Jakobli durfte unten auf dem Scheunenboden die Gewichte an den Haken hängen.

Vater Gootstromi arbeitete als Nachtwächter in der Falken Brauerei. Dort hatten die Familien der Mitarbeiter die Möglichkeit, Früchte für den Wintervorrat zu dörren.

Unfall mit Tafelobst

Tafelobst wurde von den Hochstammbäumen gepflückt. Sorgfältig wurde Frucht um Frucht in den Pflücksack gelegt. Keine Frucht durfte einem Schlag ausgesetzt werden, sodass das Obst bis zum späteren Winter gelagert werden konnte, ohne der Fäulnis anheimzufallen.

An einem Nachmittag erhielten Jakob, Peter, sein Vetter, der bei Jakobs Eltern in den Herbstferien weilte, Max, ein Schulkollege von Jakob, der bei den Eltern von Jakobli lebte, und Sohn Jakobli den Auftrag, im näheren Stroossacker, wo die wunderbaren Hochstammobstbäume standen, Äpfel und Birnen zu pflücken. Das Pflücken musste auf die Art ausgeführt werden, wie die Buben es von Jakoblis Vater gelernt hatten.

Sorgfältig legten die jungen Pflücker jede Frucht eine um die andere in den Pflücksack. Dann leerten sie die vollen Pflücksäcke mit Sorgfalt in die Holzharrasse, welche auf dem kleinen Brückenwägelchen verstaut wurden. Nach getaner Arbeit begaben sich die müden Buben auf den Heimweg, respektive auf die Heimfahrt.

Ihr Gefährt, das kleine Brückenwägelchen, war wie gemacht für die Buben. Ausgerüstet mit einer Deichsel, die vom vorne auf der Brückenmitte sitzenden Lenker bedient werden konnte. Die Bremse wurde vom Mitfahrer in der Brückenmitte betätigt. Die Bremse wirkte nur auf die beiden Vorderräder.

Die erholsame Heimfahrt vom Strassacker bis zum Stäuber verlief wunderbar, über die Tanksperre bei der Seebrugg bis nahe an die Stäubersteigung unterhalb dem Bunker OST. Die Fahrer mussten nur kurz absteigen, um die letzten Meter bis zum Stäuber zu erreichen. Von dort begann sich ihr Gefährt, den Gravitationskräften gehorchend, selbst fortzubewegen. Dann hieß es wieder aufsitzen und die Fahrt Richtung Dorf in vollen Zügen genießen. Von langsam bis schnell und immer schneller steigerte sich das Tempo. Auf der Höhe des steilen Wiesenbordes hinunter zur Senke, dem Gründli – dem kleinen Hügel zwischen Gründli und dem Dorfbach –, versuchte der Bremser mit einem ersten Bremsversuch das Tempo zu verlangsamen. Das Chälbli war ein kleiner Hügel zwischen dem Dorfbach und der Senke zum Bord zur Thayngerstraße. Die Thayngerstraße war überhöht von etwa acht Metern zur Senke.

Der Bremsklotz am rechten Vorderrad muss sich, vor demjenigen am linken Vorderrad, zuerst in Aktion gesetzt haben, das

Brückenwägelchen fuhr rechts, das steile Bord zum Chälbli hinunter. Unten auf der Wiese im Chälblitobel angekommen überschlug sich das Gefährt. Harrassen, Äpfel und Passagiere flogen durcheinander ins weiche Gras. Das Obst wurde vom Vater als Mostobst deklariert und in die Trotte geführt. Jakoblis Mutter hatte die Hausapotheke geholt. Auf der Bank vor dem Elternhaus wurden die Blessuren von ihr verarztet.

Das kleine Tal zwischen dem Hügel und der Thayngerstraße wurde mit Bauschutt aufgefüllt. Im Jahr 2014 wurde das Aushubmaterial wieder ausgehoben. Eine Großbaustelle für Wohnungen ist auf dem Grundstück Chälbli entstanden.

Das „Glück", mithelfen zu müssen

Gegenüber der Jugend von heute hatten Jakob und seine Kameraden das große Glück, überall zu Hause und im Landwirtschaftsbetrieb mithelfen zu dürfen/müssen.

Angepasst an ihre Fähigkeiten, durften/mussten sie selbstständig Kühe auf die Weide führen, Pferde bei der Arbeit führen oder den Ackerpflug am Ende der Furche mit größter Anstrengung heben, um in der Gegenrichtung eine neuen Furche zu pflügen.

Später im Alter von 18 Jahren durfte er dann den Hürlimanntraktor Typ „H12" selbst bedienen und mit unglaublicher Leichtigkeit und in kurzer Zeit einen Acker umpflügen. Das waren die Zeiten des selbstständigen Arbeitens.

So wuchsen die Jungen immer besser in die manchmal harten, manchmal erfüllenden Arbeiten eines Bauernbetriebes hinein.

Mit 11 Jahren durfte/musste Jakobli sich auf den Bindemäher setzen, der vom Meili-Traktor gezogen, einer Spezialausführung aus verschiedenen Autobestandteilen zusammengesetzt, und von Alfred Ziegler, sein Spitzname Wägelipäss, gesteuert wurde. Die Bedienung des Bindemähers war eine Arbeit, die den

Jungen stolz machte. Es erforderte einiges Fingerspitzengefühl, um den Mähbalken immer in der richtigen Schnitthöhe zu halten und zu regulieren.

Im Frühling hieß es Kartoffeln setzen, hinter dem Pflug von Hand in Abständen von ca. 60 cm je eine Saatkartoffel einlegen.

Sechs bis sieben Monate später durfte/musste er wieder bei der Kartoffelernte mithelfen. Das waren die Erlebnisse, welche die jungen Menschen prägten. Sie lernten damit den Wert der Lebensmittel zu schätzen.

Die Moderne Zeit

Jakob fragte sich, wenn in den Tagen des Jahres 2018 ihm die jungen Menschen ihre Aufmerksamkeit schenkten, ob diese Buben und Mädchen verstehen würden, wenn man ihnen jene Feldarbeiten erklären würde.

Könnten diese jungen Leute von heute sich für das Geschwätz eines Alten interessieren?

Ja, die Jungen sind offen, zu erfahren, wie Gersten- und Weizenhalme mit dem Ableger gemäht und dann von Hand mit Strohhalmen gebunden wurden.

Sie hören interessiert zu, was es bedeutete, im Herbst einen Acker umzupflügen, vorzubereiten für die Aufnahme der Wintersaat, deren Ernte neun Monate später erfolgen kann.

Mit seinen Kameraden durfte Jakobli erleben, wie seine/ihre Eltern damals ein bescheidenes Leben führten, aus WENIG VIEL Nützliches machten.

Währen der Jahre der Rationalisierung wurden den Bauerfamilien eine vom Bundesamt für Ernährung herausgegebene Mahlkarte ausgehändigt, weil auch der Landwirt während und noch sechs Jahre nach dem Ende des Zweiten Weltkriegs nur sein auf der Mahlkarte vorgeschriebenes Quantum Weizen mahlen durfte. Die Mahlkarte bestimmte die Montasportionen gemahlenes Mehl für jede Person eines Familienbetriebes.

Jakoblis Eltern haben Gehilfen gehalten, die nicht nach einer Rationierung fragten, sondern die befriedigt waren, wenn genug Essen auf dem Tisch stand.

Die Mahlkarten berechtigten dazu, bis zu einem gewissen Quantum Weizenmehl für Backwaren zu verarbeiten.

Weil Jakoblis Vater sehr exakt bei der Angabe von Erträgen seines Betriebes war, ergaben sich z.B. genaue Quantenangaben auf der Mahlkarte.

Um zum Beispiel immer genügend Brot auf dem Tisch zu haben, wurden von Jakoblis Mutter zum Backmehl Streckmittel hinzugefügt. Gerstenmehl, Kartoffeln, die mehlige Sorte Ackersegen und Roggenkörner durften zu Mehl verarbeitet werden. Weizen hingegen durfte nicht als zusätzliches Streckmittel verwendet werden.

Am Dreschtag mussten die Weizenkörner, wie schon erwähnt, beim Bauern zum Trocknen auf den Estrich getragen werden.

Im Frühjahr darauf wurden diese Weizenernten in Bundessäcke, Inhalt ca. 100 kg, abgefüllt und zum Versand an die vom Bund berechtigten Mühlen vorbereitet.

Im Frühling, Monate März/April fuhren die Produzenten das Bundesgetreide in den Güterbahnhof in die Stadt, von wo die kostbare Fracht an die bestimmten Mühlen verteilt wurde.

Hühner füttern

Während der Kriegswinter und auch noch einige Jahre nach Friedensschluss wurden die Schulstunden, wie schon erwähnt, nach dem Winterstundenplan abgehalten, der wie folgt aufgestellt war. Die acht Klassen der Herblinger Elementarschule hatten aufgeteilt in Abteilungen von je vier Klassen einmal eine Woche lang am Morgen Schule, am Nachmittag frei oder am Nachmittag Schule und am Morgen frei. Wenn Jakobli und seine Kameraden am Nachmittag frei hatten, dann war es gut möglich, sofern keine

Arbeiten zu Hause auf sie warteten, dass der freie Nachmittag zu einem abenteuerlichen Unterfangen beim Schmiedsbückli, im Kugelfang des 300 m Schützenstandes, in der Bührerschen Kiesgrube, oder in den Gsanghöhlen hinter dem Hohbergwald genutzt wurde.

Eine seiner fest programmierten Hausarbeiten war, am schulfreien Morgen um 10.00 Uhr oder am schulfreien Nachmittag um 16.00 Uhr die Hühner mit Körnern zu füttern.

Wenn z.B. diese Verrichtung auf den freien Nachmittag fiel, war für Jakobli das Spiel zu Ende. Um 16.00 Uhr mussten die Hühner ihre Körner haben. Für Jakobli ein klarer Fall, seinen Sorgfaltspflichten dem Federvieh gegenüber nachzukommen.

Um sich die unerfreulichen Trennungen von seinen Spielkameraden zu ersparen, konstruierte der Bube den automatischen Hühner-Fütterungs-Apparat Marke Stege-Bührer.

Bestehend aus einer Agiskiste. Agis war, während des Zweiten Weltkriegs und auch nachher noch, ein beliebtes Sprudelgetränk. In Flaschen oder als lösliches Pulver konnte dieses Produkt ohne Lebensmittelcoupons gekauft werden. Die Agisflaschen wurden an Frau Frieda Fischer, Inhaberin des Lebensmittelladens gegenüber seinem Elternhaus, in schönen Holzkisten mit je sechs Flaschen Inhalt geliefert. Den Sommer hindurch waren diese Kisten wohlfeil, sodass Jakobli diese von Tante Frieda, wie die Kinder Frau Fischer nannten, gratis beziehen konnte. In der Winterzeit verwendete Tante Frieda die Holzkistli als willkommenes Heizmaterial, um den Kachelofen, der hinten in der linken Ecke des Lebensmittelladens stand, zu befeuern.

Jakoblis erste Erfindung

Der automatische Hühnerfütterapparat bestand aus je einem der erwähnten Agiskisten, einem abgenutzten Flachriemenschloss, das er vom Vater gratis bekam, einer schlanken Holzlatte als Schwenkhebel und einer Weckeruhr mit zwei großen Glocken.

Zwischen der Triebachse des Weckmechanismus und des Holzhebels wurde eine Schnur so befestigt, dass die Schnur beim Ablaufen des Klingelwerkes den Holzhebel gegen den Wecker zog. Das Umschwenken des Hebels zog einen Holzstift aus der Bodenverankerung der Kiste/des Körnerbehälters. Nach einigen Sekunden des Einschaltens des Weckrufs, öffnete sich automatisch der Boden der Holzkiste, die Körner fielen auf den Boden vor die bereits wartenden Hühner.

Nach einigen Tagen der Inbetriebnahme seiner ersten Erfindung hatten die Hühner den Klingelton intus. Beim ersten Klingelton kamen, ohne lange zu zögern, aus den entlegensten Winkeln der Hoschtert halb fliegend, halb springend die Eierlieferanten, im Tiefflug in den Hühnerhof zurück, glotzten erwartungsvoll zur neuen Apparatur hinauf, bis die Körner vor sie auf den Boden fielen.

Vermarktung

Werbung musste Jakobli für sein Produkt keine machen. Der Tierarzt Dr. vet. Weidmann war sein bester Außendienstmann.

An einem schulfreien Nachmittag stand Herr Dr. Weidmann mit Jakoblis Vater diskutierend draußen auf dem Hof vor dem Kuhstall, als gerade der Wecker im Hühnerhof losging. Aufmerksam geworden auf das seltene Klingelzeichen fragte der Tierarzt Jakoblis Vater, was dieser Ton dort in der Hoschtert oben zu bedeuten habe. Vater Jakob erklärte dem Arzt, worum es sich handle.

Dr. Weidmann wollte die neue Automatik mit eigenen Augen sehen. Jakoblis Vater führte ihn zum automatischen Körnerbunker. In Zukunft lieferte der Fabrikant seine Hühnerfütter-Einrichtungen nicht nur an Herblinger Hühnerhalter. Seine Erfindung fand Abnehmer bis nach Hallau, Hemmental, in den Reiat, in den Thurgau, ins Züribiet, sogar ins nahe Ausland. Bei seinen Verwandten in Büsslingen, Tengen und Waterdingen.

Der Frau B. mit dem Spitznamen Güggeli Marie, wohnhaft gewesen am Schwaderloch, lieferte er seinen Automaten nicht. Der Grund für diese Liefersperre wird später erwähnt.

Fröhliche Ausflüge für Buben und Pferde

Wenn im Winter genügend Schnee lag, das war früher in der Gegend noch der Fall, durfte der junge Jakob Vaters Pferde bewegen. Vor den großen Davoser Schlitten gespannt, zogen die treuen Vierbeiner die Buben mit Schwung, manchmal mit zu großem Schwung, mit an Übermut grenzender Ausgelassenheit über die Felder und durch die Wälder.

Dann flogen, bei Sulzschnee, harte Schneemocken über die Bubenköpfe. Der junge Pferdelenker hatte manchmal Mühe, den Tross in der gewünschten Richtung zu halten.

Sein Vater hat seinem Sohn vor solchen Schlittenfahrten die gut gemeinte Mahnung auf den Weg mitgegeben: „Bueb, lueg da s'Gschpann nie vor eu Kollege dihaam isch."

Zweimal hat's fast gereicht, dass das Gespann vor der Besatzung die Stalltür wieder erreichte.

Seifenkistenrennen vom Dützebüelwald bis zum Forsthaus

Während der Kriegsjahre haben die Jungen in ihrer Freizeit bei jeder Gelegenheit ihre selbst gebastelten Seifenkisten als Tanks oder als andere Militärfahrzeuge getarnt.

Achsen alter, ausrangierter Kinderwagen, zwei Räder mit Hartgummi-bereifung, all das war für die Bastler ein Vermögen wert. Gefunden wurden solche wertvollen Artikel in verlassenen Ecken auf Estrichböden oder in Speichern der Bauern, wo diese ihre selten gebrauchten Sachen verstauten. Eine Schussfahrt in ihren mit Buchen-und Tannenzweigen getarnten Vierrädern begann meistens oben auf beim Dützebüelweg und endete unten in der Nähe bei der Badi, nach der Bachbrücke bei der Linde, an der damaligen Weggabelung Forsthaus–Solenbergwald.

In Gruppen von vier, manchmal bis sechs solcher Fahrzeuge sausten sie hintereinander auf der Strecke Dützebüelweg-Thayngerstrasse-Bahnhofstraße, heute heißt diese Straße Neutalstraße, über die DB-Brücke bis zum Ort, wo das erste Fahrzeug stehen blieb.

DAMALS

Beim Vorbeigehen an der Neutalstraße, wo im März 2018 an der Ecke Stüdliacker-/Neutalstraße ein roter Kirchenneubau entstand, kommen bei Jakob Jugenderinnerungen an die Oberfläche.

Auf jenem Gebiet war, wie schon erwähnt, die Kiesgrube des Familien-unternehmens Georg Bührer, seiner strengen Gemahlin und ihres Sohnes Walter. Die Kiesgruben-Bührer waren nicht direkt verwandt mit Jakoblis Bührer-Linie. Diese Bührers stammten aus dem Reiat, Jakoblis Vorfahren aus Bibern/Hofen.

Georg Bührer hatte den Rufname Gooht schoo. Gooht schoo war ein Baumeister von Häusern, die in Herblingen immer noch stehen. Die Alten erzählten, dass deren Mauerverputz des Gooht schoo ebenso stabil war wie die guten Mauern, die von ihm aufgeschichtet waren.

Ein Senkblei sei von Georg Bührer selten benutzt worden. Bei windstillem Wetter habe er beim Aufziehen von Mauern mit einem gut vorbereiteten Speichel die Vertikale geprüft und immer den vertrauenerweckenden Spruch von sich gegeben „gooht schoo, gooht schoo".

Er war auch, wie schon erwähnt, der Baumeister der Bunker OST und WEST, der zwei Verteidigungs-Festungen, gebaut aus Beton mit allerlei Stahlprodukten armiert. Einer dieser Bunker hätte der junge Jakob, nach seiner Militärdienstzeit dann als Instruktor im Zivilschutz eingeteilt, gern im praktischen Dienst mit seinen Dienstkameraden abgebrochen.

Um diese Erlaubnis zu erhalten, wendete er sich an seinen GEGA-Schulkollegen Bruno Bommeli.

Bruno war in jener Zeit Chef der Grenzbefestigungen von Basel bis Sargans. Für Jakob war er der Ansprechpartner für Fragen, die die Bunker und deren Umgebungen betrafen.

Jakobs Vorhaben wurde von Bruno mit folgenden Argumenten infrage gestellt: „Du hast jedes Mal zu wenig Zeit für den praktischen Dienst, lass ab davon, denn diese Bunker sind nicht aus Sand gebaut." Es waren also sehr stabile, von Gooht schoo erstellte Werke.

Als Ersatz erhielt der Anfrager von seinem Kollegen die Erlaubnis, Moorpfähle und andere in den verflossenen Jahren von der Natur überwucherte Bunker-Sicherungshindernisse zurückzubauen.

Seine Dienstkameraden liebten praktische Arbeiten, die Abwechslung vom Theoriedienst wurde mit Freude angenommen. Es wurde mit diesen Einsätzen etwas Sinnvolles angepackt, und dazu erst noch vom Militärdepartement als geschätztes Tun unterstützt.

Dazu wurden die Zivilschutz-Angehörigen mit Geräten von der Armee gratis beliefert. Der Zivilschutz erhielt vom Militär leihweise Luft-Kompressoren, Abbauhämmer und deren Zubehör, mit der ausdrücklichen Erlaubnis, den Eisenschrott und andere Recycling-Stoffe zugunsten der Austragenden zu verwerten. Diese Beträge ergaben manchen Znüni für die wackeren Kameraden der Zivilschutz-Rückbautruppen.

Karbidgrube als HG-Ausbildungsort

Über dem Karbidgraben unterhalb des Waldes, in dem jetzt der Gittermast der Freileitung vom Unterwerk Gäissbärg steht, im Dachsenbühl/Schweizersbild, wurden die Soldaten vom Grenzwachdienst im HG-Werfen trainiert.

Eine Abwechslung vom Arbeiten, interessant und für Jakob abenteuerlich, wenn er mit seinem Vater im Wald tätig war.

Vor Übungsbeginn kam jeweils ein Soldat zum Vater und informierte die beiden über das bald beginnende explodierende Krachen, unten beim Karbidgraben.

Während der gefährlichen Übungen verlegten Vater Jakob und Sohn ihre Arbeitsplätze auf die obere Waldfläche.

Wenn die Soldaten die mit Splittermänteln bestückten Defensivgranaten einsetzten, vernahmen die beiden, jeweils nach den Explosionen der Granaten, das Knistern in den Zweigen der Bäume. Sie haben hin und wieder einen Sicherungshebel oder Mantelsplitter der detonierten Granaten gefunden, gefährliche Stücke, die bis zu ihnen heraufgeflogen kamen.

Heute stehen Ein- und Mehrfamilienhäuser im Pantli auf jenem Grundstück, das zur Zeit des Zweiten Weltkrieges als vergessene Gegend und als gut geeigneter Exerzierplatz galt.

Bomben auf Tayngen

Am 25. Dezember 1944, einem kalten Winternachmittag, wehte eine zugige Brise stechend von Osten her über die Gegend. Zwei Buben, Jakobli und sein Vetter Fredy, wanderten vom Dorf zur Wiissplatte. Motorengedröhn ließ die beiden Wanderer aufhorchen. Von Westen her näherte sich ein Pulk B-26-Bomber über dem Hohberg Richtung Osten.

Auf der Wiesenfläche des Hohbergs stand eine große Bühne. Die Tanzfläche dieser Bühne wurde ihres Zwecks entfremdet. Dafür hatte ein großes Schweizer Kreuz gen Himmel gezeigt.

Ein Zeichen, das die Aufmerksamkeit der Flugzeugpiloten wecken und ihnen vermitteln sollte: Ihr befindet euch über Schweizer Hoheitsgebiet. Diese Schweizer Kreuze auf den Höhen von Eglisau über Rafz, Wilchingen, Hallau, Siblingen, Neuhausen am Rheinfall, Herblingen, Thaingen der weiteren Landesgrenze entlang bis über Stein am Rhein, waren ein Dorn in den Augen der Deutschen Wehrmacht.

Jakobli sah, wie die Pfandfindermaschine zu einer leichten Linkskurve abbog. Sekunden später, über dem Dorf, hatte der nachfolgende Pulk die Linie des Pfadfinders erreicht, flog über dem Dützebül Richtung Thaingen.

Kurz darauf sahen die jungen Beobachter Silberstreifen durch die Luft segeln. Sekunden später ließ die Pfadfindermaschine das braune Signal zum Bombenabwurf erkennen.

Die in der Sonne glänzenden Bomben zerstörten den Thainger Bahnhof und das Tonwerk. Fredy und Jakobli mussten durch ein leichtes Zittern im Boden annehmen, dass etwas Schlimmes passiert war. Die Zerstörung der Gebäude hatte ein Todesopfer zur Folge.

Albert Kern, Produktionsleiter des Tonwerks, hat Jahre später Jakob, der mit Albert Feuerwehr-Instruktor war, erzählt, dass er, Albert, kurz vor der Bombardierung seiner Fabrik diese verlassen habe, und so durch Zufall dem sicheren Tod entkommen war.

Bote zwischen Freund und Feind

Im Zivilleben war Jakoblis Vater, wie schon erwähnt, vollamtlicher Landwirt. Dazu war er im Nebenamt Gemeindeschreiber von Herblingen und dazu versah er noch einige andere Ämter.

Während des Weltkrieges war es als Gemeindeschreiber seine Aufgabe mit Jean Müller, Inhaber der Sägerei, auch im Nebenamt Gemeindepräsident von Herblingen, den Herren der fünften Kolonne schriftliche Sanktionen mitzuteilen.

Gegen Ende des Krieges musste Jakobli einige Male solche Mitteilungen dem Gemeindepräsidenten zur Unterschrift vorbeibringen, dann von dort den abenteuerlichen Gang zum Restaurant Sonnenstube, damals die Herblinger-Hochburg der Nazis aus der Gegend von Schaffhausen, unter die Füße nehmen.

Jakoblis Vater beauftragte seinen Sohn, jeweils dem Gemeindepräsident zu telefonieren.

Die damalige Telefonnummer 5 17 20 war die des Gemeindepräsidenten, Vaters Telefonnummer war die 5 19 97. Beide sind noch in Jakobs Gedächtnis. Er musste den Gemeindepräsidenten anrufen, um ihn zu fragen, ob Jakobli kommen dürfe, um einen vom Vater verfassten Brief unterschreiben zu lassen.

Mit einem gelben Briefumschlag im Format A-4 galoppierte der Bube dann von Vaters Büro zum Jean Müller hinunter. Sobald der Briefumschlag zugeklebt war, nahm der junge Kurier den Weg zur Nazihochburg, den Adressaten des Briefes im Haus Sonnenstube, unter seine Füße.

Bevor Jakobli sich vom Jean Müller verabschiedete, gab ihm der Gemeindepräsident folgende Warnung mit auf den Weg: „Du darfscht nid iis Huus ine goh, blieb uf de Stäge dusse stoh und lütisch. Gib dä Brief ab und renn sofort zrugg. Wenn niemert uf macht bring dä Brief wieder mir. Wenn dich öppert wott ist Huus ineloo, spring furt."

Der Hausherr der Sonnenstube, Malermeister H., sein Beruf Maler und Gauleiterhelfer, wollte einmal dem jungen Boten etwas zu trinken anbieten. Doch der lehnte das Angebot ab und machte sich schleunigst aus dem Staube. Die mahnenden Worte des Gemeindepräsidenten waren stärker als sein Durst.

Die Nazispitzel

Nach Kriegsende erfuhren die Gemeindebehörden von Herblingen, dass wenn der Einmarsch der Wehrmacht in Herblingen erfolgt wäre, als Erste der Gemeindepräsident und Jakoblis Vater öffentlich erschossen worden wären. Diese Weisung enthielt ein Schreiben, welches unter anderen Briefen und Listen im Büro der Herblinger Nazihorde gefunden wurde.

Der Malermeister H. und andere Fröntler aus dem Dorf und aus der Stadt, die teilweise im Besitz der deutschen Staatsbürgerschaft waren, wurden bald nach dem Einmarsch der Franzosen, welche das Gebiet Baden-Württemberg besetzt hatten, an die Besatzungstruppe ausgeliefert.

Erklärungsnotstand

Von der Jugend unserer heutigen Zeit, Buben und Mädchen, werden nach Jakobs Erfahrung die schweren Zeiten während und noch einige Jahre nach Kriegsende vielfach oberflächlich wahrgenommen. Selten werden von den Alten die damaligen Begebenheiten den Jungen in verständlicher Art erklärt. Kriege empfindet unsere heutige Jugend zum Teil, abenteuerlich, interessant, schrecklich oder „hig points". Über die Medien werden unsere jungen Menschen mit falschen Bildern berieselt.

Erfahrungen, die Jakobli und seine Freunden während der Aktivdienstzeit und noch Jahre nach Friedensschluss machen mussten, sind für die heutige Jugend nicht erfassbare, nicht erklärbare Tatsachen, es sind ferne Welten für sie.

Die heutigen Menschen mittleren Alters und deren Kinder können die damaligen Zeiten nicht verstehen.

Das damalige Leben kann in der heutigen schnelllebigen Zeit nur mit Geduld und in klarer Ausdrucksweise den Jungen erklärt werden. In einer Zeit, wo das Dasein ohne große Anstrengungen, ausgenommen im Sport, nach den Wünschen einer modernen Gesellschaft möglich ist, gehen die Ereignisse weniger eindrücklich an den Menschen vorbei.

Gefährlicher Wohlstand

Wo ein Staat dafür sorgt, dass die Menschen auf einem hohen, teilweise unverständlich hohen Lebensstandard unbesorgt verharren können, ist es nicht einfach, auf andere Gefahren, denen die Menschen heute ausgesetzt sind, hinzuweisen.

Wo der tägliche Warenkorb voll ist, ist die Wertschätzung des Nötigen weniger hoch.

Wo Sozialwerke in manchmal unverständlicher Verteilung überborden, wird immer mehr gefordert.

Wo eine Verpackungsindustrie funktioniert, nur weil der Markt zu einem großen Teil durch eine Wegwerfgesellschaft erhalten bleibt, da besteht die Gefahr, einer Unordnung nicht entgegenzuwirken.

Wo eine Wegwerfgesellschaft, die durch die Arbeit Erwerbstätiger, von akademisch gebildeten Mangern mit überdotierten Löhnen mit Leichtfertigkeit unmenschlich umgeht, entsteht Frust.

Wo der Volkswille von der Politik nicht wahrgenommen werden muss, nicht nach dem Volkswillen gehandelt wird, entsteht Unglaubwürdigkeit, Unverlässlichkeit gegenüber den Gewählten, denen vor ihrer Wahl vertraut wurde.

Wo Kindern z. B. das Wegwerfen der Verpackungen etwas Alltägliches ist und bestenfalls ihnen von weitsichtigen Eltern erklärt wird, wo die verschlissene Verpackung hingehört, z. B. zur Wiederverwendung in den schwarzen Abfallsack, in den Altmetallbehälter, in den Kunststoffrecyclingbehälter, in den Papierkorb, muss man mit Schlendrian rechnen.

Wo in einem unbeaufsichtigten Moment, ahnungslos auf dem Pausenplatz, auf der Straße, in Nachbars Grünhecke, in dessen Garten, je nachdem in welchem Elternkreis jene Kinder aufgezogen werden, die Verpackung entsorgt wird, da entstehen Meinungsverschiedenheiten.

Wenn die Jungen erleben müssen, dass Erwachsene ihre Abfälle nicht ordnungsgemäß entsorgen, wie soll dann die heutige Jugend es besser machen als die schlecht erzogenen Vorbilder.

Eine schwere Sache ist, den jungen Menschen zu erklären, dass mit Geld sorgfältig umgegangen werden sollte. Wenn diese Jungen erfahren müssen, wie Erwachsene teilweise hochmütig über ihre Verhältnisse leben können, nur aufgrund ihrer manchmal durch Vitamin „B" oder sogenannten höheren Ausbildung erhaltenen Stellungen in der heutigen Abzocker-Gesellschaft.

Viel zu wenig geehrt werden Arbeiter und Arbeiterinnen hinter Drehmaschinen, Fertigungslinien, Fräsmaschinen, Produktionsanlagen, Verpackungslinien im Stunden- oder Monatslohn 8 ½ und mehr Stunden am Tag mit großer Verantwortung produzieren.

Die heutige Jugend und deren Eltern müssen leider zum Teil mit Egoisten zusammenleben, die sich über Pflichterfüllung und redliches Verhalten keine Gedanken machen. Ein solches Dasein baut bei feinfühligen Menschen Frust auf.

Bomben auf Schaffhausen und in den Cholfirstwald

Am 01. April 1944, ca. um 11.00 Uhr, saß Jakobli an seinen Schulaufgaben in Vaters Büro. Das Motorengedröhn der Unglück bringenden, fliegenden Festungen kam, aus seiner Sicht, von Osten über den Dützebühlwald.

Jakob erinnert sich noch an jenen Tag, an dem die erste Maschine vor dem Flugzeugpulk gegen Westen gleitete. Jakobli sah die kleine braune Wolke, welche die Pfadfindermaschine ausgestoßen hatte. Sekunden nach diesem Signal vibrierte der Boden unter seinen Füßen. Kurz darauf kam seine Mutter zu ihm ins Büro. Sie gab Jakobli den Auftrag, mit seinem Velo in die Stadt zu fahren, um den Vater mit seinen Knechten, Guiseppe und Justa zu suchen.

Die drei Männer waren am frühen Morgen des verhängnisvollen Tages mit zwei Wagenladungen Bundesweizen zur Abgabe zum Güterbahnhof in Schaffhausen gefahren. Schon kurz nach dem Niveauübergang der Straße über die Gleise der DB neben der Spitzwiese, heute liegt dort die Gleis-anlage des Güterbahnhofes, neben der Brauerei Falken, wurde seine Erkundungsfahrt durch einen Soldaten, der als Wachposten Dienst tat, unterbrochen. Der Luftschutzsoldat mit umgehängtem Karabiner erklärte dem Buben, dass eine Weiterfahrt nicht erlaubt sei, die Stadt brenne, weil diese vor kurzer Zeit bombardiert worden sei, was man schon von Weitem sehen konnte, und der junge Pfandfinder dies schon wusste. Jakobli hatte in Vaters Büro die Vibrationen der Bombeneinschläge gespürt. Der Wächter konnte mit seinen weiteren Erklärungen seinen Auftrag, die Durchfahrt für jeglichen Verkehr zu verhindern, an den jungen Radfahrer nicht zu Ende bringen, denn Jakobli war schon auf der steil abfallenden Schotterstraße zum Güterbahnhof hinunter unterwegs, ehe der Mahner seiner habhaft wurde.

Unversehrt

Die drei Gesuchten waren zum Glück wohlauf und gerade dabei, die Pferde vor die Brückenwagen zu spannen, um den Heimweg nach Herblingen anzutreten.

An diesem Tage sorgte Jakobli für Beunruhigung in seiner Familie auf der Stege, denn seine Erkundungen führten ihn vom Güterbahnhof aus weiter bis in die Mühlenen, wo der interessierte Junge persönlich die Zerstörungen direkt hören und sehen konnte. Weil er an verschiedenen Punkten von Wachsoldaten angehalten wurde, entschied Jakobli, seinen Heimweg vom Obertor über die Steig, durchs Mühlental nach seinem Dorf zu nehmen. Dieser Umweg hatte zur Folge, dass er sich nicht, wie erwartet, vor dem Abendessen zu Hause einfand. Seine Mutter hat den Gesuchten draußen auf dem Hof mit gut hörbaren Ermahnungen empfangen.

Hilfe beim Munitionstransport

Im Frühjahr 1945, als die Franzosen, vor sich die deutsche Wehrmacht, das Wutachtal hinauftrieben, wurden im Solebärg-Wald, Ecke Gennersbrunner-straße-Rootwies, von den Soldaten 75-iger Haubitzen in Stellung gebracht. Diese Geschützstellungen wurden im Dorf schnell bekannt. Jakobli und seine Kameraden waren manchmal in freien Stunden stolze Helfer bei den Soldaten. Beim Verschieben von Tankbüchsen und Inf.-Kanonen halfen sie beim Verschieben der schweren Kanonen.

Die Buben waren mit ihren Militärfahrzeugen (Seifenkisten) schnell beim Solebärgwald. Dort haben Jakobli und seine Freunde, wie die Soldaten, auch ihre Fahrzeuge im Wald getarnt. Die jungen Helfer durften den Soldaten beistehen, die mit verschiedenen Farben bezeichneten Granaten vom Munitions-Lkw zu den Kanonen zu tragen. Für die Jungen war eine solche Arbeit von Stolz und Verteidigungsgefühlen begleitet.

Ein Glück, dass die Haubitzen nicht in Aktion treten mussten. Die flüchtenden Deutschen verließen das Hoheitsgebiet Deutschland nicht, bis auf eine Gruppe der SS-Abteilung, die sich über Schweizerisches Hoheitsgebiet zu den Reiat-Höfen, damals eine Enklave im Dorf Büttenhardt, flüchtete.

Das Ultimatum der Franzosen

Der Sprecher der vorrückenden Franzosen stellte folgendes Ultimatum:

1. Die SS-Männer müssen bis zu einem festgelegten Zeitpunkt ihren Fluchtort verlassen.
2. Die Deutschen müssen sich den Franzosen ergeben.
3. Wenn der Zeitpunkt ohne Befolgung des Ultimatums überschritten ist, werden die Reithöfe bombardiert.

Die SS-Männer mussten ihren Fluchtort verlassen, nachdem Walther Bringolf, Schaffhauser Stadtpräsident und Nationalrat, in höchster Eile mit dem Französischen Kommandanten folgende Vereinbarung getroffen hatte:

1. Die SS-Gruppe lässt sich von der Schweizer Armee entwaffnen.
2. Nach der Entwaffnung der SS-Gruppe unterwirft sie sich der Schweizer Armee.
3. Die Schweizer Armee ist verantwortlich, dass die SS-Männer an einem ungenannten, selbst gewählten Ort aus der Schweiz auf deutsches Hoheitsgebiet überstellt werden.

Mit Bringolfs Intervention war der französische Kommandant einverstanden. Durch das wichtige Gespräch in dieser Abmachung wurden die Reiat-Höfe von der ernstgemeinten kriegerischen Aktion verschont.

Jakob und sein Freund Höfli-Hans hatten Stunden später einen gefährlichen Kontakt mit der SS-Gruppe. Über diesen Kontakt später mehr.

Gesson, Chef der Kriegsfeuerwehr

Vor Vater Ziegler, sein Spitzname GESSON, der mit dem Trommelrevolver, hatten Jakob und seine Freunde große Hochachtung. Er instruierte die jungen Feuerwehrler, die in der Kriegsfeuerwehr eingeteilt waren, wie man mit Sand ein Feuer löscht, das von Brandbomben entfacht wurde. Auch mussten die jungen Helfer lernen, wohin Flüchtlinge zu begleiten waren.

Diese Instruktionen waren auch Jakobs erste Kontakte mit der in den Löschdiensten noch heute wichtigen Eimerspritze. Die Handhabung dieser Geräte mussten die Jungen an einem Feuer lernen, um im Ernstfall erfolgreich helfen zu können.

Jahre später hatte Jakob während seiner aktiven Feuerwehrzugehörigkeit von den Vorkenntnissen profitiert, die die Jungen in
der Kreisfeuerwehr erworben hatten.

Flüchtlinge aus dem Elsass

Raimond Schwerzel und seine Kameraden, Flüchtlingskinder
aus dem Elsass, waren Gäste bei Jakoblis Eltern. Diese Kinder,
sie waren im Alter von Jakobli und seinen Schulfreunden, kamen in den Jahren 1944/1945 aus den Gebieten der Kriegswirren, die in ihrer Heimat herrschten. Diese Kinder verbrachten
einige Monate zu ihrer Erholung in der Schweiz.

Jakobli und seine Freunde wurden nachdenklich und traurig, als sie die Geschichten vom Leben dieser Kinder aus dem
Elsass hörten.

Die Erlebnisse, welche Raimond und seine Kameraden durch-
machten, haben die jungen Menschen tief erschüttert.

In den ersten Tagen durfte Jakoblis Mutter, auch die Höfli–Mutter, den abgemagerten Gästen aus dem von der deutschen
Armee besetzten Gebiet, nicht zu nahrhafte, zu schwere Nahrung anbieten. Die Verdauungsorgane der jungen Hungernden
mussten in den ersten Tagen durch leicht verdauliche Speisen an
kräftigere Nahrung gewöhnt werden.

Nach einigen Wochen waren die Freunde aus dem Elsass mit
Jakobli und seinen Kameraden eine eng verschworene Dorf-Ban-
de. Abenteuerliche Aktionen wurden im Dorf vollbracht.

Hufschmied Jakob

An einem Abend kam Jakob, der Huf- und Wagenschmied, zu
Jakoblis Vater. Der gute, alte Schmiedemeister zitterte an beiden
Händen, als er von Vater Jakob zum Sitzen auf der Bank vor dem

Haus willkommen geheißen wurde. Der Schmiede-Jakob konnte vor Aufregung kaum seine Tabakpfeife stopfen.

Als endlich Rauchwölkchen seinen Mund verließen, konnte der aufgeregte Mann endlich berichten, was er an diesem Morgen erlebt hatte. „Ddddein Jajajakoblli uuund ddeder Hhöhöfli Bubub mi mi miiit dddem Maamaxli uuund ddem Ggegertli uuund dddie aus dem Eeelssass hahaben allelle Fefensterschschheiben vovvon dder Wwerkstttatat einngeschlaggen."

Jakoblis Vater beruhigte seinen schlotternden Gesprächspartner mit der Antwort, dass er mit den Jungen sprechen werde. Er, der Schmiede-Jakob, soll nicht besorgt sein. Diese Sache werde in Ordnung gebracht. Als die Buben am Abend von der Schule über den Hof kamen, wussten sie, was die beiden Mannen auf der Bank vor dem Haus sich zu sagen hatten.

Der Höfli-Hans verabschiedete sich fast lautlos von den vier Buben, die sich ins Haus zur Stege flüchteten.

Nach dem Nachtessen wurde die Aktion Fenster bei der Schmiede-Werkstatt besprochen. Raimond und Michel, die beiden Kameraden aus dem Elsass, hörten Vater Jakobs Fragen ruhig zu. Jakobli wollte erklären, wie es zur Zertrümmerung der Fensterscheiben gekommen war, aber Raimod kam Jakoblis Antwort zuvor: „Papa Jakob, der alte Schmied ist ein Nazi!", schrie Raimond erregt. „Wie kommst du denn auf diese Idee?", fragte Vater Jakob. „Weil der Alte aussieht wie ein Nazi, und auch weil der nicht grüßt und einem keine Antwort gibt." Götti Ludwig, Jakoblis Pate, sorgte für das Glasen der fünf Fenster, Vater Jakob kümmerte sich um das Wiederanbringen der Fenster und für die Bezahlung der Arbeit, die Jakoblis Pate ausgeführt hatte.

Die Sachbeschädiger mussten fünf Wochen lang während der schulfreien Tage helfen, wo man ihnen Arbeiten zuweisen konnte.

Arbeiten für die Jungen gab es immer genügend. Jedes Mal nach getaner Arbeit legte Vater Jakob vor den Augen der Jungen das Sackgeld, das ihnen zugestanden hätte, in die Sparbüchse.

Fünf Wochen nach der Fenster-Tat mussten die vier Jungen gemeinsam zum Schmiede-Jakob, sich mit der Übergabe des Sackgeldkässelis nochmals bei ihm entschuldigen.

Raimond Schwerzel hat im Elsass, in Bitschwiller bei Tann, eine Spengelerei aufgebaut. Jahrzehnte später, anlässlich von el-mass-Kundenbesuchen in der Elsässer Gegend, fuhr Jakob an einem Abend nach Bitschwiller, die Familie von Raimond Schwerzel zu besuchen. Die Freude des Wiedersehens war groß, als Jakob sich bei Raymond in seiner Werkstatt meldete.

Stephan, Jakoblis Vetter aus Büsslingen

Traurige Geschichten, solche, die Jakobli mit einem Vetter aus Büsslingen erlebte, haben Jakobli lange beschäftigt.

Stefan war damals zehn Jahre alt und in Jakoblis Alter. Es war mitten im Zweiten Weltkrieg, als der junge Vetter einmal spätabends bei Jakoblis Eltern unangemeldet auftauchte. Er war in einer Nacht zu Fuß von Büsslingen über die grüne Grenze nach Herblingen gekommen. In der Organisation der Hitlerjugend hat Stephan eines seiner Augen verloren. In seiner Verzweiflung über sein persönliches Schicksal, weil sein Vater bei der Waffen-SS war, die damals in Jakoblis Familie sehr verpönt war, hat Stephan bei Jakoblis Eltern, die seine Paten sind, Hilfe gesucht. Aus Sichereitsgründen durfte Stefan nie lange bei Jakoblis Familie verweilen.

Stefans Mutter Lina wusste nicht, wo ihr Sohn sich aufhielt. Nach einigen Tagen moralischem Aufbau und guter Ernährung und mit den wichtigsten Sachen versehen, wurde Stephan mit jemandem von Jakoblis Familie wieder an einen sicheren Grenzübertrittsort gebracht.

Die zuständigen Grenzschutzsoldaten auf Schweizer Seite waren entgegenkommend, sehr hilfsbereit, um für den sicheren Grenzübertritt ins deutsche Hoheitsgebiet zu sorgen.

Auf der Stege herrschte stets Unsicherheit, wenn nach zwei, drei Tagen Aufenthalt in Herblingen, beim Eindunkeln Stefan mit einer Pellerine von Jakobli, mit Schuhen und anderen Kleidungsstücken, die Jakobli getragen hatte, vollgepackt mit Esswaren, irgendwo, möglichst nahe bei Büsslingen an die grüne Grenze geführt wurde. Über eine bekannte Familie in Hofen konnten Jakoblis Eltern nach bangem Warten erfahren, ob Stefan im Kriegsgebiet, an seinem Wohnort, heil angekommen war.

Das Waldheim

Beim Grüütwiesli, hinter einer offenen Wiese im Wäierhaalde-Wald, stand das Waldheim, eine Schutzhütte für die Waldarbeiter.

Der Revierförster Otto Bührer war den Wünschen der Jugend zugetan. Jakob und seinen Freunden hatte er stets Vertrauen geschenkt. Die Bedingung war, dass sie die Hütte sauber verlassen, Ordnung halten um die Hütte und pfleglich mit dem Inventar umgehen. Das Inventar der Hütte bestand aus einem Tisch, zwei Bänken und einer Feuerstelle, bestehend aus einem einfachen Ofen.

Für das Brennholz mussten die jungen Nutznießer selbst sorgen. Davon hatte es wieder genügend im offenen Wald, was während der Kriegsjahre und noch einige Zeit danach nicht selbstverständlich war.

Brennholz war während der Kriegsjahre ein begehrtes Produkt, das die Menschen vom Dorf sammelten, um die Wohnungen zu heizen.

Förster Otto war bei den Kontrollen der holzsuchenden Frauen und Mannen, die im Wald nach dem Heizmaterial Ausschau hielten, toleranter als sein Berufskollege Förster E.W. Seine untergebenen Waldarbeiter gaben ihm den Spitznamen üüsen Eugen. E.W. war ein Hinterrücksler, sehr vorschriftentreu, unnachgiebig. Manches Leiterwägelchen von einer holzsammelnden Person wurde von ihm umgekippt, um genau kontrollieren zu können, ob nicht zu dicke Holzstücke in der begehrten Ladung verborgen waren. Förster E.W. war bei vielen Bauern, die im Winter einen Nebenverdienst mit Arbeiten im Wald hatten, unbeliebt.

Treffpunkt Waldheim

Im und ums Waldheim verbrachten Jakobli und seine Kameraden viele Sonntage mit Räuber und Poli spielen. Manchmal kamen zum Waldheim Flüchtlinge, die aus Deutschland geflohen waren. Diese Männer kamen auf dem Waldweg der Grüthaalde zwischen Thayngen und Herblingen an der Hütte vorbei.

Wenn die Jungen dort beim Spielen waren, haben sich immer wieder fremde Menschen aus dem Nichts beim Waldheim eingefunden. Diese armen, unsicher wirkenden, manchmal verhudelten Menschen, haben die Buben in ängstlicher oder aufdringlicher Art angesprochen. Gefragt, wo sie sich befanden, ob sie sich auf Schweizer Boden befanden. Die Hüttenbewohner waren meistens fünf bis sieben Kollegen, vorbereitet auf allerhand Vorkommnisse.

Armen Kerlen, denen die Buben ansahen, dass sie echte Flüchtlinge aus deutschen Lagern waren, zeigten sie den Weg zu den Soldaten im Dorf. Kurz nach Kriegsende sind besser gekleidete Männer, getarnt als Flüchtlinge vorbeigekommen, in gutem Hochdeutsch sprechend. Diese haben die Buben direkt zu den Schweizer Grenzwächtern, die sich in der Nähe befanden, gewiesen. Waren diese Überläufer aus der deutschen Armee, wurden sie von den Grenzwächtern direkt der Fremdenpolizei überstellt.

Wenn's im Refugium Waldheim hoch zu- und herging konnte nicht ausgeschlossen werden, dass ein Glasschaden an der einzigen Fensterscheibe entstand.

Die Reparaturen der Scheiben hat zu bescheidenen Kosten der Gemeinderat Jakob Wehrli, wohnhaft gewesen an der Lebernstraße, ausgeführt.

Nie haben die Privilegierten dem Förster Otto Bührer den Hüttenschlüssel zurückgegeben, bevor alles in Ordnung war. Der Lohn dafür war, dass Jakobli und seine Freunde immer beim alten Freund Otto den Schlüssel holen durften.

Als sie älter waren, verbrachten die Kameraden mit Jakob im Waldheim manche Silvesterfeier.

Familie Gertler

Unten zwischen dem Bahngleis und dem Waldheim stand das Bahnwärterhaus, in dem die Familie Gertler wohnte.

Eine Tochter der Familie Gertlere spielte Klavier. Sie gab Jakobli und seinen Kameraden Unterricht in der Sonntagsschule. Bruno Gertler, ein Bruder von Fräulein Gertler, besuchte manchmal an einem Sonntagnachmittag die Buben, die sich beim Hanggärtli vor dem Haus zur Stege versammelten. Bruno war um einige Jahre älter als Jakobli und seine Freunde. Er besaß damals schon ein rotes Motorvelo der Marke Zündapp.

Jakobli staunte jeweils ob der groben Sprüche, die Bruno Gertler von sich gab. Interessiert war der Bube aber mehr an dem Motorvelo, das Bruno jeweils mit Anlauf startete, sich, wenn der Motor zu dröhnen begann, auf den Sattel schwang und damit donnernd das Dorf hinunter um die Kurve verschwand.

Während eines Abendessens teilte Vater Jakob allen Anwesenden mit, dass Bruno Gertler von einem Schweizer Grenzwächter in Notwehr erschossen worden war.

Bruno habe im Wald nahe des Waldheims in einem seiner in letzter Zeit immer häufiger auftretende geistigen Umnachtungsanfälle den Grenzwächter mit einer Spälte, die er von einem Holzster genommen hatte, bedroht.

Unvergessliche Silvesterfeiern

Noch Jahre, bis zu seinem Lehrabschluss, haben die Freunde sich zu Silvesterfeiern ins Waldheim zurückgezogen. Mit Blööterliwasser, Bier, Wein, Brot und Servelats hatte Jakob mit seinen Freunden dort, in der abgelegenen Waldhütte, manche Silvesternacht bis in den Morgen des 01. Januar gefeiert.

Vor dem Marsch zur Hütte wurde das Los gezogen. Dieses Los bestimmte, welche zwei Kameraden sich zum SBB-Bahnhof Schaffhausen zu begeben hatten, um für 0.30 Rappen das Päckli Zigaretten der Marken Fip/V2/Capitol u. a. aus dem Bahnhof-Automaten zu lösen.

Am Ort des Zigarettenkaufs konnten die Jungen unerkannt das Unerlaubte kaufen. Durch die Wahl des entfernten Kaufortes gab es nachträglich auch keine Untersuchungen, meistens mütterlicherseits, wer, woher, wie viel und warum geraucht hatte.

Die Jungen konnten erfahren, wie schön die stille Waldwelt sein kann.

Wenn beim Morgengrauen eines ersten Januars, am Tag, an dem Jakob Geburtstag hat, dreißig bis vierzig Zentimeter Neuschnee vor der Hütte lag.

Der Heimweg war in solchen Momenten erfrischend, gesund und ernüchternd.

Welche Bubengruppen dürfen in der heutigen Zeit solche Waldfeiern in rauer, ungestörter Gegend erleben?

Zum Glück gibt es heute die BLAURING-, CEVI-, FUSSBALL-, JUGI-, PFADI-JUNGWACHT und andere Vereinigungen, welche solche Abenteuer organisieren.

Dankbare Kostgänger

Schweizer und Ausländer verbrachten während des Kriegs und nach Kriegsende bei Jakoblis Eltern als Knechte und als Kostgänger Monate und Jahre mit Arbeiten und Hilfsdiensten bei den Schulaufgaben.

Empfohlen durch die Fremdenpolizei, meldeten sich Menschen, die Jakoblis Eltern bei den landwirtschaftlichen Arbeiten tatkräftig unterstützten.

Flüchtlingskinder, Waisen aus kriegsversehrten Gegenden, wurden seine unvergesslichen Kameraden, mit denen er teilweise heute noch Verbindungen pflegt. Aus dem Elsass lernte Jakobli, wie schon erwähnt, die beiden Kameraden Michel und Raimond kennen.

Michels trauriges Gemüt hatte die Buben aus dem Dorf immer wieder dazu bewogen, ihn zu fragen, was ihm fehle. Dabei hätten sie wissen sollen, dass Michel und Raimond beide aus einem Kriegsgebiet kamen. Raimond ein aufgeweckter Kerl mit seinem Elsässerdeutsch, gemischt mit Französisch, hat den Dorfbuben und auch seinem Landsmann geholfen, zu allerlei Fragen Erklärungen zu finden. Raimond war bei jedem Streich bereit mitzumachen. Raimond war vorsichtig und zurückhaltend. Er und Michel waren Kameraden, die mit Jakobli und seine Freunden auf dem Feld, im Hof und auch im Haushalt mithalfen.

Michel ist nach dem Herblinger Aufenthalt wieder zu seinen Eltern nach Tann zurückgefahren, Raimonds Eltern wohnten in der Nachbargemeinde Bitschwiller bei Tann. Raimond gründete mit seinem Vater in Bitschwiller eine Spenglerwerkstatt.

Jahre nach dem Krieg, Jakob wohnte damals in Genf, hat Raimond mit seiner Familie mit seinen Besuchen in Herblingen den Eltern von Jakob einige Male Freuden des Wiedersehens bereitet.

Beobachtungsposten auf Schloss Herblingen

Von der Plattform aus, oben auf dem überdachten Burgfried, war während der Jahre 1940 bis 1945 ein Beobachtungsposten eingerichtet.

Der verantwortliche Offizier des Bunkers WEST erkannte jenen Standort als gut geeignet für die Beobachtung der Bewegungen auf der Thayngerstraße.

Jakoblis Vater hatte dort oben viele Male Beobachtungsdienst. Er erzählte, wie er während der Wintertage nächtelang gefroren habe, wenn der Ostwind unter dem Dach des Turmes durchfegte.

Die Schlossbesitzerin Frau Dettwyler brachte den Wachmännern Kaffee und etwas zu essen, um die langen, kalten Stunden zu überbrücken.

Auf der langen, hohen Abschlussmauer, die sich vom Rittersaal aus gegen Osten erstreckt, war der große, Flügel spreizende Adler platziert. Ein Wahrheitszeichen der damaligen Raubritter.

Die Kanone

Jakoblis Nachbar, der Höfli Hansli, war sofort einverstanden und zur Mithilfe bereit, als ihm Jakobli die Idee vortrug, eine Kanone zu bauen.

Im Januar 1945 bauten die beiden Knaben ihre Kanone zur Verteidigung des Dorfes und des Vaterlandes.

Hansli stellte die Lafette zur Verfügung, Jakobli das Geschützrohr.

Für die Lafette wurde der Pflugwagen von Hanslis Vater bereitgestellt, das Geschützrohr bestand aus dem Saugrohr der Zentrifugal-Jauchepumpe von Jakoblis Vater.

Beide Teile wurden so zusammengebaut, dass ein funktionierendes Geschütz in der Praxis ausprobiert werden konnte.

Das Saugrohr der Jauchepumpe hatte einen Innendurchmesser, in dessen Rohröffnung eine Ovomaltine-Büchse, damals waren die Ovomaltine-Büchsen noch aus Weißblech hergestellt, genau hineinpasste.

Die Treibladung wurde mit Karbidstücken gemischt mit Wasser durch die chemische Reaktion erreicht. Die Karbidstücke lieferte Ottoli, Sohn des Möbelgeschäfts im Dorf.

Ottos Vater hatte ein Auto der Marke Peugeot. Der Peugeot wurde mit Azetylen-Gas betrieben. Azetylen-Gas wird aufgebaut durch die chemische Reaktion von Karbid und Wasser.

Hansli und Jakobli mussten einige Versuche starten, um herauszufinden, wie die Anteile Karbid/Wasser sein und wie viel Zeit vergehen musste, bis das Gemisch die größte Wirkung der Explosion erzielte.

Als die beiden Kanoniere befriedigende Resultate erzielten, sodass es bei jeder Zündung einen richtigen Knall gab, wurden die Versuche mit Sand gefüllten Ovomaltine-Büchse ausgeführt.

Vierzig bis fünfzig Meter weit flogen die Ovomaltinebüchsen.
Die beiden Buben hatten mit der Zeit eine respektable Zielgenauigkeit erreicht.

Beschuss deutscher Überläufer

An einem regnerischen Frühjahrsmorgen erfuhren auch die beiden Kanoniere, dass eine Gruppe deutscher Soldaten, von Feldbrunnen her auf der Thayngerstraße Richtung Dorf im Anmarsch sei.
Diese Gruppe wurde von Soldaten des Grenzschutzes eskortiert.
Hansli und Jakobli, die einen freien Schultag hatten, begaben sich mit ihrer Kanone zum Wäldli neben der Pumpstation, oberhalb der Thayngerstraße der Dorfwasserversorgung. Dort stellten sie ihr Geschütz in Deckung auf, mit dem Lauf auf die Straße gerichtet, Richtung Chälbli.
Die Ladung vorbereiten und warten, bis sich das Gas entwickelt hatte. Aber wann wird die Gruppe der Soldaten kommen?
Die Zeit zur Zündung der Kanone war erreicht, im selben Moment marschierte die Militärgruppe daher.
Als der Trupp auf der Straße ins Zielfeld der Kanone gelangte, zündete Jakobli die Ladung.
Die Explosion ließ die Pferde stocken, unmittelbar danach schlug die Ovomaltinebüchse vor den Tieren auf die Straße auf. Die beiden aufgescheuchten Pferde vollführten, den Kübelwagen hinter sich herziehend, gleichzeitig einen Satz über die Böschung zur Obstbaumwiese hinunter.

Kurz darauf stand ein Schweizer Soldat, mit der Maschinepistole im Anschlag, vor den beiden Dorf- und Vaterlandsverteidigern.

Als der Tross unten auf der Straße seinen Marsch fortsetzte, hatte der Soldat von den beiden Schützen ihre Namen und ihre Adressen notiert.

Am Tag darauf mussten sich Hansli und Jakobli beim Oberlehrer melden.

Jakoblis Vater erfuhr vom Anschlag der Buben erst einige Tage später, weil er sich zum Zeitpunkt der Tat im Militärdienst befand.

Die Väter der beiden Kanoniere legten ihren Söhnen dar, was alles hätte passieren können, wenn die Soldaten, welche die Gruppe begleiteten, zurückgeschossen hätten.

Friede in Europa

Im Mai 1945, als die Friedensglocken ausgeläutet hatten, und die Menschen an den Frieden glaubte und dieses Ereignis erleichtert feierten, wurde es auch im Dorf ruhiger.

In jenem Frühjahr wurde zwischen Neunkirch und Oberhallau, beim Tüüffebachbrüggli, der Fridensbomm gepflanzt.

Auf der Bank im Schatten dieses Fridensbomms hatte Jakob, viele Jahre später, auf seinem Weg zur Buchter AG in Hallau manchen erholsamen, ruhigen Moment verbracht.

Wieder bei ihren Familien

Die Grenzschützer im Aktivdienst wurden ins Zivilleben entlassen.

Die Soldaten-Helfer fanden ihren Heimweg zu ihren Familien. Die Kinder freuten sich, ihre Väter wieder bei sich zu haben.

Die Jungen halfen, befreit von Unsicherheiten, den Eltern im Haushalt, auf den Höfen und in den Feldern.

Übergabe der Nazis

Während im fernen Osten weiter gemordet wurde, übergaben die Schweizer Behörden die bekannten Nazigrößen, die nicht im Besitz des Schweizer Passes waren, den Franzosen im deutschen Gebiet Baden-Württemberg.

Bei in der Stadt lebenden Nazisympathisanten mit Schweizer Pass, wurden Scheiben zerschlagen, Mostfässer zur Felsenaustraße hinuntergerollt, Kioske umgeworfen, Verkaufsläden demoliert.

Ihren Frust äußerten Nazigegner blödsinnig und ausgelassen.

Ein aufgestauter, gefährlicher Frust wurde nach feiger Art, in blinder Wut abgelassen. Feige Eidgenossen brachten unerkannt an den Tag, was sich in ihrem Inneren aufgestaut hatte.

Durch solche Aktionen wurde Jakob und seinen Freunden bewusst, dass sie offen gegen die Nazis angetreten sind und dafür sogar hin und wieder eine echte Standpauke einstecken mussten. Die Feiglinge aber mussten lange ausharren, um ihre aufgestaute Wut ablassen zu können. Von Friedenschließen und Vergessen im privaten Umfeld war vorläufig keine Spur.

Hanslis Abschied vom Dorf

Durch den Wegzug der Familie Baumer aus Herblingen nach Gundestwil, ein Dorf an der Straße zwischen Frauenfeld und Winterthur, erlebten die beiden Freunde Hansli Baumer, sein Spitzname Chüngel, und Jakobli, sein Spitzname Stägä, eine eindrückliche Trennung. Vater Hans Baumer war mit Jakoblis Vater befreundet. Die beiden Landwirte arbeiteten eng zusammen.

Hans Baumer war einer der drei Herblinger Bauern, die 1938 das Wagnis eingingen, einen Bindemäher von der Firma Fahr in Gottmadingen anzuschaffen.

Hanslis Vater war verheiratet mit Lina, einer tüchtigen Hausfrau, die, wie Jakoblis Mutter, aus Deutschland kam. Die Baumers hatten zwei Kinder, Hansli und Liseli. Mutter Lina hatte eine Schwester, Frau Rubli, diese war eine Nachbarin von Jakoblis Eltern.

Die Familie Rubli, Herr Rubli war Maurer, hatte das Einfamilienhaus von Fischers im Gässli gekauft. Die Rublikinder, Heini und Metha, wurden Spielgefährten von Jakobli und seinen Freunden.

Felssicherung am Rheinfall

Vater Rubli, von Beruf Maurer, hatte während eines Winters die Aufgabe, an einem speziellen Arbeitsplatz zu arbeiten. In jenem Winter musste ein Fels im Rheinfall, durch die Erstellung einer Schutzmauer, gesichert werden. Beim geringsten Wasservolumen des Rheins wurde der gefährliche Arbeitsplatz mit Sandsäcken zur Umleitung des Wassers trockengelegt. Hunderte der schweren Sandsäcke wurden mit einem Helikopter im Wasser vor dem Fels aufgebaut. Nach wochenlangen Betonarbeiten hatte der Fels seine wichtige Stütze erhalten.

Die kleine Mühle

Hanslis Vater betrieb in seiner Scheune eine kleine Privatmühle, die von seinem Bruder Emil bedient wurde. Emil war nicht verheiratet, lebte bei der Familie seines Bruders. Emil war immer bereit zu helfen, wo um Hilfe gefragt wurde.

Die kleine Mühle bei Baumers war eine sehr geschätzte Einrichtung. Jakoblis Eltern benutzten sie rege für das Mahlen von Gerste und Hafer, zwei Produkte, die begehrt waren zum Strecken des Backmehls. Mutter Anna hatte viele Münder am Tisch, die viel Brot vertilgten. Darum war Jakoblis Mutter dankbar, dass sie mit den Zusatzmehlen und mit Kartoffeln der Marke Ackersegen ihren Brotteig ausreichend strecken konnte.

Der alte Nussbaum auf der Knöpfliswiese

Emil Baumer, der Bruder von Hanslis Vater, fällte unter erheblichen Anstrengungen den großen, alten Nussbaum auf der Wiese des Möbelhändlers Otto Knöpfli. Mehr als eine Woche war er an der Arbeit.

Jener mächtige Baum war das Wahrzeichen beim Dorfeingang, wenn man von Stetten kam.

An manchen heißen Tagen hielten sich die Kinder im Schatten des einzigartigen Naturwunders beim Möbelhaus auf.

Recycle

Vater Baumer hatte die örtliche Verkaufsstelle des Elektrizitätwerks des Kantons.

War eine neue Glühbirne nötig, war eine Sicherung durchgebrannt, konnten diese Dinger bei Vater Baumer gekauft werden. Während und noch nach dem Krieg, musste beim Kauf zum Beispiel einer Glühbirne die durchgebrannte abgegeben werden. Das Sammeln wiederverwertbarer Waren wurde damals vorschriftsgemäß gehandhabt.

Verantwortung übernehmen

Als Hans und Jakob in der vierten Elementarschulklasse waren, übernahmen die beiden Buben viele Verrichtungen in Hof und in den Feldern. Sie arbeiteten abwechselnd bei Baumers, dann wieder bei Jakobs Eltern zusammen. Mit Baumers Traktor waren sie auf den Feldern anzutreffen, beim Pflügen oder bei anderen Verrichtungen, wo die Zugmaschine gute Arbeit leistete.

Das Pflügen der Felder ging zu jener Zeit erfreulich gut vonstatten, nur beim jeweiligen Kehren in eine neue Furche musste Jakob Kraft aufwendend den Pflug drehen. Baumers Traktor der Marke Ford war noch nicht mit einer Hydraulikanlage ausgerüstet.

Umzug

Wie schon erwähnt kam die Trennung der beiden Freunde.

Nach Ende des Weltkrieges 1946 verabschiedete sich die Familie Baumer von Herblingen, dem Dorf, wo sie seit Jahrzehnten heimisch war.

Vater Baumer war ein überlegter Mann. Er hatte mit dem Vater von Jakobli schon viele Male über die Zukunft der Landwirte von Herblingen diskutiert.

Beide Berufskollegen waren sich einig, dass das Dorf in nicht allzu ferner Zukunft ein Quartier der Stadt würde. Dann würde es, trotz der Güterzusammenlegung, die in den Jahren 1933/1934 durchgeführt wurde, nicht einfach werden, rationell und gewinnbringend einen Landwirtschaftsbetrieb zu führen.

Aus diesen Überlegungen kam Vater Baumer zum Schluss, eine einmalige Gelegenheit zu ergreifen. Der tüchtige Landwirt konnte einen Bauernhof mit viel Landwirtschaftsland in Gundestwil kaufen.

Hanslis Vater teilte eines Abends Jakoblis Vater seinen Entschluss mit und fragte seinen Berufskollegen, was er dazu meine. Vater Jakob, der auf Herblinger Boden am meisten eigenes

Landwirtschaftsland besaß, musste Hansens Entschluss beipflichten, denn Baumers bewirtschafteten mehr Pachtland, als sie im eigenen Besitz hatten.

Durch die Trennung verlor Jakobli einen seiner treuen Freunde. Hansli und Jakobli verabschiedeten sich mit Tränen in den Augen voneinander. Jakobli versprach seinem Freund, ihn am neuen Ort zu besuchen.

Besuche in Gundetswil

In den folgenden Jahren besuchten Jakob und seine Freunde an freien Sonntagen Hans an seinem neuen Heimatort mehrere Male.

Die Buben versammelten sich an Sonntagen jeweils beim Hanggärtli, fuhren mit ihren Velos nach Gundeswil, ihrem Freund Hans und seiner Familie einen Besuch abzustatten.

Die Eltern von Hans und Liseli hießen die Herblinger Buben immer mit Freuden willkommen. Es wurde geplaudert, gefragt und Auskunft gegeben über alles Erfahrenswerte aus Herblingen.

Nie verließen die Herblinger Buben die Familie Baumer, ohne mit einem feinen Vesper verpflegt worden zu sein.

Durch diese Besuche wurde die damalige Trennung verträglicher.

Der Adler auf Schloss Herblingen

Diesen Adler aus hochwertigem Gusseisen hatte im Jahr 1946 der Schrotthändler Fankhauser von Frau Dettwyler, der Schlossbesitzerin, gekauft. Der fleißige Altstoffsammler transportierte das schwere, wertvolle Tier zum Löwenplatz im Dorf. Dort zerschlug er mit einem schweren Vorschlaghammer das Wahrzeichen der Habsburger in Stücke. Jakobli und seine Freunde hatten dem Zerstörungswerk in sicherer Distanz zugeschaut.

Die Frau Dettwyler besuchte Vaters Familie noch Jahre nach dem Krieg. Die liebenswürdige Frau erbat manchmal Vaters Hilfe bei Fragen über die Landwirtschaft, über Waldrodungen und behördliche Angelegenheiten.

Die Rache der Franzosen

In den Jahren nach Kriegsende begleitete der junge Jakobli seine Eltern, alle drei auf ihren Fahrrädern, nach Büsslingen, dem Dorf, das von der französischen Besatzung kontrolliert wurde.

Kurz nach Kriegsende durften Jakoblis Eltern nach Büsslingen.

Die Franzosen wussten aus unerklärlichen Gründen, dass Mutter Annas Eltern, Elisabeth und Simon Rizzi, offen, manche Male zu offen, gegen die Idee der Nazis waren. Aus diesen Erkenntnissen war es den Angehörigen aus der Schweiz erlaubt, ohne Umstände die Büsslinger zu besuchen.

Im Thaynger Grenz-Polizeiposten, dessen Büro im Bahnhofgebäude der DB-Station eingerichtet war, musste zum Grenzübertritt für jede Person ein Tagesschein, zu 50 Rappen pro Schein, beantragt werden.

Kurt Müller, ein Sohn vom Sägerei-Inhaber und Gemeindepräsident Jean Müller in Herblingen, war als Grenzpolizeibeamter in diesem Büro verantwortlich für das Ausstellen der oben genannten Tagesscheine.

Freudige Empfänge

Großmutter Elisabeth und Großvater Simon Rizzi freuten sich jedes Mal, wenn die Herblinger bei ihnen zu Besuch waren.

Kaffee, Ovomaltine und Schokoladen waren in der Nachkriegszeit sehr beliebte Geschenke, welche aus der Schweiz mitgebracht wurden.

Die Mittagessen, von Großmutter Elisabeth köstlich vorbereitet, bestand nicht selten aus Geschenken der Nachbarinnen, die während der Nazizeit flammende Mitläufer und dadurch von den Parteibuchinhabern bevorteiligte Dorfbewohner waren. Die Geschenke an Großmutter Rizzi bestanden in Naturalien, einmal aus einem Suppenhuhn, das sich die Franzosen aus einer braunen Familie angeeignet hatten. Ein anderes Mal waren es Forellen aus dem Cherbelbach, ein weiteres Mal bestand so ein Geschenk aus einem Rehrücken, der als Jagdbeute aus dem Waldrevier im Cherbeltal an die Familie Rizzi weitergegeben wurde.

Auf diese Art wurden Ungerechtigkeiten, welche fünf Jahre lang von nazihörigen Dorfbewohnern an nicht Hörigen begangen wurden, ausgeglichen.

Die Mädchen aus Beuren und Büsslingen

Mutter Anna wurde am 11. Februar 1909 in Büsslingen geboren. Sie wuchs mit fünf Geschwistern auf.

Von der Elementarschule in ihrem Heimatdorf wechselte sie in die Realschule in Tengen. Dort lernte die tüchtige Büsslinger Schülerin die Mina aus Beuren am Riet kennen.

Die beiden Schulfreundinnen durften nach der Realschulzeit in die Mittelschule nach Singen wechseln. Mutter Anna und Mineli blieben zeitlebens befreundet. Beide Schulfreundinnen wohnten nach ihrer Heirat in Herblingen. Mineli war eine gern gesehene Mutter, die bei Fragen aller Art sich der Anna anvertraue.

Mineli hatte zwei Kinder, eine Tochter und einen Sohn. Der Sohn Jules erblickte das Licht der Welt einige Jahre nach seiner Schwester. Der kleine Jules war kaum drei Monate alt, als Vater Jules, ein tüchtiger Berufsmann, und seine zwei Kinder die Ehefrau und Mutter durch tragische Umstände verloren.

Freundliche Besatzer

Großmutter Elisabeth erzählte Jakobli während der gelegentlichen Besuche bei ihr, dass die fremden Soldaten, manchmal ohne anzuklopfen, zu ihr in die Wohnung traten, ihr in einem Sack, in einem geflochtenen Korb, der ihr fremd, aber auch manchmal bekannt erschien, einen Hasen, einen Rehrücken oder einige Forellen übergaben.

Jakoblis Eltern baten die Büsslinger Großmutter, sie möchte die Franzosen bei einer günstigen Gelegenheit fragen, ob ihnen Namen wie Justa Göpfert oder Michel Gnepf bekannt seien. Nie kamen die freundlichen Besatzer der französischen Armee auf personelle Fragen zurück.

Jahre später, in Jakobs ruhigen Momenten, während denen ihm die Velotouren nach Büsslingen und jene durch die Schweiz in den Sinn kommen, denkt er an die Zeiten zurück, kurz nach Friedensschluss.

Der oben genannte Jules, ein im Dorf bekannter Berufsmann, hat sich durch Arbeit, Fleiß und nimmermüden Willen in der Weiterbildung zum angesehenen Bürger, Berufsmann und Turner-Kameraden emporgearbeitet. Sein Berufsweg führte ihn bis zum Geschäftsführer der Druckerei Meier in Feuerthalen, in der auch für Jakobs Firma elmass Druckerei-Aufträge, termingerecht und qualitativ makellos ausgeführt wurden.

Jules private Tätigkeiten für die Sache der Turner lassen, wie erwähnt, heute noch Spuren zurück.

Jules und seine Alterskollegen waren die Jugendbande nach Jakoblis Jugend-Aktivitäten. Die Nachfolger in der Dorfszene waren, wie ihre Vorgänger, auch keine Engel im Tun und Wirken an bekannten und unbekannten Orten. Kollegen, die sich den Älteren angeschlossen haben, aufgrund der turnerischen Aktivitäten. Idealisten, welche nicht untätig waren, heute noch anpacken, wenn die Kameradschaft gefordert ist.

Besuche in Büsslingen und Hofen

Wie schon erwähnt, lebten Jakoblis Großeltern mütterlicherseits in Büsslingen, nahe der Schweizer Grenze bei Hofen.

Diesen Großeltern, die Jakoblis Eltern einige Jahre lang, bis zum Kriegsende, nicht mehr sehen durften, haben die Herblinger, wie oben erwähnt, mit dem Lösen von sogenannten Tagesscheinen ihre Aufwartung machen dürfen.

Die Tagesscheine konnten bei der Grenzpolizei im DB-Bahnhof in Thayngen für Fr.0,50, später für Fr.1,50 ins besiegte 1000-jährige Reich gelöst werden. Mit dem Velo hatte Jakobli, in der Zeit nach Einzug der Besatzungsmacht, mit Ausnahmen jeden Sonntagnachmittag mit seiner Mutter und der Nachbarin Rös Nodari, Nonnas Tochter, auf diese Besuchsfahrten begleitet.

Rös Nodari hat ihren Schatz Georg Bührer in Hofen besucht. Mutter Anna und ihr Bube sind 400 Meter weiter über die Grenze zu den Großeltern geradelt.

Was seinen Großeltern Rizzi von den Nazis an Unrecht angetan wurde, hatten die Franzosen vielfach, mit den oben erwähnten Gaben, wiedergutgemacht.

Noch in späteren Jahren erzählte Jakoblis Großmutter Rizzi, dass ganz am Anfang der Unsicherheit, was wohl geschehen werde unter der Besatzung der fremden Franzosen, einmal zwei der fremden Soldaten mit ihrem Chef gekommen seien. Die Besucher hätten einen Rehrücken auf den Küchentisch gelegt und seien wieder verschwunden. Ein anderes Mal sei einer ins Haus getreten und habe Großmutter mit seinen Elsässer-Deutsch-Kenntnissen gefragt, ob sie gerne Fische habe. Nach der freudigen Bejahung seien nach kurzer Zeit fünf schöne Forellen, aus dem Cherbel-Bach, auf den Küchentisch gelegt worden.

Zwei Hochzeitsfeste

Die Töchter der Nachbarn, Nodari, Tina und Rosa, luden ihren kleinen Nachbarn, den Jakobli, zu ihren Hochzeitsfeiern ein.

Wochen vor diesen Anlässen wurde Jakobli informiert und darauf vorbereitet, auf welche Art er mit seiner noch jüngeren Begleiterin von der Eingangstür der Kirche bis zum Taufstein aus dem Korb einzelne Blumen herausnehmen und schön vor die Füße der nachfolgenden Brautpaare streuen müsse.

Schön angezogen, stolz wie der Reiter auf hohem Ross, marschierte Jakobli beide Male neben seiner Begleiterin brav von der Eingangstür bis zum Taufstein.

Zur ersten Hochzeit, gut zwei Jahre vor Röses Fest, wurde Jakobli mit Sonja eingeladen, um in der Kirche Herblingen dem frischen Paar, Tina Nodari und Franz Steinemann, mit dem Streuen von Blumen den Weg zum Taufstein zu schmücken.

Röses Hochzeit mit Georg Bührer war das zweite Hochzeitfest, das Jakobli mit seiner jungen Kindergarten-Freundin Sonja als Blumenkinder mitmachen durfte.

Die beiden jungen Akteure waren lange Gesprächsthema unter der Frauenwelt des Dorfes.

Kino im Dorf

Im Löwensaal wurde nach dem Weltkrieg der Schweizer-Film Landamann Stauffacher aufgeführt. Dieses Ereignis war für Jakobli der erste Filmbesuch und eindrücklich. So eindrücklich, dass er manche Nacht davon träumte und so laut schrie, dass sein Vater ihn beruhigen musste.

Weitere Filmvorführungen, durch den Fip-Fop-Klub organisiert, durfte der Junge, als er schon in die Elementarschule ging, mit seinen Kameraden in einem Kino in der Stadt besuchen.

Néstle-Peter-Cailler-Kohler haben diesen Klub getragen und damit ihre Schokolade in der ganzen Schweiz bekannt gemacht.

Die Fip-Fop-Kinovorführungen waren für die Buben große Ereignisse. Wochen vor den Aufführungen wurde vom Fip-Fop-Klub gesprochen. Am Tag der Aufführungen durfte Jakobli mit seinen Freunden, die bei Jakoblis Eltern lebten, mit dem Postauto in die Stadt zum großen Filmereignis fahren.

Damals war für Jakobli, sowie auch für seine Kameraden, das Fip-Fop-Abzeichen so wichtig wie später das Abzeichen des Turnvereins.

Man änderte seine Interessenssphären nach dem Alter und nach den Möglichkeiten, die geboten wurden.

Jugendriege

Als Jakobli acht Jahre alt war, durfte er in die Jugendriege, in die Gruppe der jüngsten Mitglieder des Turnvereins Herblingen, eintreten.

Mit diesem Eintritt begann des Buben Turnerkarriere, die bis heute als Mitglied bei den Turnerveteranen anhält.

Als Jungturner durften die Buben, nach dem die Aktivmitglieder des Turnvereins vom eidgenössischen Turnfest 1947 in Bern zurückkamen, am Bahnhof Schaffhausen die Turner in ihren weißen Gewändern abholen.

Stolz präsentierten sich die Jugendriegler im Jugitenü: weißes Leibchen, blaue kurze Turnhosen, weiße Söcklein und blaue Turnschuhe mit gelber Sohle.

Vom Bahnhof Schaffhausen bis Herblingen marschierte die frohe Turner-schar, voran Fischers Fritzli mit der Herblinger-Vereinstafel, auf der die erreichte Notenzahl geschrieben war. Hinter dem Tafelträger der Trommler Utzinger, der den Spitznamen Potsdammer hatte. Potsdammer, der mit seinen Trommelwirbeln der Stammsektion und den übrigen Dorfvereinen, Frauenchor, Männerchor und Schützen, Herblingen an der Spitze marschierte. Hinter dem Trommler die Jüngsten des Turnvereins, die mit Stolz erfüllten Jugendriegler.

Der erste Halt wurde bei Frau Baer im Gartenrestaurant des Falkenecks gemacht. Im Schatten des Gartenrestaurants wurde der erste Durst gelöscht. Der Schluss-Treffpunkt war im Garten des Restaurants Adler Herblingen, Stammlokal der Turner. Dort wurde der Schlussakt mit Speis und Trank gebührend gefeiert.

Große Momente waren für die Jungen diese Abholungen. Schöne Erinnerungen an gemeinschaftliches Tun außerhalb der täglichen Verpflichtungen.

Wie Jakoblis Beitritt zur Jugi, kam dann später der Beitritt zum Turnverein. Vor der Aufnahme in die Aktivsektion hatten sich die Neulinge ein Jahr als Jungturner zu bewähren. Erst nach diesem Jahr der Eignung zu einem Aktivmitglied konnten sich die Jungturner in die Stammsektion wählen lassen.

Taschengeld

Während des Zweiten Weltkrieges, auch während der Nachkriegszeit, waren Abfälle aus guten Rohmaterialien begehrte Artikel.

Weißbleche aller Arten wurden von Jakobli und seinen Freunden gesammelt.

Die Buben verdichteten zum Beispiel in einer selbst gebastelten Pressvorrichtung Büchsen aus Blech. Die Pressevorrichtung hatten die Buben im Wagenschopf gegenüber Jakoblis Elternhaus hoch oben an einem Tragbalken der Decke montiert. Das Saugrohr der Jauchepumpe eignete sich wunderbar als Presszylinder. Der 10 kg schwere Gewichtstein der Dezimalwaage passte mit seinem Außendurchmesser genau in das Rohr. Der Gewichtstein war das Fallgewicht, welches aus einer Höhe von vier Metern die Büchsen zusammenpresste, die unten ins Saugrohr gelegt wurden. Diese Arbeiten wurden durch die jungen Altmetallsammler an freien Wintertagen ausgeführt, zu den Zeiten, wenn keine Jauche auf die Felder gebracht werden durfte.

Durch das Recycling der gesammelten zusammengepressten Weißmetallbüchsen trugen die Buben mit der Zeit ein schönes Taschengeld zusammen.

Vater Fankhauser war Abnehmer des gesammelten Materials. Vater Fankhauser bezahlte die Buben immer bar.

Jakoblis Vater war mit seiner positiven Einstellung gegenüber den Ideen seines Sohnes und den Freunden des Jungen, der heimliche Förderer der Einfälle, die von den Jungen kamen.

Bleischmelzen

Im Kugelfang des 300-Meter Herblinger-Schießstandes, vor dem Oberwisliwald, haben die Buben, die mit Blei gefüllten Geschossmäntel der Gewehrkugeln in Ovomaltine-Büchsen eingesammelt.

Die Ovomaltine-Büchsen waren damals hergestellt aus einem stabilen Blech. Die mit den Kugeln gefüllten Büchsen wurden in die Glut eines Feuers, das die Jungen aus Fallholz im Wald entfachten, gestellt. Nicht selten konnten 20 bis 30 Bleistangen als Tageserfolg ihrer Schmelzaktionen nach Hause gebracht werden. Diese begehrten Bleistangen haben die cleveren Sammler erhalten, indem sie das flüssige Blei in die Rinnen von Doppelfalz-Dachziegel leerten. Gefährlich war diese Arbeit, wenn die Rinnen der Ziegel nicht ganz trocken waren und trotzdem als Gießformen verwendet wurden. Dann konnte es vorkommen, dass das flüssige Blei unter knallartigen Explosionen aus den Ziegelrinnen in die Luft flog.

Die Eltern der jungen Bleigießer fragten sich manchmal, warum und durch welchen Vorgang Bleiklümpchen in die Kleider gelangen konnten. Auch auf der Kopfhaut der jungen Gießer konnten manchmal Verletzungen von Bleispritzern durch unvorsichtiges Leeren des flüssigen Bleis in feuchte Ziegelrinnen festgestellt werden. Die Augenlider blieben verschont, denn diese hielten die Buben vorsichtshalber beim Gießvorgang geschlossen, dafür gab es schmerzhafte Verbrennungen an den Augendeckeln.

Altstoffhändler Vater Fankhauser an der Lebernstraße war ein dankbarer Abnehmer der Bleistangen. Damals waren die jungen Freunde um Jakobli reiche Leute. Für ein Kilogramm dieser glänzenden Schwermetallstangen bezahlte Vater Fankhauser ihnen 7,50 bis 9,00 Franken.

Seinen Finanzanteil hatte Jakobli meistens für neue Ideen ausgegeben.

Die Kameraden teilten ihre Sackgelder und verwendeten diese dann für den Kauf von Agis Getränke oder zum verbotenen Kauf von Zigaretten aus dem Automaten des SBB-Bahnhofes in der Stadt.

Einen festgelegten Betrag aus ihren Recyclingarbeiten mussten die Buben auf den nächsten Herbst sparen.

Jakobli und seine Freunde durften, wenn die Feldarbeiten soweit und zur Zufriedenheit beendet waren und wenn die Abwesenheit von drei Wochen den jungen Helfern erlaubt wurde, eine Ferienfahrt durch die Schweiz mitmachen. Während solcher drei Wochen, Jakobli organisierte insgesamt für vier Herbstferien diese Fahrradreisen, erlebten die Buben schöne Schweizer Velotouren.

Diese Reisen durch die Schweiz waren einprägsame, unvergessliche Erlebnisse für die Jungen, von denen, auch in späteren Jahren, immer wieder geplaudert wurde.

Nie haben die Jungen die Schweiz so gut und nahe erlebt wie auf den unvergesslichen Velo-Touren. Die Buben hatten als Gruppe zu fünft, manchmal zu siebt, weite Tagesstrecken zurückgelegt.

Wenn Jakob heute wieder einmal an diese zurückgelegten Strecken denkt, dann tut ihm, in Gedanken, der Hintern weh.

Einige Male sind sie am ersten Tag einer solchen Reise von Herblingen bis zur Jugendherberge in Chur gefahren. Einmal über das Toggenburg, das nächste Mal über den Kerenzerberg, auf beiden Strecken eine Distanz von ca. 170 km.

Ohne ernsthaften Unfall sind sie immer an ihren festgelegten Zielen angekommen. Nicht jedes Mal zur angegebenen Zeit, aber angekommen sind sie, manchmal trocken, manchmal bis auf die Haut durchnässt.

Winterthurer Verwandtschaft.

Jakoblis Tante Trudi mit ihren Kindern Edit, Röbi und Hedi, begleitet von Tante Trudis Bruder Ferdi und seiner Frau Tante Rösi, bedeuteten freudige Abwechslungen auf dem Bauernhof in Herblingen.

Jakobli hatte anlässlich solcher Besuche Gelegenheit, seinem Vetter aus der Stadt beim Fluss Töss den selbst gebauten Dedektor, den Kran, zusammengebaut aus dem Märklin- Baukasten, und im nahen Wagenschopf seine Zielsicherheit mit dem Luftgewehr vorzuführen.

Bei schönem Wetter meldeten sich die beiden Buben für eine kleine Velotour ab.

Die Kinder von Tante Trudi verbrachten abwechslungsweise Schul-Ferienwochen bei Jakoblis Eltern.

Onkel Ferdi erschien manchmal mit seiner Schwester Trudi und ihren Kindern, ohne seine Frau Tante Rösi, was Mutter Anna nicht angenehm fand.

Jablis Mutter gab jeweils ihren unverblümten Kommentar an den Onkel. „Warum hast du Rösi nicht dabei?" Ferdis Antwort war kurz, „dass seine Frau im Auto nicht auch noch Platz gehabt habe".

Jakoblis Eltern haben solche Angelegenheiten ausgeglichen, indem sie Tante Rösi und Onkel Ferdi mit den Kindern Rosemarie und Christine, im Alleingang, zu einem Besuch in Herblingen eingeladen hatten. Einige Male fanden die Besuche in umgekehrter Richtung statt, aus Herblingen nach Seuzach, ins Haus des Fotografen Wipf.

Die Ader aus Tonerde

Jakoblis Kamerad, der Höfli-Hans vom Nachbarhof, und Jakobli haben auf Entdeckungsfahrten mit ihren selbst gebastelten Seifenkisten viel Zeit miteinander verbracht.

Von Herblingen Richtung Gennersbrunn bot sich die Straße zum Tieftal hinunter als erstklassige Rennbahn an.

In jener Zeit war kein Auto weit und breit zu sehen. Selten einmal ein Militärfahrzeug oder ein Fuhrwerk benutzten die öffentlichen Straßen. Ohne Hindernisse konnten die Buben ihre Seifenkisten bis zur DB-Bahnüberführung sausen lassen. Jene Straßenüberführung war beidseitig mit Birnbäumen gesäumt. Zwischen deren Baumstämmen waren meterhohe Kalksteinblöcke im Boden eingelassen. Die Überführung nannten die Dorfbewohner Immoosbrücke. Immoos, weil unten beim Brückendamm, in der Wiese am rechten Brückenfuß, die Liegenschaft der Familie Immoos lag. Vater Immoos war ein Spezialist im Aufbauen seiner runden Heustöcke nach Innerschweizer Art.

Durch die Steigung der Straße vom Talgrund bis zum Scheitel der Brücke hinauf wurden die Schussfahrten abgebremst, sodass die Rennstrecke meistens vor dem Erreichen des Scheitelpunktes zu Ende war.

Der Weg zurück Richtung Dorf war anstrengend, das Vorankommen langsam, manchmal sehr langsam.

Wenn im Sommer die Abendsonne ihre Strahlen in die Straßenschlucht sandte, lag eine Stauhitze über dem Heimweg. Die beidseitigen Straßenböschungen waren auf der Höhe, bevor die

Ebene zum Dorf begann, beim tiefsten Straßeneinschnitt gute fünf bis sechs Meter hoch.

Für die beiden Rennfahrer war diese kurze Strecke auf ihrem Heimweg eine gute Gelegenheit, sich am Straßenbord im Schatten auszuruhen.

Während einer dieser Ruhepausen kam den beiden Buben plötzlich in den Sinn, was sie von ihren Vätern gehört hatten. Die Güterzusammenlegung, die in den Dreißigerjahren durchgeführt wurde, Aushubarbeiten wurden damals mit dem Bickel und der Schaufel von Hand ausgeführt. Das Aushubmaterial wurde mit Rollwagen an die gewünschten Ablagerungsstellen befördert.

Durch diese Arbeiten der Güterzusammenlegung wurde die Gennersbrunnerstraße tiefer in das Gelände gelegt, um den steilsten Abschnitt der Straßenführung abzuflachen.

Auf der westlich gelegenen Seite im Straßenbord war in der Grasnarbe ein größerer Kalkstein zu sehen. Zu jenem Stein sind die beiden Rennfahrer hinaufgerobbt, um ihn näher zu betrachten. Unter dem Stein entdeckten sie eine kleine Höhle, die beim Hineinlangen mit der Hand erfrischend kühl war. Mit ihren kleinen Schaufeln, von denen jeder Sammler eine bei sich hatte, sammelten die Buben Rossbollen, die sie an Hobbygärtner im Dorf lieferten.

Jakobli und Hansli hatten sorgfältig unter dem Stein gegraben. Je weiter sie mit dem Ausgraben ins Innere der Höhle gelangten, desto größer wurde deren Hohlraum. Bald hatten sie eine kleine, kühl anzufühlende Höhle entdeckt. In dieser Höhle fanden sie, trotz einer langen Trockenperiode, feuchte, graue Tonerde. Von dieser Erde füllten die beiden Buben eine ihrer mitgeführten Kisten. Sie fuhren voller Tatendrang ins Höfli, zu Hanslis Elternhaus. Beim Dorfbach hinter dem Haus, hatten sie im Geräteschopf eine Ecke frei gemacht. Auf einem Brett kneteten die beiden ihren Fund mit den Händen zu einer gut verformbaren Masse. Aus der Masse formten die Töpfer Aschenbecher und Unterteller für Blumentöpfe.

Handarbeitsstunden

In der Schule wurde seit einigen Tagen getöpfert. Lehrer Rossel erklärte den Schülern das Grundmaterial zum Töpfern. Er beschrieb den grauen Ton, der nicht billig sei, und dessen Herkunftsländer.

Hansli und Jakobli brachten einige Muster ihrer Töpferkunst, hergestellt aus dem Ton von ihrem geheimen Fundort am Bord der Gennersbrunnerstraße, in die Schule. Lehrer Rossel wollte wissen, woher sie diesen Ton hätten. Den Fundort ihres Tons behielten die beiden als ihr Geheimnis, gaben aber zu verstehen, dass sie mehr davon bringen könnten, wenn der Lehrer das möchte.

Nach einer Brennprobe ihrer Produkte, hergestellt aus ihrem Ton, vom Fundort an der Gennersbrunnerstraße, die im Ofen des Tonwerkes in Thayngen ausgeführt worden war, wurde der Ton von Hansli und Jakobli als erstklassige Qualität eingestuft. Von diesem Moment an waren Hans und Jakob geschätzte Zulieferer des Töpfertons.

Wenn Jakob heute die Gennersbrunnerstraße begeht, betrachtet er immer wieder die Stelle unter dem westlichen Brückenpfeiler der T-15, wo ihre Tonader liegt.

Floßfahrt vor dem Weihnachtssingen. Es war einmal vor der Weihnachtsfeier in der Kirche, als die Hauptprobe zu Ende war, da wurden die Kinder für drei Stunden entlassen.

Der Oberlehrer dankte den jungen Sängern mit der Mitteilung, dass um Punkt 19.00 Uhr alle zur Stelle sein sollen.

Das bekannte Fünfergespann, Jakobli, Hansli, Gerdli, Maxli und Erwinli, wusste, wie die Zwischenzeit nützlich verbracht werden konnte.

Hansli hatte eine Idee, nämlich auf dem Oberwisweiher könnte man doch Floß fahren.

Das Floß war schnell zur Stelle. Hansli führte die Bande in die Waschküche seiner Mutter. Dort bemächtigte sich die Gruppe einer großen Waschgelte und trat, mit dem umfunktionierten Floß, den Weg zum Oberwiesenweiher an. Jakobli, der meistens ein Sackmesser bei sich hatte, ging daran, zwei schöne gerade Stecken aus einem Haselstrauch zu schneiden. In kurzer Zeit war das Stahlfloß mit zwei Stachelrudern versehen. Die erste Überfahrt konnte in Angriff genommen werden. Die Auslosung des ersten Fährimannes war kurz, es traf Hansli, er war schließlich der Sohn der Waschzuber-Besitzerin.

Die am Ufer des Weihers stehenden Kollegen überwachten in grenzenlosem Staunend die ersten Schwimmversuche des stählernen Wasserfahrzeuges. Hansli musste sich einige Mühe geben, im Gleichgewicht zu bleiben. Sein Körper-Schwerpunkt überragte um einiges den Rand des Floßes.

Ungefähr in der Mitte des Weihers, dort war das Wasser gute 1,5 Meter tief ist, verlor der Fährimann, im Moment als er siegesgewiss den Zuschauern zuwinkte, das Gleichgewicht. Das Floß überschlug sich, Hansli war aus dem Blickfeld der am Ufer stehenden Freunde verschwunden. Der Verunglückte war unter dem Zuber begraben, zum Schrecken der Zuschauer einfach weggetaucht in das kalte Nass.

Wie auf Kommando stürmten die Kameraden ins Wasser. Schnelle Rettung musste sein, das war keine Frage. Der Waschzuber wurde umgedreht, Hansli ward gerettet, Wasser füllte das Floß, das sich langsam unter die Oberfläche verabschiedete.

Oh Schreck, höchste Zeit, die Rückkehr in die Kirche anzutreten. Unter großen Anstrengungen wurde der Zuber an den Weiherrand befördert, auf kürzestem Weg, an einen versteckten Ort im nahe gelegenen Wald von Jakoblis Vater gelegt.

Als der Oberlehrer die fünf Flößer in der Kirche erblickte, staunte der erschrockene Leiter der Sängerschar. Weil er auf ihre Stimmen nicht verzichten wollte, befahl er den fünf durchnässten Flößern, sich hinter den schon versammelten Kolleginnen und Kollegen, neben der Orgel aufzustellen.

Nach dem Ende der Feier, als die Kinder den Platz verlassen hatten, blieben am Boden hinter dem Taufstein fünf Wasserlachen übrig.

Am Montag nach den Feiertagen mussten sich die fünf Abenteurer beim Oberlehrer Waldvogel erklären.

Die Waschgelte blieb bis zum Frühling, nach der Schneeschmelze, unentdeckt. Bis die fünf Buben an einem freien Nachmittag das Floß Hanslis Mutter Liese Baumer zurückbrachten.

Die Väter von Hansli und Jakobli ermahnten ihre Söhne, das nächste Mal Holz für den Floßbau zu verwenden.

Die Zeit verging mit vielen Erlebnissen, die positive und negative Erfahrungen hinterließen.

Heizenergie sparen

Während der Kriegszeit und noch Jahre danach wurden die Schulstunden der Elementarschüler im Schulhaus am Trüllenbuck nach einem Winterstundenplan besucht. Die eine Hälfte der Klassen war für den Morgen, die andere Hälfte für den Nachmittag eingeteilt. Der Wechsel von den Morgenlektionen zu den Nachmittagslektionen erfolgte jeweils an den Montagen. Diese gedrängtere Einteilung wurde angeordnet, um Heizenergie zu sparen. Zwei der vier besetzten Klassenzimmer wurden noch mit der reduzierten Kohlefeuerung über die Zentralheizung gewärmt. Die anderen zwei Klassenzimmer wurden geheizt mit Sägemehlöfen. Diese Öfen waren runde Feuerstellen in der Form großer Ölfässer.

Jakob erinnerte sich noch, wie das Bestücken dieser Öfen vor sich ging. Getrocknetes Sägemehl wurde, nachdem in der Mitte des Füllraumes ein Rohr für die Sauerstoffzufuhr hineingestellt war, eingebracht und festgestampft. Nach der Bestückungszeremonie zog man das Mittelstück, das Stahlrohr, heraus. Der Wärmespender war bereit für die Inbetriebsetzung. Eine kleine Menge Petroleum wurde in den runden Sauerstoffhohlraum geleert. Nach dem Prozedere mit dem Feuerbeschleuniger konnte das Sägemehl mit einem Streichholz angezündet werden.

Der Verantwortliche für das dosierte Abbrennen dieser Öfen war unser allseits bekannter Dorf-Weibel und Dorf-Polizist. Wenn Fräulein Nelly Buchter aus Thayngen, eine charmante Aushilfslehrerin, als Stellvertreterin der beiden im Aktivdienst weilenden Lehrer Walter Rossel und Ernst Wanner unterrichtete, waren die Kontrollgänge des Heizermeisters, während eines halben Tages auffallend häufig.

Die Sägemehlöfen wurden vom aufmerksamen Heizermeister gut betreut, heizten manchmal so stark, dass die Fenster für einen Moment aufgesperrt werden mussten.

Sein Vetter Peter, Gehring Buben, Kohli Buben, Scheffmacher Kinder, Tassi Buben, Klein-Jules.

Seine kurzweilige Jugendzeit verdanke Jakobli den Kindern, die bei seinen Eltern willkommen waren. Kinder, welche bei Jakoblis Eltern in den Ferien weilten, am Esstisch saßen, während deren Eltern der Arbeit nachgingen, oder in den Zeiten, während deren Väter im Aktivdienst weilten.

Freudige Erlebnisse, nachdenkliche Momente, traurige Tatsachen wurden von Jakobli und seinen Freunden als unvergessliche Eindrücke aufgenommen.

Peter, sein Vetter, Sohn von Tante Elsbeth und Onkel Franz, weilte während der Schulferien oft bei Jakobli. Willi Gehrings Vater war, als Willi noch nicht das Schulalter erreicht hatte, gestorben. Der kleine Willi kam mit seiner Mutter zu Jakoblis Eltern. Frau Gehring half Jakoblis Mutter im Haushalt. Sie war mit den andern Frauen auch auf dem Feld eine geschätzte Hilfe.

Jahre später hatte Willi, als er GEGA-Schüler war, auf der Höhe der Grünau einen Unfall, an dessen Folgen er verstarb. Die Kohli Buben, Gerdli, Jakoblis Schulkamerad, Gerdlis Bruder Roger, der jünger war als Gerdli, wohnten im Haus zum Löwen gegenüber der Stege. Maxli Scheffmacher, so alt wie Jakobli, in der Schule war er besser als sein Freund, lebte bei Jakoblis Eltern. Maxlis jüngere Schwester Heidi kam jeweils an den Mittagstisch und Mutter Scheffmacher war eine geschätzte Hilfskraft wie Frau Gehring.

Die beiden Tassi Buben, Sepp, einige Jahre älter als Jakobli, Sepps Bruder Franz, zwei Jahre älter als Jakobli, kamen, wenn Frau Tassi früh zur Arbeit musste, zu Jakoblis Eltern an den Morgen- und Mittagstisch. An den freien Schultagen halfen Sepp und Franz bei Jakoblis Eltern beim Arbeiten auf Feld und Hof.

Der kleine Jules war elf Jahre jünger als Jakobli. Elf Jahre Altersunterschied waren ein großer Abstand in den jugendlichen Berechnungen der älteren Buben.

Mit seinen großen Augen betrachtete Jules fragend, etwas suchend, seine Umgebung, wenn er bei Jakoblis Eltern in der Stube war.

Jules war damals für die GEGA-Schüler einige Nummern zu klein, um als Kumpel in Jakoblis Bande mitzumachen. Jules Schicksal hat Jakobli jedoch für immer geprägt.

Jakoblis Mutter bemühte sich sehr um Ablenkung, wenn Jules auf der Suche nach seinem Vaters war. Mutter Anna, wenn sie Jules vor dem Haus zur Stege sah, hatte Jules immer, wenn er auf der Suche war, zu sich hinaufgerufen.

Jules Mutter und Jakoblis Mutter, damalige Schulkolleginnen, Jules Mutter aus Beuren a. Ried, Jakoblis Mutter aus Büsslingen, besuchten gemeinsam die Mittelschule in Singen a. Hohentwil.

Der kleine Jules hat seine Mutter nicht gekannt, weil Mutter Mina kurz nach Jules Geburt starb.

Die Mutter von Jakobli ist ihm immer noch in Erinnerung, wie sie mit Tränen in den Augen den kleinen Jules in die warme Stube führte, ihm etwas zu essen gab und mit ihm einige Worte wechselte. Wenn Jakobli zugegen war, wurde ihm aufgetragen, mit Jules nach Hause zu gehen, sich zu versichern, dass Jules ältere Schwester Mineli ihn in Empfang nahm.

Für Jakobli waren diese Begleitungen immer bedrückende Angelegenheiten im Bewusstsein, dass keine Mutter Jules empfangen konnte.

Flüchtlinge aus dem Elsass, harte Arbeit führt zum Erfolg

Raimond Schwerzel und seine Kameraden, Flüchtlingskinder aus dem Elsass, waren, wie schon oben erwähnt, auch Gäste bei Jakoblis Familie. Es waren Kinder im Alter von Jakobli und seinen Freunden.

1945 kamen diese aus den Gebieten der Kriegswirren für einige Monate zur Erholung in die Schweiz.

Jakobli und seine Freunde wurden nachdenklich und traurig, wenn sie von den Geschehnissen dieser Kinder und auch vom Schicksal des jungen Jules erfuhren.

Der oben genannte junge Jules, ein im Dorf und bei den Turnern bekannter Berufsmann, hat sich durch Arbeit, Fleiß und nimmermüdem Willen in der Weiterbildung zum angesehenen Bürger, Berufsmann und Turner-Kameraden emporgearbeitet.

Sein Berufsweg führte ihn bis zum Geschäftsführer der Druckerei Meier in Feuerthalen, in der die Druckerei-Aufträge, auch für Jakobs Firma, termin-gerecht und qualitativ makellos ausgeführt wurden.

Seine Tätigkeiten im privaten Leben, wie für die Sache des Turnens, hinterließen Spuren, die noch heute hoch geschätzt sind.

Er und seine Freunde waren die Jugendbande der Generation nach Jakobli und seiner Freunde, auch keine Engel, die ihr Tun und Wirken an bekannten und unbekannten Orten trieben.

Freunde, die auf Jakobli, aufgrund der turnerischen Verbindung und seiner Freunde, gestoßen sind.

Idealisten, welche nicht untätig waren, heute noch anpacken, wenn die Kameradschaft gefordert ist.

Raymond, der Spenglermeister

Raymond Schwerzel hat im Elsass in Bitschwiller bei Tann eine Spenglerei aufgebaut.

Jahrzehnte später, anlässlich seiner Kundenbesuche in der Elsässer Gegend, fuhr Jakob an einem Abend nach Bitschwiller, um der Familie Schwerzel einen unangemeldeten Besuch abzustatten. Die Wiedersehensfreude war groß, als Jakob sich bei Raymond in seiner Werkstatt meldete.

Raymond stand in fragender Haltung, mit seiner Tabakpfeife im Mund, da, traute seinen Augen kaum und fragte: „Est-ce toi Jacob?" Er löschte das Licht der Werkstatt. „Entrons dans la maison!"

An diesem Abend erreichte Jakob spät sein Hotel im Nachbardorf, wo er zum Übernachten angemeldet war.

Abenteuer in Georg Bührers Kiesgrube

In der ausgehobenen tiefen Mulde von Georg Bührers Kiesgrube, wo heute die Herblinger Einkaufszentren stehen, verbrachten Jakobli und seine Freunde manchen Sonntagnachmittag.

Dort, zwanzig bis dreißig Meter unter dem gewachsenen Grund, war die Tiefe des Aushubs erreicht, wo der Kiesabbau zu Ende war.

Die Produktion von verschiedenen Sorten Kies, von gebrochenem Stein in verschiedenen Korngrößen, von feinem Sand und gröberem Material, fand in einer von der Ferne nicht einsehbaren Lage statt.

Ein geschützter Ort für Spitzbuben, wie Jakobli und seine Freunde es waren, um ungestört zu verweilen.

Am tiefsten Punkt dieser Grube war mit der Zeit von der Kieswaschanlage ein großer lehmgelber See entstanden. Quer durch diesen See verlief das Rollwagengleis, wo das Material ab der Wand gewonnen wurde. Die beladenen Rollwagen wurden mit einer Seilzuganlage bis hinauf zum Steinbrecher gezogen. Das Gleise führten in starker Steigung bis zum mächtigen, tiefen Trichter des Steinbrechers.

Von dem Punkt aus, nach dem Durchqueren des künstlichen Sees, wo die Steigung begann, wurden die Rollwagen mit einem Drahtseil über eine Seilwinde ca. 150 Meter lang hochgezogen.

Die Buben entdeckten den Motorschalter der Seilwinde und fanden schnell heraus, wie diese zu bedienen war. Die Spitzbuben bestiegen jeweils die Rollwagen und ließen mit Motorenkraft die drei Rollwagen zum höchsten Punkt hochziehen. Am obersten Punkt angelangt, lösten sie die Kupplung der Drahtseiltrommel, und los ging jeweils die Schussfahrt hinunter, den ca. 50 cm tiefen See durchquerend, bis zur Endstation an die hohe Kieswand. Diese atemberaubenden Fahrten, die fünf Buben verteilten sich auf die drei Rollwagen, fanden jedes Mal unter Hurra-Rufen durch den See statt, mit hoch spritzenden Wasserfontänen.

Reinigung ohne Chemie

An einem kalten Oktobersonntag verbrachte die verschworene Bande ihre Freizeit wieder einmal in der verborgenen Tiefe der Bührerschen Kiesgrube.

Die bekannten abenteuerlichen Schussfahrten verliefen schadlos bis zu dem Moment, wo Maxli vergessen hatte, vor der Abwärtsfahrt das Zugseil vom Haken des hintersten Rollwagens zu lösen. Als die Rollwagen schon einige Meter Fahrt im See zurückgelegt hatten, stoppte der Vergnügungszug abrupt mit einem nicht vorgesehenen Ruck. Die fünf Abenteurer flogen aus den Rollwagen in das gelbe Nass. Einige Hände, Knie und Schienbeine haben blaue Flecken abbekommen. Glück im Unglück hatten die fünf Passagiere. Keiner der Buben hatte etwas gebrochen. Was jedoch sehr unangenehm war, die Sonntagskleider waren durchtränkt, mit einem feinen, lehmigen Gelb eingefärbt.

Was nun? In einem solchen Aufzug konnten die Rollwagenfahrer nicht nach Hause gehen. Kurzentschlossen wanderten sie zu den Dreibäumli am Chräbsbachufer. Ausgezogen bis auf die Unterhosen betätigten sich die einen mit dem Waschen der Kleider, die anderen begaben sich zum Solenbergwald um Holz zu sammeln.

Bald loderte an vertrautem Ort neben dem Dreibäumli-Wasserfall ein lustiges Feuer. Über dem Feuer schwebten zum Trocknen an langen Haselstecken ihre gereinigten Sonntagskleider.

Am nächsten Montagmorgen tauschten die Freunde ihre Erlebnisse in der Schulpause aus. Jeder erzählte, wie es ihm am Sonntagabend beim Empfang zu Hause ergangen war. Keiner konnte ein besseres Resultat mitteilen, als es Jakobli erlebte. Seiner Mutter mussten sie, zwei Freunde, die bei ihnen lebten, und er, schildern, wie es zu diesen leicht gelblichen, nach Rauch riechenden Sonntagskleidern kam.

Hüttenbauten

Auf den Bäumen im Beckenwäldli, im Dützebüelwald, auch im Oberwiesenwald haben die Buben ihre Baumhütten gebaut und von dort ihre Beobachtungen gestartet. Sie haben Räuber und Poli gespielt und das geschwinde Hinauf- und Hinunterklettern geübt. Manchmal hat einer Pech gehabt beim zu schnellen Hinuntertauchen, zwischen dem Blätter- und Astwerk einen Haltepunkt verlierend, ein Stück vom Hosenstoff zurücklassend.

In den beim Oberwiesli nahen Steinbrüchen, heute aufgefüllt mit Bauschutt, haben sie in einer hohen Felsabbruchwand eine versteckte Felsnische ausgemacht. Ein schmales Felsband führte, als einziger kritischer Zugang, zu jener Plattform, die sich in einer Höhe von etwa acht Metern vom Steinbruchboden, als vortreffliches Fundament für einen Steinhüttenbau befand.

Zu diesem Felsbalkon in der Abmessung ca. 6 x 8 Metern, schleppten die Abenteurer Kalksteinplatten hinauf, das Baumaterial um eine stabile Steinhütte zu erstellen. Trittsicher, höchste Vorsicht walten lassend, musste das schmale Felsenband begangen werden. Tief unten lagen die von den Steinbrucharbeiten gespaltenen, zurückgelassenen Kalksteinreste. Im Fall eines Falles ließen die aufgehäuften spitzen Steinplatten ein unsanftes Landen erahnen.

Ihre Steinhütte, in verborgener, schlecht zugänglicher Lage, haben die Buben mit Sorgfalt aufgebaut. Zwischen jeder Steinplattenschicht wurde eine Moosschicht eingelegt, um das Rutschen der Steinplatten zu verhindern. Das Dachgebälk aus dürren Holzstangen haben sie mit feineren Steinplatten abgedeckt.

Die fünf eingeweihten Kameraden waren stolz auf ihr unter Tarnung gelegenes Naturhaus, in dem sie Feuer machen konnten, um die Fremdbewohner in die Flucht zu schlagen. Wenn der Innenraum kurze Zeit mit undurchsichtigem Rauch gefüllt war, flohen meistens Blindschleichen, Kreuzottern, manchmal auch Eidechsen, die sich darin verirrt hatten. In dieser Steinhütte, unweit von der Schloßstraße vom Bunker WEST entfernt, haben sich die Abenteurer viele Freitage aufgehalten. Sie haben Suppen gekocht, Würste gebraten, zur Abwechslung den nahe gelegenen Oberwiesenbach besucht, um eine Forelle unter einem Stein hervorzuziehen, um Wasser zu fassen, wenn eine köstliche Knorrsuppe auf dem Speiseplan stand.

Geraucht haben sie bestes Naturmaterial, gut getrocknete Lianen, nach deren Genuss die Zunge sich jeweils wie eine Feile anfühlte.

Vorsicht auf dem Weg

Bei der Rückkehr vom Wasserfassen beobachteten sie immer aufmerksam die Umgebung, dass keiner ihrer virtuellen Feinde den Eingang zu ihrem Reduit erfahren konnte. Diese Steinhütte war ein Bau, der lange Zeit unentdeckt blieb und deshalb von anderen Schülern nicht zerstört wurde.

Als die Erbauer der Steinbruchhütte älter waren, in die Schule im GEGA in Schaffhausen einziehen durften/mussten, wurden einige Fünftklässler, die als ihre Nachfolger ernannt wurden, von den Erbauern in das Reduit eingeweiht.

Mit Stolz haben diese den Naturbau übernommen, streng gehütet, um im geschützten Steinhaus, abseits der Öffentlichkeit, noch viele Abenteuer zu erleben.

Durstlöscher

Lehrer Ernst Wanner hatte mit der 4. Klasse einen Biologie-Nachmittag in der Gegend Gsang-Moos-Stuudewis-Dachsenbüelhöhli verbracht.

Die Kinder wanderten bei heißem Sommerwetter, unter Führung des Lehrers, zwischen den beiden Felsen durch die hohle Gasse hinunter, zur Grenze zwischen der Stuudewis der Birchtüüti.

Dort floss das kleine Bächlein gegen den Birchrüütigraben. Jakobli nahm als Einziger den Mut zusammen, sich beim Lehrer zu melden, er möchte aus dem Bächlein Wasser trinken. Lehrer Wanner lehnte den Wunsch ab. Der Bube konnte diese Ablehnung nicht verstehen, war enttäuscht, seinen Kameraden den Entscheid des Lehrers mitteilen zu müssen.

Am Abend, nach dem Nachtessen, kam beim Gespräch über den Biologie-nachmittag der abgelehnte Wunsch zum Durstlöschen zur Sprache. Vater Jakob erklärte den Anwesenden, dass der Lehrer trotz großer Hitze und Durst richtig gehandelt hatte. Es wäre des Lehrers Fehler gewesen, wenn die Kinder mit einer Krankheit infiziert worden wären, denn das Bächlein, das durch die Wiesen fließt, sei ein Quellwasser aus dem Bergdruck des Brands.

Der Brandhügel ist ein künstlicher Berg, der aus den Abfallprodukten der G+F-Gießerei im Mühlental langsam in die Höhe gewachsen ist.

Der Brandhügel entstand in Jahrzehnten durch die Ablagerung der Gießerei-Nebenprodukte, Abfallsand aus Gießereiformen, Gussabfälle aus Aluminium-, Grau- und Stahlguss.

Eine Seilbahninstallation aus der Gießerei im Mühlental bis zum Loschierhuus, von dort über Buechbrunne hinauf zum Kehrturm Brand. Dort wurden die Behälter, jeder mit einem Füllraum von ca. ¼ Kubikmeter, ohne vom Tragseil entkoppelt zu werden, durch eine Vorrichtung umgekippt, und weiter schwebten die geleerten Kübel am Seil zurück zur Beladestation.

Tschudis Sturz vom Baum

Im Dützebüelwald sind heute viele Spuren ihrer Abenteuer, ihres Seins, ihrer Tätigkeiten verschwunden. Dort oben, wo das Dorf überblickt werden kann, erlebten Jakobli und seine Freunde abenteuerliche, schöne und gefährliche Momente.

Die großen Momente waren das Einweihen ihrer verschiedenen Baumhütten.

Ein gefährliches Ereignis erlebten sie in der Zeit, als der Kriegsstundenplan Gültigkeit hatte.

Wie schon erwähnt, hatten eine Woche die unteren vier Klassen nur am Morgen, die andere Woche nur am Nachmittag Schule. Diese Regelung war organisiert, um Heizenergie zu sparen, das Heizen von allen Schulzimmern war nicht nötig.

An einem Novembernachmittag, ihre Lektion begann um 15.00 Uhr, verbrachten die Freunde noch vor dem Schulanfang einige Zeit im Dützebüelwald.

Nach Muster des Zirkus Stei der Familie Gasser führten sie ihre Kunststücke in den obersten Baumkronen aus.

Der Zirkus Stei trat, wie schon erwähnt, jeweils auf dem Dorfplatz vor dem Gasthaus Löwen auf. Eine Zirkusnummer war der lange Baumstamm, eingegraben im Boden des Löwenhofplatzes. Am oberen Ende des Baumstammes war ein kleines Gitter angebracht. An diesem Gitter angegurtet zeigte der Artist stehend die verschiedensten Figuren bei angsterregenden Hin- und Her-Schwankungen.

Die Buben versuchten sich in den Baumwipfeln des Dützebüel-waldes in der Disziplin der Baumstammnummer des Zirkus Stei.
Herbert Schmid aus der Neutrottenstraße, sein Spitzname war Tschudi, hatte eine junge Rot-Föhre ausgesucht. Die anderen je einen Baumwipfel von Rottannen oder Hagenbuchen. Jakoblis Übungen auf der Baumkrone einer Hagenbuche gelangen so wunderbar, dass es eine Freude war, von einer Seite schwankend bis zur andern fast den Boden zu berühren.
Die Buben schwankten auf den verschiedenen Baumwipfeln, bis zu dem Moment, wo unter Geknister, begleitet von einem dumpfen Schlag, Tschudi eine Föhrenkrone in seinen Händen, mit dem Rücken nach unten auf dem Boden landete. Der Schulkamerad tat keinen Wank mehr. Beim Anblick des leblosen Kameraden waren die zum Sturzopfer herbeigeeilten Freunde derart erschrocken, dass keiner daran dachte, zu überlegen, was als Erste Hilfe zu tun war.

Erste Hilfe lernten sie erst Jahre später in den Rekrutenschulen.

Wie von der Tarantel gestochen flüchteten die schockierten Buben hinunter zur Bahnhofstraße, in der Meinung dort den ersten hilfsbereiten Menschen zu treffen.
Zu jener Zeit war keine Behausung in der Nähe des Dützebüelwaldes. Die nächsten zwei Häuser waren das von Götti Ludwig Volgesangers und das von der Familie Schmocker.
Keine Gelegenheit, bei Hochulis nicht, bei Wanners kein Zeichen, und Wehrlis waren auf dem Feld, also los zur Schule hinauf und Fräulein Buchter das traurige Erlebnis berichten, Tschudi sei tödlich verunfallt.
Beim Eintreten ins Klassenzimmer erschraken die verstörten Kameraden ein zweites Mal, denn Tschudi saß an seinem Platz. Er hatte sein Gesicht zerkratzt, eine blau gefärbte Wange, sonst nichts, was darauf schließen ließ, dass er regungslos auf dem Boden gelegen hatte.

Später erzählte Tschudi seinen „mutigen" geflüchteten Freunden, dass er eine Zeit lang nicht mehr atmen konnte, er sich aber sehr verloren vorgekommen war, als seine Freunde verschwunden waren. Ich war ein Feigling, dachte jeder.

Flucht durchs Schopfdach

Bei Regenwetter mussten Jakob und seine Freunde nie lange nach einem trockenen Spielplatz suchen.

Im Heu- und Strohschopf, neben seinem Elternhaus, waren genügend Raum und vielfältige Möglichkeiten, sich stundenlang zu beschäftigen.

Es geschah an einem unlustigen, trüben Herbstregentag. Jakobs Eltern konnten, nach vielen Jahren, wieder einmal die Olma in St Gallen besuchten. Die Knechte übernahmen das Nötige im Haus und im Stall, sie weilten den Tag über in der warmen Stube oder bei ihren Kameraden im nahen Restaurant.

Mit den Kameraden von Jakob, Ernst, Max, Peter, Gerd verbrachten die Buben den Nachmittag im Schopf neben dem Elternhaus.

Mit Weitsprüngen vom hohen Heustock zum tiefer gelegenen Strohlager, unter dem gefährlichen Querbinder des Dachstockes hindurch. Diese Übung erforderte einen gewissen Mut. Die Außenverkleidung des Strohschopfes war aus dicken Brettern angefertigt. In diesen Brettern hatte es durch Astlöcher natürliche Guckgelegenheiten, die die Buben von Zeit zu Zeit als Gucklöcher zur Orientierung. was draußen los war, was außerhalb ihres Spielortes im regnerischen Außenbereich geschehe, ob es noch regne, oder ob das Wetter zum draußen Verweilen sei, benutzten.

Durch ihre Jauchzer und Hallos wurde der Nachbar Muhl aufmerksam. Der Nachbar Muhl war meistens dort, wo er nicht sein sollte. Sei es beim Kühetränken, während der junge Jakob die Peitsche zu laut knallen ließ, oder beim Grünfutter in die Scheune einfahren, weil unser Pferd Flora zu schnell den Hof hinaufstürmte, oder wenn im Herbst die Dreschmaschine in der Scheune platziert wurde oder bei sonst einer Tätigkeit, wo Muhl seine besseren Ideen einzubringen versuchte.

Dieses Tun eines Unbeteiligten lag dem jungen Jakob wie ein Stachel im Gedächtnis.

Seine Eltern mussten immer wieder schlichten, wenn es wieder einmal einen Zusammenprall zwischen Muhl und einem der Ihrigen gegeben hatte.

Guiseppe und Justa waren da hemmungslos im Austeilen mit ihren in Schweizerdeutsch und französisch-italienisch gemischten Ausdrücken.

Dann stand Muhl manchmal unten vor der Haustür, beschwerte sich bei Jakobs Eltern über die Untugenden der Kindern und der Knechte.

Immer wieder schloss Mutter Anna mit dem nörgelnden Nachbarn Friede.

Die Bäuerin wusste mit einer kleinen Dreingabe, sei es mit einem Rauchwürstli, mit einer Chrusle Most oder mit einem Stück Räucherspeck Spannungen aufzulösen.

Am oben erwähnten Spiel-Regentag kam das Unheil, wie es kommen musste. Nachbar Muhl patrouillierte vor dem Schopf, in dem die Buben sich austobten. Einer von den Buben erspähte den Patrouillierenden durch eines der Aussichtslöcher in der Scheunentür.

So, dem zeigen wir's, dachten sich alle.

Jakobs supergenaues Luftgewehr wurde mit scharfer Munition geladen.

Die Munition waren Bleikugeln in Kelchform. Diese Bleikugeln hatten eine, auf die Distanz von bis 20 Meter, genaue Flugbahn. Der Höfli-Hans und der Stege-Jakob hatten unzählige Male in der Hoschtert die Zielgenauigkeit ihrer Gewehre ausgetestet.

In der Eingangstür vom Schopf war ein Astloch, groß genug, um hindurchzuschießen, mit Korn/Visier gut auszumachen. Der

Bubenfeind-Muhl kurvte vor dem Tor herum, hinter dem Jakob gut positioniert zum Schuss bereit war. Puff, ein Schocklaut von draußen und der liebe Nachbar hielt seine Hand an seinen Allerwertesten. Jakob hatte sein Ziel nicht verfehlt. Vater Muhl drohte, berechtigt, mit erhobener Faust dem Unbekannten hinter dem Tor. Er polterte ans Tor, Mord und Totschlag ausrufend. Der getroffene Bewacher regte sich draußen, trotz Regen und Wind, nicht mehr vom Tor. Dort war nach Vater Muhls Meinung für die Buben der einzige Ausgang.

Die sich ruhig verhaltenden Freunde zogen sich zum oberen Boden auf den Heustock zur Beratung zurück.

Die erste Aktion war, das kostbare Luftgewehr zu verstecken.

Die Dachseite gegen den erhöhten Gemüsegarten vor der Hoschtert war mit einfachen Dachziegeln gedeckt.

Einige dieser Ziegel abzuheben war die zweite Aktion.

Sich genügend Zeit nehmen, um von draußen die entfernten Ziegel wieder an ihren Ort zu schieben, war die dritte Aktion.

Sich über die Hoschtert aus dem Staub zu machen die vierte.

Das Unheil ist verjährt, ohne eine Strafe für die Spitzbuben, die sie verdient hätten. Ohne dass Jakobs Eltern von dieser Aktion erfahren hatten.

Ein solches Vorkommnis würde in der heutigen Zeit ein Nachspiel vor dem Jugendanwalt haben.

Ernst Meisters Verwundung, Verwundeten-Transporte als Strafe.

An einem regnerischen Nachmittag spielten Jakob und seine Freunde im Heu- und Strohschopf neben dem Elternhaus.

Und wieder hatte die Buben das Wettbewerbsfieber gepackt, nämlich, wer der Mutigste im Springen vom Heu- zum Strohlager hinüber sei. Fangen wurde gespielt. Treppe hinauf, Treppe hinunter, um die Ecke, wo Jakobs Vater die frisch geschliffenen Mähmaschinenmesser bereitgestellt hatte.

Ernst, der Kleinste und Geschwindeste, rannte in fliegender Hast die Treppe hinunter. Dort um die Ecke stürzte der Schnellste in ein sich zur Seite geschobenes Maschinenmesser. Am Kopf hatte er eine Beule. Dies wurde den herbeigeeilten Kameraden schnell gewahr, und bald erblickten sie zu ihrem Schrecken die Blutlache am Boden unter Ernsts verwundetem Bein.

Seine Hose hatte in der Höhe des Schrittes einen Schlanz. Im Weichteil seines Oberschenkels klaffte eine stark blutende Schnittwunde.

Mutter Anna zischte ihn an: „Jetzt muesch uf Zäh bisse", und schon rann das Desinfektionsmittel in die Wunde.

Der Herr Doktor ordnete, nachdem er die Wunde fachmännisch zugenäht hatte, dem Patienten eine Rekonvaleszenz von etwa zehn Tagen an. Während dieser Tage konnte Freund Jakob sein schlechtes Gewissen abbeichten, weil er, so wurde er von seiner Mutter belehrt, seine Kameraden vor der Gefahr hätte warnen müssen.

Indem er Ernst mit dem Kinderwagen zur Schule und an andere Orte im Dorf fahren musste, wurde das Beichten für Jakob erfüllt.

Ernstli und Jakobli hatten während ihrer frühen Jugendjahre viel erlebt im Hüttenbau, in seinem Elternhaus, im und ums Haus zur Stege und an manchen Orten im Dorf.

Ein von den beiden Buben erstellter Hüttenbau hätte bereits zu einem verhängnisvollen Ende geführt, hätte nicht ein Gegenstand im richtigen Moment am rechten Ort gestanden. Ein starker Schrank, der das schwere Dach auffing. Schutzengel sorgten damals für die Rettung der zwei Buben.

Später waren sie zusammen im Dschungel bei Diessenhofen am Rhein als Hobbyfischer. In der Dorf-Feuerwehr war Ernst als Leiterchef eingeteilt. Ernst war der sich klar, für jedermann verständlich ausdrückende Zugführer.

Die von ihm befohlenen Leiterstellungen waren korrekt und praktisch.

Im Militärdienst war Ernst Adjutant, Jakob Gefreiter. In der Funkerkompagnie wurden Ernsts Arbeiten sehr geschätzt.

Kino im Dorf

Im Löwensaal wurde, wie schon erwähnt, nach dem Zweiten Weltkrieg der Schweizer-Film mit dem Titel Landamann Stauffacher aufgeführt. Dieses Ereignis war für Jakobli der erste Filmbesuch und auch sehr eindrücklich. So eindrücklich, dass er manchmal davon träumte und so laut schrie, dass sein Vater den Buben zu sich ins Bett nahm, um ihn zu beruhigen.

Weitere Filmvorführungen, durch den Fip-Fop-Klub organisiert, durfte Jakobli mit seinen Kameraden besuchen. Néstle-Peter-Cailler-Kohler hatten diesen Klub getragen und dadurch ihre Schokoladen in der ganzen Schweiz bekannt gemacht. Ereignisse für Jakobli und seine Freunde, die wochenlang vor den Aufführungen diskutiert wurden. Damals war für ihn, sowie auch für seine Kameraden, das Fip-Fop Abzeichen so wichtig wie später das Abzeichen des Turnvereins.

Man veränderte seine Interessen nach dem Alter und nach den Möglichkeiten, die geboten wurden.

Das erste Haus am Surbeck

Wie schon erwähnt stand allein auf weiter Flur der Heuschopf im Surbeck. Daneben ein Usteröpfelbaum. Im Herbst versüßten die beliebten feinen Usteröpfel noch die Schäferstunden der im Heustock Zuflucht Suchenden.

Auf der Wiese des Surbeckhangs wuchsen Apfel-, Birnen-, Bühlerzwetschgen, Kirsch- und Pflaumenbäume.

Unten links in der Nachbarwiese von Landwirt Hans Fischer im Sonnenberg floss der kühle Wasserstrahl des Sonnenberg-Brunnens mit seinem frischen Quellwasser, das seinen Weg vom Gsang-Wald unter den Köhlländern durch bis vor das Haus zum Sonnenberg zurücklegte.

In seiner Jugendzeit, als der junge Jakob mit dem Velo zur GEGA-Schule in die Stadt fuhr, sah er im Vorbeifahren viele Male Großmutter Fischer, die ehemalige Hebamme, am Brunnen vor ihrem Elternhaus zum Sonnenberg das Trinkwasser für den Haushalt schöpfen.

Jahre später erst wurde die öffentliche Wasserversorgung auch in das altehrwürdige Haus verlegt.

Die Surbeckhalde war eines der vertrauten Landstücke, wo die jungen Dörfler viele Stunden beim Heuen, Kirschenpflücken, beim Pflaumen- und Zwetschgenschütteln oder beim Ernten der Kugelbirnen verbrachten.

Im Jahr 1944 baute die Familie Weissenberger das erste Wohnhaus im Surbeck. Jakoblis Vater verpflichtete sich, die Abwässer des Wohnhauses in einer großen gemauerten Fäkaliengrube aufzufangen. Die Zufahrtstraße zum Haus Weissenberger wurde vom Vater mit den Knechten in Handarbeit erstellt. Auch Jakobli musste an freien Schultagen beim Straßenbau mithelfen.

Vom erwähnten Straßenbau aus konnten die Arbeiter im Frühling 1944 aus der Ferne die Notlandung eines amerikanischen Bombers, der auf dem Feld beim Kundelfinger Hof aufsetzte, kurz vor seinem Bodenkontakt beobachten. Langsam senkte sich die Maschine von Nordosten her kommend hinter den Solenberg. Dann verschwand das sinkende Flugzeug aus ihrem Gesichtsfeld.

Kurz darauf verkündete eine schwarze Rauchsäule die letzte Landung einer fliegenden Festung.

Güggeli Marie

Güggeli Maries Ehemann war Melcher Chöbis Vater. Die Ehegattin von Chöbis Vater wurde von einigen Bäuerinnen als etwas Besseres eigestuft. Bei den Schaffhauser Landfrauen war die Güggeli Marie Präsidentin.

Ihr Jakob war Direktions-Chauffeur in der Brauerei Falken. Das Ehepaar Baumer-Schweizer wohnte am Schwaderloch, der heutigen Schlossstraße, damals noch eine Straße mit Naturbelag.

Die Güggelie Marie wollte nichts wissen vom Sohn ihres Ehemannes. Dieser Sohn stammte aus der Verbindung zwischen ihrem Ehemann und der Baumer Berfta. Die Melcher Bertha hatte darum ihren eigenen Sohn Jakob bei sich auf dem Bauernhof, gegenüber dem Gasthof Adler in Herblingen, aufgezogen.

Sohn Melcher Chöbi war ein gern gesehener, tüchtiger Landwirt. In seiner Freizeit war Chöbi im Dorfturnverein, dazu noch im Schießverein ein guter Schütze und ein liebenswürdiger älterer Kollege, der den Jungen beim 300-Meter-Schießen manchen guten Tipp gegeben hatte.

Melcher Chöbi war in der Männerriege Herblingen Mitglied bis zur Eingemeindung Herblingens in die Stadt Schaffhausen, die Chöbi und anderen schwer auf den Magen geschlagen hatte.

Aus diesem Grund verlor die Männerriege Herblingen einige Mitglieder.

Alle, die aus der Riege austraten, waren treue Mitläufer der Gegner der Eingemeindung, die am 01. Januar 1964 vollzogen wurde.

Bei der Güggeli Marie, mit ihrer bewundernswürdigen Oberweite und ihrem abstoßenden, heuchlerischen Auftreten, musste Jakobli jeweils das nach dem Kriegswirtschaftsgesetz vorgeschriebene Quantum Eier der eigenen Hühner abliefern.

Mutter Anna hat jedes Jahr bei der Güggeli Marie die zur Aufstockung des nötigen Legehennen-Bestandes zu beschaffenden Dreitagesküken gekauft.

Ein Schuss mit Nachspiel

An einem Frühlingstag hatten die Kinder an der Elementarschule noch den Winterstundenplan. Nachbar Höfli-Hansli und Jakobli begleiteten eine mit Kanonen des Typen Tankbüchse ausgerüstete Gruppe der Grenzschutz-Soldaten. Die Soldaten waren in Herblingen einquartiert.

Mit ihren Luftgewehren, Marke Diana, geschultert zogen die beiden Buben mit den Soldaten am Garten von Tante Frieda, der Frau mit dem Lebensmittelgeschäft, gegen das Möbelhaus Knöpfli, das Schwaderloch hinauf.

Auf der Höhe des damaligen Materialmagazins von Baumeister Ernst Leibacher, später die Schlosssauna von Hans Grimm, saß vorn, oben auf dem Dachfirstziegel, ein Spatz. Jakobli stufte den dicken Frechdachs als einen von denen ein, die im Hühnerhof beim Kernenklau anzutreffen waren. Der Spatz lugte stolz auf die Gruppe der Vorüberziehenden herab.

Neben dem Materialmagazin des Baumeisters war die Güggeli Marie in ihrem Garten. Die Frau war gerade dabei, Salatsetzlinge zu pflanzen.

Der Spatz auf dem Dachfirst lud Jakobli geradezu ein, ihm mit einer Kugel aus dem Luftgewehr das Kernenklauen ein für alle Male zu verbieten.

Jakoblis Vorhaben wurde von den Soldaten beobachtet. Sie verfolgten, wie er die Gewehrfeder spannte. Eine Bleikugel in den Lauf schob. Wie er seine Schusswaffe auf dem Gartenhag von Tante Frieda auflegte. Der junge Schütze nahm sorgfältig sein Ziel ins Korn und Visier und schoss. Während dieser Aktion überwachte ihn, ohne dass der Schütze die Beobachterin sah, die Güggeli Marie.

Paff, die Kugel traf das Ziel, der Spatz hob mit einem kleinen Satz vom Dachgiebel ab und senkte sich mit gespannten Flügeln in einem Strudelkreis auf das Gartenbeet, wo die Beobachterin bei der Arbeit war. „Sooo, Bürschtli, wart nu,…", hörte Jakobli Güggeli Maries Zuruf aus dem Garten.

Drei Tage später stand in voller Montur der Polizist Leup auf dem elterlichen Hof.

Jakobli musste sein Luftgewehr für drei Monate der polizeilichen Gewalt übergeben.

Keine Geldbuße, keine weiteren Verhörmethoden, was würde wohl in der heutigen Zeit mit einem solchen Jungjäger passieren?

Von jenem Tag an hat die Güggeli Marie nie mehr den Jakobli in ihrem Eierabgaberaum gesehen. Der junge Nachbar ging von jenem Tag an bei der Verräterin vorbei, als ob diese Luft für ihn wäre.

Heute überlegt sich Jakob, was wohl einem Jungen in unserer heutigen Zeit geschehen würde, wenn er sich einen solchen Abschuss mit einer solchen Frechheit gegenüber einer dorfbestimmenden Dame erlauben würde.

Ohne Verurteilung vor dem Jugendgericht würde ein solcher Fall kaum seinen Abschluss finden.

Morden

Zum Ergänzen der Legehühnerschar musste, wie schon oben erwähnt, Nachwuchs gekauft werden.

Mutter Anna, zuständig für ihre Hühner, kaufte die jungen Hühnlein, Dreitagesküken nannte man diese, bei der Güggeli Marie.

Zu jener Zeit war es nicht möglich auszulesen, zu sortieren zwischen Hühnlein und Güggeli.

Erst Wochen später kamen Mutter Annas Entdeckungen an den Tag. Manchmal waren vom Kauf der Jungen ein Drittel Hennen, zwei Drittel Güggel. Wieder ein Flop, wie es der Vater von Jakobli spaßeshalber nannte.

Die Güggel wurden von Jakoblis Mutter aufgezogen, bis sie sich bekämpften. Sichtbar wurden diese Verdrängungskämpfe beim Betreten der Hofstatt und im Hühnerhaus. Dann war die Zeit gekommen, wo die Güggel geschlachtet wurden.

Mutter Anna war eine Spezialistin im Zubereiten von Suppenhühnern und Güggel-Mahlzeiten. Die Tischgenossen liebten die fein zubereiteten Hühner und Güggel-Mahlzeiten.

Zubereitet wurden diese Speisen von Jakoblis Mutter, Erna war meistens die Hilfe, welche das Rupfen des Federviehs besorgte.

Die aussortierten Güggel sowie die alten Hühner wurden durch Abtrennen des Kopfes getötet.

Das Töten mit dem Beil

Vater Jakob lehrte dem jungen Jakobli, wie er die Exekutionen des Federviehs vorzunehmen hatte.

Der Bube hatte nun das Alter erreicht, um zu verstehen und zu verantworten, dass das zum Tode ausgesuchte Federvieh, ohne zu leiden getötet werden musste.

Mit gemischten Gefühlen schaute der Bube zu, wie diese schreckliche Prozedur vom Vater Jakob vorgenommen wurde.

Der Vater erklärte seinem Sohn, dass der Schlag mit dem Beil sauber ausgeführt werden muss.

Jakobli musste nach Vaters Anleitung sein erstes Huhn in die Arme nehmen, es behutsam auf den Spaltstock legen, sodass der Kopf flach auf dem Holzstock zu liegen kam, dann trennte er sofort mit dem Beil den Kopf des Huhns vom Körper. Vater Jakob war zufrieden mit dem Vorgehen seines Sohnes.

Von jenem Tag an musste der junge Jakob immer dem Federvieh das Letzte geben.

Einmal waren zwei Güggel zum Schlachten bereit. Dem ersten hieb Jakobli den Kopf ab, legte den Güggel in den Korb, nahm den zweiten Güggel, hieb auch diesem den Kopf ab, wollte ihn zum anderen in den Korb legen, wupp, flog der Körper ohne Kopf auf den Hof hinaus, zu den Lindenbäumen hinunter, dort legte sich das Tier auf den Boden.

Nonno Andreas, der Nachbar, zeigte dem Jakobli, wie er die Hühner tötete. Nonno nahm das Huhn in seinen linken Arm, mit der rechten Hand drehte er dem Tier den Hals um, bis es knackte. Das Huhn war ohne Beilhieb sofort tot. Nonno hängte nachher das Huhn an den Beinen an die Wäscheleine.

Nachdem Nonna einmal das Huhn gebraten hatte, rief sie Jakobli zu sich. Nonno zeigte dann dem Buben sein Vorgehen mit dem feinen Braten. Der Nachbar trennte dem Huhn den Hals vom Körper ab, zeigte dem Zuschauer den gebratenen Hals, der wie eine Blutwurst aussah.

Das Taschengeld

Während der Kriegszeiten, auch noch Jahre danach, waren die Abfälle aus guten Rohmaterialien begehrte Artikel.

Weißbleche aller Arten wurden von Jakobli und seinen Freunden gesammelt. Sie verdichteten, wie schon erwähnt, in ihrer selbst montierten Pressvorrichtung Büchsen. Die Presse war in Vater Jakobs Wagenschopf am Balken der Decke montiert. Das Saugrohr der Jauchepumpe hatte sich als Pressmantel gut geeignet. Der 10 kg schwere Gewichtsstein der Dezimalwaage, der genau in dieses Rohr passte, war das Fallgewicht, welches die Büchsen aus einer Höhe von vier Metern im Ansaugrohr, Pressmantel, zusammenpresste. Diese Arbeiten wurden in der Winterzeit ausgeführt, wenn keine Jauche auf die Felder gebracht werden durfte.

Jakoblis Vater war der heimliche Förderer der Einfälle, welche die Buben hatten.

Im Kugelfang des Dreihundertmeter-Schießstandes vor dem Oberwiesliwald haben die tüchtigen Sammler die mit Blei gefüllten Geschossmäntel in Ovomaltinebüchsen eingesammelt. Die damit gefüllten Büchsen, sie waren damals hergestellt aus einem guten Stahlblech, stellten die Buben in die Glut vom Feuer, das sie aus Fallholz im Wald entfacht hatten. Nicht selten konnten die Sammler 20 bis 30 Bleistangen als Tageserfolg ihrer Schmelzaktionen nach Hause bringen. Diese begehrten Bleistangen haben sie erhalten, indem, wie schon erwähnt, sie das flüssige Blei in die Rinnen von Doppelfalz-Dachziegel leerten.

Gefährlich waren die Gießaktionen, wenn die Rinnen der Ziegel nicht ganz trocken waren. Wenn die jungen Schmelzer trotzdem die Gießformen verwendeten, konnte es vorkommen, dass das flüssige Blei unter knallartigen Explosionen aus den Ziegelrinnen in die Luft flog. Die Eltern fragten sich manchmal, warum, durch welchen Vorgang, Bleiklümpchen in die Kleider der Buben gelangen konnten. Auch die Kopfhaut hatte manchmal Verletzungen von den Bleispritzern. Augenlider blieben verschont, denn diese hielten die Buben während des Gießvorgangs vorsichtshalber immer geschlossen, dafür gab es schmerzhafte Augendeckelverbrennungen.

Altstoffhändler Vater Fankhauser an der Lebernstraße war dankbarer Abnehmer der Bleistangen.

In jenen Tagen waren Jakobli und seine Freunde reiche Leute. Für ein Kilogramm dieser glänzenden Schwermetallstangen bezahlte ihnen Vater Fankhauser 7,50 bis 9,00 Franken.

Jakobli hatte seinen Finanzanteil meistens für neue Ideen ausgegeben.

Die Kameraden teilten ihre Profite, wenn z. B. Agis Getränke gekauft oder verbotenerweise Zigaretten aus dem Automaten des SBB-Bahnhofes erstanden wurden.

Einen ansehnlichen Betrag aus ihren Recycling-Arbeiten mussten sie für den nächsten Herbst sparen.

Velotouren durch die Schweiz

Jakobli und seine Freunde durften, wenn die Feldarbeiten soweit und zur Zufriedenheit der Eltern beendet waren, wenn die Abwesenheit der Buben während Wochen erlaubt wurde, drei Wochen eine Schweizer-Velotour antreten.

Schon in den Sommerferien besprachen die Buben die große Reise durch die Schweiz.

Jakobli war der Initiator solcher Velotouren, er reservierte jeweils die Übernachtungen in den verschiedenen Jugendherbergen.

Wenn die Reise an Orten vorbeiführte, wo die Eltern Verwandte oder Bekannte hatten, schrieb Jakobli diese Menschen an, fragte, ob er mit seinen Kameraden eine Nacht bei ihnen verbringen dürfte.

Diese Reisen auf den Drahteseln waren für die Jungen Erlebnisse, von denen sie heute noch gern plaudern.

Nie haben die Abenteurer die Schweiz so gut und so aus der Nähe erlebt wie auf diesen Touren. Die Buben hatten als Gruppe zu fünft, manchmal sieben an der Zahl, weite Tagesstrecken zurückgelegt.

Wenn Jakob heute daran denkt, tut ihm die Körperpartie die den Sattel drückte, noch immer weh.

Einige Male hat sie der erste Tag einer solchen Reise von Herblingen bis zur Jugendherberge in Chur geführt. Einmal über das Toggenburg, das nächste Mal über den Kerenzerberg, jeweils eine Fahrstrecke von etwa 170 km.

Ohne ernsthaften Unfall sind die Fahrer immer an ihrem Ziel angekommen. Nicht jedes Mal zur angegebenen Zeit, doch angekommen sind sie, manchmal trocken, manchmal bis auf die Haut durchnässt.

Der Finger-Unfall im Surbeck

Beim Ausheben der Fäkaliengrube zum Auffangen der Abwässer unterhalb des Bauplatzes der Familie Weissenberger ereignete sich ein Unfall, dessen Folgen heute noch sichtbar sind.

Sein Vetter Peter weilte bei Jakobs Eltern in den Ferien. Jakob und Peter mussten im Surbeck mithelfen, am abschüssigen Bord die größeren Steine aufzuschichten, um das nachfolgende Aushubmaterial aufzufangen. Als Peter einen großen Stein an seinen Platz legte, rollte in dem Moment ein anderer Stein an seine Hand, deren Finger zwischen den beiden Steinen zerquetscht wurde. Das Nagelbett seines rechten Ring-Fingers war so zerstört, dass dieser Fingernagel heute noch von diesem Unfall zeugt.

Hilfe beim Munitionstransport

Im Frühjahr 1945, als die französische Armee vor sich her die deutsche Wehrmacht das Wutachtal hinauftrieb, wurden im Solebärg-Wald, Ecke Gennersbrunnerstraße-Rotwiesen von den Soldaten des Grenzschutzes 75-iger Haubitzen in Stellung gebracht. Diese Geschützstellungen wurden im Dorf schnell bekannt.

Jakob und seine Kameraden waren manchmal Helfer bei den Soldaten. Die Buben waren mit Stolz dabei, Tankbüchsen und Inf.-Kanonen mit den Diensttuenden zu verschieben, waren mit ihren selbst gebastelten Militärfahrzeugen (Seifenkisten) schnell beim Solenbergwald angelangt. Dort haben die Buben ihre Seifenkisten, wie es die Soldaten taten, im Wald getarnt. Die zivilen Helfer durften die Soldaten unterstützen, die mit verschiedenen Farben bezeichneten Granaten zu den Geschützen tragen. Für die Jungen war eine solche Arbeit von Stolz und Verteidigungsgefühlen begleitet.

Die Kanonen waren bestimmt, mit ihrem Bombardement fremde Soldaten vom Übertritt in die neutrale Schweiz fernzuhalten.

Ein großes Glück, dass die Haubitzen nicht in Aktion treten mussten.

Chef der Kriegsfeuerwehr

Vor Vater Ziegler, sein Spitzname GESSONI, der mit dem Trommelrevolver, hatten Jakobli und seine Freunde große Hochachtung. Gesson instruierte die jungen Feuerwehrmannen in der Kriegsfeuerwehr, wie man mit Sand ein Feuer löscht, das von Brandbomben entfacht wurde. Diese Instruktionen waren Jakoblis erste Kontakte mit der, in den heutigen Löschdiensten noch wichtigen Eimerspritze. Die Handhabung dieser Geräte mussten die angehenden Feuerwehrler an einem, am Übungsplatz entfachten Feuer lernen, um im Fall eines Ereignisses richtig vorgehen zu können.

Jahre später hat Jakob während seiner Feuerwehrzugehörigkeit von diesen Vorkenntnissen profitiert.

Friede in Europa

Im Mai 1945, als die Friedensglocken ausgeläutet hatten und die Menschen an den Frieden glaubten und dieses Ereignis erleichtert feierten, wurde es auch im Dorf ruhig.

Die Soldaten im Aktivdienst wurden ins Zivilleben entlassen. Die fremden Helfer fanden die Heimwege zu ihren Familien.

Die Jungen hatten mehr Zeit, den Eltern im Haushalt, auf den Höfen und Feldern zu helfen.

Während im fernen Osten weiter gemordet wurde, übergaben die Behörden die bekannten Nazigrößen ohne Schweizer Pass den Franzosen.

Bei denjenigen mit Schweizer Pass wurden Scheiben zerschlagen, Mostfässer zur Felsenaustraße hinuntergerollt, Kioske in der Stadt Schaffhausen umgeworfen.

Ihres Frusts entledigten sich Nazigegner blödsinnig und ausgelassen. Eine aufgestaute, gefährliche, blinde Wut wurde von feigen, Jahre hinter dem Berg haltenden Eidgenossen inkognito ausgelebt.

Durch diese Aktionen wurde Jakobli und seinen Freunden bewusst, dass sie offen gegen die Nazis angetreten waren und dafür hin und wieder eine echte Standpauke einstecken mussten. Die Feiglinge im Verborgenen mussten lange ausharren, um ihre aufgestaute Wut ablassen zu können. Von Friedenschließen und Vergessen keine Spur.

Im Jahr 1945 wurde der Friedensbaum zwischen Neunkirch und Oberhallau beim Bachbrügglein gepflanzt.

Wie schon oben erwähnt, auf der Bank im Schatten dieses Friedensbaumes hatte Jakob auf seinem Weg zur Firma Buchter AG in Hallau manchen erholsamen, ruhigen Moment verbracht.

Bote zwischen Freund und Feind

Im Zivilleben war Jakoblis Vater hauptamtlicher Landwirt. Dazu erfüllte er das Nebenamt des Gemeindeschreibers von Herblingen, weiter versah er noch einige andere Ämter, zu denen er gebeten und aus Gründen der Solidarität Ja gesagt hatte.

Als Gemeindeschreiber war es seine Aufgabe, gemeinsam mit Jean Müller, Inhaber der Sägerei, der auch im Nebenamt als Gemeindepräsident von Herblingen wirkte, den Herren der fünften Kolonne schriftliche Sanktionen mitzuteilen.

Gegen Ende des Krieges musste Jakobli solche Mitteilungen dem Gemeindepräsidenten zur Unterschrift vorbeibringen, von dort den abenteuerlichen Gang zum Restaurant Sonnenstube, der Herblinger-Hochburg der Nazis aus der Gegend von Schaffhausen, auf sich nehmen.

Sein Vater beauftragte seinen Sohn, jeweils dem Gemeindepräsidenten zu telefonieren, um ihn zu fragen, ob Jakobli kommen dürfe um einen von Vater verfassten Brief unterschreiben zu lassen.

Mit einem gelben Briefumschlag im Format A-4 galoppierte der junge Bote dann zum Büro von Jean Müller hinunter. Sobald der Briefumschlag zugeklebt war, begab sich der Bube auf den Weg zur Nazihochburg, den Adressaten im Haus Sonnenstube. Der Gemeindepräsident warnte Jakobli, bevor er sich entfernte: „Du darfscht nid iis Huus ine goh, blieb uf de Stäge dusse stoh und lütisch. Gib dä Brief ab und renn sofort zrugg. Wenn niemert uf macht bring dä Brief wieder mir. Wenn dich öppert wott ist Huus ineloo, spring furt." Der Hausherr der Sonnenstube, Malermeister H., sein Beruf Maler und Gauleiterhelfer, wollte dem Buben einmal etwas zu trinken offerieren, der Jakobli lehnte das Angebot ab, machte sich fluchtartig aus dem Staube. Die mahnenden Worte des Gemeindepräsidenten waren stärker als sein Durst.

Nach Kriegsende erfuhren die Gemeindebehörden von Herblingen, dass wenn der Einmarsch der Wehrmacht in Herblingen erfolgt wäre, als Erstes der Gemeindepräsident und Jakoblis Vater öffentlich füsiliert worden wären. Diese Weisung enthielt ein Schreiben, welches unter anderen Briefen und den Listen im Büro der Herblinger Nazihorde gefunden wurde. Der Malermeister H. und ein anderer Fröntler aus Herblingen mit deutscher Staatsbürgerschaft wurden bald nach dem Einmarsch der Franzosen, welche das Gebiet Baden-Württemberg besetzt hatten, an die diese ausgeliefert.

Freiheit in der Jugend

Neben den täglichen Verrichtungen, die jeden Tag im Elternhaus zur Stege auf die Jungen warteten, durften sie immer wieder mit anderen Kameraden in die Freiheit, Räuberlis-Polizist spielen, im Oberwieslisee selbst gebastelte Flöße praktisch ausprobieren oder Baumhütten errichten.

Jakob hatte mit seinen Jugendfreunden manche Forelle, von Hand, aus dem Chräbsbach gefischt.

Die Buben wussten, wie vorzugehen war. Sie achteten darauf, dass sie vom Fischereiaufseher nicht erwischt wurden.

Die besten Fangplätze fanden sie unterhalb des Auslaufes vom Herblinger Dorfbach in dem damals noch im offenen natürlichen Bachbett dahinziehenden Chräbsbach. Der Auslauf des Dorfbaches befand sich ca. 20 Schritte unterhalb des hochziehbaren Bretterstaus der Herblinger Badi.

In den Dorfbach wurden vom Schlachthaus, das im Haus zur Heimat gegenüber dem Restaurant Hirschen untergebracht war, die Schlacht-hausabfälle abgeleitet.

Auch gute Fischorte waren nach dem Wasserfall bei den drei Bäumli ein beliebter Ort, den die Buben als Ausweichplatz zum Baden benutzten, sowie nach den diversen Bachschnellen gegen die Immoos Straßenbrücke bei der damaligen Siedlung der Familie Immoos. Dort, wo das Wasser sich niederstürzte, befanden sich größere Steine im Bachbett, die Unterschlupforte der Forellen, unter denen die Spitzbuben von Hand Prachtexemplare von Fischen hervorangelten.

Die Jagdbeuten, Bachforellen, durften sie nicht nach Hause bringen. Jakoblis Vater, gut bekannt als Bauer, Gemeindeschreiber, Kirchenpräsident und in anderen Gemeindefunktionen tätig, hatte seinem Sohn streng verboten, wildernd im Chräbsbach zu verweilen.

Jakoblis Mutter musste dieses Verbot widerwillig anhören und Vater darin bestärken, obwohl sie hin und wieder gern einmal eine Forelle Müllerinnenart oder Bleue in der eigenen Küche zubereitet hätte.

Nutznießerin von den verbotenen Fisch-Jagdzügen war meistens Frau Mamié, Schuhmachers Familienmutter mit hervorragenden Kochkünsten und eine liebenswürdige Frau. Von den in die einfache Küche Mamiés am Trüllenbuck abgelieferten Forellen sind nicht selten einige übrig geblieben. Von diesen überreichten die Buben, wenn Jakoblis Vater im Aktivdienst war, dann im günstigen Moment Jakoblis Mutter, Frau Rubli, Frau Scheffmacher oder Frau Tassi, unter der Hand einige Exemplare der geschätzten Rotgetupften.

Nur einmal hat der Fischereiaufseher N. die Wilderer beinahe erwischt, als die Freunde an einem grauen Herbstsonntagnachmittag beim verbotenen Fischfang waren. Schon hingen an einem Weidenzweig eine Reihe schöner Forellen-Exemplare, als einer von den Buben eine Gestalt vom Forsthaus her sich nähern sah. Wie auf Kommando raste die Gruppe mit ihrer Beute dem Solebärgwald zu und verschwand im Dickicht.

Einer aber fehlte, Roger Kohli, der meistens gegen die vorherigen Abmachungen etwas Spezielles unternahm. Was nun? Beobachten und sich ruhig verhalten war die eingefleischte Verhaltensregel. Die bedächtigsten unter ihnen waren Max Scheffmacher und Rogers Bruder Gert, der seinen jüngeren Bruder besser kannte als die anderen. Die in Deckung verweilende Bande verfolgte aus ihrem Versteck, dass dort unten am Bach zwischen Roger und dem Fischereiaufseher ein Zwiegespräch stattfand.

Bei der nachherigen, glücklichen Wiedervereinigung erfuhren sie, dass der Gefragte dem Aufseher auf seine Frage, was er da im Bach mache, erwiderte, er solle nur kurz warten bis er die Maus, welche per Zufall den Bach hinuntertrieb, herausgefischt habe. Tatsächlich habe per Zufall eine tote Feldmaus kurz danach vor den Füßen des Aufsehers gelegen.

Begehrte Naturalien als Lohn

Mütter, deren Ehemänner im Aktivdienst waren, Frauen, die nicht in einem Betrieb in der Stadt Arbeit fanden, hatten Jakoblis Mutter im Haushalt, auf Äckern und Wiesen geholfen.

Diese begehrten Hilfskräfte waren glücklich, anstelle von Bargeld Naturalien in Form von Brot, Butter, Gemüsen, Milch, Obst, Speck und Würsten entgegennehmen zu dürfen.

Viele dieser Frauen haben nach der Arbeit noch an den Abenden mit Eifer und Fleiß auf abgeernteten Feldern liegen gebliebene Ähren, Erbsen und Kartoffeln gesammelt.

Flüssiges Geld war für Bauern eine Seltenheit. Das Milchgeld war die monatliche Gegenleistung für die Milchlieferungen. Dieses Geld wurde wieder ausbezahlt als Löhne für die fest angestellten Knechte. Manchmal, wenn im vergangenen Monat nicht genügend Milch abgeliefert werden konnte, musste Jakoblis Vater Zusatzbezüge aus Bankguthaben tätigen.

Einmal im Jahr, an Martini, konnten Gelder für Weizen und Feldfrüchte eingezogen werden.

Ferien in Stein am Rhein

Im Sommer 1945 durfte der junge Jakob zu seiner ältesten Cousine in Stein am Rhein in die Ferien. Heidi und ihr Ehemann Ernst lebten in einer Wohnung im romantischen Bärengässli. Hinter dem Gasthof Rheinfels, im engen Durchgang, war ihre Wohnung in vom Durchgangslärm geschütztem Ort. Ernst, Jakob durfte ihn so nennen, arbeitete in der Nähmaschinenfabrik Bernina in Steckborn. Zu seinem Arbeitsort fuhr Ernst mit der Bahn. Ernst erlaubte seinem Feriengast, das moderne Velo, ein englisches Modell mit Sturmey Archer 3-Gang Übersetzung, zur Fahrt nach Mammern zu benutzen.

Jakob war ein begnadeter Hobby-Fischer. Er hatte schon aus der Zeit vom Fischfang aus dem Chräbsbach Übung in diesem Sport. Nun freute sich der Bube auf den Versuch, aus dem Untersee Fische zu fangen. Mit der Fischerrute, dem Ködergefäß und einer Zwischenverpflegung startete Jakob an einem Morgen in der Frühe. Erwartungsvoll schwang sich der Hobbyfischer aufs Velo von Ernst, die Fischerrute hatte er an der horizontalen Velostange befestigt. Über das Vorderrad reichte das dünne Rutenende, hinten war die Wurfrolle mit hundert Meter Fischersilch am dicken Ende der Rute befestigt.

Vorbereitung für die höhere Schule „GEGA"

Im Jahr 1945 wurde Jakobli von seinen Eltern, mit leichtem Druck, darauf aufmerksam gemacht, dass er sich zur Aufnahmeprüfung in die Realschule in der Stadt melden müsse.

Ungern, gegen seinen Willen, legte der junge Student die Prüfung ab. Mit knapper Not aus Nichtinteresse bestand Jakobli diese Hürde.

Also hieß es für den Jungen, wie für drei seiner Freunde auch, im nächsten Jahr Abschied von der Elementarschule im Dorf zu nehmen.

Die Eltern freuten sich, dass ihr Sohn auch so weit war, den Schritt für eine höhere Lehranstalt bestanden zu haben. Jakobli hatte ein ungutes Gefühl beim Gedanken an diesen Schritt. Lieber wäre er noch weiter in der Schule in Herblingen geblieben. Sein Interesse hatte er mehr dem Praktischen als der Theorie gewidmet.

Vater Jakob wusste, was vom Osterdienstag des Jahres 1946 an auf seinen Sohn zukam: der neue Schulweg vom Dorf in die Stadt. Sein erstes Velo war für den Schüler zu klein geworden, um damit die Strecke von daheim zur neuen Schule, und das viermal pro Tag, zu bewältigen. Jakoblis Eltern hatten unter sich die großzügige, für Bauersleute sehr teure Abmachung getroffen, ihrem erfolgreichen Sohn ein neues Velo zu kaufen.

Im Frühjahr 1946 fuhren Vater Jakob und sein Sohn nach Thayngen zum bekannten Velohändler Hermann Narr.

Der zukünftige Realschüler durfte von Hermann Narr ein neues, supermodernes Militärfahrrad in Empfang nehmen. Das neue Velo verkörperte alles, was die Technik im Fahrradbau darbot. Es war nämlich ein Velo, das nicht für Europa bestimmt gewesen war. Dieser Typ Militärfahrrad der Marke WEGA-COSMOS, fabriziert in der Schweiz, war anfänglich bestimmt für das Militär von Indien. Daran erinnerte die goldene Beschriftung auf der Rahmenstange: *Military General agency Bangalore in India.* Als der große Bestellungsumfang bereit zum Export war, fehlte dem Importeur Indien das Geld. Die Herstellerfirma war, aus

Gründen ihrer hohen Lagerbestände, nun mit der fehlenden Liquidität sehr in Bedrängnis geraten.

Zur Rettung der Firma einigten sich schweizerische Fahrradhändler aus Solidaritätsgründen, der in Finanznöten stehenden Firma mit dem Kauf von Velos der Marke WEGA-COCMOS unter die Arme zu greifen.

Hermann Narr kaufte auch, nach seinen Möglichkeiten, einige Stücke der sehr teuren, qualitativ auf höchstem Stand der Technik ausgeführten super Velos.

Jakob fuhr mit diesem Velo bei jedem Wetter überall hin. Auch in seinem späteren Leben, in Baar, in Genf, dann wieder im Heimatdorf, wo er seine eigene Firma gegründet hatte, fuhr er mit seinem treuen Drahtesel. 62 Jahre war dieses Fahrrad in Jakobs Besitz. Nach dieser Zeit schenkte er es seinem ältesten Enkel Patrice.

Realschule in Schaffhausen

Am Osterdienstag 1946 standen dem Schüler von der Stege drei Jahre langweiliges Schulbankdrücken bevor.

Der Junge wurde während dieser langweiligen Zeit zwischen dem jungen Buben Jakobli und dem GEGA-Schüler zum GEGA-Schüler Jakob.

Die Knabenrealschule im GEGA-Schulhaus, heute Sekundarschule, hatte Jakob mit durchschnittlichen Noten beendet.

Die Lektionen beim Hauptlehrer Bührer, sein Spitzname Rugel, Geografie-, Mathe-, Physik-, Singen und Biologie, vergingen jeweils viel zu schnell, fühlbar schneller als zum Beispiel die langweiligen Konjugationsübungen im Deutsch-, Englisch- und im Französischunterricht, die kein Ende nehmen wollten.

Die Biologiestunden führte Rugel jeweils gut vorbereitet und für die Schüler interessant durch.

So durfte Jakob zum Beispiel für eine Biologielektion im zweiten Schuljahr, mit Rugels Geldbeutel, zum Comestibel Christen in der Vorstadt. Dort lagen 23 geräucherte Lachsforellen bereit. Jakob meldete sich bei der Verkäuferin mit der Ankündigung, im Auftrag des Herrn Lehrer Bührer aus dem GEGA-Schulhaus die reservierten Fische abzuholen.

In der Klasse wurden Holzbrettli und Seziermesser ausgeteilt. Nach Anleitung Rugels wurden von den Knaben die Fische seziert, die entnommenen Teile besprochen und anschließend Stück um Stück mit Genuss verzehrt.

Einige Wochen wurde der Turnunterricht durch einen, den Schülern bekannten Sportlehrer, in Stellvertretung vom Jakob Biber, geleitet. Der Turnlehrer Jack Günthardt, Weltmeister im Reckturnen, vertrat seinen Schaffhauser Lehrer-Freund Jakob Biber.

Die intensiven Turnstunden bei Jack Günthardt haben sich für den jungen Schüler aus Herblingen gelohnt.

Rugel, der Hauptlehrer

Lehrer Erwin Bührer, einer von der Bührer-Sippe vom Reiat, war ein strenger, naturverbundener Hauptlehrer. Die Schüler wussten, wie sie sich im Klassenzimmer zu verhalten hatten.

Lehrer Rugel bemühte sich, der Klasse mit naturnahen Beispielen den Lehrstoff beizubringen.

Wie schon erwähnt, hatte zum Beispiel in einer Biologielektion jeder Schüler vor sich ein scharfes Messer, dabei einen Teller aus Holz. Im Teller lag ein geräucherter Hering. Unter der Anleitung von Rugel sezierten die Knaben ihren Hering, aßen und hörten ihrem Lehrer zu, was jeweils das angesprochene Stück vom Fisch bedeutete.

Wo, in welcher Meergegend diese Fische leben, wie diese gefangen wurden und wie die wertvollen Fänge zubereitet werden.

Ein anderes Mal hatte zu einer Physiklektion Jakob seinen automatischen Hühnerfutterapparat in die Klasse mitzubringen. Doch davon später mehr.

Bauernbuben im GEGA

In der Knaben-Realschule GEGA (Gelbhausgarten) hatte Jakob am Anfang fremde Menschen getroffen. Stadtbuben, die sich den Auswärtigen gegenüber als Besserwisser aufspielten.

Hansruedi Hatt, ein Schulkamerad, auch Bauernbub aus Hemmental, war Jakob schon am ersten Schultag zugetan.

Hansruedi und Jakob waren, wie schon erwähnt, nicht gerade die Lieblinge ihres Hauptlehrers.

Was wollt ihr in der KRS? Es ist doch schade um die schönen Landwirtschaftsbetriebe eurer Eltern. Mit solchen Worten begrüßte der Lehrer viele Male den aus Hemmental und den aus Herblingen an manchem Montagmorgen vor Schulbeginn. Rugel war, wie schon erwähnt, ein Naturmensch, ein außerordentlicher Realschullehrer. In gewissen Situationen parteiisch, den Schmeichlern gegenüber sehr tolerant. Den selbstständig Denkenden nicht immer zugetan.

Hansruedi und Jakob sollten seiner Meinung nach weniger gebildete Bauernbuben bleiben, um später die Verantwortung eines Bauernbetriebes zu übernehmen. Als ob ein Landwirt nicht intelligent handeln müsste.

Als Rugel wieder einmal im Herblinger Gemeindearchiv, Jakobs Vater war als Gemeindeschreiber für das Gemeinde-Archiv verantwortlich, nach Schriften über Grenzsteine suchte, sprach ihn Vater Jakob wegen seiner Fragen an die Bauernbuben an. Von diesem Tag an waren Hansruedi und Jakob auch Gleichberechtigte. Die Schüler aus der Stadt konnten sich vorerst die Wende des Rugels, die er den beiden aus den Dörfern gegenüber an den Tag legte, nicht erklären.

Einige waren sogar mit leichtem Neid erfüllt, als Jakob vor der Klasse seinen automatischen Hühnerfutter-Apparat praktisch vorführen durfte. Diese Demonstration bedeutete für den Schüler aus Herblingen einiges an Aufwand. Das voluminöse Gerät musste in die Stadt transportiert werden. Auf dem Gepäckträger seines Fahrrades zurrte Jakob seine Erfindung fest, so wie diese sperrige Ladung heute mit einer Polizeibuße geendet hätte, fuhr er von Herblingen zum GEGA-Schulhaus. Ohne praxisnahe Demonstration war sein Apparat vor versammelter Klasse nicht einfach zu erklären.

Um zu erklären, wie der Apparat funktionierte, war Füllmaterial zu beschaffen. Rugel überreichte Jakob vertrauensvoll seinen Geldbeutel, schickte seinen Schüler aus Herblingen zum Samenhändler Hauenstein im Schützengraben. Dort musste Jakob 5 kg Weizen-Samenkörner besorgen.

Zurück vor den Klassenkameraden, den Apparat mit dem Weizensamen gefüllt, erfolgte vor dem erwartungsvollen Gremium die praktische Vorführung seines Produktes, das mit Schreinerschraubenzwingen an der Wandtafel befestig war. Die Schulkameraden städtischer Provenienz und jene aus anderen, angeseheneren Familien stuften den Erfinder der automatischen Hühnerfütterung, nach dem gelungenen Lauf in eine höhere Liga ein. Die Knaben kamen sich von diesem Tag an persönlich näher.

Nachdem Jakob sich in der Klasse angenommen fühlte, lud er seine Kameraden nach Herblingen ein, um das Leben auf dem Land besser kennenzulernen.

Jahrhundertealte Gewohnheiten wurden aus städtischer Sicht besser erfasst. Schöne Momente erlebten die GEGA-Schüler während gemeinsamer Zusammenkünfte auf dem Lande.

Hansruedi Hatt hatte sich während seiner beruflichen Laufbahn bis zum Chef des Verkehrsamtes Appenzell Ausserroden hochgedient. Seinen letzten Wohnsitz hatte er in Appenzell. Wenn die Möglichkeit besteht, besucht er von Zeit zu Zeit den monatlichen Rugelhock im Restaurant Schützenhaus in Schaffhausen. Dort treffen sich, jeweils am dritten Freitag im Monat, seit mehr als 40 Jahren die alten GEGA-ler.

Willi Meier kauft Löwen

1947, Willi Meier kauft Immobilie Löwen. Im heißen Sommer des Jahres 1947 meldeten sich Willi Meier und Metzger Schöpfer bei Jakobs Vater zum Eintrag der Besitzeränderung im Grundbuch.

Der frisch verheiratete Metzgermeister Willi und seine Frau Hildegard, die ihre Wurzeln in der Innerschweiz hatte, waren entschlossen, ihre Zukunft in Herblingen aufzubauen.

Im Büro bei Vater Jakob meldete sich Willi in seiner Militäruniform, er absolvierte gerade seinen WK. Der Noch-Inhaber des Restaurants und der Metzgerei Löwen erschien eine gute Viertelstunde später.

Während der kurzen Zeit, ohne Schöpfer, ließ Vater Jakob den neuen Zuzügler fühlen, dass sich die Dorfbevölkerung glücklich schätze, ein junges Ehepaar auf dem Löwen in Herblingen willkommen zu heißen.

Die beiden, der alte und der zukünftige Immobilienbesitzer, hatten das Inventar vorgängig des Grundbucheintrages, kontrolliert.

Schöpfer meldete sich vor Vater Jakob und Willi Meier, dass er die festgelegte Kaufsumme nicht annehmen werde, denn es seien noch einige Besteckteile des Restaurantinventars zu der Kaufsumme hinzuzufügen.

Nach dieser Mitteilung Schöpfers, der einige Vergehen auf dem Kerbholzhatte, verlor Vater Jakob für einen kurzen Moment die Geduld. Er fragte Schöpfer, ob er sich nicht schäme gegenüber dem Käufer und gegenüber ihm, dem Nachbarn, den er während der Zeit seiner Aktivitäten im Dorf einige Male hintergangen habe.

Vater Jakob hatte am Anfang, als die Schöpfers ins Dorf kamen, aus nachbarlichen Überlegungen Schöpfer angestellt, die Huusmetzgete bei Jakoblis Eltern zu übernehmen.

Neu war für Jakoblis Eltern die Mitteilung von Schöpfer, dass er die Würste in seiner Metzgerei mache. Auch werde er die Fleischportionen in seinem Betrieb rüsten. Justa aus dem Elsass, Knecht bei Vater Jakob, wurde delegiert, mit Schöpfer als Helfer und Zudiener mitzugehen. Während des Zudienens hatte Justa bemerkt, dass Schöpfer von der Sau ein Filet auf die Seite legte. Zudem hatte der Unehrliche einen Kranz Würste, der für die Rauchkammer bestimmt war, in einen Zuber geworfen. Diese Hinterrücks-Aktionen hatte Justa Mutter Anna gemeldet. Vater Jakob begab sich mit Justa zum Huusmetzger in seinen Verkaufsladen, wo einige Kundinnen waren. Vor den wartenden Kundinnen bat Vater Jakob den Schöpfer, kurz mit ihm zu kommen. Draußen vor dem Laden befahl Vater Jakob, Schöpfer soll mit ihm und Justa zur Metzgerei hinüberkommen. Im Schlachthaus zeigte Justa vor Schöpfers und Vaters Augen die auf die Seite gelegten Würste und Fleischstücke.

Auch hatte Schöpfer wegen einer Übertretung der Lebensmittelverordnung mit der Gemeindeverwaltung zu tun.

Vater Jakob musste wegen Unregelmäßigkeiten mit dem Alkoholgesetz gegen Schöpfer einige Male vorgehen.

Die Ehefrau von Schöpfer bewirtschaftete das Restaurant zum Löwen.

Mit ihrem, in sexueller Hinsicht, freizügigen Gebaren baute sich die holde Dame gengenüber den Ehefrauen im Dorf und in den Reiatgemeinden eine Feindschaft auf. Nicht selten kam eine erzürnte Ehefrau in die Beiz und holte unter Gezeter ihren unzüchtigen Gatten heim.

Vater Jakob fragte den vor sich auf den Boden Schauenden, ob er, Vater Jakob, mit weiteren Untaten, die Schöpfer begangen habe, noch weiterfahren müsse, bevor er, der Verkäufer dem Käufer die Hand zur Unterschrift-Bereitschaft gebe. Schöpfer reichte, ohne ein Wort, Willi Meier die Hand. Der Grundbucheintrag erhielt mit den Unterschriften des Verkäufers und des Käufers seine Gültigkeit. Die Dorfbewohner freuten sich auf einen Neuanfang im Löwen.

Trockenheit im Jahr 1947

Eine langanhaltende Trockenperiode hielt den ganzen Sommer in diesem Jahr die Bauern in Atem, wie es ohne Regen weitergehen sollte.

Im Herbst hatten die Landwirte nicht genügend Futter für ihre Tiere. Aus Futtermangel mussten überdurchschnittlich viele Tiere geschlachtet werden.

Auch in Vater Jakobs Betrieb mangelte es an Gras und für den Winter war zu wenig Heuvorrat vorhanden. Für die Winterzeit konnte nicht genügend Heu eingebracht werden. Aus seinem Viehbestand musste auch Vater Jakob zwei Kühe zum Schlachthof führen. Im Herbst waren die Kühlhäuser mit Fleisch gefüllt.

Wegen der Trockenheit, die schon im Sommer herrschte, und immer noch kein Regen in Sicht war, waren die Ackerfrüchte bis zum Herbst verdorrt, zum Teil kümmerlich erhalten.

Nur die Rebbauern hatten durch das trockene Wetter Glück, ihre Trauben für einen Jahrhundertwein ernten zu könnten.

Jakob jun. und seine Freunde konnten, weil die Arbeiten durch den trockenen Sommer gut vorangekommen waren, auf die langersehnte Velotour durch die Schweiz starten.

Einen ansehnlichen Betrag aus ihren Recycling-Arbeiten hatten die Buben auf den Herbst gespart.

Sie durften nämlich, wie von Mutter Anna und Vater Jakob versprochen, wenn die Feldarbeiten soweit und zur Zufriedenheit beendet waren, eine Abwesenheit von drei Wochen erlaubt war, während dieser Zeit eine Schweizer Velotour antreten. Diese Reisen auf den Drahteseln waren für die Abenteurer Erlebnisse, von denen heute noch gesprochen wird. Nie haben die Buben unsere Schweiz so gut und so nahe erlebt wie auf diesen Touren. Sie hatten als Gruppe zu fünft, manchmal zu siebt, weite Strecken zurückgelegt. Wenn Jakob heute daran denkt, tut ihm noch immer der Hintern weh. Einige Male führte sie der erste Tag einer solchen Reise von Herblingen bis zur Jugendherberge in Chur. Einmal über das Toggenburg, das nächste Jahr über den Kerenzerberg, eine Fahrstrecke von etwa 170 km. Ohne ernsthaften Unfall sind die jungen Entdecker immer an ihren Zielen angekommen. Nicht jedes Mal zur angegebenen Zeit, aber angekommen sind sie, manchmal trocken, manchmal bis auf die Haut durchnässt.

Zwischenfall mit Huhn

Eine unvergessliche abenteuerliche Velotour führte in den Herbstferien die Freunde, damals waren sie zu sechst, am zweiten Tourentag von Chur über die Lenzerheide nach Monstein bei Davos.

Trockene Zeiten waren, wie oben erwähnt, jenem Herbst 1947 vorausgegangen. Braun gebrannte, vertrocknete Wiesen säumten die Straßen. Selten war ein grüner Streifen Gras zu sehen, durch, von einem Bergdruck gespendetem Nass erhalten geblieben.

Eine unvergessliche, Ausdauer fordernde Strecke lag vor den Jungen. Nur wenige Kilometer der Teilstrecke von der Herberge Chur bis Monstein konnten sie in den Pedalen zurücklegen, und wenn, dann mit großen Anstrengungen um möglichst bald in Valbella anzulangen. In Valbella, rechts hinter dem Postgebäude auf einer Bank im Schatten unter den Tannen, genossen die Bezwinger der Höhe eine wohlverdiente Mittagsrast.

Von dort ging die Reise durch das Dorf Lenzerheide nach Lenz, hinauf zur letzten Steigung. Hier folgte nochmals ein kurzer Halt zur Besprechung und zur Erfrischung. Dann Tenüwechsel, um gut gekleidet die abenteuerliche, herrliche Abfahrt in der Abendsonne hinab bis zum Schmelzboden am Landwasser zu genießen. Die sechs Kameraden, Eugen, Gerd, Max, Peter, Jakobs Vetter, Peter Waldvogel und Jakob als Letzter, fuhren in vorbesprochenen Abständen Staub aufwirbelnd durch die Dörfer Brienz-Alvaneu-Schmitten-Wiesen dem Schmelzboden im Landwassertal entgegen.

In der Straßenmitte, auf der Höhe des letzten Bauernhauses von Wiesen, geschah das Unglück mit tödlichen Folgen. Tödlich für ein lebensmüdes Huhn, welches zögerte, sich nicht mit der ganzen Hühnerschar im rechten Moment aus der Gefahrenzone zu retten. Peter Waldvogel, der hinter Gerd fuhr, konnte dem durch Gerds Schatten verdeckten Huhn nicht mehr rechtzeitig ausweichen, das Huhn floh in die Speichen von Peters Hinterrad. Bei dem Anblick von dem, was vor ihm geschah, bekam Jakob für einen kurzen Moment einen Adrenalinstoß, begleitet von Federngestöber und konzentriertem Festhalten der Lenkstange.

Eugen und Vetter Peter, die in der Kolonne hinter Jakob fuhren, konnten den Kameraden unten beim Schmelzboden das tödliche Ende des Huhns noch im Einzelnen erklären.

Was würde wohl in der heutigen modernen Zeit mit solchen Unfallflüchtigen passieren?
Polizeieinsatz und Jugendanwaltschaft würden von Gesetzes wegen nötig.
Eine Schar Staatsbeamter käme zum Einsatz, zur rechtlichen Verfolgung solcher Übeltäter.

Vom Schmelzboden, der Bahnstation Monstein, auf dem schmalen Zick-Zack-Pfad, die Velos schiebend, hinauf zum Hof Ambühls, wo die Mutter Ambühl und ihre Kinder Elsi, Michel, Erika und Hans die müden Velofahrer freudig erwarteten. Vater Ambühl war noch im Kuhstall, die Pflege der Kühe für die Nacht zu beenden.
Am Abend in der guten Stube hatten die Jungen Tour de Swiss-Fahrer von ihrem Unheil erzählt. Vater Ambühl hatte sich die Schilderung über den Zwischenfall in Wiesen mit Interesse angehört. Hin und wieder einen Zug aus seiner Tabakpfeife nehmend, kam seine ruhige Antwort, zum Erstaunen der Unfallverursacher: „Endlich wieder einmal ein Suppenhuhn für die vom Bauernhof x …"

Verspätung

Die nächste Tagesstrecke war festgelegt von Monstein, wo die sechs Radfahrer bei Familie Ambühl im Hof zwei Tage bleiben durften, über Tiefencastel-Viamala. Dort fuhren sie nicht vorbei, ohne in die Schlucht hinunterzusteigen. Durch das schöne Dorf Andeer fuhren sie über den Bernardinopass bis nach Giubiasco.
Angemeldet waren die Buben bei der Familie Ruckstuhl, ehemalige Herblinger, zu damaliger Zeit Besitzer eines Kleinbauernbetriebes in Giubiasco. Bei Ruckstuhls durften die sechs

Jungen für bescheidene Kosten zwei Wochen auf dem Heustock schlafen. Das reichhaltige Morgenessen, das im Preis inbegriffen war, jeweils zubereitet von Mutter Ruckstuhl, durften sie in der guten Stube einnehmen.

Am Tag der Tagesstrecke Monstein-Giubiasco hätten sie um 18.00 Uhr an ihrem Tagesziel eintreffen sollen, so war es abgemacht zwischen Mutter Anna und den Ruckstuhls.

Jakobs Eltern waren durch Vaters öffentliche Arbeiten im Besitz eines Telefonanschlusses. Ruckstuhls hatten einen Telefonanschluss wegen ihrer Lage außerhalb des Dorfes Giubiasco.

Um 18.00 Uhr langten die Radfahrer müde, durstig und mit Verspätung auf der Passhöhe des San Bernardino an.

Eine kalte Abendbrise aus dem Süden, wo der Ankunftsort sein musste, empfing die Jungen. Beim Seelein auf der Passhöhe wollten sie einen kurzen Halt machen, sich die warmen Kleider anziehen, um die bevorstehende Abfahrt zu besprechen und dann sofort gen Süden zu sausen.

Eine vertrauenerweckende Stimme ertönte plötzlich neben ihnen, fragte, woher sie kämen und wo sie hin möchten. Alt war er nicht, aber den Jungen erschien er mit seinem langen Bart wie ein alter, liebenswürdiger Alpöhi.

Er, der Mönch, forderte die Buben freundlich auf, sich auf die von der Abendsonne beschienene Bank an der südwestlichen Hausmauer zu setzen. Ein handgezimmerter Tisch diente ihnen als Ablage für ihren Zobig, den sie vor der Abfahrt einnehmen wollten. In seinem Bündner Dialekt versprach der Gastgeber den Jungen, ihnen eine gute Suppe zuzubereiten vor der langen Weiterfahrt. Der Alte ging um das Haus. Hühnergegacker wurde laut. Nach kurzer Zeit kam der Mann mit zwei seiner Mitbewohner auf die Buben zu, für jeden einen Teller wunderbar duftender Gerstensuppe mit je einem Spiegelei darin.

Staunend, dankend und im Geheimen fragend zu welchem Preis genossen die sechs fröhlichen Gäste des Hospiz die warme, herrliche Zwischenmahlzeit, welche ihnen von den frommen Brüdern, bewusst, dass es bis Giubiasco noch ein langer Weg war, dargeboten wurde.

Nach der scheuen Frage, ob sie bezahlen können, kam die für sie erleichternde Antwort des Alpöhi: „Es koschtet nüüd für Eu, göönd um Gottswille, und sind vorsichtig, uf euerm Weg." Mit dem Segen des netten Alten begaben sich die Velofahrer auf die vermeintlich letzte abenteuerliche und lange Abfahrt dem Ankunftsort entgegen.

Bernardino Dorf war noch nicht hinter ihnen, galt es eine letzte Steigung zu bezwingen über die zweite Passhöhe nach dem Dorf San Bernardino. Doch bevor vom schönen Bergdorf Abschied genommen wurde, mussten die Kulturbeflissenen noch kurz ein kulturelles Bedürfnis befriedigen. Die runde Steintreppe zum alten Dorf-Kirchlein hinauf löste ihre steifen Gelenke. Der Innenanblick des ehrwürdigen Gotteshauses rechtfertigte die zusätzliche Verspätung.

Auf holpriger Naturstraße

Die Schussfahrt über unebene Straßen, damals waren die noch nicht asphaltiert, schüttelte die Fahrer derart auf ihren Stahleseln, dass einigen Gruppenfahrern die Velopumpen aus der Halterung sprangen. Die Schüttelstrecken mahnten zu langsamerem Fahren. Unterhalb Mesocco wurden die Veloscheinwerfer dunkel. Bei allen Fahrrädern brannten die Glühbirnen wegen zu hoher Spannungen durch. Was nun? Keiner von ihnen hatte daran gedacht, dass eine Veloglühbirne durch zu schnelles Fahren und durch die heftigen Erschütterungen ihren Geist aufgeben könnte.

In düsterem Abendschein fuhren sie wie eine Geistergruppe zum nächsten Dorf in der Hoffnung, einen Velohändler zu finden. In Soazza fanden die Buben keine Ersatzmöglichkeit. Cabbiolo war auch ohne Velohändler. Eine alte, nette einheimische Frau erklärte ihnen in gutem Schweizer Deutsch, dass in Lostallo ein mit ihr verwandter Velohändler wohne, er wäre sicher noch in der Werkstatt.

Zu später Abendstunde öffnete ein liebenswürdiger Velohändler, an der Hauptstraße in Lostallo, den späten Kunden seine Werkstatt. Der nette Fachmann gab jedem der Rennfahrer eine Veloglühbirne von 8 Volt. Ohne Geld zu verlangen wünschte ihnen dieser edle Helfer in der Not, der seine Freude über die sechs jungen Abenteuer offen erkennen ließ, eine noch gute Schweizer Reise.

Beim Eindunkeln erreichten die zu spät Ankommenden Giubiasco. Sie fanden den Bauernhof der Familie Ruckstuhl im ersten Anlauf, weit außerhalb des Dorfes.

Frau Ruckstuhl, eine mollige Bauersfrau, empfing sie mit offenen Armen. „Wer ist der Bube von der Stege?", rief sie dem Trupp schon von der Ferne zu. „Du musst sofort deinen Eltern telefonieren …", was Jakob ohne Verzögerung tat. Im Lauf dieses Telefongesprächs musste sich der Anrufer von seiner Mutter einige Ermahnungen anhören, die ihn an Disziplin und Ordnung erinnerten.

Mutter Anna versprach ihrem Sohn, den Eltern seiner Kameraden noch am gleichen Abend Bericht zu geben, dass die sechs gut angekommen seien.

Der Trödler Sepp Wirth

Er war ein begnadeter Handharmonikaspieler. Mit seinem Markenzeichen, der Brisago, im Mund spielte Sepp die schönsten Melodien, wenn nicht Kundschaft ihn von seinem Hobby abhielt.

Ein Staubsaugermotor, der den jungen Jakob interessierte, war für 35,00 Franken zu haben. Er berichtete seinem Vater von seinem Wunsch, diesen Staubsaugermotor zu kaufen. Vater Jakob überlegte und verkündete dann seinem Sohn seine Ansicht über einen Staubsaugermotor bei einem Trödler. Erstens sei sicher dieser Motor nichts mehr wert und zweitens „was willst du mit diesem Motor?"

Jakob erklärte seinem Vater, dass er mit Freund Hans vom Höfli eine Seilwinde basteln wollte.

Und wozu sollte diese Seilwinde dienen?

Jakob hatte die Idee, eine Seiltrommel zu basteln, diese oben beim Elternhaus zu montieren, den Motor als Antriebskraft an die Seiltrommel anzuschließen und die Konstruktion zu Hilfe zu nehmen, wenn ein Heu- oder Strohwagen von der Dorfstraße auf den Hof zu ziehen war.

Vater Jakob und die Knechte verstanden die Idee, aber in der Praxis bewähre sich so etwas nicht, war die allgemeine Antwort. Denn mit den Pferden könne eine Fuhre schneller und präziser an den gewünschten Ort befördert werden.

Im Übrigen, meinte der Knecht Hans, sei es sicher bald möglich, bei Bedarf einen Nachbarn mit Traktor für solche Spezialfälle zu fragen.

Der Gedanke an den Staubsaugermotor ließ Jakob lange Zeit nicht los.

Erklärungsnotstand

Für unsere heutige Jugend sind, nach Jakobs Erfahrungen und je nach Elternerziehung, die schweren Zeiten, die die Menschen während und noch einige Jahre nach Kriegsende durchstehen mussten, vielfach schwer zu verstehen.

Kriege empfinden unsere heutigen Jungen abenteuerlich, interessant, schrecklich oder „hig points", so wie diese auf DVDs, im TV und Internet eingesehen werden können.

Erlebnisse, wie sie Jakobli mit seinen Kameraden erfahren musste, sind für die heutige Jugend nicht spürbare, schwer erklärbare Tatsachen, ferne Welten für sie. Sie können die damaligen Zeiten nicht verstehen. Dieses Nichtverstehen müssen wir Alten akzeptieren.

Das damalige Leben kann in der heutigen Zeit nicht leicht erklärt werden. In einer Zeit, wo das Dasein ohne große Anstrengungen nach den Wünschen einer modernen Gesellschaft läuft.

Wo ein Staat für die meisten Bedürfnisse sorgt, sodass die Bevölkerung auf ihrem heutigen hohen Lebensstandard unbesorgt verharren kann.

Wo der tägliche Warenkorb voll, manchmal übervoll, auch von Unnötigem, nach Hause getragen wird.

Wo Sozialwerke überborden in manchmal unverständlicher Verteilung.

Wo eine Verpackungsindustrie funktioniert, nur weil deren Markt zum großen Teil durch eine Wegwerfgesellschaft am Leben erhalten bleibt.

Wo eine Wegwerfgesellschaft mit der Arbeit der Erwerbsfähigen, mit manchmal überdotierten Löhnen akademisch Gebildeter, mit Leichtfertigkeit unüberlegt umgeht.

Wo vielmals der Volkswille von der Politik entgegen-, aber nicht ernst genommen, in bürgerferner Einstellung abgehandelt wird.

Wo jedem Kind z. B. das Wegwerfen der Verpackungen etwas Alltägliches ist, höchstens, dass ihm von uns Erwachsenen erklärt wird, wo die verschlissene Verpackung hingehört. In den schwarzen Abfallsack, in die Papierkörbe.

Oder wo in einem unbeaufsichtigten Moment, ahnungslos auf den Pausenplatz, neben oder auf die Straße, in Nachbars Grün hecke, in dessen Garten, je nachdem in welchem Elternkreis die Kinder aufgezogen werden, die Verpackung entsorgt wird.

Wenn die Jungen erleben, dass Erwachsene ihre Abfälle nicht ordnungsgemäß entsorgen, wie soll dann unsere Jugend es besser machen als wir?

Es ist eine schwere Sache, unsern jungen Menschen zu erklären, dass mit Geld sorgfältiger umgegangen werden sollte. Wenn diese Jungen erfahren müssen, wie Erwachsene teilweise hochmütig über ihre Verhältnisse leben, nur aufgrund ihrer manchmal durch Vitamin "B" oder sogenannte höhere Ausbildung erhaltenen Stellungen in der heutigen Abzocker-Gesellschaft ihre überdotierten Löhne erhalten. Die unverdienten hohen Saläre einstreichen, ohne sich darum zu kümmern, wie viele Arbeitsstunden hart eingesetzt werden müssen von Männern und Frauen, welche Produkte herzustellen haben, um ihren Lohn zu erhalten.

Marktgerechte Produkte, hergestellt in Firmen, wo täglich Arbeiter und Arbeiterinnen hinter Drehmaschinen, Fertigungslinien, Fräsmaschinen, Produktionsanlagen, Verpackungslinien im Stunden- oder Monatslohn 8 ½ und mehr Stunden am Tag mit großer Verantwortung ihre Arbeiten verrichten.

Akademisch gebildete Emporkömmlinge, die sich wenig darum scheren, nein, sich hochnäsig benehmen gegenüber den Arbeitenden, welche tagein-, tagaus ihre Arbeit pflichtbewusst verrichten. Der Großteil unsere heutigen jungen Menschen müssen Egoisten erleben, die sich über Pflicht und Ordnung hinwegsetzen, nur um ihre Vorteile zu sichern.

Karbidgrube als HG-Ausbildungsort

Über dem Karbidgraben unterhalb vom Wald von Jakoblis Vater, im Dachsenbühl/Schweizersbild, in dem jetzt der Gittermast der Freileitung vom Unterwerk Gäissbärg steht, wurden während des Aktivdiensts die Soldaten im HG-Werfen trainiert.

Hochinteressant für den jungen Jakobli, wenn er mit seinem Vater im Wald arbeitete.

Vor Übungsbeginn kam jeweils ein Soldat zum Vater, informierte Vater und Sohn über das bald beginnende Tun unten beim Karbidgraben. Während der gefährlichen Handgranaten-Übungen verlegten dann die beiden Waldarbeiter ihre Arbeitsplätze auf die obere Waldfläche.

Wenn die Soldaten die mit Splittermänteln bestückten Defensivgranaten einsetzten, vernahmen Vater und Sohn jeweils nach den Explosionen der Granaten das Knistern in den Zweigen der

Bäume. Sie haben hin und wieder einen Sicherungshebel oder Mantelsplitter der detonierten Granaten gefunden, gefährliche Stücke, die bis zu ihnen heraufgeflogen kamen.

Heute stehen Ein- und Mehrfamilienhäuser im Pantli, auf dem Grundstück, das zur Zeit des Zweiten Weltkrieges als vergessene Gegend und als gut geeigneter Exerzierplatz galt.

Besuche in Büsslingen

Wie schon erwähnt, lebten Jakoblis Großeltern mütterlicherseits in Büsslingen, nahe der Schweizer Grenze bei Hofen. Diesen Großeltern, die Jakoblis Eltern einige Jahre lang, bis zum Kriegsende, nicht mehr sehen durften, haben sie mit dem Lösen von sogenannten Tagesscheinen ihre Aufwartung machen dürfen.

Die Tagesscheine konnten bei der Grenzpolizei im DB-Bahnhof in Thayngen für Fr. 0,50, oder 1,50 zum Eintritt ins besiegte Tausendjährige Reich, gelöst werden. Mit dem Velo hatte Jakobli, sein Vater konnte nicht immer dabei sein, fast jeden Sonntagnachmittag seine Mutter, mit dabei die Nachbarin, Nonnas Tochter Rös Nodari, auf diese Besuchsfahrten begleitet. Rös hatte dann ihren Schatz Georg Bührer in Hofen besucht, Mutter und Jakobli sind die ca. 400 Meter über die Grenze zu den Großeltern weitergeradelt.

Was seinen Großeltern Rizzi von den Nazis an Unrecht angetan wurde, hatten die Franzosen vielfach wiedergutgemacht.

Großmutter Rizzi erzählte ihrer Tochter Anna und dem Jakobli, dass einmal, kurz nach ihrem Einmarsch, zwei Franzosen mit ihrem Vorgesetzten gekommen seien. Die Besucher hätten einen Rehrücken auf den Küchentisch gelegt und seien wieder verschwunden. Ein anderes Mal sei einer ins Haus getreten und habe Großmutter mit seinen Deutschkenntnissen gefragt, ob sie gern Fische habe. Nicht lange Zeit nach Großmutters freudiger

Bejahung, seien fünf schöne Forellen aus dem Kerbeln-Bach auf ihren Küchentisch gelegt worden.

Dankbare Kostgänger

Schweizer und Ausländer verbrachten während des Kriegs, noch nach Kriegsende, bei Jakoblis Eltern auf der Stege als Knechte und als Kostgänger Monate und Jahre mit Arbeiten im Kreis der Familie.

Empfohlen durch die Fremdenpolizei, meldeten sich Menschen, die Jakoblis Eltern bei den landwirtschaftlichen Verrichtungen tatkräftig unterstützten.

Flüchtlingskinder, Waisen aus kriegsversehrten Gegenden wurden Jakoblis unvergessliche Kameraden, mit denen Jakob teilweise heute noch Verbindungen pflegt.

Aus dem Elsass lernte Jakobli die beiden Kameraden Michel und Remond kennen.

Michels trauriges Gemüt hat Jakobli und seine Freunde immer wieder dazu bewogen, den Bub aus dem Elsass zu fragen, was ihm fehle, dabei hätten die jungen Schweizer wissen sollen, dass die beiden aus einem Kriegsgebiet kamen.

Remond, ein aufgeweckter Kerl einem Dialekt aus Elsässer Deutsch gemischt mit Französisch, hat den Gastgebern, auch seinem Landsmann, geholfen, Antworten auf die Fragen der Schweizer zu finden.

Remond war bei jedem Streich bereit mitzumachen. Remond war vorsichtig und zurückhaltend. Die beiden Elsässer waren Kameraden, die mit Jakobli und seinen Freunden auf dem Feld, im Hof und auch im Haushalt mithalfen.

Michel ist nach dem Herblingeraufenthalt wieder zu seinen Eltern nach Tann zurückgekehrt.

Remonds Eltern wohnten in der Nachbargemeinde Bitschwiller bei Tann. Remond gründete mit seinem Vater in Bitschwiller eine Spenglerwerkstatt.

Später hat Remond mit seiner jungen Familie Jakobs Familie einige Male in Herblingen besucht.

Zur Schule in die Stadt

1946 wurde Jakobs Schulweg um einige Kilometer verlängert. Er besuchte die Knaben-Realschule im GEGA-Schulhaus der Stadt.

Lehrer Erwin Bührer bekam bald von der Klasse den Spitznamen Rugel. Als er von seiner zweiten Ernennung erfuhr, war er positiv überrascht, meinte dieser Rufname gefalle ihm, passe auch, denn Bührer war ein korpulenter Mann.

Aus Freude darüber, dass der Sohn die Prüfung bestanden hatte, und um den Schulweg in die Stadt möglichst komfortabel zurücklegen zu können, kaufte Vater Jakob seinem Sohn ein Super-Velo beim Thaynger Velohändler Herrmann Narr. Bei demselben Mann, der ihm einige Jahre zuvor für 20 Franken ein Spezialfahrrad aus verschiedenen Einzelteilen zusammengebastelt hatte.

Das alte Velo wurde einem seiner Vettern geschenkt.

Das im Jahr 1946 erhaltene neue Velo, sein jahrelanger Stolz, heute 2019 noch fahrtüchtig, ist im Besitz von Patrice, Jakobs und Lilys ältestem Enkel, und wird heute noch rege benutzt.

Viermal am Tag fuhr Jakob von Herblingen zum Schulhaus GEGA in der Stadt, die Strecke Herblingen-Schaffhausen betrug ca. 5 km. Am Morgen zur Schule, am späten Vormittag nach Herblingen zum Mittagessen, am frühen Nachmittag wieder zur Schule und am späten Nachmittag je nach Stundenplan, zur Winterszeit bei Nacht, heim nach Herblingen.

In der GEGA-Zeit war der junge Jakob nicht sehr glücklich. Lieber wäre er in Herblingen weiter zur Schule gegangen, doch der Drang nach Höherem war stärker als jener des dörflichen Weitervegetierens.

Rugel, der Hauptlehrer im GEGA, war nicht begeistert, wenn Bauernkinder dieser Schulbildung folgten. Bei jeder Gelegenheit sagte er: „Schade um euern schönen Bauernhof, bleibt doch eurer Tradition treu." Diese Mahnungen des Naturmenschen Rugel gingen nicht nur dem Herblinger Buben auf den Wecker, auch Hansruedi Hatt aus Hemmental musste solche Äußerungen mehrmals hören und ärgerte sich darüber.

Die zwei Schulfreunde, Hansruedi und Jakob, standen bis zum Tod Hansruedis in enger Verbindung, denn seit einigen Jahren treffen sich die drei ehemaligen Schüler der Jahrgänge 1946 bis 1949 des Schulhauses GEGA jeden dritten Freitag im Monat zu einem Hock im alten Schützenhaus in Schaffhausen.

Mit Genugtuung und einem gewissen Stolz dürfen die beiden Bauernbuben von damals auf die GEGA-Vergangenheit zurückblicken.

Tüller, der Landwirt im Schloss

Dem Schloss Herblingen war früher, als Frau Detwyler noch Besitzerin war, ein Landwirtschaftsbetrieb angeschlossen.

Frau Detwyler, eine für Jakoblis Verhältnisse alte graue, liebenswürde Dame, war eine gern gesehene Besucherin bei Jakoblis Eltern. Jakoblis Vater, Inhaber des Gemeindeschreiber-Amtes, hatte auch noch als Präsident der Viehversicherung zu walten. Frau Detwylers Viehbestand war bei der Viehversicherung von Herblingen versichert.

Der Herblinger Baumeister Leibacher, ein Kleinbetrieb mit drei bis vier Bauarbeitern, war Hofbaumeister bei Frau Detwyler. Ernst Leibacher hatte mit dem Mandat Schlossbaumeister zu erfüllen, das ganze Jahr hindurch Aufträge für die nette Schlossherrin.

Als letzter Landwirt auf dem Schlosshof war Herr Tüller Pächter. Die Familie Tüller hatte im Stall einige Kühe, vier Pferde und zwei Esel. Tüller war ein geschätzter Landwirt, der mit dem Landwirtschaftsland in Schlossbesitz mit Mühe sein Auskommen sicherte.

Nachdem Frau Detwyler das Schloss an einen Fahrradfabrikanten aus Zürich verkaufen konnte, wurde der Landwirtschaftsbetrieb im Schloss aufgehoben.

Die Familie Tüller zog nach Weinfelden, wo Herr Tüller eine Pferdezucht übernahm.
    Während Tüllers Herblingerzeit hatten Jakobli und seine Freunde gute Kontakte mit jener Familie.
    Manchen freien Nachmittag verbrachten die Buben im Schlossbetrieb, meistens ohne Jakobli, er fand genügend Beschäftigung auf Vaters Hof und Feldern.

Als die Familie Tüller sich in Weinfelden niedergelassen hatte, wenn an einem Sonntag eine Velotour nach Weinfelden vorgesehen war, dann machte Jakobli mit Freude solche Reisen mit.
    Jeweils um 05.00 Uhr wurde beim Hanggärtli losgefahren. Dem Rhein und Untersee entlang, über den Seerücken nach Weinfelden wurde zur Familie Tüller geradelt.
    Tüllers freuten sich immer, wenn die Herblinger Buben auf die Pferdezucht zu Besuch kamen. Jakobli durfte mit seinen Freunden die Fohlen-Zucht besuchen. Herr Tüller führte die Radfahrer zu den Pferdeweiden, während Frau Tüller für die hungrige Schar ein feines Abendbrot vorbereitete. Mit freudiger Erwartung auf die Heimfahrt, manchmal bei Sonnenuntergang, verabschiedeten sich die Burschen von den Gastgebern. Die Tüllers entließen die Buben immer mit aufmunternden Wünschen für eine gute, unfallfreie Heimkehr.

Hühner füttern, ohne dabei zu sein

Während der Kriegswinter und auch noch einige Jahre nach Friedensschluss wurden die Schulstunden, wie schon erwähnt, nach dem Winterstundenplan abgehalten, der wie folgt aufgestellt war.

Die acht Klassen der Herblinger Elementarschule hatten, aufgeteilt in Abteilungen von je vier Klassen, einmal eine Woche lang am Morgen Schule, am Nachmittag frei oder am Nachmittag Schule und am Morgen frei.

Wenn die Freunde um Jakobli am Nachmittag frei hatten, dann war es gut möglich, sofern keine Arbeiten zu Hause auf sie warteten, dass der freie Nachmittag zu einem abenteuerlichen Spielnachmittag im Dützebüelwald, auf dem Schmiedsbückli, im Kugelfang des Schützenstandes, in der Bührerschen Kiesgrube oder in den Gsanghöhlen hinter dem Hohbergwald organisiert wurde.

Eine von Jakoblis fest programmierten Hausarbeiten bestand darin, am freien Morgen um 10.00 Uhr oder am freien Nachmittag um 16.00 Uhr den Hühnern die Körner zu füttern.

Wenn z. B. diese Verrichtung auf den freien Nachmittag fiel, war für Jakobli das Spiel zu Ende. Um 16.00 Uhr mussten die Hühner ihre Körner haben. Für ihn ein klarer Fall, seinen Sorgfaltspflichten dem Federvieh gegenüber nachzukommen.

Um sich die unerfreulichen Trennungen von seinen Spielkameraden zu ersparen, konstruierte er den automatischen Hühner-Fütterungs-Apparat Marke Stege-Jakoblis.

Bestehend aus einer Agiskiste. Agis war während des Zweiten Weltkriegs und auch danach noch ein beliebtes Getränk. In Flaschen oder als lösliches Pulver konnte dieses Produkt ohne Malzeitencoupons gekauft werden. Die Agisflaschen wurden an Frau Frieda Fischer, Inhaberin des Lebensmittelladens gegenüber seines Elternhauses, in schönen Holzkisten mit je sechs Flaschen Inhalt geliefert.

Den Sommer hindurch waren diese Kistlein wohlfeil, sodass sie der Bube von Tante Frieda, wie die Kinder Frau Fischer nannten, gratis beziehen konnte. In der Winterzeit waren diese Holzbehältnisse das willkommene Heizmaterial für Tante Friedas Kachelofen, der hinten in der linken Ecke des Lebensmittelladens stand.

Jakoblis Hühnerfütterapparat bestand aus je einem dieser Agiskistlein, einem abgenützten Flachriemenschloss, das ihm sein Vater gratis überließ, einem Holzarm als Schwenkhebel und einer Weckeruhr mit großen Glocken. An der Triebachse des Weckmechanismus wurde eine Schnur so befestigt, dass diese beim Ablaufen des Klingelwerkes den Holzarm gegen den Wecker zog. Das Umschwenken des Hebels zog einen Holzstift aus der Bodenverankerung des Körnerbehälters. Nach einigen Sekunden ertönte der Weckruf und es öffnete sich automatisch der Boden, die Körner fielen auf den Boden vor die bereits wartenden Hühner.

Nach einigen Tagen der Inbetriebsetzung seines ersten Industrieproduktes hatten die Hühner den Klingelton intus. Beim ersten Klingelton kamen ohne lange zu zögern aus den entlegensten Winkeln die Eierlieferanten in fliegenden Schritten und im Tiefflug in den Hühnerhof zurück und glotzten erwartungsvoll zur neuen Apparatur hinauf.

Werbung musste der junge Tüftler für sein Produkt keine machen. Der Tierarzt Dr. vet. Weidmann war sein bester Außendienstmann. Er stand einmal mit Jakoblis Vater diskutierend vor dem Kuhstall, als gerade die Apparatur losging. Aufmerksam geworden auf das seltene Klingelzeichen fragte der Tierarzt Jakobs Vater, was dieser Ton dort in der Hoschtert oben zu bedeuten habe. Vater Jakob erklärte dem aufmerksamen Tierheiler, worum es sich handle. Dr. Weidmann wollte die neue Automatik mit eigenen Augen sehen. Vater Jakob führte ihn zum automatischen Körnerbunker.

Jakob, der Hersteller des Futterapparates, lieferte seine Hühnerfüttereinrichtungen nicht nur an Herblinger Hühnerhalter. Seine Erfindung fand Abnehmer bis nach Hemmental.

Der Frau Baumer-Schweizer mit dem Spitznamen Güggeli Marie, wohnhaft gewesen am Schwaderloch, heute Schlossstraße, lieferte der Bube nach, Vorschrift der eidgenössischen Abgabepflicht von Eiern, nichts mehr.

Der Grund für diese Liefersperre wird weiter oben erwähnt.

GEGA

Mit dem Eintritt in die Real-, heute Sekundarschule in Schaffhausen, wie oben erwähnt, begann für den jungen Jakob ein neues Schulleben, in der für ihn fremden Stadt. Genau gesagt in der Knabenrealschule GEGA neben dem damaligen Tramdepot der städtischen Verkehrsbetriebe, heute Feuerwehrzentrum.

Drei Jahre besuchte Jakob die Knabenrealschule, vom Osterdienstag 1946 bis Ostern 1949, geprägt von mittlerer Leistung. Interesse hatte er nur an den Fächern Geometrie, Physik, Mathematik, am technischen Zeichnen und beim Turnen. Die anderen Fächer waren zum Teil lustig, unterhaltsam, ein müheloses Dahingleiten mit mittleren Noten und dem innigen Wunsch, dass das Schulleben nur bald ein Ende hätte.

Mutter Anna hätte gerne erlebt, dass ihr Sohn den vorgesehenen Werdegang, die Ausbildung zum Landwirt, führte. Jakobs Vater stimmte diesem Wunsch halbherzig zu, dem Frieden zuliebe.

Die Weichenstellung für seinen zukünftigen Lebenslauf unternahm der Bube aus persönlicher Initiative, ohne Zutun seiner Eltern.

Bombentrichter im Kohlfirstwald

Im GEGA hatte Jakob am Anfang fremde Menschen getroffen. Stadtbuben, die sich den Auswärtigen gegenüber als Besserwisser aufspielten. Ein Schulkamerad und auch Bauernbub aus Hemmental, Hansruedi Hatt, war Jakob schon am ersten Schultag zugetan.

Hansreudi Hatt und Jakob waren, wie schon erwähnt, nicht gerade die Lieblinge ihres Hauptlehrers.

„Was wollt ihr in der Knabenrealschule?" Mit dieser Fragerei begrüßte er die beiden Bauernbuben an manchem Montagmorgen vor Schulbeginn und immer wieder. Rugel war ein Naturmensch, ein außerordentlicher Realschullehrer. Parteiisch, Schmeichlern zugetan, selbstständig Denkende abweisend. Hansruedi und Jakob sollten seiner Meinung nach weniger gebildete Bauernbuben bleiben, um später die Verantwortung eines Bauernbetriebes zu übernehmen. Als ob ein Bauer nicht intelligent handeln müsste.

Als Rugel wieder einmal im Herblinger Gemeindearchiv, Vater Jakob war als Gemeindeschreiber verantwortlich für das Archiv, nach Schriften über Grenzsteine suchte, hatte ihn der Vater wegen seiner Fragen an die Bauernbuben angesprochen. Von diesem Tag an waren Hansruedi und Jakob auch Gleichberechtigte. Die Städter konnten sich vorerst die Wende des Rugels den beiden Dörflern gegenüber nicht erklären. Einige waren sogar mit leichtem Neid erfüllt, als Jakob vor der Klasse seinen automatischen Hühnerfutterapparat praktisch vorführen durfte. Diese Demonstration bedeutete für ihn einiges an Aufwand. Das voluminöse Gerät musste in die Stadt gebracht werden. Auf dem Gepäckträger seines Fahrrades zurrte Jakob seine Erfindung fest. Er fuhr noch vorsichtiger als sonst der Stadt entgegen.

Eine solch sperrige Ladung würde heute mit einer Polizeibuße belegt werden.

Die Vorführung

Ohne praxisnahe Demonstration vor versammelter Klasse war der Auftritt seines Erzeugnisses nicht einfach zu erklären. Um vorzuführen, wie der Apparat funktioniert, war Füllmaterial zu beschaffen. Lehrer Rugel schickte den jungen Apparatinhaber vertrauensvoll mit des Lehrers Portemonnaie, zum Samenhändler Hauenstein im Schützengraben. Dort musste Jakob 5 kg Samen-Weizenkörner besorgen. Dann erfolgte vor erwartungsvollem Gremium die praktische Vorführung seines Produktes. Die Schulkameraden städtischer Provenienz und jene aus anderen, angeseheneren Familien, stuften ihren Schulkamerad seit dieser gelungenen Vorführung in eine höhere Liga ein. Sie kamen von diesem Tag an einander persönlich näher. Der Jakob aus dem Dorf kam, nach der persönlichen Annäherung der Schüler, auf die Idee, seine Schulkameraden zu sich einzuladen. Um sie anhand von Arbeiten, die in einem Bauerbetrieb anfielen, für die Landwirtschaft zu interessieren.

Jakob lud seine Kameraden nach Herblingen ein, einen Tag lang das Leben auf dem Land besser kennenzulernen. Jahrhundertealte Gewohnheiten wurden aus städtischer Sicht so besser erfasst. Von jenem Tag an erlebten die GEGA-Schüler immer wieder schöne Momente während gemeinsamer Zusammenkünfte auf dem Lande.

Hansruedi Hatt hat sich während seiner beruflichen Laufbahn bis zum Chef des Verkehrsamtes Appenzell Ausserroden hochgedient. Er wohnt heute noch in Appenzell. Wenn die Möglichkeit besteht, besucht er von Zeit zu Zeit den monatlichen Rugelhock im Restaurant altes Schützenhaus in Schaffhausen. Dort treffen sich die Ehemaligen seit über 40 Jahren jeweils am dritten Freitag des Monats.

Bombentrichter im Kohlfirstwald

Nach der praktischen Vorführung des automatischen Hühnerfutterapparates verhielt sich der Lehrer Rugel anerkennend gegenüber den beiden Bauernbuben Hansruedi aus Hemmental und Jakob aus Herblingen.

An einem Morgen vor dem Anfang der Lektionen teilte er der Klasse mit, dass der Hansruedi Hatt und der Jakob Bührer vom morgigen Tag an drei Tage nicht anwesend sein werden.

Den beiden Schülern gebe er hiermit, vor versammelter Klasse, den Auftrag, im Kohlfirstwald die Bombentrichter auszumessen.

Diese vier bis sechs Meter tiefen Trichter wurden aufgeworfen von den am 1. April 1944 fehlgeleiteten Flugzeugen, die sich ihrer tödlichen Waffen, über dem Wald entledigten.

Konfirmation in Herblingen

Am Palmsonntag 1949 wurden die Konfirmanden im Dorf durch ihre Konfirmation in die Gilde der Kirchenmitglieder aufgenommen.

Die erste unvergessliche Trennung von Schulkameraden wurde Tatsache, weil die Konfirmandinnen und Konfirmanden nach Geburtsdaten, nicht nach dem Jahrgang, ausgeschieden wurden.

Jakobs Vater war zu jener Zeit Präsident der reformierten Kirchgemeinde in Herblingen. Geleitet durch den elterlichen Auftrag in Sachen Treu und Glauben war es für den jungen Konfirmanden keine Frage, Gehorsamkeit und Tugend in den Vordergrund seiner Tätigkeiten zu stellen.

Kirchgemeindeintern stimmberechtigt, einen gewissen Stolz fühlend, vor allen Dingen froh, dass für Jakob endlich das Schulleben ein Ende gefunden hatte, freute sich der junge Mann auf den Eintritt in seine Lehre.

Verantwortung übernehmen

Doch nicht lange Zeit nach der Erhebung in den hohen Stand der Kirchgemeindeglieder erhielt Jakob junior die erste Anfrage, Verantwortung als Taufpate zu übernehmen. Solche Anfragen wiederholten sich in den nächsten Jahren nach seiner Konfirmation in vier Fällen. Heidys, Peters, Christines und Susannas Eltern fanden den noch jungen Götti fähig, im Bedarfsfall erzieherische, kirchliche und soziale Verantwortung zu übernehmen.

Auf möglichst gute Art erfüllte der junge Jakob, zuerst noch unter Mithilfe seiner Eltern und der jeweiligen Taufpatinnen, in den späteren Jahren stand ihm seine Ehegattin Lily mit ihren Ratschlägen bei, die ihm als Pate gestellten Aufgaben sorgfältig.

Nicht immer leicht fielen Jakob die verschiedenen Anforderungen. Er nahm seine Götti-Aufgaben zu ernst, gerade in jenen Fällen, wo er in späteren Lebensjahren der betreuten Götti-Kindern teilweise eine unglaubliche Saloppheit erfahren musste. Besonders mit zwei Patenkindern stehen Lily und er heute noch in engen Beziehungen. Sie freuen sich jedes Jahr an schönen Zusammenkünften in der Deutschschweiz und im Welschland. Auch Jakobs Vetter Peter mit seiner Frau Marinna haben ihn angefragt, für ihre Tochter Susanna die Patenpflichten zu übernehmen.

Tante Röslis und Onkel Ferdis Tochter Christine kam später zur Patenkinder-Runde.

Notlandung auf dem Gletscher

Der Gauligletscher wurde nach der Notlandung eines amerikanischen Flugzeuges weltbekannt. Am 19. November 1946, Jakob war Schüler im GEGA-Schulhaus, landete ungewollt eine Dakota-Maschine, Douglas DC3, auf dem Gauligletscher.

Die zu tiefe Flughöhe, tiefer als die Felsspitzen der umliegenden Berge, war schuld und das Glück, dass das Flugzeug relativ weich im Schneefeld des Gletschers aufsetzte. Hätten die Piloten die Maschine einige Meter höher durch das Alpenmassiv gesteuert, wäre das Flugzeug mit ziemlicher Sicherheit an einer Felswand zerschellt.

Der hohen Schneeschicht auf dem Gletschereis war es zu verdanken, dass die Menschen ohne schwere Verletzungen davonkamen.

Jakob und seine Kameraden lasen interessiert, was in den Zeitungen über das Unglück berichtet wurde.

Neben Ferdy Kübler, dem Radrennfahrer, kürten in jenen Nachkriegsjahren die Schüler Hermann Geiger als ihren zweiten Helden der Schweiz. Hermann Geiger, Mitbegründer der Schweizerischen Rettungsflugwacht, flog mit seinem Fiseler-Storch zum Unglücksort auf dem Gauligletscher.

Geiger und die Bergführer aus Innerkirchen kamen als erste Retter zu den verunglückten, in der Schneewelt gefangenen Flugpassagieren.

Elektromechaniker-Lehre bei CMC

An einem Donnerstagnachmittag im Februar 1949, Jakob hatte schulfrei, setzte er sich auf sein Velo und radelte mit einem klaren inneren Auftrag dem Ebnat in Schaffhausen zu.

Elektromechaniker wollte er werden, wenn es ihm im späteren Beruf, was schon lange sein Wunsch war, bis zum Lokführer langen sollte. Es schneite und es war kalt. Die handgestrickten Strümpfe mit den bekannten Elasten, vom Gstältli hochgehalten, klebten an seinen Beinen.

Kurz nach seinem Klingeln an der Tür des Hauptgebäudes der Firma erschien eine junge Dame, die sich beim Buben als Bürolehrling von Herrn Carl Maier meldete.

Jakob erklärte der Dame sein Anliegen.

Die lange Treppe im Verwaltungsgebäude der CMC, Carl Maier & Co., Fabrik elektrischer Apparate und Schaltanlagen, schien ihm bis zum Himmel zu reichen. Der junge Bewerber begann, sorgfältig der Empfangsdame voran, Stufe um Stufe zu erklimmen. Angelangt vor der Bürotür des großen Chefs, des Gründers der Firma Carl Maier, besann sich der Bewerber der Worte, die zu sprechen waren. Er konnte sein Verslein nicht fertig zurechtrücken, da ging auch schon die Tür auf. Eine nette, junge schwarzhaarige Dame blieb vor ihm stehen, sie fragte freundlich, woher er komme und was sein Wunsch sei. Nach seiner Erklärung warum er sich meldete, bekam er zur Antwort: „Denn chum mit mir …" Mit diesen Worten öffnete sie die Tür zum Gründer der weltbekannten Firma CMC.

Fräulein Moser, der Name der Hübschen, erzählte an seiner Stelle dem großen Chef das Anliegen des Jungen.

Seine Antwort an Jakob: *„Sooo …, sooo … wots du"*, Vater Carl züngelte ein wenig, *„Elektromechaniker weeerde. Chuunsch am nööchste Dunnstig wieder …"* Punkt, fertig! Fräulein Moser geleitete den Bewerber aus Herblingen die lange, steile Treppe hinunter. Sie war eine feine Dame, die ihm den verlorenen Mut wieder zurückgab. Sie fragte den jungen Jakob noch dies und jenes und gab ihm zum Abschied die Hand. „Also chum denn, am nöchschte Dunschtig Noochmittag."

Die Weichenstellung fürs Leben

Am nächsten Donnerstagnachmittag wurde für den jungen Jakob die gute Weiche für sein späteres Berufsleben gestellt.

Wieder mit Fräulein Moser im Büro vom Papa Maier angelangt erklärte dieser: *„Sooo…, sooo…, duu bis's de Stäge-Bührer, des Fräulein Moser gooht mit dir zum Lehrlingschef."* Chefsekretärin Moser führte Jakob, er hatte wieder die nassen, juckenden, selbst gestrickten Strümpfe an, die Elaste vom Gschtältli sich der Umwelt zeigend, zum Lehrlingschef.

Vom ersten Moment an fühlte sich Jakob, angekommen im Raum der Lehrlingsausbildung, dort zu Hause. Ein feines, vom Lehrlingschef zum Bewerber übertragenes Gefühl gab dem Jakob die innere Ruhe.

Herr Hermann Bührer, ein Namensvetter von Jakobs Familie, nicht verwandt mit der Bührer-Linie aus Bibern-Hofen. Der ruhige, sympathische Lehrlingschef stammte aus der Linie der Reiatemer Bührers, also doch über einige Generationen zurück mit der Gilde der Bibemer-Hofemer Bührer verwandt.

Die Bührer-Sippe aus Hofen habe sich, so wurde in einer Geschichtslektion den Schülern vom Rugel, dem Hauptklassenlehrer im GEGA, erzählt, im Jahr 1290, also ein Jahr vor der Gründung der Eidgenossenschaft, so zerstritten, dass der unterlegene Teil nach Lohn auszog.

Hermann Bührer, ein einfühlsamer Menschenfreund, verstand es vom ersten Moment an, den jungen Jakob, Anwärter für eine Elektromechaniker-Lehre in sein Denken einzuschließen. Ihm Mut einzuflößen, sich frei zu bewegen. Das half ihm, seine Prüfungsaufgaben, die er als Eintrittsprüfung zu absolvieren hatte, leicht zu lösen.

Einige Tage nach diesem Prüfungsnachmittag lag ein Briefumschlag bei seinen Eltern auf dem Familientisch.

Beim Abendessen fragte ihn Vater Jakob, die Freude sah sein Sohn in seinen Augen, was das zu bedeuten habe. Jakob juniors

Antwort war, dass er bei CMC die Lehre als El.-Mech. antreten werde. Die Rückantwort erfolgte umgehend von seiner Mutter. Der Inhalt dieser Rückantwort sei hier unerwähnt. Vaters Kommentar zu dieser Sache am andern Morgen im Stall während des Melkens: *„Hääsch es guet g'macht Bueb …"*

Aufbau seines Berufslebens

Vom Osterdienstag 1949 bis zum Gründonnerstag 1953 besuchte Jakob jun. die sehr erfolgreiche Elektro-Mechaniker-Lehre bei der Firma Carl Maier & Co., CMC, in Schaffhausen.

Hier begann der wichtigste Abschnitt seines Lebens.

In den ersten Wochen lernte Jakob mit seinen Lehrlingskollegen die Grundlagen eines Mechanikers an der Werkbank kennen.

An einem Stahlklotz von ca. 80 mm Durchmesser, ca. 100 mm lang, lernten die angehenden Elektro-Mechaniker die verschiedenen Feilen kennen und führen. Eine für die jungen Menschen geisttötende Arbeit. Diese war aber nicht geisttötend, sondern eine wichtige Grundlage, denn das Führen einer Feile ist nicht jedermanns Sache.

In seinem späteren Leben hat Jakob das in der Lehre Gelernte viele Male in der Praxis bestätigen können.

Im zweiten Lehrjahr durfte Jakob mit Meister Rutz, einem unvergesslichen Mechaniker, Spezialist im Aufbau der mechanischen Antriebe für Schaltanlagen, der weltbekannten Hochspannungsschalter, und der automatischen, mechanischen Glockenantriebe, hinaufsteigen zum Glockenstuhl der Elfuhr-Glocke des Schaffhauser Münsters.

Die Antriebe für Glockengeläute hatte die Firma CMC hergestellt und an vielen Orten die Kirchenglocken-Geläute automatisiert.

An diesem grimmig kalten Februarmorgen des Jahres 1951 bestieg Jakob unter der Führung des Meisters Rutz die Treppen und Leitern bis hinauf zu den Glockenstühlen der Münsterkirche.

Ihr Auftrag bestand aus dem Revidieren der automatischen Steuerungen, welche die Elektromotoren der Glockenantriebe auf Gegenlauf umsteuerten.

Nach dem letzten Glockenschlag auf dem Glockenstuhl der Elfuhr-Glocke sitzend, konnte der junge Elektromechaniker seine Revisionsarbeit, unter erschütternden Donnerschlägen sich am Wipbalken der Glocke festhaltend, prüfen, wie die Lichtbogen zwischen den elektrischen Umschaltkontakten durch die Funkenlöschkammern gelöscht wurden. Während der Umschaltmomente konnte der junge Berufmann sehen, wie die Schaltkontakte im Hochstrommoment Funken zogen.

In abklingender Taubheit beendete Jakob seinen Auswärtseinsatz. Er begann, in Begleitung von Meister Rutz, begeistert vom Gelingen seiner Arbeit den Rückweg.

Diese Arbeit war sein erster Auswärtseinsatz, auf den er stolz war.

Weit entfernt von zu Hause

Am Ende des vierten Lehrjahres durfte Jakob einige Wochen auf Auswärtsmontage nach Mettlen.

Dort war die Kommando-Zentrale des 150 KV-Feldes des Unterwerks, unter Leitung der Firma Motor Columbus, in der Endfertigstellung. CMC hatte den wichtigen Auftrag erhalten, die Apparate- und Relaissteuerungen zu liefern, zu montieren und elektrisch anzuschließen.

Die Kommandopulte sowie die Hochspannungsschalter draußen im Feld waren damals auch Produkte von CMC.

Jakobs einfaches Zimmer wurde ihm im Gasthof zur Sonne in Inwil, einige Velo-Fahrminuten vom Arbeitsort entfernt, zugeteilt.

Dieser Auswärtseinsatz dauerte für Jakob vom November 1952 bis März 1953.

Zu Hause in Inwil

Im Gasthof Sonne Inwil waren mit Jakob der Chefmonteur Erzberger, die Monteure Braig und Spahn untergebracht.

Der junge Berufsmann erlebte zu jener Zeit hilfreiche Vorgesetzte, von denen Jakob in beruflicher wie in menschlicher Hinsicht einiges für seinen Lebensweg mitbekam.

Mit der hübschen neunzehnjährigen Agnes, einer Tochter der Familie Knüsel, der Inhaberfamilie des Gasthofes Sonne, wurde der Neuankömmling am ersten Abend nach seiner Ankunft in Inwil durch Frau Knüsel bekannt gemacht.

Mutter Knüsel empfing den jungen Ankömmling mit der eindringlichen Bitte, er möge sich nicht mit Agnes in der Öffentlichkeit zeigen. Ein klarer, eindringlicher Mutter-Wunsch kirchlicher, religiöser Glaubensrichtungen, damals für den jungen Mann eine unverständliche Bitte, einfühlsam mahnend von einer besorgte Mutter ausgedrückt.

Agnes und Jakob spielten an manchem Wochenende gemeinsame Tischtennisrunden im von der Öffentlichkeit abgesonderten Hinterhof des Gasthofes zur Sonne.

Unvergesslich für Jakob war die Einladung der Monteure, von denen er ein Billett zum Eintritt ins Casino Luzern geschenkt bekam. Der Eintritt war für das Konzert von Louis Armstrong, das im Dezember 1952 stattfand.

Der Auftritt von Louis Armstrong, der begleitet wurde von seiner Gattin und seinem damaligen weltbekannten Orchester, ist Jakob heute noch im Gedächtnis.

Louis trompetete vor der ersten Sitzreihe, die Monteure hatten dem glücklichen Besucher ein Sperrsitzbillett geschenkt. An jenem Abend kamen ihm manchmal die Glockentöne der Elf-uhr-Glocke im Münster zu Schaffhausen in den Sinn.

Louis Armstrong, in einer Hand ein weißes Tüchlein, von Zeit zu Zeit mit der Zunge die Lippen benetzend, musste an diesem jungen Zuhörer seine helle Freude gehabt haben, wenn er mit seinen aufgeblasenen Backen seine Trompetentöne an den staunenden Bauernbuben aus Herblingen und glückstrahlenden Jungmonteur sandte.

Der große Lohn

Vom Gehalt der Auswärtsspesen und dem Zusatzlohn während seiner Inwilerzeit konnte Jakob seine erste salonfähige, in jeder Hinsicht super ausgesuchte Skiausrüstung erstehen.

Während seine Lehrlingskollegen sich in der Lehrwerkstatt in Schaffhausen für die Lehrabschlussprüfung vorbereiteten, durchkroch der schlanke Jakob die Gestelle mit den elektrisch anzuschließenden Relais im Unterwerk Mettlen. Er schloss manchmal unter 110 Volt Spannung, nach den Elektroschemata von Ing. Erich Bolli, die blanken Kupferdrähte an Verbindungsklemmen an. Manchmal wurde er, wenn er nicht gut genug aufpasste, durch einen Elektroschlag daran erinnert, dass er wieder an eine spannungsführende Phase getupft hatte. Nach einem Stromschlagschreck flogen, begleitet von einem Fluch, den der junge Monteur ausstieß, Schraubenzieher, Schrägschneider oder andere Werkzeuge in den Kabelschacht. Wenn der Chefmonteur Erzberger, Muchel war sein Übername, solche Flüche von weither hörte, stand er nach kurzer Zeit neben dem Relaisgestell. Muchel, ein sehr gläubiger Mensch und ausgezeichneter Fachmann in seinem Beruf, tilgte jeweils die teuflischen Ausrutscher seines jüngsten Monteurs, mit einer Bitte an höhere Orte der göttlichen Schöpfung.

Der offizielle Leistungsausweis

Jakobs Abschlussprüfung für den eidgenössischen Berufsausweis wurde nicht mit der Note erster Klasse qualifiziert.

In der Gesamtqualifikation fehlten ihm 0,3 Punkte. Dafür hatte Jakob mit seiner Außendienstzeit eine unvergessliche Lebensschulung durchmachen dürfen.

Vom Außendiensteinsatz in der Innerschweiz zehrte Jakob in seiner zukünftigen Laufbahn in beruflicher als auch menschlicher Hinsicht.

Theorie und Praxis

Schon während seiner Lehrzeit fesselten Jakob die Berichte über die Arbeiten von Albert Einstein.

Andreas Speisers Klassische Stücke der Mathematik, an deren Anfang der Satz von Archytas von Tarent steht –„Treffliche Einsichten scheinen mir die Mathematiker gewonnen zu haben" begeisterten ihn besonders.

Dieses unterhaltsame, interessante Werk, in dem die Gelehrten Archytas, Plato, Aristoteles, Euklid, Archimedes, Dante, Leonardo da Vinci, J. Kepler, Descartes, B. Pascal, Jakob Bernoulli, Hieronymus Saccheri, J.J. Rousseau, L. Euler, J.J. Sylvester und J. Hjelmslev in kurzer Form ihre Kenntnisse erklären, ist auch heute noch lesenswert.

Von Zeit zu Zeit liest Jakob auch heute noch darin, lernt wieder neue Gedankengänge und staunt dabei.

Staunend erfährt Jakob in der heutigen Zeit, wie intelligent und weitsichtig unsere Vorfahren handelten.

Der Hauptlehrer der Berufsschule

Heinrich Brandenburger, Dipl. El. Ing. der ETH Zürich. und Jakobs Hauptlehrer an der Gewerbeschule des Kanton Schaffhausen (damals wussten die Schüler, wer der zuständige Ausbilder ist), gestaltete die Lektionen so interessant, dass sich die Schul-Kollegen in der Gewerbeschule ständig mit den Gebieten Elektrotechnik, Festigkeitslehre, Mathematik, Mechanik gegenseitig herausforderten.

Einige Veröffentlichungen von Heinrich Brandenburger, er trug Jakob im vierten Lehrjahr das gegenseitige Du an, befinden sich in Jakobs Fachbücherschatz, mit den persönlichen Widmungen des Autors.

Heinrich weckte in Jakob das Interesse für Atome, Elektronen, Moleküle, Neutronen, Quanten und den Aufbau der Spannung, obige zu bewegen.

Elektromagnetismus, natürlicher Magnetismus, Gravitation und Körpermaße wurden in die Logik der Überlegungen eingebaut.

In der vierjährigen Lehrzeit bei CMC baute sich die unvergessliche zwischenmenschliche Verbindung zu seinem Hauptlehrmeister Hermann Bührer auf. Hermann bot Jakob nach dem feierlichen Lehrabschluss in der Rathauslaube das Du an, ein Vertrauensbeweis, der den jungen Berufsmann positiv berührte.

Übergang ins NIRWANA

Jahre später, seine Firma elmass hatte sich in verschiedenen Märkten schon einen guten Namen erkämpft, erlebte Jakob einen Traum, der in ihm fest verankert bleibt.

Hermann Bührer, sein unvergesslicher Lehrmeister, hatte sich in einer Nacht, im biblisch hohen Alter von 95 Jahren, aus dieser Welt verabschiedet.

In dieser Nacht träumte Jakob den Traum, er sei wieder einmal bei Hermann zu Besuch. Beim Abschiednehmen legte Jakob seinen alten Freund ins feine weiße Bett, deckte ihn mit der leichten weißen Bettdecke sorgfältig zu und verließ das Zimmer, während Hermann in einer weißen Wolke davonschwebte.

Diesen Traum erzählte Jakob beim nächsten Morgenessen seiner Frau Lily.

Beim Mittagessen erzählte Lily ihrem Jakob vom Telefongespräch, welches sie im Verlauf des Morgens mit der Nichte des Verstorbenen hatte.

Frau Kunz hätte angeläutet und Lily mitgeteilt, dass der Onkel Hermann letzte Nacht verschieden sei. Lily hatte Frau Kunz geantwortet, sie wisse von diesem Ereignis schon seit dem frühen Tag. Frau Kunz war scheinbar sprachlos, Lily erzählte der Anruferin von Jakobs Traum.

Mithilfe im Landwirtschaftsbetrieb seiner Eltern

Die Jahre während der Realschule im GEGA und die Lehrjahre prägten Jakob als heranwachsenden Facharbeiter. Als jungen Menschen und Helfer. Im Betrieb seiner Eltern durfte er mithelfen als Gegenleistung für die kostenlose Pension im Elternhaus.

Es war in seiner Jugendzeit, wo er während seiner Freizeit, zusammen mit seinen Freunden bei den Turnern, bei den Jungschützen, an den Sonntagen bei Velofahrten mitmachen konnte.

Vor Aktionen außerhalb der elterlichen Übersicht wurden die bevorstehenden Tagesabläufe besprochen. Jakobs Eltern wurden von ihrem Sohn in den meisten Fällen informiert, was von den Jungen an einem bevorstehenden Feiertag unternommen werden sollte.

Ein unvergesslicher Tag

Für Jakobs Lebenslauf war das kantonale Jungschützentreffen in Büttenhardt von großer Bedeutung.

Die Herblinger Jungschützen fuhren auf ihren Velos mit geschulterten Karabinern an einem Samstagmorgen zum 300-Meter-Schießstand in Büttenhardt, der sich unterhalb des Dorfes gegen das Freudental befindet.

Das Schießen war für Jakob ein gern ausgeführter, ehrlicher Konzentrationssport. Ehrlich wegen des Umstands, dass jeder die Verantwortung zum guten Gelingen zu tragen hatte. Kein Schummeln, keine Mithilfe von Dritten, einfach sich selbst überlassend, während eines sportlichen Einsatzes, der volle Konzentration fordert.

Zu Jakobs Jungschützenzeit hatten Mädchen zu diesem Männersport noch keinen Zutritt.

Das Schießwesen war, wie das Turnen, eine gute Vorbereitung für die Rekrutenschule, für die damals nur Männer zugelassen wurden.

Eine große Schar von Jungschützen aus dem Kanton traf sich im Büttenharter Schießstand zur Abhaltung des Jungschützentreffens.

Jeder Schütze konnte sich ein Abzeichen erkämpfen. Diese heiß begehrte Auszeichnung erhielten jedoch nur diejenigen Schützen, die eine gewisse Punktezahl erreichten. Es wurde auf Fünferscheiben geschossen. Die Höchstpunktzahl war 30. Jakob erreichte 29 Punkte, mit denen er den zweiten Platz, das Silberabzeichen, errang.

Dies war dann der Grund für ein fröhliches, lang anhaltendes Freudenfest unter den Herblinger Jungschützen.

Am frühen Sonntagmorgen fuhren die stolzen Übernächtler durchs Freudental Richtung Herblingen. An jenem Sonntagmorgen wurde der Medaillengewinner durch Mutter Anna aus kurzem, tiefem Schlaf mit folgenden Worten aufgeschreckt: „Wän'd doch so schpoot chasch heim choo, denn chasch au früh ufstooh, chum los in Stall goo unsemischte."

Das anschließende Morgenessen bot ihm vor versammelter Familie, mit allen, die unter dem Dach seines Elternhauses wohnten, die Gelegenheit, sich als Silberabzeichen-Gewinner zu orten. Sein Vater mit den Knechten Guiseppe und Justa lobten das Können des jungen Schützen. Mutter Anna und die Haushalthilfe Erna waren weniger begeistert vom vordienstlichen Sportgeschehen.

Ersatz für Schwerarbeiten

Im Jahr 1951 wurde eine der großen Anschaffungen für den Landwirtschaftsbetrieb getätigt.

Zur Schonung der Pferde wurde für größere Arbeiten und zur erfolgreicheren Abwicklung der Verrichtungen ein Hürlimann Traktor Typ H-12 angeschafft.

Herr Neck, der Gebiets-Vertreter der Bührer Traktoren aus Hinwil, konnte und wollte mit hartnäckigem Nachfassen nicht verstehen, warum die Bührers keine namensgleiche Zugmaschine anschaffen wollten. Neck versuchte mit den unterschiedlichsten Methoden sein Vertragsprodukt nach Herblingen zu verkaufen. Sein letzter und endgültiger Vermittlungsversuch endete für Neck mit einem persönlichen Desaster zwischen Jakobs Mutter und dem sturen Verkaufskünstler.

Herr Neck kam wieder einmal beim Haus zur Stege vorbei, um für den Kauf eines Bührer-Traktors zu werben. Jakobs Vater und seine Knechte waren nicht zu Hause.

Mit Jakobs Mutter versuchte Neck, auf eine neue Verkaufstaktik überzugehen. Neck musste erfahren haben, dass Mutter Anna aus dem damals schwarzkatholischen Büsslingen stammte, darum fiel dem Traktorverkäufer aus Schleitheim beim Empfang durch die Mutter im Hausgang per Zufall ein Rosenkranz zu Boden. „So, etzt isch aber fertig!", rief die strenge Mutter unüberhörbar in Necks Gesicht. Der junge Jakob stand interessiert daneben, konnte miterleben, wie Mutter Anna die Haustür öffnete und den Herrn Neck, der wie ein nasser Pudel dastand, zum letzten Mal auf energische Art verabschiedete.

Ein Traktor made in Switzerland

Herr Suter, Traktorverkäufer der Firma Hürlimann aus Wil/SG, hatte mehr Gewicht beim Verhandeln mit Jakobs Eltern.

Als Jakob im dritten Lehrjahr war, wurde durch Heinrich Brandenberger, dem Hauptlehrer der Berufsschule, 1951 die Jahresreise, die jeweils einen ganzen Tag dauerte, in den Kanton Glarus organisiert.

Die praktischen Arbeiten in einer Gießerei konnten die Gewerbe-Schüler am Morgen in der Firma Netstaler Gießerei in Netstal verfolgen. Am Nachmittag war der Besuch in der Firma Sauter, Getriebefabrik im gleichen Ort.

Die Gießerei Netstal goss die Motorenblöcke für die Traktorenfabrik Hürlimann in Wil, die Firma Sauter übernahm die mechanische Fertigung der Motorenblöcke, stellte auch die kompletten Traktor-Getriebe für den Hürlimann her.

Die Reifenpneus bezog Hürlimann von der Firma Maloja in Gelterkinden.

Von dieser Besuchsreihe in Netstal erklärte Jakob dann seiner Familie, dass die Traktorenfabrik Hürlimann Schweizer Traktoren in hoher Qualität herstelle.

Alle, auch die Knechte, waren sich einig, dass Vater Jakob am sichersten gehe, wenn er einen Hürlimann-Traktor anschaffe. Der Hürlimann-Traktor war im Ankaufspreis höher als der Traktor der Konkurrenz. Vater Jakob stellte vor dem Handelsabschluss nochmals Berechnungen und Überlegungen gegenüber den Vor- und Nachteilen der zwei offerierten Zugmaschinen an.

An Sonntag, nach einem Morgenessen, verkündete Vater Jakob vor versammelter Familie, dass er morgen, am Montag, die Bestellung für den Hürlimann-Traktor schreibe.

Sieben Herblinger Landwirte schafften dann zur gleichen Zeit Hürlimann-Traktoren des Typen H-12 an.

Kraftstoffwechsel nicht vergessen

Mit dem günstigen Kraftstoff Petroleum wurde der Traktor betankt.

Bis zum Aufwärmepunkt von ca. 80 °C, musste mit dem Kraftstoff Benzin gefahren werden.

Wehe wenn in den letzten Arbeitsminuten vor dem Außerbetriebsetzen des Traktors vergessen wurde, den Umschalthahn von Petroleum auf Benzin umzuschalten, dann konnte vor dem neuen Inbetriebsetzen nur mit dem Entleeren der Kraftstoffleitungen ein Neustart begonnen werden.

Die Bührer-Traktoren, die in Hinwil hergestellten, waren z. T. auch Schweizer Traktoren, jedoch nur zum Teil, denn Bührer bezogen die diversen Motorentypen und die Getriebe aus Fremdproduktionen der Länder Amerika, Frankreich und Italien.

Militärischer Vorunterricht

Um als Funker in die Armee ausgehoben zu werden war die Bedingung, vorunterrichtlich das Morsen zu lernen, sodass ein gewisses Morsezeichen-Tempo fehlerlos beherrscht wurde.

Ernst Vogel, der Verlobte von Nonnas jüngster Tochter Margrit, war des jungen Jakob Vorbild in Sachen Militär. Jakob wollte zu den Militär-Funkern. Zu jener Waffengattung, welche Verbindungen ohne Draht, mit Morsetaster über einen Sender und Empfänger möglich machten.

Während seiner vierjährigen Lehrzeit als El.-Mech. war Jakob zu den Kameraden des außerdienstlichen Vorunterrichtes, zweimal wöchentlich am Abend, im Sommer und im Winter, in die Stadt geradelt, um in der Kantonsschule auf dem Emmersberg sich das Morsen eintrichtern zu lassen.

Hinter dem kantonalen Zeughaus auf der Breite stand damals die bescheidene Funkerbude des EVU, Eidgenössischer Verband der Übermittlungstruppen.

Dort hatten die angehenden Militärfunker Gelegenheit, unter Anleitung von Instruktoren das Morsen mit praktischen Übungen zu trainieren.

Mit dem Morsen ist es wie mit dem Stenografieren, ohne ständiges Üben kein Erfolg.

Während seiner Zeit in der Fremde musste der junge Jakob, wie alle Funker auch, besorgt sein, dass das Tasterspiel immer geübt, geübt und nochmals geübt wurde.

In Zug und in Genf, überall fand Jakob bald Kontakte mit Kameraden der örtlichen Funkergruppen.

Außerdienstliche Arbeiten wurden jeweils als Morsetext an einem Wochenabend, nach Sendeschluss des damaligen Mittelwellensenders Beromünster, aufgenommen und dem Kompagnie-Kommandanten zugesandt.

Jakobs Schlummermütter, Frau Bachmann, am Fliederweg in Baar/ZG und Madame Oechslin, rue Liotard 55, in Genf, bekamen schnell spitz, dass mit ihrem Zimmerherrn Jakob etwas nicht geheuer ist. Seine, nach Sendeschluss ertönten Morsezeichen //.-/.-.// usw. wurden als unübliches, vermutlich Spionagegeräusch abgehört.

Mit Jakob wurden immer einvernehmliche Gespräche geführt, besonders jenes mit Monsieur Ernest Oechslin und seiner Gemahlin. Oechslins Sohn war Oberst im Militär.

Er wohnte in Lausanne, hatte auch eines seiner ersten Geschäfte, en cinq sec, in Genf.

Gern hätte Oberst Oechslin Jakob in seine Funkerkompagnie ins Welschland umteilen lassen, von der Funkerkompagnie 24 in eine seiner Übermittlungs-Abteilungen. Jakob bedankte sich bei ihm für sein Vertrauen, erklärte Herrn Oechslin, dass er gern bei seinen Kameraden der FK.KP.24 verbleiben möchte, was der hohe Militär Oechslin mit Bedauern guthieß.

Über Jakobs Genfer Zeit später.

Die militärische Aushebung

Die Arbeit mit dem Morsetaster, Zeichen um Zeichen zu senden und zu empfangen, lernten die Jungen, wie schon erwähnt, in den Abendkursen des EVU, **E**idgenössicher **V**erein **F**ür **U**ebermittlungstruppen. Diese vordienstlichen Abendkurse besuchte Jakob von Herblingen bei Wind und Wetter, Sommer und Winter, während seiner Lehrjahre, zweimal wöchentlich in der Kantonsschule Schaffhausen auf dem Emmersberg.

Ihre Morselehrer waren wehrdienstpflichtige Funker.
Dazu mussten die weiteren Ansprüche an Geist und Körper einwandfrei erfüllt werden.
Sepp Wildberger aus Neunkirch, G+F Maschinenschlosserlehrling, ein Kollege von Jakob, die einzigen aus dem Kanton Schaffhausen, wurden an der militärischen Aushebung im Jahr 1952 als Funkerpioniere ausgewählt.
Stolz und mit großer Freude begaben sich die Jungen, nach erfolgter Aushebung, zurück in ihre Heimatdörfer.
Sie hatten die Gewissheit, dass ihr Vaterland sie als Eidgenossen einstufte.
Gewissheiten hatten sie jedoch noch nicht, wie es im nächsten Jahr während der RS sein würde.

Rekrutenschule

Um als Funker in die Armee ausgehoben zu werden war, wie
schon erwähnt, die Bedingung, im Vorunterricht das Morsen zu
lernen, sodass ein gewisses Morsetempo fehlerlos beherrscht wurde.

Die Fertigkeit. mit dem Morsetaster Zeichen um Zeichen zu
senden und zu empfangen.

Im Juli 1953 rückte Jakob mit vielen anderen jungen Männern
in die sogenannte Lebensschule RS, in die Kaserne Bülach, ein.

Seine Waffen-Nr. war 959186.

Mit seinem kleinen, braunen Köfferchen fuhr der junge Jakob, im Besitz des Gratisbilletts, nach Bülach.

Sepp Wildberger, den Jakob bis dahin als Anwärter zur Fun-
ker-RS nur oberflächlich kannte, war auch fest eingegliedert in
den Reihen der angehenden Militärfunker. Jakob und Sepp waren im gleichen Zug eingeteilt. Für die beiden ergab dies we-
sentliche Vorteile. Sepp hatte Jakob den richtigen Krawatten-
knopf gelehrt, Jakob hatte ihm geholfen. seine Sorgen, die seine
geliebte Ursula um ihn hatte, zu zerstreuen.

Unter dem Slogan „mit Tasterspiel und Zeichen viel das nennt
er Funkerei" haben sie ihre RS mit Erfolg hinter sich gebracht.

Die siebzehn Wochen der RS gingen mit Freuden und Leiden vorbei.

Selten hatte Jakob erfahren müssen, dass diese Militärzeit
für das spätere Leben Schlechtes gebracht hat. Im Gegenteil, die
Ausbildung im grünen Gewand stellte Anforderungen, die eine
gewisse Festigkeit und Überlebensstrategien für spätere Situationen brachte.

Auftritt vor Offiziersschülern

Jahre nach seiner damaligen Zeit in Bülach wurde Jakob vom
Schulkommandanten angefragt, ob er vor den OS-Klassen aus
seiner damaligen Zeit erzählen könnte. OS-Aspirantinnen und

OS-Aspiranten erklärte er, wie die Militärfunker ausgebildet wurden. Mit seiner Erfahrung erklärte er vor den versammelten Offiziersanwärtern die Wichtigkeit der Führereigenschaften für den militärischen Einsatz.

Der alte Funker konnte sich ein Bild machen, wie sich während des Zeitabschnitts zwischen seiner RS-Zeit und der jetzigen die Funkerei als Übermittlungstechnik gewandelt hatte.

Der Funkerhock

Sepp und Jakob, seit der RS kollegial verbunden, haben heute noch gute Verbindungen. Sie organisieren und treffen sich jedes Jahr einmal im Herbst zur Zusammenkunft der alten, junggebliebenen Funkerkameraden.

Ihre Militärkameraden kommen jeweils aus allen Teilen der Schweiz ins Restaurant Adler nach Herblingen zu diesen Treffen.

Sepp waltet als Jakobs Sekretär, Jakob ist Sepps Auftraggeber.

Bei diesen Treffen wird über Gutes aus der Zeit im Militär geplaudert, die schlechten Vorkommnisse sind vergessen, und die Ehefrauen sind an diesem Tag befreit von den detailreichen Erzählungen aus alten Zeiten.

Von der RS zurück ins Privatleben

Nach der Rekrutenschule lag auf dem Familientisch im Haus zur Stege der Arbeitsvertrag von Jakobs Lehrfirma vor ihm, mit den Worten „Wir freuen uns, Sie als Instruktor in der Abt. Lehrlingsausbildung einzusetzen."

Im November 1953 trat Jakob als Besitzer des eidg. Berufsausweises als El.Mech.CMC bei seiner Lehrfirma in der Abteilung der Lehrlingsausbildung an. Der Ausbilder-Vorgänger hatte einen Unfall erlitten.

Sein Antrittsgespräch erfolgte im Beisein eines ihm unbekannten, mit der Zeit sich als wankelmütiger Betriebsleiter herauskristallisierenden Menschen.

Herr M. wusste nicht, wer der junge Jakob während seiner Lehrzeit in persönlicher Hinsicht war.

Der Herr Betriebsleiter musste sich sichtlich Mühe geben, Jakob seine neue Stelle zu erklären.

Herr M. überreichte dem Neueintretenden die Unterlagen für seinen Einsatz in der Lehrwerkstatt.

Zwei Monate verbrachte Jakob mit den neuen El.-Mech-Lehrlingen. Er pflegte mit den jungen Lehrlingen ein zu kollegiales Verhältnis. Seine zu Betreuenden setzten sich so gut in ihren Lernpositionen ein, dass es für beide Parteien eine Freude war, miteinander die diversen Arbeitsabläufe zu absolvieren. Die erreichten Ziele vor jedem Feierabend zu besprechen, ein gutes Verhältnis zwischen den Jungen zum Lehrenden aufzubauen. Hier zehrte Jakob von seinen Erfahrungen aus dem Elternhaus und aus seiner Lehrzeit.

Er bezog die Stellung des Vortragenden und des zur Hilfe Stehenden sowie des Tolerierenden bis zu einem bestimmten Grad. Fehltritte waren meistens Versuche, auszutesten, wie weit die Jungen mit Jakob, auch noch jungem Mann, gehen konnten.

Seine Lehrlinge schätzten Jakobs Vorgehen sehr. Nach jedem Übertritt in die „VERBOTSZONE" wurde sofort und ohne zu zögern mit dem Erfüllen einer gut erklärten Strafe Abhilfe geschaffen.

Der Herr Betriebsleiter M. beorderte Jakob, unter dem Vorwand zu streng mit den Lehrlingen zu sein, von den jungen Kollegen weg, ohne sein Gesicht verlieren zu wollen.

Als Werkmeister-Stellvertreter

Von M. wurde Jakob als Stellvertreter des Werkmeisters, der krankheits-halber und voraussichtlich für einige Monate ausfiel, in die Niederspannungsabteilung beordert.

Diese Abteilung war für Jakob der Schlusspunkt bei CMC.

Die Abteilung, in der nur Damen beschäftigt waren, es wurden damals die ersten Versuche der Serienfertigung auf Band gestartet, war für Jakobs Laufbahn eine wichtige Etappe.

Zur Aufheiterung der geisttötenden Arbeiten musste mit Musik für Linderung gesorgt werden.

Die Niederspannungsapparate, damals der große Renner der Apparatefertigung, wurden von Arbeitsplatz zu Arbeitsplatz über Holzkanäle in Form der zu montierenden Teile weitergeschoben, bis diese Teile zum fertigen Apparat zusammengesetzt waren.

Jede Dame kannte die Handgriffe auswendig, die auf ihrem Montageplatz auszuführen waren, bevor sie das behandelte Stück der nächsten Kollegin weiterschob.

Ein scheinbar wichtiger Akt während der Tagesabläufe war das Musikhören von Schallplatte. Für Jakob eine luxuriöse Verwirrung, vom Betriebsleiter befohlen und zwar wie folgt: „Am Morgen müssen Sie",gemeint war der junge Jakob, „verteilt auf den ganzen Morgen drei Platten auflegen, am Nachmittag haben die Damen unter sich die Wahl, welche Stücke sie hören möchten."

Dies war der springende Punkt vom **Anfang** zum **Ende** bei CMC.

Das Einführungsgespräch seines Vorgesetzten, vor dem Einsatz in der Abteilung des schwachen Geschlechts, erschien Jakob ähnlich einem Gespräch zwischen der Tante Elise im Kindergarten und dem Jakobli.

Anfänglich gingen die Arbeitstage friedlich zu Ende.

Manchmal erlebte Jakob Arbeitstage mit gewissen Spannungen bis zum offenen Konflikt zwischen den älteren, vernünftigen Frauen und den jungen, modernen Damen.

Für die Musikeinsätze am Morgen hatte Jakob, ohne Rücksichtnahme auf Geflüster div. Damen, seine Plattenwahlen getroffen.

An Nachmittagen kamen manchmal jüngere Damen mit den älteren Arbeitskolleginnen ins Gehege. Nicht wegen der Arbeitsabläufe, sondern wegen der Musikwünsche.

Akkord- und Taglohnsatz

Arbeitskarten wurden in zwei Farben ausgegeben. Die Arbeiten, welche im Taglohn auszuführen waren, standen auf weißem, jene im Akkordlohn auf braunem Papier.

Die Karten in Weiß, für Einsätze im Taglohn, waren wegen des niedrigeren Grundlohnansatzes bei den jungen Schönen, sexy Bekleideten unbeliebt.

An einem Freitagabend vor Arbeitsschluss, zu jener Zeit wurde noch am Samstagmorgen gearbeitet, entdeckte der junge Werkmeister-Stellvertreter neben den Arbeitsplätzen zwei jüngere Damen, vor sich je eine aufgeschichtete Kolonne von Apparategehäusen für TP15-Motorschutz-Schalter. So quasi als in Stauräumen gehortete Montageteile. „Was bedeutet diese Archivierung?", fragte Jakob die beiden freibusigen Hübschen.

Die Jüngere, ihrer Meinung nach die Hübscheste von allen, antwortete dem Jakob, diese Gehäuse hätten Fehler, weswegen sie nicht weiterverarbeitet werden könnten. Beim Kontrollieren der Angelegenheit stellte der Angesprochene fest, dass nur einige Gewinde mit dem Handwindeisen nachgeschnitten werden mussten, was immer wieder vorkam. Die Damen wurden instruiert, wie solche Gewinde mit einem kurzen Handgriff nachgeschnitten werden.

Die Hübsche gab Jakob zur Antwort: „Mein lieber Jakob (er hatte noch nie mit dieser Dame Schweine gehütet), weisch, de Herr Pletscher hät sonige Arbeite immer für üs g'macht." Jakob antwortete ihr so laut, dass es alle Damen hören konnten: „Aberich bi nid de Herr Pletscher."

Für den darauffolgenden Samstag stellte Jakob den beiden Arbeiterinnen eine WEISSE Taglohnkarte aus, mit dem Auftrag, die besprochenen Nacharbeiten bis um 11.00 Uhr zu erledigen.

Der Grund zur Kündigung

Am nächsten Montag bei Arbeitsbeginn wurde Jakob vom Herrn Betriebsleiter in sein Büro gerufen. Das Eingangsgespräch war sehr kurz, schmeichelnd, schleimig, unangepasst. „Aber wissen Sie, Herr Bührer, dass das, was Sie am Samstag mit den beiden Damen gemacht haben, nicht moralfördernd ist? Sie hätten doch dem Wunsch der beiden Arbeiterinnen entgegenkommen können. Sie sollten doch nun wissen, dass solche unbeliebten Aufträge möglichst unauffällig durch den Vorgesetzten behoben werden sollten."

Der Herr Betriebsleiter, eine unsichere Natur, nach Jakobs Meinung aus dem Baselland/Solothurnerischen, hatte sich dann auf Gutmachen umgestellt: „Und Herr Bührer, Sie dürfen wissen, dass wir (wer wir?? wahrscheinlich Paul und Ernst Maier, Söhne des Gründers und in der Firma tätig) mit Ihrer Leistung sonst sehr zufrieden sind. Sie erhalten ab sofort ZWEI Rappen mehr Stundenlohn."

Jakobs Antwort auf diese Gesprächsrunde war: „Danke, Herr M., Sie erhalten in den nächsten Tagen einen eingeschriebenen Brief von mir, ich wünsche Ihnen noch eine schöne Zeit."

Einrenken ohne Erfolg

Am Tag nach Eingang von Jakobs Kündigungsbrief, wurde nach einem kurzen Antrag, auf seine Kündigung zurückzukommen, vom enttäuschten Betriebsleiter das Gespräch beendet.

Nach der Kündigung bei seinem Lehrbetrieb wurde Jakob zu Paul Maier, wie oben erwähnt einer der beiden Söhne des Gründers der Firma, gerufen.

Paul Maier Sekretariat sowie Ernst Maier Technik kannten Jakob seit seinem Eintritt als Lehrling.

Jakob, der mit Paul, auch mit Pauls Bruder Ernst, seit Jahren in guter Verbindung stand, wurde mit einem Arbeitszeugnis, von Paul Maier ausgestellt, mit den besten Wünschen verabschiedet.

In späteren Jahren hatte Jakob mit seiner Lehrfirma gute Kontakte, als er bei der Firma Rittmeyer in Zug und bei der Firma Charmilles in Genf angestellt war.

Als Jakob seine eigene Firma gegründet hatte, konnten sich die Söhne Carl Maiers und er immer wieder treffen.

Davon später mehr.

Alte Freundschaften

Bei Jakob klingelte am 31. August 2018 das Telefon.

Der Anrufer war ein Sohn von Otto Murbach.

Otto absolvierte mit Jakob die Elektro-Mechaniker-Lehre in der Firma Carl Maier & Cie, Elektroapparatebau Schaffhausen.

Mit Otto war Jakob gut befreundet, die beiden hatten durch die verflossenen Jahre Kontakt miteinander.

Wenn Jakob mit seiner Familie in St. Moritz weilte, telefonierte er seinem ehemaligen Stiftenkollege Otto.

Nach seinem Lehrabschluss arbeitete Otto noch einige Jahre als Außendienst-Monteur bei CMC. Nachdem er Abschied von seiner Firma genommen hatte, zog er nach Le Prese. Dort arbeitete Otto im Kraftwerk Brusio. Als Freund Otto noch bei CMC Angestellter war. wurde er viele Male nach Brusio zu Arbeiten im Kraftwerk delegiert.

Durch seine Arbeitseinsätze im Kraftwerk in Brusio wurden die Verantwortlichen des Kraftwerks auf Otto aufmerksam. Der intelligente Fachmann auf dem Gebiet der Kraftwerksteuerungen wurde angefragt, ob er sich als technischer Angestellter im Kraftwerk bewerben möchte.

Otto trat in den Dienst des Kraftwerkes ein, siedelte um nach Le Prese, wo er auch bald seine Lebenspartnerin fand.

Die schöne Gegend des Puschlav wurde Ottos zweite, dauerhafte Heimat.

Am 28. August 2018 trat Otto die Reise in die ewige Heimat an.

Ein Sohn von Otto teilte Jakob die Nachricht mit, dass Vater Otto gestorben sei.

Im Jahr 1949 lernten die beiden, Otto und Jakob, sich beim Eintritt in die Lehre kennen.

Nach 69 Jahren trennten sich die Wege der beiden Erdenbürger.

Fischerglück

Das Fischen von Hand im Krebsbach hat ihr Hobby zum Fischen, als lizenzierte Fischer im Rhein, geschürt.

Das kantonale Fischerpatent für den Kanton Thurgau besitzt Jakob heute noch.

Mit seinem Jugendfreund Ernst konnte Jakob manches Wochenende im Rhein beim Schupfen, nahe bei Diessenhofen, dem Sportfischen frönen.

Viele Fangerlebnisse konnte Jakob nicht vorweisen, doch landete hin und wieder eine Forelle, eine Barbe, mehrfach ein Alet durch sein Geschick auf dem Land.

An einem Samstagmorgen standen Ernst und Jakob stundenlang am Ufer des Rheins – ohne Fangerfolg. „So fertig jetzt", war Ernsts Entschluss, indem er seine Rute außer Gefecht setzen wollte. „Nur noch einen Wurf", war Jakobs Antwort. Ernst versuchte, seinen letzten Einsatz mit einem recht großen Stück Uri-Stier-Käse als Köder. Kurz nach dem Wurf tauchte der Laufzapfen ab. Ein schwerer Gegenstand ließ Ernsts Laufzapfen unter Wasser verschwinden.

„So, jetzt haben wir den Dreck, wieder ein Vorfach zum Teufel", war seine Mitteilung. Jakob gab seinem Fischerkollegen als Antwort: Du hastsicher ein Velo an der Angel." Erst jetzt begann der Silch an Ernsts Fischerrute sich zu bewegen, sich zu spannen und zu zerren. Die Rute bog sich nahe an die Bruchgrenze. Nach bangen Minuten und sachtem Einziehen wurde das Monster unter der Wasseroberfläche sichtbar. Eine Flussforelle von 93 cm Länge, die anschließende Messung bestätigte das Maß, wälzte sich im Rhein, in der Nähe des Ufers vor den beiden staunenden Kameraden. Es war keine leichte Angelegenheit, dieses Monstrum von Fisch an Land zu hieven. Sorgfältig führte Jakob nach Ernsts Instruktion den Feumer vor die Beute und mit einem letzten Kraftstoß schoss der Fisch in das sichere Fangnetz.

Nach diesem Großerfolg ging das Fischen weiter, noch einige Schleien wurden ihre Zusatzbeute.

Das anschließende Picknick genossen die beiden mit einem guten Roten. Jener Abend wurde, von Fischerlatein begleitet, bis zum nächsten Morgen gefeiert.

Ernst hatte dann später seinen außerordentlichen Fang mit seinen Mitarbeitern der Firma CMC, wo Ernst zuständig war für die Auswärts-Monteure, verzehrt.

Diese Fischerei-Erlebnisse haben Ernst und Jakob noch später, zu Beginn von Jakobs Selbstständigkeit, immer wieder aufgefrischt.

Das Suchen nach Trinkwasser

Als die Wasserversorgung der Gemeinde dem Trinkwasserbedarf der Bevölkerung nicht mehr gewachsen war, musste ein Ausweg gefunden werden.

Kurz nach dem Ende des Zweiten Weltkrieges wurde das Suchen von Grundwasser auf dem Gemeindegebiet dem Rutengänger Gottlieb Spengler aus Buchthalen in Auftrag gegeben.

Als Schüler konnte Jakobli dieses Vorgehen miterleben, weil sein Vater interessante Gespräche über Vater Spenglers Ergebnisse am Familientisch erörterte.

Das größte Problem war schon damals die finanzielle Lage der Gemeinde.

Für eine Grundwasserbohrung im Tal bei den drei Bäumli musste die Gemeindeversammlung einen Kredit von Fr. 130'000,00 aufnehmen.

Auf einer denkwürdigen Gemeindeversammlung wurde nach einigem Zögern und Abwägen eines Zusammenschlusses mit der Wasserversorgung der Stadt Schaffhausen, dieser Kredit gutgeheißen.

Mit großem Interesse wurden von den Dörflern die Arbeiten des Bohrvortriebes im Tal verfolgt. Die Spezialmaschinen mit den hohen Aufbauten waren auch für Vater Jakob und seinen Sohn eine interessante Angelegenheit.

Eine vorsorgliche Eingabe der Bier Brauerei Falken an den Gemeinderat von Herblingen hatte zum Inhalt, dass wenn die Qualität des Quellwassers für die Brauerei nicht mehr gut genug wäre, der Schaden, welchen die Bierproduktion haben würde, von der Gemeinde vollumfänglich verantwortet werden müsste.

Es kam zu keinem Schaden gegenüber der Brauerei.

Als das Budget für die Probebohrung aufgebraucht war, stieß der Bohrkopf der Sondierbohrmaschine auf eine Nagelfluhschicht, die den Versuch vorzeitig zum Abbruch der Arbeiten zur Folge hatte.

Trockenheit im Jahr 1947

Unter der Dürreperiode, die im Sommer/Herbst 1947 herrschte, musste auch die Gegend der Nord-Nordost-Schweiz leiden.

Die Bauern mussten für das Durchfüttern ihres Viehs, welches aus Platzmangel in den Kühlhäusern nicht geschlachtet werden konnte, Heu aus Italien importieren.

Für die Menschen, Tiere und Gärten konnte nicht genügend Wasser für den täglichen Bedarf bezogen werden. Dem Hilferuf des Gemeinderats Herblingen an die Stadt Schaffhausen wurde stattgegeben. Die Wassernot wurde behoben mit einem Wasseranschluss vom städtischen Netz an das gemeindeeigene Wassernetz. Im Mutzentäli wurde die Notanschlussverbindung ausgeführt. Durch den Zusammenschluss der gemeindeeigenen mit der städtischen Trinkwasser-Versorgung, konnte die Wasserversorgung von Herblingen mit dem dringend nötigen Quantum Stadtwasser eingespeist werden.

Weder die Abhängigkeit vom Stadtwasser noch andere Annehmlichkeiten, die die Herblinger von der Stadt annehmen durften, haben die Eingemeindungswünsche bei Jung und Alt gefördert.

Abschied vom Elternhaus

Unten an der Treppe zu seinem Elternhaus nahm der in die Fremde ziehende Sohn Abschied von seinen Eltern, bevor er das Postauto, chauffiert von Adolph Gerber, Richtung Bahnhof Schaffhausen bestieg. Abschied von Herblingen, vom Dorf seiner Jugend, von der Gegend, wo er mit seinen Freunden manchen Streich gespielt hatte. Wo der Miststock stand, von dem Jakobli manche schwere Fuhre mit Mist auf den Bennenwagen geladen hatte. Von dem Ort, wo der Bube Vaters Kuhherde zwischen dem Miststock und den beiden Lindenbäumen zum Brunnen dirigierte. Unterhalb der Ruhebank vor dem Haus, wo die Familie manchen gemütlichen Feierabend verbrachte.

Seine Reise führte Jakob in die Fremde, weit entfernt von seinem Heimatort, nach Baar bei Zug.

Die dortige Unterkunft war ein bescheidenes Zimmer im Eigenheim der Familie Bachmann an der Fliederstraße 5 in Baar.

Vater Bachmann arbeitete als Mechaniker in der Firma Landis und Gyr, der Sohn von Bachmanns war Lokomotivführer bei den SBB und Tochter Annemarie absolvierte eine kaufmännische Lehre in Zug. Hier, im schmucken Einfamilienhaus der Familie Bachmann, wiederholte sich bei seinem Vorstellungsgespräch ein Empfang, ähnlich dem bei der Familie Knüsel im Gasthof zur Sonne in Inwil bei Perlen.

Frau Bachmann, eine liebenswürdige Hausfrau, begrüßte den Neuankömmling aus dem reformierten Herblingen ungefähr so: „Herr Bührer, oder darf ich Jakob sagen", was Jakob mit Selbstverständlichkeit bejahte, „Jakob, ich bitte Sie, sich nie außer Haus mit Annemarie sehen zu lassen." Diese mütterliche Bitte nahm der junge Ostschweizer anstandshalber und mit einem demütigen Versprechen und der Form halber bejahend an.

Firma Rittmeyer AG

Der Stellenantritt in der Firma Rittmeyer war für Jakob ein eindrückliches Erlebnis.

Zum ersten Mal betrat er eine Arbeitsstätte, in der er sich allein fühlte. Keine bekannte Seele, alles fremde Menschen.

Der Betriebsleiter Herr Rieser, ein freundlicher Mann, begrüßte ihn mit klaren, offenen Worten. Er stellte ihn den zukünftigen Arbeitskollegen vor. Jakob erhielt durch die Ausführungen von Herrn Rieser schnell einen ersten Überblick über seine Aufgaben am zukünftigen Tätigkeitsort.

Das Einleben in die neue Umgebung, in den neuen Arbeitsbereich und in die neuen Hobbys gelang Jakob schnell und gut.

Schon am ersten Arbeitstag begrüßte ihn, zu seinem Erstaunen, Jakob Müller, der ehemalige Verantwortliche für die Schaltzentrale des Unterwerks Mettlen, wo Jakob als Lehrling vor gut einem Jahr seinen Einsatz im Außendienst unter seiner Lehrfirma CMC absolviert hatte.

Durch die obligatorische militärische Schießpflicht und das unumgängliche Üben im Morsen fand der junge Mann schnell gleichgesinnte Kollegen, an die er sich mit seinen Fragen wenden konnte.

Die obligatorische Schießpflicht absolvierte Jakob im Schießverein Baar, der den Schießstand Chollermühle zu Übungszwecken benutzte. Aus jenem Schießstand wurde über das Feld Richtung Zugersee geschossen.

Das Morsen wurde an einem Abend pro Woche im Sendelokal des EVU Zug geübt.

Mit seinem Turnpass, vom Präsident des Turnvereins Herblingen ausgestellt, konnte Jakob sich ohne Weiteres für die Aufnahme als Aktivmitglied in den Turnverein Baar bewerben.

Der Präsident des Turnvereins Baar entpuppte sich schon am ersten Abend als der Göttibube des Herrn Stärk. Herr Stärk wohnte mit seiner Frau Gemahlin im Haus zum Engel in Herblingen, die Stärks pflegten mit Jakobs Eltern gute Verbindungen.

Weiterbildung

An zwei Abenden pro Woche war Jakob als Lernender in Sprachkursen und in Physik bei der Migros Genossenschaft in Zug anzutreffen.

Der junge Berufsmann musste seine Weiterbildung in englischer und in französischer Sprache absolvieren.

Die englische Sprache war für ihn wichtig, weil in seinem Beruf ein Großteil technischer Abhandlungen in der englischen Sprache abgefasst und veröffentlicht wurde.

Jakob bewegte sich außerhalb der Fliederstraße ohne Publikumseinsicht manchmal mit dem hübschen Mädchen Annemarie Bachmann.

Wenn die beiden sich auf dem Heimweg zufälligerweise begegneten, wanderten sie, sich jeweils die Erlebnisse des Tages austauschend, der Fliederstraße zu. Nachdem Annemarie und Jakob die kleine Brücke über den Inwilerbach überquert hatten, einige Meter vor dem Einbiegen in die Fliederstraße verabschiedeten sich die beiden voneinander. Nach kurzer Zeit begrüßten sich die zwei vor Annemaries Eltern in Bachmanns Küche, so als wäre ein langer Zeitraum zwischen der letzten Begegnung der jungen Leute gewesen.

Die Eindringlinge

Es war im Herbst 1953. Spät in einer Oktobernacht, wo alle im wohlverdienten Schlaf lagen. Ein Klopfen an Jakobs Zimmertür schreckte ihn aus seinem Schlaf. Raus aus dem Bett wie ein junger Funker, flog Jakob an die Zimmertür. Vater Bachmann mit seinem Zipfelkäppli auf dem Kopf, Mutter Bachmann im Nachthemdli, hinter ihren Eltern in Deckung Annemarie als Dritte, standen vor seiner Zimmertür. Hinter der Dreiergruppe der gefährliche Treppenabsatz. In heller Aufregung, seine Sätze mühsam aneinander reihend, erklärte der schlaftrunkene Vater Bachmann seinem Zimmerherrn den Umstand des späten Weckrufes. „Jakob, seien Sie bitte so gut und kommen Sie in Annemaries Schlafzimmer." Etwas, erklärten alle drei im selben Moment, habe sich im Zimmer bewegt, Annemarie habe das Etwas in Schrecken versetzt.

„Bitte, Jakob, kommen Sie, etwas Gefährliches ist im Tun."
Das Gefährliche stellte sich, nachdem der junge Eindringling
in Annemaries Schlafgemach das Licht angemacht hatte, als völlig
harmlos heraus: drei Spatzen, die nach dem süßen Schmaus im
Traubenspalier den Weg in falscher Richtung genommen hatten.

Durch die von ihm nun folgende Aktion hatte Jakob seine bisherigen Sympathien bei Annemarie total verscherzt. Jakob packte
einen Spatz um den anderen und schmiss diese Ruhestörer wuchtig an die Schlafzimmerwand. Die Störung war behoben, Jakob
entsorgte die toten Spatzen. Annemarie verachtete den Rohling
aus der Nordostschweiz seit diesem Vorfall als ruchlosen Mörder.

Im Jahr 1954 hatte Jakob seine Erholung von einer Gelbsucht,
davon wird später berichtet, mit dem noch nicht weit bekannten Rivella-Getränk, gefördert.

Jeden Tag kaufte der Rekonvaleszent eine Flasche zu 1,5 Liter
von diesem Milchserum-Getränk und trank jeden Tag von diesem gesundheitsfördernden Rivella ROT eine Flasche.

In den Jahren nach dem Markteintritt dieses gesundheitsfördernden Getränks starteten die Schweizerischen Bierbrauerei-
en gegen den Hersteller in Rothrist eine konzertierte Verdrän-
gungs-Kampagne.
Damals machte die Biermafia dem Rivella-Hersteller das Leben schwer.

Dr. Robert Barth bot mit seinen Betriebsangehörigen seinem
übermächtigen Gegner die Stirn. Fest davon überzeugt, dass
sein Rivella dem Menschen nützlich sein wird, verfolgte er seine Strategie des Markteintrittes.
Heute sind seine Gegner, Bierbrauereien und andere Groß-
verteiler, Kunden von Rivella.

Jakobs erste Anstellung

Wie schon erwähnt, durfte Jakob seine erste Stelle in der Fremde, bei der Firma Franz Rittmeyer AG, an der Inwilerstraße der Gemeinde Baar bei Zug, Apparate und Messgerätebau, antreten.

In der neuen Umgebung, fern vom bekannten Heimatort, fand Jakob durch seine Kontaktfreudigkeit schnell die nötigen Verbindungen, die ihm Vertrauen ins neue, selbstständige Leben brachten.

Herr Rieser, der Personalchef, den er seit seinem Vorstellungsbesuch kannte, führte Jakob durch den Betrieb. In der Fabrikationsabteilung begegnete der Neuling schon beim ersten Durchgang Jakob Müller, dem ehemaligen Chef der Schaltstation des Unterwerkes in Mettlen, wo Jakob bis vor einem Jahr als Außendienst-Monteur arbeitete. Jakob freute sich, den ihm bekannten jungen CMC-Elektromechaniker begrüßen zu dürfen.

Weiter machte Herr Rieser Jakob bekannt mit dem Fabrik- und Hausabwart Werner Fürst, mit dem Sohn des Fabrikgründers Robert Rittmeyer, mit der Sekretärin von Robert, Fräulein Lennja Annaheim, mit dem Verwaltungsratspräsidenten Herrn Dr. Event von Matt, mit Werner Hürlimann, dem ehemaligen Militärmotorradfahrer, der vor Jahren seinen WK in Herblingen absolviert hatte, mit Alfred Hoffmann, der während der Ruhepausen gleich nach dem Znünibrot einen Rio-6-tumpen ansteckte, mit dem Chef der Montage Herrn Coradin Knabenhans und mit dem Herrn Hartmeier, einem Militärkollegen von Robert Rittmeyer.

Zeigen, was er kann

Während der ersten drei Monate, die als Testperiode galten, wurde der neue Mann in der Fabrikation im Stundenlohn eingesetzt, um in der Praxis zu zeigen, wozu dieser Schaffhauser fähig war.

Nach den drei Monaten Prüfungszeit erhielt Jakob den Arbeitsvertrag im angestellten Verhältnis.

Schon bald am Anfang lernte er Vater Rittmeyer, den Gründer der Rittmeyer AG, kennen. Herr Rittmeyer interessierte sich für Jakobs Herkunft. Eines Tages offerierte Vater Rittmeyer dem frischen Betriebsangehörigen eine Besichtigung seines Kleinkraftwerkes am Inwilerbach. Diese Offerte nahm der junge Fachmann mit Freude an. Die beiden trafen sich an einem frühen Samstagmorgen bei der kleinen Bachbrücke, über welche Jakobs Arbeitsweg von der Fliederstraße 5 zur Firma Rittmeyer führte.

Durch Vater Rittmeyer erhielt Jakob eine unvergessliche Kleinkraftwerk-besichtigung. Nach der Besichtigung ein ebenso unvergessliches Frühstück bei den Eltern Rittmeyer.

Schon nach einem Monat Einführungszeit wurde Jakob der Wechsel zur Montageabteilung freigemacht.

In der neuen Abteilung wurden ihm sehr interessante Arbeiten übertragen. Die Montage einer Großanlage, einer Venturi-Wassermess-Station, war der erste Großauftrag. Dieser Auftrag war eine sehr interessante Arbeit.

Trinkwasser messen

Auf der Landseite unter den Dünen in Scheweningen wird Trinkwasser als Grundwasser für Amsterdam gewonnen. Die Menge der Wasserbezüge wird durch, von der Firma Rittmeyer AG hergestellte, Venturiwassermengenmessern erfasst und berechnet.

Eine solche Anlage durfte Jakob montieren und austesten.

Hochsensible Elektro-Wipkontakte wurden mit dem elektrische Energie leitenden Quecksilber (Hg) betrieben.

Eine schwere Gelbsucht handelte sich Jakob ein, weil er glaubte, rentabler zu arbeiten als seine älteren Arbeitskollegen. Für das Arbeiten mit dem flüssigen Elektroleiter mussten Gasmasken zum Schutz vor den giftigen Quecksilberdämpfen getragen werden. Ohne Gasmaske arbeitete der Neuling mit den Quecksilber-Kontaktröhren.

Das Quecksilber wurde literweise, 1 lt. ca. 13,5 kg schwer, in die Kontaktgefäße abgefüllt. Jakob glaubte, ohne die störende Maske präziser und schneller arbeiten zu können.

Das Resultat seines jugendlichen Leichtsinns war eine schwere Gelbsucht. Neun Wochen lang war der Unachtsame arbeitsunfähig. In den ersten Wochen hatte Jakob nur einen verschleierten, unklaren Blick. Keine Dynamik, nicht einmal für Übungszwecke fähig, den Morsetaster zu bedienen.

Wieder gesund

Wieder genesen konnte Jakob seine Arbeiten ungehindert aufnehmen. Mit den Kameraden des Turnvereins Baar wieder mitturnen. Doch an physischer Leistungsfähigkeit fehlte ihm noch lange Zeit die nötige Dynamik, um gute Resultate zu erbringen.

An Wochenenden wanderte er oft zum Zugerberg hinauf, nach Menzingen oder in die Stadt Zug, dem Seedamm entlang zu den Vogelvolièren, zum Casino, wo er zur Erfrischung ein Rivelle zu sich nahm.

Mit dem Velo fuhr er nach Aegeri, dem See entlang nach Morgarten.

Die Wochenenden waren mit wenigen Ausnahmen kurzweilig.

Werner Fürst, der Fabrik- und Hauswart bei der Firma Rittmeyer, lud ihn hin und wieder zu sich ein, um mit ihm in seiner kleinen Dachwohnung, über der Wohnung der Familie Rittmeyer, eine köstliche, von Werner zubereitete Suppe zu essen. Nach dem Mahl unternahm Werner mit dem Schaffhauser einen Nachmittagsspaziergang dem Inwilerbach entlang.

Mit Edy Pletscher, einem Jugendfreund aus der Herblingerzeit, der damals als Erzieher in Hausen am Albis wirkte, pflegte Jakob seit der Herblingerzeit gute Verbindungen. Abwechselnd besuchten sich die beiden Freunde gegenseitig. Edy fuhr zu Jakob nach Baar, Jakob ein andermal nach Hausen. Einige Male besuchten sie mit den Velos die Höllgrotten, traten ein in das interessante Labyrinth mit seinen schönen, in Jahrhunderten entstandenen Tropfsteinformationen. Nahmen gemeinsam das Abendessen ein, besuchten in Zug ein Kino. Manchmal fuhr Jakob nach Hausen hinauf, Edy an seinem Arbeitsort am Albis einen Besuch abzustatten und am Ufer des Türlersees zu verweilen. Von dort fuhr Jakob dann jeweils, in einer abendlichen Schussfahrt, dem Sonnenuntergang und seinen Schlummereltern in Baar entgegen.

Charmilles Genf

Die Firma Charmilles in Genf hatte Jakob, schon als er in der Lehre war, interessiert. Charmilles war in Schaffhausen bekannt als eine Firma, die mit +GF+ und SIG zusammenarbeitete.

Die Peltonräder von +GF+ zusammen mit den Hochdruck-Wasserdüsen, den nötigen Wasserschiebern von Charmilles, den SIG Hydraulikanlagen für Turbinenanlagen, wurden in die Strom produzierenden Gegenden geliefert.

Die Zusammenarbeit der drei Firmen hatte Jakob mit Interesse verfolgt.

Jakob wollte schon immer seine Erkenntnisse, die er während seiner Lehrzeit gewonnen hatte, mit einem Studium in französischer Sprache erweitern. Die Lehranstalt zur Weiterbildung in Elektrotechnik, Festigkeitslehre, Mechanik, Mathematik und Physik, in französischer Sprache, fand Jakob in Genf.

Das Centre De Formation Professionelle des Arts war die ausgesuchte Schule für seine Weiterbildung. Bei dieser Ausbildungsstätte erkundigte sich der lernwillig Deutschschweizer über die allgemeinen Bedingungen, die erfüllt sein mussten, um in diesen

Bildungsort einzutreten. Für seinen Lebensunterhalt war Jakob auf sich selbst gestellt. Für ihn war klar, dass er im französischsprachigen Landesteil auf sich selbst angewiesen war.

Schon zur Sommerzeit 1954, während seiner Rekonvaleszenzzeit von der Gelbsucht, erkundigte sich Jakob bei der Firma Charmilles, ob eine Stelle für ihn frei wäre.

Monsieur Fontana, Direktor bei Charmilles, lud den Deutschschweizer zu einem Vorstellungsgespräch nach Genf ein. Peter Waldvogel, Jakobs Jungenfreund, mit dem er immer in gutem Kontakt blieb, begleitete Jakob auf seiner Bahnfahrt nach Genf. Peter arbeitete bei der SBB. Er konnte gut einen Tag frei nehmen, um seinen Schul- und Turnerkameraden nach Genf zu begleiten.

Kurze Zeit nach dem Vorstellungsgespräch in Genf erhielt Jakob die erfreuliche Mitteilung, dass er am 1. Oktober 1954 eine Stelle bei Charmilles antreten könne.

Zimmersuche in Genf

Schon Wochen im Voraus kaufte Jakob am Bahnhofkiosk in Zug die Genfer Zeitung La Tribune. Die Rubrik Chambres à louer durchstöberte der Suchende und notierte Telefonnummern. An Feierabenden, an Samstag-nachmittagen telefonierte der Zimmersuchende von der Poststelle Baar unzählige Male nach Genf.

Die vielen Telefonkontakte waren, außer um ein Zimmer zu finden, eine gute Konversationsübung, die französichen Sprachkenntnisse zu erweitern.

Familie Füllemann wohnte schon seit vielen Jahren in Genf. Füllemanns waren Verwandte von Frieda Fischer, der Nachbarin von Jakobs Eltern. Die Füllemanns waren so zuvorkommend, nahmen parallel zu Jakobs Bemühungen, ein Zimmer zu finden, Verbindungen mit diversen Genfer Familien auf.

An einem Abend lag auf Jakobs Nachttisch eine Mitteilung von Mutter Bachmann. Frau Bachmann gab Jakob die Telefonnummer einer Familie Oechslin bekannt. Die Oechslins bewohnten in Genf an der rue Liotard 55 ihre eigene 12-Zimmer-Villa.

An diesem Augustabend telefonierte Jakob mit einem Monsieur Oechslin, der dem Frager mitteilte, dass schon siebzehn Bewerber sich für das freiwerdende Zimmer beworben hätten. Bevor dieses Gespräch beendet wurde, fragte Monsieur Oechslin den Anrufer aus Zug: „Monsieur Jakob, vous avez mentionné quelque chose à propos de Schaffhausen?" „Oui, Monsieur Oechslin, je suis né à Herblingen et j'ai vistié l'école GEGA à Schaffhouse." Die erfreuliche Antwort des Herrn in Genf war das erlösende Ergebnis dieses Telefongesprächs. „Jakob, si vous acceptez immédiatement de louer cette chambre, nous vous ferons parvenier le contrat."

Eine fast aussichtslose Suche hatte mit der Zusage des Herrn Oechslin ihren Abschluss gefunden.

Abschied von der Innerschweiz

Im Monat September 1954, ein Jahr nach seinem Eintritt, verließ Jakob die Firma Rittmeyer AG. Der Sohn des von ihm hochgeschätzten Patrons überreichte Jakob ein mit bester Qualifikation ausgefertigtes Arbeitszeugnis.

Auf der Gemeindekanzlei Baar konnte der Kurzaufenthalter seine Schriften und einen schönen Geldbetrag, den Restbetrag der von ihm im Voraus bezahlten Gemeindesteuern, abholen.

Auf der Zuger Kantonalbank löste Jakob sein Sparbüchlein, unter Auszahlung eines ansehnlichen Geldbetrages, auf.

Bei Walter Portmann, Präsident des Turnvereins Baar, meldete sich Jakob ab. Walter Portmann überreichte Jakob seinen Turnpass, mit freundlichen Grüßen an den Präsidenten des Turnvereins Genève Ville.

Der Präsident der EVU Sektion Zug überreichte dem EVU-Mitglied aus Schaffhausen mit besten Wünschen die Legitimationskarte für den Eintritt in die Genfer Sektion. Mit den oben erwähnten

Vorauslorbeeren war Jakob gut ausgerüstet, in der französischen Schweiz persönliche Kontakte zu knüpfen.

Jakobs Genfer Zeit

Nachdem er sich im Juli 1954 in Genf bei der Firma Charmilles SA vorgestellt hatte, Jakob wollte, wie schon erwähnt, seine Weiterbildung in Elektrotechnik, Festigkeitslehre und Physik in französicher Sprache absolvieren, erhielt er nach kurzer Zeit den Anstellungsvertrag von der Firma Charmilles SA.

Hocherfreut stellte Jakob fest, dass es sich in seinem neuen Wirkungsfeld um einen Vertrag handelte, in dem er in den Angestelltenstatus F+E eingestuft wurde. Sein Anfangsmonatslohn bei Charmilles war um einiges höher gegenüber dem bisherigen Lohn, den er bis zum Zeitpunkt des Stellenwechsels bezogen hatte.

Beim Wechsel in die teurere Gegend hatte der junge Mann noch keine Kenntnis von den höheren Lebenshaltungskosten in der Weltstadt Genf.

Sein Wunsch bestand darin, am neuen Arbeitsort Geld zu verdienen, um seine Weiterbildung zu finanzieren.

Zur damaligen Zeit in Genf ein Zimmer zu finden, dessen Kosten sein Budget nicht überschritten, war das Problem, welches ihm Kopfzerbrechen bereitete.

Wie oben erwähnt, Wochen vor seinem Übertritt in die französische Gegend, hatte er am Bahnhofkiosk Zug die Zeitschrift Tribune de Genève gekauft, um so in der Stadt Genf ein Zimmer zu finden.

Anfragen für sein zukünftiges Zuhause wurden serienweise negativ beantwortet, bis zu dem Zeitpunkt Ende August 1954, als er einen weiteren telefonischen Versuch startete, sich an einer Adresse zu erkundigen. Eine alt klingende Männerstimme antwortete mit „Oui, vous ête qui? … vous venéz d'ou? … de Zug? … mais vous m'avez d'abord parlé de Schaffouse!" Schaffhouse war, wie oben schon erwähnt, das Stichwort zu seinem

Zimmerglück. Der Inhaber der Parkvilla Rue Liotard 55 war einer der Söhne des Gründers der damaligen Schweizerischen Seilindustrie auf dem Emmersberg in Schaffhausen.

Herr Ernest Oechslin war und blieb im Geist Schaffhauser, mit einer Genferin verheiratet, Madame Berthe Oechslin. Deren Sohn war Inhaber der Reinigungsfirmen à cinq Sec, einer nicht weit vom Haus rue Liotard entfernten Firma. Damals wurde eine Ablage in Ouchy betrieben, heute ist auch eine im Herblinger Einkaufscenter.

Vater Ernest war sofort bereit, einen Herblinger zu seinem neuen Zimmerherrn zu machen, in Schwiizerdüsch fortfahrend. „Si söttet aber schnell schriibe, mini Frau hät nämlich scho siebzeh Afrooge für da Zimmer …"

Am selben Abend spazierte Jakob auf die Poststelle Zug. Am Nachtschalter gab er einen teuren Expressbrief mit seinem Einverständnis zum Zimmerbezug an der rue Liotard 55 ab.

Später stellte sich heraus, dass Jakobs Vater und seine Tante Frieda-Vogelsanger-Bührer, als diese noch bei ihren Eltern im Haus zur Stege lebten, die Milch von ihren Kühen, mit dem Hund Bary als Zugtier am zweirädrigen Milchkarren, auch an die Familie Oechslin im Emmersberg in Schaffhausen lieferten.

Arbeiten für die Schule

Jakobs Eltern waren gut situierte Bauersleute, welche zu jener Zeit das Jahr hindurch mit dem Milchgeld ihre Liquidität recht und schlecht halten konnten. Aus diesem Grund konnte keine Rede davon sein, dass sie ihrem Sohn noch zusätzlich eine Weiterbildung finanzierten.

Mutter Anna war so nett und sofort bereit, ihm alle vierzehn Tage die Wäsche zu besorgen. Seine schmutzigen Textilien durfte Jakob in einem geflochtenen Wäschekoffer jeweils am ersten und am zweiten Wochenende des Monats auf die Poststelle Cornavin bringen. Immer am darauffolgenden Mittwochabend stand dieser Koffer mit fein duftenden Wäschestücken, darin mit eingepackt ein Bauernbrot mit Rauchwürsten und Speck, als hochgeschätzte Beilagen, in seinem Zimmer.

Die Abendschule und die allgemeinen Lebenshaltungskosten hatte der Junge aus seinen Einkünften zu finanzieren.

Sein erster Arbeitstag in Genf

Mit dem Velo aus seiner Herblinger Zeit, dem Superfahrrad von Hermann Narr, das blaue Übergewand auf dem Gepäckträger gespannt, darin eingewickelt das Znünibrot, meldete sich der Neuankömmling an einem Septembermorgen beim Portier Monsieur Frossard, dessen Namen vergisst Jakob nie mehr, beim Portier der Firma Charmilles SA. „Ah, vous êtes Monsieur Buhrèr de Schaffhouse. Monsieur Fontana, notre Directeur, vous prie de monter chez lui." Fast alles von Monsieur Frossard Mitgeteilte hatte Jakob verstanden, Monsieur Frossards Sprechweise war so mitfühlend langsam, dass der Herblinger mit seinem Schulfranzösisch Herrn Frossards Worte gut verstehen konnte.

Eine durch Monsieur Frossard herbeigerufene Sekretärin begleitete den jungen Mann zum Bürogebäude, dessen Treppenstufen Jakob mit gemischten Gefühlen in Begleitung der Dame bestieg.

Seine Gedanken drehten sich um die bange Frage: War dies nun der Anfang vom Ende? –

Die Büroeingangstür mit der Aufschrift Direction, M. Fontana öffnete sich kurz nachdem die Sekretärin angeklopft hatte. Ein eleganter, großer Herr mit grauem Haar bot seine Hand Jakob zum Gruß, mit den Worten: „Monsieur Buhrèr, ou puis-je vous parler par votre prénom?" Die Frage von Herrn Fontana beantwortete Jakob mit Handschlag erleichtert und mit Freude. Monsieur Fontana mit seinem freundlichen Willkommensgruß empfand Jakob, der Neueintretende, im ersten Moment menschlich und sympathisch.

Herr Fontana führte Jakob in den großen Büroraum zu einer Sitzgruppe, wo das folgende Gespräch stattfand. „Jacques, dans l'intervalle, lorsque vous avez nous présenté votre souhait, lors de votre première visite, nous avons nous informé de vous. En fonction de votre compétences, nous vous proposons un emploi en recherch et développement." Das Empfangsgespräch mit dem zweiten Mann der Charmilles SA musste Jakob vorerst in freudiger Erregung abwarten, die ihm offerierte Abeitsstelle kennenlernen.

Fontanas Sekretärin spazierte mit Jakob zum Portier, zeigte ihm, wo er sein Velo parken konnte. Sie erklärte ihm unterwegs wichtige Gegebenheiten, die sie dem neuen Arbeitskollegen anvertrauen durfte. Jakob konnte von der Dame ihren Vornamen erfahren, welche Aufgaben sie als Herrn Fontanas Sekretärin zu erfüllen hatte. Sie teilte ihm unter anderem mit, dass Herr Fontana für die Fabrikation zuständig sei. Der weitere Direktor, Herr Georges Epars, für den sie auch arbeite, sei für den kaufmännischen Teil zuständig.

Sie führte Jakob in das Gebäude, in welchem die Abteilung für Forschung und Entwicklung untergebracht war. Dort stellte Fräulein Jacqueline ihren anwesenden Arbeitskollegen den Deutschschweizer Jakob vor.

Die zukünftigen Kollegen waren: Janot Pfau, Dr.ès sciences Phisyik, Anatol Kroundichef, Chef Verkauf, Nicolas Mironoff, Chef Forschung, René Vors, Elektro-Ing., Ernest Bromberger Elektro-Ing., Etien Jacques, eidgenössisch diplomierter El.-Mechaniker, Silvano Malatesta, Dr. ès Chimiste.

Kontaktpersonen

Kaum recht angekommen in der schönen Stadt am Genfersee, kaum integriert am neuen Ort, an seinem interessanten Arbeitsplatz bei seiner Arbeitgeberin Charmilles SA, bat Monsieur Fontana, an einem Morgen im September 1954, Jakob zu sich ins Büro.

Direktor Fontana bat den jungen Angestellten aus Herblingen, sich mit einem Geschäftswagen zum Flugplatz Genf-Cointrin zu begeben. Dort einen jungen Inder, der für ein Jahr bei Charmilles SA. als Lernenden auf dem neuen Gebiet der Metallzerspanung in der Anwendung der neu entdeckten Methode der Elektroerosion, abzuholen.

Monsieur Fontana bat Jakob, mit dem Inder, sein Name Amar Murthy, sogleich in die Stadt zu fahren. Den Neuankömmling nach Gutdünken einzukleiden, anschließend mit ihm in die Firma zu kommen.

Am Flughaufen machte sich Jakob mit einem freundlichen, jungen Inder bekannt.

Diese Abholung war der erste Kontakt von einem der drei Inder, die sich jeweils während eines Jahres in die neue Technik der Metallzerspanung einführen ließen.

Neben Jakobs Büro wurde den jungen Technikern aus dem fernen Osten ihr Platz zur Verfügung gestellt, mit der Anweisung, wenn Fragen auftauchen, sich an Jakob zu wenden.

Ab diesem Moment der Bekanntschaft konnte Jakob seine Englischkenntnisse in der Technik und im persönlichen Umfeld Tag für Tag erweitern.

Für diese drei Söhne aus reichen Häusern Indiens, war Jakob während seiner Anstellung bei Charmilles jederzeit die Kontaktperson.

Der dritte Inder, Arun Narashima Murthy, er kam im September 1956 in die Schweiz, war wissbegierig wie seine zwei Vorgänger. Der dritte Inder hatte einen Vater, der beim Indischen Staat in hoher Stellung war.

Bobby, so nannte ihn Jakob, entwickelte mit der Zeit eine stark Verbundenheit mit Jakob. Bobby sehnte sich nach seiner Familie in Bangalore. Er verfasste jede Woche einen ausführlichen Bericht, zeigte, wenn er dies für nötig hielt, sein Schreiben Jakob, bevor er den Brief für Bangalore auf die Poststelle Les Charmilles brachte.

Undank ist der Welten Lohn

Bobby wurde von Jakob Jahre später als sein Geschäftspartner und Vertreter für Indien erkoren.

Diese Verbindung mit der Firma Jay-Key-elmass und die hohen Investitionen, die Jakob leistete, führten zu keinem erfreulichen Ergebnis.

Gegenseitige Abmachungen und Verträge wurden vom indischen Partner sorglos unterzeichnet, jedoch nicht eingehalten.

Das technische Know-how wurde von Bobby entgegengenommen, nach seinen Gutdünken abgeändert und an interessierte Häuser verkauft, ohne Jakob zu fragen, ohne ihn zu informieren, ganz zu schweigen von einem Bonus, der dem Erfinder aus der Schweiz zugestanden hätte.

Anlässlich eines Geschäftsbesuches von Jakob in Bangalore musste dieser unter die Affäre Indien einen endgültigen Strich ziehen, das Geschäft Indien abschließen.

Bekanntschaft fürs Leben

Auf der Poststelle Les Charmilles in Genf arbeitete Lily Dätwyler, eine junge, hübsche Dame aus Bottenwil im Aargau.

Eines Samstagabends, Bobby kam zu jeder für ihn passenden Zeit, klopfte Madame Oechslin an Jakobs Zimmertür.

Jakob war gerade dabei, Schulaufgaben zu erledigen. „Monsieur Buhrer, c'est un monsieur qui demande pour vous," Jakob durfte, wenn Besucher zu ihm kamen, im Erdgeschoss unten im kleinen Salon seine Gäste empfangen. Madame Oechslin fragte dann, ob ein Kaffee oder Tee gewünscht werde und erinnerte jeweils ihren Mieter: „Monsieur Buhrer, s'il vous plaît jusqu'à 22 heures."

An diesem Abend blieben dem Besucher noch 45 Minuten, um seine Bitte an Jakob zu richten: „James, what should be considered when going out with a lady?"

Jakob fragte Bobby, was für eine Dame er einzuladen gedenke, wann und wohin er die Dame führen möchte. Lily Dätwyler von der oben erwähnten Poststelle sei die Dame. Ins Kino möchte er sie einladen. In was für einen Film, fragte Jakob. Die Glenn Miller Story wollte er mit ihr besuchen. Den Film nochmals ansehen, zu dem ihn Jakob am letzten Samstagabend eingeladen hatte.

Eine gute Sache, antwortete Jakob, ich empfehle dir, die Dame vorgängig zum Nachtessen einzuladen.

Weil Bobby ein sehr geiziger Mensch war, gefiel ihm Jakobs Vorschlag nicht, darum bat er Jakob mit von der Partie zu sein. Jakob war klar, wer die Zeche für die Nachtessen zahlen sollte, natürlich er. Aber die Kino-Eintritte für Fräulein Dätwyler und für Jakob habe der Bittsteller zu bezahlen.

Jakob begleitete an jenem Samstagabend Bobby mit seiner Dame, der Dame Lily Dätwyler, die Jakob bis dahin unbekannt war, zum Nachtessen ins Restaurant Carusell, in nächster Nähe beim Kino.

Nach dem Essen verabschiedete sich Jakob von Bobby und Lily.

Am nächsten Montagmorgen versorgte Bobby seinen Freund Jakob mit dem ausführlichen Bericht, wie es war im Kino und beim nachherigen Begleiten der Dame in ihr Zuhause.

Dieser samstägliche Kontakt hatte zur Folge, dass Lily Dätwyler durch den Inder Bobby am 03. Juli 1964 Jakobs Ehefrau wurde.

Elektro-Erosion

Darunter versteht man den Abbau von Material eines elektrisch leitenden Körpers durch rasante Entladungen eines künstlich aufgebauten Spannungspotenzials zwischen dem elektrischen Plus- und dem Minuspol.

Im Gegensatz zur Metallzerspanung mit den herkömmlichen Zerspanungs-werkzeugen trägt die elektroerosive Zerspanung das Material nicht im Schälverfahren ab. Das elektroerosive Abtragen von Metallmolekülen geschieht durch den Ausgleich des Potenzials eines starken elektrischen Feldes zwischen zwei elektrisch leitenden Teilen.

Der eine Teil, positiver Pol, ist das Werkstück, dem man eine bestimmte Form geben will. Der andere Teil ist das Werkzeug, eine Kupfer-Elektrode, negativer Pol, deren Außen-Konturen dem Werkstück genau spiegelbildlich der Kupfer-Elektrode die Form gibt.

Zwischen den beiden Teilen, Kupfer-Elektrode, das Werkzeug, und dem zu bearbeitenden Teil, das Werkstück, wird kontrolliert ein elektrisches Feld aufgebaut. Beim spontanen Ausgleich des elektrischen Feldes zwischen den beiden Polen werden je nach Intensität des elektrischen Feldes größere, oder kleinere Materialmoleküle aus dem Molekülgitter des Werkstücks herausgerissen.

In den Jahren zwischen 1954–1957 war die elektroerosive Metallbear-beitung noch in den ersten Anfängen.

In der Praxis konnte diese Metallbearbeitung noch nicht rentabel angewendet werden. Manche Komponenten im Ablauf des Potenzialausgleichs des elektrischen Feldes mussten noch erforscht und optimiert werden.

Metallzerspanung durch Elektroerosion

Unter Elektroerosion versteht man seit Jahrhunderten den Vorgang, wenn zwischen zwei elektrischen Leitern ein Kurzschluss, Potenzialausgleich, stattgefunden hat. Der Gegenstand, ein elektrischer Leiter oder ein elektrisch leitender Fremdkörper, konnte der Urheber eines Kurzschlusses sein. Wenn durch oben erwähnte Fremdkörper die beiden Pole unter elektrischer Spannung verbunden werden, dann spricht man von einem Kurzschluss.

In den Anfängen, wo die Elektrizität als Energieträger genutzt wurde, wurden im elektrischen Stromkreis träge oder keine Sicherheitselemente eingebaut, was zur Folge hatte, dass nach einem Kurzschluss am Berührungsort einer der Leiter einen Material-Ausriss und am andern einen Material-Aufbau aufwies. Dieser Materialaustausch vom einen zum anderen elektrischen Leiter entstand durch die rasante Entladung des elektrischen Potenzials, Feldentladung, welches vor dem eingeleiteten Kurzschluss zwischen den beiden Polen herrschte.

Sein neuer Arbeitsplatz

In der Entwicklungs- und Forschungsabteilung Elektroerosion bei Charmilles SA ging Jakobs Wunsch in Erfüllung. Das Suchen, das Finden und das Verfolgen der elektrischen Eigenschaften verschiedener Komponenten im elektrischen Feld fesselten Jakobs Interesse am Tüfteln.

Die Wanderung der Elektronen in Leitern aus verschiedenen Materialien. Der Aufbau elektrischer Felder mittels verschiedener Kondensatorenbatterien. Die Eigenschaften der Entladung der Spannungspotenziale elektrischer Leiter in verschiedenen Dielektrizitäts-Flüssigkeiten. Das Auslösen der elektrischen Feldentladungen, all das verfolgte Jakob mit großem Interesse.

Jakobs Arbeitskollegen, alles englisch und französisch sprechende Fachleute aus den Fachrichtungen Chemie, Elektrotechnik, Physik und Mathematik, hatten ihm nach kurzer Zeit des sich gegenseitig Kennenlernens in erfreulicher Kollegialität geholfen, die im Team üblichen Fachsprachen Englisch und Französisch in der Praxis anzuwenden.

Die Versuchsabteilung wurde von Monsieur Théo Guérin geleitet. Ein Praktiker mit fundierten Fachkenntnissen. Ein Mensch mit hohem Vertrauen gegenüber den Mitarbeitern in seiner Abteilung. Jakob fand nach kurzer Zeit mit Herrn Théo Guérin in persönlicher Hinsicht einen guten Kontakt. Der vorbildliche Werkstattchef bot immer seine Hilfe an, wenn es darum ging, eine Idee in die Praxis umzusetzen. Monsieur Guérin war offen für Diskussionen, wenn ein Teil, in seiner Abteilung hergestellt, geändert oder optimiert werden musste.

Jakobs engste Arbeitskollegen Nicolai Groundycheff, Oleg Mironoff, Jean Pfau und René Vors pflegten mit Jakob noch Jahre nach seinem Austritt aus der Firma Charmilles S.A. Kontakte.

Auf Fachmessen der Maschinen- und Werkzeugindustrie für die Metallbearbeitung, wo seine Firma elmass® ihre Produkte zeigte, besuchte ihn meistens eine Gruppe oder ein einzelner dieser ehemaligen Charmilleskollegen.

Freizeit mit Damen

Die Kollegen Robert bei Sécheron, Walter bei CERN, Werner bei UBS-Bourse und Jakob bei Charmilles trafen sich jeden Freitag, spät am Abend im Bahnhofrestaurant Cornavin zum Spaghetti-Essen. Danach ging's zum Casino-Genève, um Geld auszugeben und Einsätze zu gewinnen.

Jeder der vier setzte zwei Franken ein. Wenn einer gewann, wurde der Erfolg unter den Kameraden aufgeteilt, wenn nichts gewonnen wurde, dann trennten sich die Kollegen mit guten Wünschen zum Wochenende.

Wenn Schulferien waren, beschloss man für den Samstag einen Ausgang, mit bekannten Mädchen zum Minigolf spielen.

Die oben erwähnten Kollegen führten an freien Wochenenden Damen aus, zum Minigolfen in der Anlage Bois-des-Frères.

Die Kolleginnen Agapi, Tochter eines griechischen Reeders, Arlette, Tochter eines Poulet-Mästers, Annelies, Sekretärin bei Jean Gallay SA., und Noelle, Sekretärin bei Sécheron, luden die Jungs nach dem Minigolfspiel zum Spaghetti-Essen ein, das bei einem der Mädchen stattfinden durfte.

Wenn in der Sommersaison die vier Freunde genügend liquid waren, dann wurde eine Freitagabend-Fahrt auf dem Tanzschiff festgelegt. Jeder Kollege lud für die Fahrt mit dem bekannten Tanz-Schiff ein Mädchen ein.

Selbstverständlich wurde der weiblichen Begleitung der Eintritt aufs Schiff, das Nachtessen und der Tanzbändel offeriert. Den ganzen Abend wurde in französischer Sprache kommuniziert. Diese Form wurde vor jedem Ereignis festgelegt, denn alle mussten alles verstehen, zudem war klar, dass die Deutschschweizer die Sprache optimieren mussten.

Das speziell ausgestatte Schiff fuhr dann, während das Abendessen serviert wurde, bis auf die Höhe Nyons, ankerte drei Stunden in der Seemitte, wo das Tanzen mit ausgewählter Musik begann.

Nach einigen Runden Tanz begannen die vier Kollegen zu fachsimpeln, was bei den Mädchen einen unvergesslichen Frust auslöste.

Unter den Genfer Schönheiten wurde bald bekannt, dass es kein Vergnügen sei, die vier bekannten Deutschschweizer aufs Tanzschiff zu begleiten.

Mit dem Privatflugzeug

Mit René Gallay, Sohn der Firma Jean Gallay SA., dort wo Annelies Sekretärin war, hatte Jakob Verbindungen aus dem Technikum. René musste auf Vater Gallays Wunsch das Abendtechnikum besuchen. Auf diese Weise machten René und Jakob Bekanntschaft. René hatte schon durch Annelies von Jakob, der Blechverkleidungen für die Erosionsmaschinen von Gallay SA bezog, gehört.

Auch für den Prototypen der Affûteuse electrique, die Jakob unterstellt war, hatte die Firma Gallay die Verkleidung geliefert. René hatte den Jahrgang von Jakob, Fils René der ungenierte Sohn, hatte keine Skrupel, Jakob zu fragen, Arbeiten für die Schule zu lösen. Auf diese Weise kamen sich die beiden persönlich näher. René verbrachte manchen freien Tag in Jakobs Zimmer, mit Richtung Süden gelegenem großen Balkon. Dort lernten die zwei Kollegen für die Schule.

Als Gegenleistung für Jakobs Unterstützung, lud René seinen Freund aus der Deutschschweiz zu manchem Flug mit Papas Tiefdecker ein.

Die Ausflüge reichten manchmal bis Annecy, von dort ging es zurück über den Salève. Einmal zu Jakobs Überraschung im Sturzflug über dem Salève, auf die Restaurantterrasse zu, wo die Menschen drohend ihre Arme reckten, bekam René einen Rüffel seines Vaters. Jene Flugakrobatik kostete René 300,00 Fr. Buse und drei Monate Flugsperre.

KINO

Im Sommer 1955 war Jakob vom Film Glenn Miller Story, der zu jener Zeit in Genf Premiere feierte, so angetan, dass er viermal die gleiche Vorführung besuchte.

Das erste Mal mit Agapi, das zweite Mal mit Annelies, das dritte Mal mit Noelle und das vierte Mal mit Werner.

Diese Eintrittsgeschenke machte Jakob aus lauter Freude am Film und in Erinnerung an das Konzert von Louis Armstrong im Jahr 1952 in Luzern.

Werner und die eingeladenen Kolleginnen waren allesamt begeistert von Glenn Millers Sound. Der Inhalt des Films zeigte in persönlicher Hinsicht die Tragik eines Lebens und von der Musikkarriere, die Glenn Miller erkämpfen musste.

Janot, der Retter

Eins Tages wurde Jakob zu Direktor Fontana gerufen. Monsieur Fontana eröffnete dem jungen Angestellten die Möglichkeit, für Charmilles SA drei Jahre nach den USA zu ziehen, das Elektro-Erosions-System bei einer neu zu gründenden Filiale einzuführen.

Jakob bedankte sich bei seinem Förderer sehr und antwortete Monsieur Fontana; „Monsieur Fontana, je vous remercie, mais je veux ma propre entrepriese dans deux ans. J'ai l'idée d'achter une machine d'éléctroérosion de la maison Charmilles SA, pour faire connâitre le système d'éléctroersoion sur le marché."

Im ersten Moment war Monsieur Fontana sichtlich enttäuscht, nach kurzem Überlegen antwortete er aber: „Jaques, une bonne idée de vous. Je suis heureux si vous êtes prêt pour votre entreprise, mais restez encore au moins deux ans chez Charmilles SA."

Janot Lefèvre, ein enger Arbeitskollege von Jakob, trat an die Stelle vom Deutschschweizer.

Jakob war zu Janots und seiner Verlobten Michèle Hochzeit eingeladen.

Nach einem Jahr des Angebots an Jakob verließ das jungvermählte Paar die Schweiz Richtung USA.

Trudi Brändlin, aus dem gleichen Dorf wie Jakob, verfolgte Jakob, wo sie nur konnte. Die von Jakob unerwünschte Dame dachte sich aus, wo der um einige Jahre jüngere Jakob sich aufhalten könnte. Weil Jakob schon seit längerer Zeit sein eigenes Telefon besaß, fand die Unermüdliche Jakobs Wohnadresse heraus.

Odet Oechslin, Jakobs „Vorzimmerdame"

Madame Oechslin, die von ihrem Zimmerherrn über Trudi informiert worden war, schützte ihren Mieter mit Notlügen: „Non, madame, il n'est pas dans sa chambre."

Arbeitskollege Janot Lefèvre fuhr einige Male mit Jakob ins Seebad-Bâquis. Nicht selten tauchte dort auch Trudi auf. Wenn die Dame Jakob sichtete, steuerte sie freudig, weil sich ihres Erfolgs sicher, auf die beiden Kollegen zu, die sich beim Sonnenbaden überraschen ließen.

Jakob heuchelte immer Freude, dass er eine Herblinger Dame erblickte. Er erklärte Trudi nach kurzer Diskussion, dass es leider wieder nicht möglich sei, sie am Abend zu treffen, weil er sehr viel zu lernen habe. Janot Lefèvre fand immer entschuldigende Worte, die Jakob unterstützten, ihn aus einer unbeliebten Bekanntschaft zu entfernen.

Erfindungen

Als Angestellter sind Jakobs Erfindungen, wie im Angestelltenvertrag festgelegt, immer an seinem Arbeitsort in das Eigentum des Arbeitgebers übergegangen. Die Direktion der Firma Charmilles SA sandte jeweils an Jakobs Adresse einen Dankesbrief für seine der Direktion vorgelegten Ideen.

Jedes Mal, wenn eine seiner Arbeiten als Erfindung international anerkannt wurde, hatte Jakob am Ende des Monats einen höheren Monatslohn in seinem gelben Lohnbeutel.

Seine Ideen bezogen sich hauptsächlich auf das Gebiet der Sicherheiten im Erosions-Maschinenbau.

Den Monatslohn erhielten die Angestellten jeweils zwischen dem 25. und dem 27. des laufenden Monats.

Ernest Fournier, aus einer reichen Familie stammend, war bei Charmilles SA als Elektro-Ingenieur angestellt. Ernest war ein liebenswürdiger Mensch der Sorte, die die Meinung vertrat, Theorie sei das Höchste im Leben. Für die Praxis hatte Ernest zu wenig Zeit.

Ernest lebte mit seiner hübschen Frau und den drei Kindern in Genf. Am Ende eines Monats holte ihn seine Frau, manchmal mit den Kindern, vor der Firma ab. Das Büro hatte er neben Jakobs Arbeitsplatz. An einem Nachmittag, kurz nachdem der Geldbote die Salaire ausgehändigt hatte, kam Ernest zufällig in Jakobs Arbeitszimmer mit der Frage, ob er wissen dürfe, wie hoch Jakobs Salair sei. Jakob voll Vertrauen, legte dem Arbeitskollegen seine Lohnabrechnung vor. Die Nettosumme von Jakobs Salaire war Fr. 70,00 höher als die von Ernest.

Jakob dachte in den folgenden Tagen über die Differenz der Lohn-Summen nach.

Jakob, der jüngere Kollege, allein haushaltend„ verdiente Fr. 70,00 mehr als der Familienvater Ernest mit drei Kindern, wohnhaft im teuren Genf.

Jakobs Gewissen plagte ihn, weil er diese Lohndifferenz als ungerecht empfand. Der junge Arbeitskollege von Ernest Fournier bat bei Monsieur Fontana um ein Gespräch, das ihm am nächsten Tag gewährt wurde.

„Jacques quelle est la raison pour laquelle vous voulez avoir une conversation avec moi?"

Jakob erklärte Monsieur Fontana den Grund, der ihn zu ihm führte.

Monsieur Fontanas Antwort war: „Vous êtes Jacques qui present des inventions et Monsieur Fournier est Ing. Ernest Fournier."

Hochgebildete, der Praxis ferngebliebene Menschen müssen manchmal negative Erfahrungen machen.

Wenn ihre Arbeiten in der Praxis zur Anwendung kommen, müssen deren Prototypen funktionieren.

Nach dem Gespräch mit Monsieur Fontana kam Jakob ein Gedicht von Ferdinand Freiligrath in den Sinn, das die Schüler im GEGA beim unvergesslichen Lehrer Rugel auswendig gelernt hatten –

Wer den wuchtigen Hammer schwingt,
wer im Feld mäht die Ähren,
wer ins Mark der Erde dringt,
Weib und Kinder zu ernähren,
wer stromab den Nachen zieht,
wer bei Woll und Werg und Flachse
hinterm Webstuhl sich müht,
daß sein blonder Junge wachse:

Jedem Ehre, jedem Preis!
Ehre jeder Hand voll Schwielen!
Ehre jedem Tropfen Schweiß,
der in Hütten fällt und Mühlen!

Ehre jeder nassen Stirn
hinterm Pfluge! – doch auch dessen,
der mit Schädel und mit Hirn
hungernd pflügt, sei nicht vergessen.
Ferdinand Freiligrath

Eigenständiges Arbeiten

Während der Arbeitstage und manchmal auch am Wochenende konnte Jakob seine Arbeiten selbst organisieren. Wichtig war ganz einfach, dass z. B. ein Prototyp einer Senkerodiermaschine oder einer auf Elektroerosion basierenden Schleifmaschine auf der nächsten internationalen Fachmesse in tadelloser Funktion vorgeführt werden konnte.

Jedes Jahr ein Inder

Jakob war kaum drei Monate an seinem neuen Arbeitsplatz, da wurde er zu Monsieur Fontana gerufen.

Wie schon oben angedeutet, erhielt er den vertrauensvollen Auftrag, am Flugplatz Cointrin einen jungen Mann aus Indien abzuholen. Den Fremden an seine zukünftige Wohnadresse zu führen, ihn seiner Zimmervermieterin vorzustellen und mit ihm in die Stadt zu gehen, um ihn mit dem Nötigsten auszustatten.

Diese Inder, die jeweils neben Jakob ihren Arbeitsplatz bezogen, waren in den Anfängen unbeholfen, einem wie Kletten anhängend, manchmal eine bei der Arbeit störende Tatsache. Dennoch durfte man sie nicht abweisen. Sie haben sich, ohne Ausnahme, anständig und freundlich aufgeführt.

Der letzte Besucher aus Indien, von seinen Kollegen mit dem Namen Bobby angesprochen, kam eines Abends bei Jakob zu Besuch.

Gewöhnlich wurde über die Arbeit diskutiert. Gemeinsam wurde die französische Sprache geübt. Hin und wieder, wenn es die Schularbeiten zuließen, begleitete Jakob seinen indischen Lernenden in die Stadt, um miteinander ein Nachtessen einzunehmen.

Im Lauf eines dieser Abende mit Bobby fragte dieser Jakob, wie man sich mit einer Dame verhalten solle. Jakob fragte seinen Begleiter, was er mit dieser Frage meine. Es sei so, antwortete dieser, er habe eine hübsche Dame, die auf dem Postamt Les Charmilles arbeite, für einen Besuch ins Kino eingeladen. Jakob wunderte sich und fragte, welches Kino er mit dieser Dame besuchen möchte. Bobby antwortete, es handle sich um eine Erstaufführung der Glenn Miller Story.

Jakob gab Bobby die einfachsten Verhaltensweisen, mit der Nebenbemerkung, dass er gut daran täte, die Dame vor dem Kinobesuch zum Nachtessen einzuladen.

Bobby fragte, wie er nach dem Kinobesuch vorgehen solle. Jakobs Antwort war, die Dame nach Hause zu begleiten und sich anständig von ihr zu verabschieden.

Als Jakob von Charmilles SA aus Genf seinen Abschied gab, hatten drei junge Inder vom wegziehenden Deutschschweizer die europäischen Tagesabläufe oberflächlich kennengelernt.

Später, Bobby arbeitete noch in der Firma Charmilles, besuchte er Jakob in Herblingen. Bobby war einige Tage Gast bei Jakobs Eltern. Jakob wanderte mit seinem Freund aus Bagalore über den Randen, bestieg mit ihm den Hagengturm, grillierte mit ihm an den Feuerstellen des Gutbucks, des Zelglis und vor dem Schleitheimer Randenturm. Jakob bestieg mit seinem ehemaligen Arbeitskollegen den Felsen im Rheinfallbecken, wanderte dem rechten Rheinufer entlang vom Schloss Laufen bis zur Schifflände in Schaffhausen. Mit dem Schiff fuhren Lily, Jakob und Bobby von Schaffhausen bis Stein am Rhein.

Jakob unternahm mit seinem Gast aus Indien eine kleine Flugreise vom Schmerlat bei Neunkirch, westlich am Üetliberg vorbei über Baar dem Zugersee entlang, über Goldau das Schächental hinauf, über den Klausenpass, eine Runde um den Säntis und auf direkter Linie zurück zum Schmerlat.

Abendstudium

Seine Arbeitsstelle bei Charmilles S.A. war sehr interessant und lehrreich.

Umgeben von guten Arbeitskollegen konnte er sich tatkräftig für Neues einsetzen. Jede Idee von ihm, manchmal in der Nacht aufgezeichnet, welche als Patent deklariert wurde, konnte Jakob in vollem Vertrauen seinem höchsten Chef, Monsieur Fontana, oder dem Physiker Monsieur Jean Pfau vorlegen.

An den Abenden von Montag bis Freitag begab sich Jakob nach Arbeitsschluss auf den kurzen Heimweg, um seine Schulsachen zu fassen. Auf dem Weg zur Schule kaufte er sich im kleinen Tante-Emma-Laden an der Ecke Avenue Wendt/Rue Liotard das Essen für den Abend. Seine Abendessen bestanden meistens aus einer Büchse Bohnen, die er im Heißwassertopf wärmte. Zur Abwechslung gab es Käse mit Brot, ein Rauchwürstchen mit Brot, Tomaten oder anderes Gemüse, je nach Jahreszeit. Kräutertee als heilendes Getränk. Allgemein bestand sein Essen aus Nahrungsmitteln, die seine Leber am besten vertragen konnte.

In der Schule erlebte Jakob hochgradig ausgebildete Lehrer. Professor André Chavanne in Elektrotechnik, Ingenieur Charles Roth in Mathematik, Ingenieur Albert Dupraz in Festigkeitslehre und Mechanik und Dr. ès sciences René Dupraz unterrichtete in Physik.

An der Feier im Genfer Viktoria Hall wurde an Jakob ein Diplom vom Kanton Genf überreicht. Dieser öffentliche Anlass ließ einen jungen Genfer aufhorchen.

Fritz Wehrlis Schwester Elsa, beide an der Lebernstraße in Herblingen aufgewachsen, war mit einem Genfer verheiratet. Ein Sohn dieser Schwester war am Abend der Diplomfeier im Viktoria Hall anwesend. Dieser Sohn hörte den Namen, das Geburtsdatum und die Erwähnung des Heimatorts von Jakob. Er erzählte das Gehörte seinen Eltern, worauf seine Mutter ihrem Bruder in Herblingen Bericht erstattete. So kam die Kunde des Ausgezeichneten ins Dorf, wo Jakob seine Jugend verbrachte.

Freizeit

Jakob war nie von Langeweile befallen. Währen der Schulferien nutzte er seine Freizeit immer so gut wie möglich.

Mit Robert, Walter und Werner absolvierte Jakob, schon immer ein guter Schütze, das obligatorische Militär-Schießprogramm beim Schießverein in Satigny. Auf ihren Velos fuhren die vier Kollegen, ihre Karabiner geschultert, an einem festgelegten Samstag hinaus ins Dorf, nicht weit entfernt von der Landesgrenze zu Frankreich. Dort freuten sich die vier Schützen, wenn jeder sein Programm mit Erfolg beendet hatte. Bei einem Servelat vom Grill und einem Bier wurden die Schießresultate verglichen. Mit dem Bestehen dieser obligatorischen Übungen hatten die vier Kollegen wieder eine Aufgabe, die jedes Jahr zu erfüllen war, hinter sich gebracht. Ein guter Grund, den Nachmittag in freudiger Gesellschaft zu verbringen.

Walter Gröbli, ein Kollege, mit dem er vorschriftsgemäß in französischer Sprache verkehrte, arbeitete als Konstrukteur bei der CERN. Jakob wurde von Walter an manchen Freitagen eingeladen, das Forschungszentrum zu besichtigen. Jakob durfte an einem Nachmittag bis zum Teilchenbeschleuniger vordringen, der kurz vor seiner Vollendung stand. Dort erklärte eine Frau Dr. in Physik dem interessierten Fragensteller Aufbau und Ablauf des Vorgehens der immensen Anlage.

Die Meteorologische Station im Flughaufen Cointrin bediente Monsieur Maximilian Letestu, Dr. ès. Physik.

Dr. Letestu arbeitete auf privater Basis bei Charmilles SA in der Abteilung F. + E. Er hatte durch seine Forschungsarbeiten enge Kontakte mit Jakob. Durch die persönliche Verbindung mit Jakob lud Monsieur Letestu Jakob ein, bei Gelegenheit die Meteorologische Station am Flughafen zu besuchen. In den Räumen hoch über dem Flughafen wurde Jakob in das interessante Gebiet der Wetterforschung eingeführt.

An Winterwochenenden fuhr Jakob manchmal mit drei Kollegen in die Savoyerberge.

Unvergessliche Ski-Wochenenden erlebten die Freunde in den Bergen von Combloux, Megève, St. Gervais.

Werkzeugmaschinen auf Basis der Elektro-Erosion

Seine Arbeitgeberin, die Charmilles S.A., hatte ihm bald das Vertrauen entgegengebracht, welches die Charmilles S.A. auch vom Deutschschweizer empfing. Jakob durfte aus freien Stücken die Zulieferanten wählen, welche der Firma auf der neuen Linie der Werkzeugmaschinenhersteller am besten dienten.

Jakobs Vorschläge zu Einkäufen von standardisierten Fremdprodukten, von Produkten, die bereits auf dem Mark erhältlich waren, wie z. B. mechanische Filteranlagen, Elektro-Gleichrichter, Graugussteile, Hydraulikanlagen, elektrische Leistungsanlagen und Transformatoren, wurden von seinen Chefs vertrauensvoll abgesegnet.

Anlässlich eines Montagmorgen-Meetings eröffnete Maschinen-Ingenieur und Vizedirektor Monsieur Fontane folgendes Gespräch an die vollbesetzte Gesprächsrunde: „… d'près moi, on peut croire que nous fabriquons une machine Schaffouseoise …"

Diese Feststellung tat er, weil der Maschinensupport aus Grauguss von G+F Schaffhausen, die elektrischen Leistungsteile von CMC Schaffhausen und die Hydraulikanlagen von SIG Neuhausen am Rheinfall bezogen wurden. Des Angesprochenen kurze Antwort lautete: „… l'essentiel est, nous machines fonctionnent." Positives Kopfnicken von allen Seiten seiner Vorgesetzten und Arbeitskollegen bestätigten, die Richtigkeit von Jakobs Vorgehen.

An der Front

Auf nationale und internationale Fachmessen wurde Jakob als Vorführer der Erosionsmaschinen der Marke eleroda® delegiert. Damals konnte man noch eine Halle besichtigen, in der Werkzeugmaschinen und Werkzeuge vorgeführt wurden. Die EMO Hannover war eine Europäische Werkzeugmaschinen Ausstellung. Die IMTS in Chicago war eine internationale Ausstellung für Werkzeugmaschinen. Die AMB-Messe in Stuttgart wurde damals noch auf dem Killesberg abgehalten.

Jakob lernte durch seine Arbeit auf diesen Messen andere Länder und deren Menschen kennen. Diese persönlichen Kontakte haben ihm bei seinen späteren Markteintritten geholfen.

Während seiner Genfer Zeit hatte er gelernt, wie als Selbstständiger vorzugehen ist. Auf welche Art er sich in seinem späteren Beruf zu verhalten hat. Er hatte der Firma Charmilles S.A. alles gegeben, was in seiner Macht stand. Ein für beide Seiten fruchtbringendes, gegenseitiges Geben und Nehmen.

Gründung der eigenen Firma

Nach seinen Wanderjahren bezog Jakob den ausgeräumten und mit der Hilfe seines Vaters zu einer Werkstatt umfunktionierten, leer gewordenen Kuhstall.

Die siebte Senkerodiermaschine, eleroda® des Typen D1, eine Vorführ-Maschine, die er auf verschiedenen Fachmessen vorgeführt hatte, konnte Jakob zu einem, für seinen Betriebsanfang als Selbstständiger, günstigen Spezialpreis von Charmilles S.A. erwerben.

Als Jakob sich im Heimatdorf selbstständig gemacht hatte, stellte er aus eigener Initiative Musterstücke für die Verkaufsabteilung von Charmilles S.A. her. Durch diese Art von freiwilliger Dienstleitung hatte er noch Jahre nach seinem Austritt mit den engsten Charmilles-Bekannten Kontakte gepflegt.

Seine ehemaligen Arbeitskollegen haben ihm für seine praktischen Arbeiten, ausgeführt auf der eigenen ersten Senkerodiermaschine, Kundenkontakte vermittelt. Solche Kundenkontakte waren wichtig, um den Interessenten, meistens aus dem Werkzeuge- und Kunststoff-Formenbau, die neue, damals unbekannte, schwer verständliche Zerspanungsmethode Elektroerosion vertraut zu machen.

Dadurch erhielt Jakob anfangs Aufträge, verhalten vorsichtig, für seine spezielle Lohnfertigung auf dem Gebiet der elektroerosiven Metallzerspanung. Durch diese praktischen Arbeiten fanden die interessierten Firmeninhaber das Vertrauen in die damals in aller Welt neuen Zerspanungsmethode.

Charmilles S.A. erhielt dadurch zögerlich Bestellungen für Senkerodiermaschinen. Jakob hatte in vielen Betrieben, Neukunden von Charmilles S.A., die Operateure an den eleroda® Senkerodier-Maschinen eingeschult. Jedes Mal wenn wieder eine solche Einschulung stattgefunden hatte, wusste der Jungunternehmer, dass er wieder einen Kunden für seine Firma verloren hatte.

Weil Jakob keine Geschwister hatte, durfte er mit großzügigen Unterstützungsbeiträgen seiner Eltern seinen Betrieb aufbauen.

Vater Jakob und Mutter Anna verschafften ihrem Sohn durch ihr großzügiges Entgegenkommen die Liquidität für Ankäufe verschiedener, im Vergleich zu landwirtschaftlichen Maschinen, teuren Werkzeugmaschinen.

Zur eleroda® musste unbedingt eine gute Tischbohrmaschine Marke Fehlmann angeschafft werden. Dazu eine Universaldrehmaschine der Marke Schaublin.

Zur damaligen Zeit kostete ein Pferd für den Landwirtschaftsbetrieb zwischen 3'000,00 und 5'000,00 Franken. Im Vergleich zum Preis von 100 Liter Kuhmilch oder von 100 kg Weizen betrug die Anfangsbeschaffung für Jakobs Firma eine horrende Summe.

Die Tischbohrmaschine lieferte ihm sein ehemaliger CMC-Stiftenkollege Ernst Bürgi, Verkaufschef bei Bölsterli, Maschinen- und Werkzeughandel in Schaffhausen, für die Summe von drei guten Arbeitspferden, nämlich für 14'000,00 Fr. Dazu musste noch zur allermindesten Grundausführung ein Kreuztisch angeschafft werden, nochmals 5'700,00 Fr. Ohne den hätten Jakob und Hugo, sein erster Angestellter, keine Kupferelektroden herstellen können. Kupferelektroden sind die Grundwerkzeuge für das Ausführen von Senkelektroerosionsarbeiten.

Sauerstofffreies Elektrolytkupfer

Die Kupferelektrode ist, bei der Anwendung der Senkerosionstechnik, das Hauptteil, von dem die präzise Sollform eines Werkstückes abhängt.

Immer mehr nötige Werkzeugmaschinen aus Schweizer Produktion, wurden in die Werkstätten von Jakob gestellt. Sämtliche diese sehr teuren Maschinen wurden bar bezahlt.

Immer vielfältiger wurden dadurch die Möglichkeiten, Präzisionsarbeiten auszuführen.

Durch die nach den Kundenwünschen ausgeführten Arbeiten, die Hugo Wegmann, der im Besitz des schweizerischen Werkmeister-Diploms war, ausführte, entstanden zur Freude der beiden Elektroerosions-Spezialisten mehr und vielseitigere Anforderungen, die erfüllt sein mussten.

Hugo war ein ausgewiesener, exakt arbeitender Fachmann. Ihm konnte Jakob sein volles Vertrauen schenken.

Hugo war, bevor er in Herblingen aktiv werden konnte, mit Jakob drei Monate bei Charmilles SA zur Einarbeitung in die elektroerosive Metallzerspanungs-Technologie. Für Hugo war dies eine neue, unbekannte Art der Metallbearbeitung, zu der er schnell Zugang fand. Hugo besaß ein großes technisches Können. Hugo war bekannt für präzises Arbeiten.

Die beiden wurden schnell zu sich gegenseitig ergänzenden Partnern, im Suchen und Finden neuer Methoden, durch das Arbeiten mit der neuen Zerspanungsmethode, der Elektroerosion. Sie ergänzten sich so gut, dass sie dadurch breitgefächertes Know-how auf dem Gebiet dieser, damals noch unbekannten Metallzerspanung entwickelten.

Dieses Know-how haben sie möglichst jedem Käufer einer eleroda® D1 Senkerodiermaschine weitergegeben, mit dem Resultat, dass die Firma elmass®-Verkäufe von Erosionsmaschinen generierte und dadurch immer mehr Lohnkunden verlor.

Die Eingemeindungsgeschichte

Nach seiner Rückkehr ins Heimatdorf Herblingen fühlte sich Jakob als Fremder.

Seine ehemaligen Schulkameraden, die Söhne und Töchter von Bauernfamilien, waren zum Teil weggezogen.

Die Daheimgebliebenen sahen skeptisch auf den Zurückgekehrten herab. Es kam im Turnverein und im Schießverein zu Mobbing und Zickereien, übertragen von Frauen auf ihre Söhne oder auf ihre Brüder, ehemalige Kameraden, die mit Jakob die Schule besucht hatten. Sie verhielten sich gegenüber Jakob plötzlich befremdend.

Eine kameradschaftliche, vertrauensvolle Verbindung zwischen seinen Vereinskollegen war größtenteils nicht mehr möglich.

Der Stägä, wie Jakob genannt wurde, der Neuankömmling mit seiner Firma, der passte nicht mehr zu den nie fremdes Brot gegessenen Herblingern.

So fühlte sich Jakob immer wieder hinterhältig gemobbt im Kreis der Dorfgemeinschaft.

Diese Auffassung musste Jakob langsam haben, weil er von den Verantwortlichen des Turnvereins und des Schießvereins nicht zu allen Anlässen eingeladen wurde.

Jakob wurde nur noch zu Vereinsanlässen eingeladen, wo Hilfe nötig war, z.B. bei der Durchführung von Turnfesten, wo gute Resultate an den Geräten und in der Leichtathletik sowie gute Schießresultate gefragt waren.

Einführung des Senkerosionsverfahrens im Großkonzern.

Bei Sulzer in Winterthur hatte Jakob eine Fertigungsstraße mit der neuen Zerspanungsmethode Elektroerosion für das Bearbeiten von Gasturbinenschaufeln eingerichtet.

Zu der ELEKTROEROSION haben Jakob und Hugo auch alle vorkommenden mechanischen Arbeiten ausgeführt. Solche Lohnaufträge führten sie aus, um die Liquidität in ihrem Betrieb zu halten.

Nach der Inbetriebsetzung der Fertigungsstraße bei Sulzer verlor die elmass einen seiner wichtigsten Kunden.

Hilfe in der Not

An einem Samstagvormittag kam eine Bäuerin, kurz bevor Hugo und Jakob das wohlverdiente Wochenende antreten wollten, auf den Hof vor dem Haus zur Stege. Jakobs Vater begleitete diese Dame in die Werkstatt, wo Hugo und der junge Betriebsinhaber Wochenrückschau hielten.

Der Dreschmaschinen-Elektromotor, ein Monstrum, das die Dreschmaschine und die Strohpresse in Bewegung setzte, sei blockiert. Frieda, die Bäuerin, jammerte, die ganze Helferschaft hätten sie heimschicken müssen, weil nichts mehr gehe im Korndreschbetrieb.

Zu jener Zeit wurden die Gersten-, Hafer-, Roggen- und Weizenernten nach Terminplan in den Scheunen der Landwirte gedrescht.

Heina Müller, Universalmann und Organisator der Dreschabläufe, war ein unerbittlicher Chef, der seine Arbeiten sehr ernst nahm. Er war verantwortlich für die Dreschabläufe nach den vorgegebenen Daten. Die Bauern hatten sich an den Termin und ans Programm nach Heinas Berechnungen zu halten.

Wehe wenn ein Landwirt nicht rechtzeitig die Vorbereitungen zur Installation der Dresch- und Strohpressmaschine erfüllt hatte.

Nun stand diese Bauersfrau bei Jakob und Hugo im Kleinbetrieb elmass, für sie in der fremden und von den meisten Herblingern verrufenen Umgebung mit den Werkzeugmaschinen, von denen die Herblinger die grausigsten Schauermärchen erzählten.

Frieda war auch eine der Bauersfrauen, die nicht genug gegen die Initiative der Eingemeindung Herblingens in die Stadt Schaffhausen wettern und Stimmung machen konnte.

Die Gegnerschaft der Ur-Dorfbewohner wurde durch einen Politiker, der vor nicht langer Zeit aus dem Klettgau gekommen war, organisiert, weil Sohn Jakob, der Unterzeichner dieser Zusammenschluss-Initiative war, erst noch der fremde Fötzel darstellte, der, kaum war er wieder in Herblingen, allerhand Neues einführte.

Darum musste Vater Jakob seinen Landwirtschaftsbetrieb aufgeben.

Jakobs Vater war aus gesundheitlichen Gründen nicht mehr in der Lage gewesen, seinen Landwirtschaftsbetrieb weiterzuführen. Die Tiere mussten verkauft werden, die Gerätschaften gab Vater Jakob zu vorteilhaften Preisen an seine Berufskollegen weiter. Der Kuhstall im das Haus zur Stege wurde in eine mechanische Werkstätte umfunktioniert.

Der Umbau einer jahrzehntelang betriebenen Tradition und Sohn Jakobs Vorgehen in politischer Hinsicht waren den alteingesessenen Herblingern nicht verständlich zu machen. Die waren plötzlich wie vor den Kopf gestoßen. Für Alteingesessene, nie in der Fremde Gewesene war ein solches Vorgehen nicht zu verstehen.

Jakobs Vater schaute seinen Sohn aufmunternd bittend an. Sein Sohn verstand Vaters Bitte, schaute Hugo kurz in die Augen, dieser zwinkerte Jakob ein stummes Okay entgegen. Die beiden Fachmänner starteten sofort eine Aktion, die bald die Runde im Dorf machte.

Sohn Jakob bat die „Lebern"-Frieda, dafür zu sorgen, dass der Motorkarren in die Werkstatt gebracht wurde.

In ihrer Firma hatten Jakob und Hugo div. Buntmetalle und in vergütetem Stahl auf Lager. Darunter auch Lagerweißmetalle und Lagerbronze, geeignet zur Herstellung von Lagerschalen.

Die Einzelteile des zerlegten Elektromotors waren durch die vielen Betriebsstunden in argem Zustand.

Die Rotorachse hatte die beiden Hauptlager komplett durchgescheuert. Aus diesem Grund blockierte plötzliche der Motor. Ruhe herrschte in „Lebern-Bauers" Scheune.

Von jenem Samstagnachmittag bis zum nächsten Montagmorgen um ca. 04.00 Uhr waren die Arbeiten soweit fertig. Der Lebern-Heinrich, ein ehem. Schulkamerad von Jakobs Vater, Frieda Fischers Ehemann, konnte den Motorkarren bei der neuen, unerwünschten Firma abholen. Der Dreschbetrieb konnte durch den spontanen Arbeitseinsatz der beiden Jungunternehmer ohne Probleme weitergeführt werden.

Nach diesem Spontaneinsatz hatte Hugo seinem Chef einige Male vorgehalten, er habe einen viel zu tiefen Reparaturpreis verlangt.

Mit dieser Wochenendaktion hatten die Befürworter der Eingemeindung einige Ja-Stimmen für die Eingemeindungsinitiative gesichert.

Gemeindeversammlungen, die Fragen aufwarfen

An den Gemeindeversammlungen, Jakobs Vater war noch Gemeindeschreiber, wurden Geschäfte behandelt, die den jungen Jakob erstaunen ließen. Es wurden abendfüllende Traktanden behandelt, deren Langatmigkeit den jungen Jakob ungeduldig machten.

Ein Beispiel: Für die Anschaffung einer Kettensäge, die für die Forstverwaltung bestimmt war, musste ein Betrag von 3'500,00 Fr. besprochen werden. Kleinlicher konnte, für seine Ansichten, nicht vorgegangen werden. Eine Gemeindeversammlung mit ähnlichen Traktanden zu belasten, solche Geschäfte konnte Jakob beim besten Willen nicht unterstützen. In solchen kurz zu behandelnden Geschäften konnte sich der Forstverwalter Sigg mit seinen Auftritten profilieren, als müsste eine Fläche von zig Hektar Wald gerodet und neu aufgeforstet werden.

Vorstöße von Wichtigkeit für die zukünftige Ausführung der bitternötigen Infrastruktur auf Herblinger Gebiet, vorgetragen von Zuzüglern, die ihr Einfamilienhaus hier erstellt hatten, wurden von der Mehrheit des Gemeinderats unter den Tisch gekehrt.

Unter diesen Voraussetzungen erreichten mit der Zeit immer weniger Gemeindeversammlungen das nötige Quorum. Dies war verständlich, weil die Mehrheit der Alteingesessenen meistens gegen zukunftsweisende Anträge von Neuankömmlingen stimmten.

Die steuerzahlenden Stimmbürger fühlten sich mehr und mehr durch den Filz der Ur-Herblinger verschaukelt.

Diese Stimmung gefiel Jakobs Vater und dem Gemeindepräsidenten gar nicht.

Diese beiden waren mit dem einzigen Gemeinderat aus der sozialdemokratischen Partei immer in der Minderheit.

René, der kleine Bringolf

René Steiner, ein jüngerer Kollege von Jakob jun., war durch seine Veröffentlichungen in der Arbeiterzeitung Schaffhausen schon früher aufgefallen.

René, der kleine Bringolf, wie er genannt wurde, schon von Geburt an physisch benachteiligt, blitzgescheit, politisch interessiert, was er heute noch ist, hat die Einstellung des jungen Jakob gegenüber René aufmerksam gemacht.

René mit seinen offenen, unverdeckten Veröffentlichungen in der AZ Schaffhausen, hatte sich dann auch bei Jakob jun. beliebt gemacht.

Durch seine schonungslosen Aufdeckungen verheimlichter Aktionen in Politik und im Gemeindeleben von Herblingen hatte René Jakobs Sympathie gewonnen.

Trotz Renés Handicaps beim Laufen war er ein glühender Fußballspieler.

Mit seinen Freunden war René meistens dabei, wenn ein Fußballmatch auf der Höhe von Jakobs Elternhaus auf der Schwaderlochstraße mit Naturbelag ausgeführt wurde. Schwaderloch nannten damals die Dörfler die heutige Schlossstraße. Manchmal wurde ein Geraniumschössling vom Stock getrennt, wenn der Fußball seine Richtung zu hoch, zum Stubenfenster hinauf, eingeschlagen hatte. Das Fußballtor war das grüne Kellertor an der Hausfront zur Stege bei der Schlossstraße.

Jakobs Eltern waren immer sehr tolerant beim Lösen solcher Vorfälle. Der Ball wurde meistens durch Mutter Anna, für jeden Fußballspieler mit einem Apfel oder einer Honigschnitte, an die mit Sorge auf ihren Spielball wartenden Spieler zurückgegeben.

Die ELEKTROEROSION gewinnt am Markt

Die Lohnarbeiten durch Elektroerosion, die Jakob und Hugo als Hauptumsatzgeschäft in ihrem Betrieb ausführten, konnten mit der Zeit immer weniger Einnahmen vorweisen. Ihre besten Kunden in Lohnarbeit hatten eigene Erosionsmaschinen angeschafft.

Kurzzeitige Geschäftserfolge für elmass, die sich in der Abwanderung der Kundschaft ins Negative verlagerten, mussten zum Überleben mit neuen Ideen überbrückt werden.

Was tun, um in der Zukunft überleben zu können?

Weiter forschen und entwickeln

F+E pflegen, die Augen, das Hirn und die Ohren öffnen!

Gelernt bei allen seinen Tätigkeiten, die Jakob in den Betrieben seiner ehemaligen Arbeitgeber ausüben musste, befasste er sich wieder vermehrt mit Forschung und Entwicklung. Hugo war mit Jakob einig, dass auf dem Gebiet Neuentwicklungen etwas zu machen ist. Nur brauchte man dazu, übrigens wie auch heute noch, genügend Geld. Allein Geld bringt aber auch nichts. Geduld und der Wille, Neues zu erarbeiten bis zum marktfähigen Produkt führen zum Ziel.

ERFINDUNGEN

Die folgenden Ideen fanden **zum Teil** Anerkennung auf dem Markt.

Zum Teil muss ausdrücklich hervorgehoben werden. Viele Ideen, die der Tüftler als hervorragend deklariert, sind auf dem Markt nicht patentfähig und auch in der Praxis nicht erfolgreich.

A. Ausstoßkopf elmass®

B. Räummaschinen Marke elmass®

C. Automatischer Vorschubapparat elmatic®

D. ELMASS Orientierungspult, ein kostspieliger Fehlschlag.

E. Cheminée Wärmetauscher elfire®

F. elmass Plastikhahn.

A. Die Räumwerkzeuge elmass® Ausstoßkopf bewähren sich auf dem Markt der Metallzerspanung weltweit.

B. Die Räummaschinen der Marke elmass bewähren sich auf dem Markt der Metallzerspanung weltweit.

C. Der automatische Vorschubapparat, ein Zusatzpatent zur vollautomatischen elmass-Räummaschine, wird von den Kunden auch für die ältesten elmass-Räummaschinen gewünscht.

A fonds perdue

D. Die Idee des Orientierungspults wurde, nachdem der Budgetbetrag von CHF. 150'000,00 aufgebraucht war, von Jakob im Jahr 1958 aufgegeben.

Der Chef Marketing der Firma Jelmoli bestellte, nachdem er die Begutachtung und die Vorführung des Prototypen gemacht hatte, 25 Stück des Orientierungspultes. Jakob erklärte dem staunenden Herrn, dass er die Bestellung nicht annehmen könne. Herr Dr. Hochuli schüttelte ungläubig seinen Kopf. „Warum lehnen Sie als Hersteller die Bestellung ab?", wollte er wissen. Jakob erklärte dem Herrn, dass das Orientierungspult nicht seinen Wünschen entspreche. Damals hatte Jakob die Lichtleiter der Waren-Anzeigen mit farbigen, dünnwandigen Plexiglas-Lichtleitern gebastelt.

Flüssigkristalle waren zur damaligen Zeit noch nicht geeignet für die industrielle Nutzung. Für den Laien war das Pult eine Sensation, für den Praktiker war es eine unvollständige Tüftlerarbeit. Das Pult funktionierte. Man konnte einen gesuchten Artikel wählen, der Lichtweg führte zum Artikel. Aber die elektrischen Zuführungen zu den Lichtquellen waren im Hintergrund sichtbar. Dies störte Jakob. Herr Hochuli schüttelte seinen Kopf, erklärte Jakob, dass der Betrag für die 25 Stück Pulte gesichert sei, er soll bitte bis nächsten Montag Bericht geben, wann die Lieferung erfolge. Jakob lehnte ab, er war Hersteller der Pulte, er war verantwortlich für den Namen, für den guten Ruf seiner Firma. Weil zu jener Zeit die Technik der industriellen Nutzung des Flüssigkristalls noch nicht möglich war, verabschiedete sich Jakob von seinem teuren Orientierungspultprojekt.

E. elfire® Wärmetauscher war die Idee, die Jakob einfiel, als er das 8 ½-Zimmer-Einfamilienhaus an der Gugerhalde bauen ließ.

Sein Gewährsmann Dipl. Bauing. Maurer, der Inhaber des Generalunter-nehmens, das für den Bau verantwortlich zeichnete, legte Jakob eines Tages die Berechnung der Heizungsinstallationen vor. Der Heizöltank war mit einem berechneten Inhalt von 3'500 lt. Öl darin enthalten. Jakob lehnte ab und befahl dem Fachmann den Einbau eines 10'000 lt Tanks. Zudem erklärte der Bauherr, dass er noch einen Zusatz zur Energierückhaltung wolle. Herr Mauerer fragte Jakob, welchen Zusatz zur Energierückhaltung er möchte. Jakob gab Herrn Maurer zur Antwort, dass er dies noch nicht wisse.

Es musste also ein Wärmetauscher zum Einbau in Cheminées her. Mit seinen Kenntnissen über die Leitfähigkeit der verschiedenen Metalle war für Jakob klar, dass für seine Idee sauerstofffreies Elektrolytkupfer verwendet werden muss. Trotz großer Schwierigkeiten beim Zusammenfügen von El-Cu-99,90 % mit Stahl entstand der Prototyp seiner neuen Erfindung, nachdem

Jakob selbst Hand anlegte (er bohrte selbst die speziellen Kupferprofile). Der elfire® bringt einen Energieanteil des Cheminée-Feuers an das Zentralheizungssystem. Der Prototyp seines Cheminée-Einsatzes funktioniert nach 45 Jahren Betrieb heute noch einwandfrei.

F. Der elmass-Kunststoffhahn, ein Kunststoffartikel zum einwandfreien Recycling. Dieses Patent wurde von einigen Prüferstaaten zertifiziert und an Jakob wurden die Diplome erteilt. Dieser Artikel ist von Jakob einem Fachmann der Kunststofftechnik übergeben worden. Die Markteinführung des Kunststoffhahns ist im Gange, kann Monate, auch Jahre dauern. In der Praxis wurde der Kunststoffhahn in den chemischen Laboratorien, damals auch in der Ciba-Geygi, im praktischen Einsatz angewendet und für in Ordnung befunden.

Onkel Franz, der Bruder von Jakobs Vater

Vater Jakob hatte vier Geschwister: Tante Emma, Onkel Hans, Tante Frieda und Onkel Franz. Onkel Hans kannte sein Neffe Jakob nicht, Onkel Hans starb, als er 23 Jahre alt war, an einer Lungentuberkulose.

Der Umstand eines„ in der Waffenfabrik der SIG mechanisch unlösbaren Problems kam Jakob und Hugo zuhilfe.

Onkel Franz war führendes Mitglied im Direktorium der Firma SIG in Neuhausen.

Während seiner Genfer Zeit durfte Jakob, wie schon erwähnt, die ersten Erosionsmaschinen selbstständig mit den wichtigsten Zukaufteilen bestücken.

Der Maschinen-Gusskörper, Hauptsupport, wurde von der Firma G+F in Schaffhausen bezogen.

Den elektrischen Leistungsteil orderte Jakob bei seiner ehemaligen Lehrfirma, CMC Schaffhausen, und die Hydraulikanlage hatte er bei SIG bezogen.

Monsieur Fontana, einer seiner Vorgesetzten bei Charmilles, bemerkte wieder einmal während eines persönlichen Gesprächs in seinem Büro: „Jacques, il me semble que nous fabriquons une machine schaffousoise …", was dann, nach einigen Jahrzehnten, auch der Fall war.

Wertvolle Verbindungen

Onkel Franz, kaufmännischer Direktor bei SIG, hatte Jakob schon als kleinen Bub manchmal für einen Rundgang in die Fabrikationshallen von SIG mitgenommen. Dort hatten Jakobli die mächtigen Dampfschmiedehämmer in der Abteilung für Gesenkschmiedeteile derart beeindruckt, dass der Bube am runden Tisch im Haus zur Stege davon viel zu erzählen wusste.

Eisenbahndrehgestelle der Firma SIG waren eine ausgeklügelte, präzise Technik der Schienenfahrzeuge. Der Waggonbau mit seinem Konstruktionsbüro, wo

Herr Scherrer aus Neunkirch Chefkonstrukteur war, fand den Weg in sein Gedächtnis zum Erklären und zum Staunen eines jungen Bauernbuben.

Die damals 1938 bis 1949, bevor Jakob in die Lehre bei der Firma CMC ging, noch durch Kurvenscheiben gesteuerten SIG-Verpackungsmaschinen hatten mit ihrem präzisen Ineinandergreifen der verschiedenen Einzelteile, mit der nicht einfach erfassbaren Ablaufgeschwindigkeit, den jungen Besucher so fasziniert, dass die Mechanik Jakobli für immer im Gedächtnis blieb. In der Berufsschule wurden alle diese interessanten Techniken über Mechanik und Physik durchgenommen. Dazu gehörten die Fächer Metallurgie, Festigkeitslehre und thermische Behandlung.

Ein Funke zum Tüfteln

Eines Tages, gerade im rechten Moment, kam Onkel Franz mit der Bitte auf Jakob zu, zu ihm nach Neuhausen zu kommen.

Onkel Franz hatte seinen Neffen mit dem Chef der Waffenfabrik bekannt gemacht. Onkel Franz hatte dem Chef der Waffenfabrik mitgeteilt, dass die Firma elmass eventuell bei einer, scheinbar nicht ausführbaren Produktionsoperation mit der Senkerodier-Methode helfen könnte.

Es handelte sich um eine hochpräzise Führungsnutform in einer Sacklochbohrung des Ø 6-H7.

In diese Bohrung Ø 6, ISO-Toleranz H7, aus einem zähen, rostfreien Material musste eine Führungsnut von 65 mm Länge, 2 mm Breite in der ISO-Toleranz P9 eingebracht werden.

Diese Operation war unmöglich erreichbar mit der Senkerosionsmethode, weil das Senkerodieren für eine solche Operation zu wenig präzise ist.

Das Fertigen durch die Senkerodiertechnik in eine Sacklochbohrung gibt der zu fertigenden Form immer eine leichte Konizität. Bei dem erwähnten Werkstück, das in der vorgegebenen Toleranz zu fertigen war, es handelte sich um 2-0,006 mm bis 2-0,025 mm, konnte die Fertigung durch Elektroerosion nicht angewendet werden.

Jedoch wäre es möglich gewesen mit einem geführten Räummesser, das auf dem Werkzeugmarkt nicht existierte.

Also wieder einmal das Hirn zermartern wie seinerzeit bei Charmilles AG. Sich in F+E betätigen und Tag wie Nacht grübeln.

In der Stadtbibliothek Schaffhausen hatte Jakob die Möglichkeit, sich in die Patentschriften der betreffenden Warengruppe einzulesen, um sicher zu sein, dass nicht schon ein Patent auf diesem Gebiet bestand.

Wie damals im Genfer Stadtarchiv, fand man Jakob tagelang im Schaffhauser Archiv über den Büchern der international erteilten Patente auf dem Gebiet „Werkzeugsysteme in der Gruppe Metallzerspanung" sitzen.

Kein internationaler Eintrag bedeutete für ihn, weiterzutüfteln, bis eine annähernde, für die Herstellung des Prototypen gerechte Idee auf dem Papier war.

Die Bestimmung der Rohmaterialien, die Festigkeitsberechnungen aufnehmen, den Prototyp herstellen, um damit befriedigende Zerspanungsversuche zu machen, das waren die wichtigen Schritte für die Anmeldung eines seiner eigenen Patente.

Mit Hugo Wegmann, dem zweiten Mann in seinem Betrieb, konnte Jakob über solche, unter Verschluss zu haltende Sachen sprechen. Er war der richtige Fachmann, welcher sich auch hinter solche Anforderungen stellte. Hugo war einer der fähigen, qualifizierten Mitarbeiter, mit dem Jakob vertrauensvoll seine Gedanken austauschen konnte.

Geburt des elmass®-Systems

Drei Monate, nachdem Jakob der Waffenfabrik seinen ersten Besuch abgestattet hatte, war der erste Prototyp des elmass®-Handwerkzeuges für die Fertigung präziser Innenformen in Sacklochbohrungen bei den beiden im Versuchs-Betrieb zur praktischen Anwendung fertig.

Das nötige Geld für die Patentanmeldung musste Jakob aus Eigenmitteln aufbringen.

Unter dem ersten Patentschutz, den er auf dem Patentamt in Bern beantragte, konnten die beiden Tüftler sich mit dem neuen Zerspanungssystem an die Öffentlichkeit wagen.

Dann wurde die Idee offiziell am Werkstück der Firma SIG erfolgreich angewendet.

Gleichzeitig musste Jakob seine Idee einem Prüferstaat unterbreiten. Deutschland war für ihn damals der am besten erreichbare, seriöse Prüferstaat.

Ordnung durch das Standardisieren

Innert eines Jahres lagen zwei marktgerechte, nach ISO/VSM/ DIN-Normen hergestellte elmass®-Handwerkzeug-Stoß-Räumsätze, Typen 06-H9 und 11-H9 verkaufsbereit vor.

Heute ist das elmass®-Stoß-Räumsystem weltweit im Einsatz.

Der Name elmass.
Wie kam Jakob auf die Wortmarke elmass®?

Wie Jakob für sein erstes Produkt auf die Wortmarke elmass® kam, wird wie folgt erklärt.

Das Wort **elmass** leitete Jakob von **el**-ektroerosivem-ver**mass**en ab.

Am Anfang ihrer Firmentätigkeit hatten Hugo und Jakob als Haupttätigkeit, wie schon erwähnt, auf der Linie Metallbearbeitung durch Elektroerosion Lohnarbeiten ausgeführt.
   Von dem Moment an, an dem an die Firma elmass das Patent eines Prüferstaates erteilt war, waren die Werkzeuge unter der Wortmarke elmass® die wichtigsten Artikel in der Fabrikation der Firma.
   Die Erklärung des Entstehens der Wortmarke folgt.
   Der damaliger Posthalter M., im Dorf eine Vertrauensperson, war unter Anonymität im Komitee der Eingemeindungsgegner. Dieser Mann hatte dadurch auch seine persönliche Einstellung gegen Jakob. Um den Firmeninhaber zu ärgern, den Betriebsablauf zu verzögern, um Jakob verstehen zu geben, dass er, der Eingemeindungsbefürworter sich auf die Seite der Eingemeindungsgegner stellen sollte, um mit den Postsendungen schneller bedient zu werden, lieferte die Post, welche an die Firma Bührer und Sohn, zur Stege 46 adressiert waren von dem Moment an, wo Jakob sich offiziell zur Eingemeindung bekannte, an –

A. Walter Bührer, Kieswerk –
B. Emanuel Bührer, mechanische Werkstätte, Neuherblingen, -
C. Emil Bührer, Landwirt zur Halde, -
D. Hans Bührer, Schuhmacher, Trüllenbuck, -
E. Familie Bührer, im Chloster.

Alle Bührers, welche solche Fehlleitungen empfingen, brachten diese Falschzustellungen persönlich und prompt an die richtige Adresse.

Nach mehrmaligen Reklamationen auf dem Postamt Herblingen mochte der junge Jakob den bubenhaften Blödsinn des „vertrauensvollen" Posthalters M. nicht mehr mitmachen.

Jakob fand für seine Firma den Namen elmass, eine Anschrift, die klar definiert war. Aufgrund dieser Klarheit wendete sich Jakob, nach nochmaligen Verzögerungsversuchen, hervorgerufen durch seinen persönlichen Eingemeindungs-Gegner, direkt an die Postkreisdirektion in Zürich.

Ende der Unlauterkeiten

Prospekte der Eingemeindungs-Befürworter mussten, wenn die Haushaltungen am nächsten Mittwoch im Besitz dieser Werbeflyer sein mussten, schon am vorhergehenden Samstag der Poststelle Herblingen übergeben werden.

Nach drei Mittwoch-Verteiltagen stellten die Eingemeindungs-Befürworter fest, dass am selben Tag Prospekte der Eingemeindungs-Gegner verteilt wurden, deren Texte gegen den Inhalt der Texte der Eingemeindungs-Befürworter geschrieben waren.

Ein klarer Verstoß des Posthalters durch sein Insiderwissen. Jakob verlangte ein Gespräch unter vier Augen mit dem Posthalter. Die Unsicherheit des Posthalters überzeugte seinen Gesprächspartner, dass dem Vertrauensmann nicht mehr vertraut werden konnte.

Am Tag nach jenem Gespräch meldete sich Jakob ein zweites Mal beim Postkreisdirektor Gresser. Herr Gresser empfahl dem empörten Herblinger das Vorgehen, um dem unehrlichen Beamten eine Rüge zu erteilen. Gleichen Tags wurde auf der Post Herblingen dem Posthalter M. ein Einschreibebrief an die Postkreisdirektion, zu Händen Herrn Direktor Gresser, übergeben.

Nach der Klarstellung mit dem Amtsinhaber und nach dem Versand des Briefes wurde auf dem Postamt Herblingen wieder nach Vorschrift gearbeitet.

Konflikt lösen

Ende der Fünfzigerjahre bat der Gemeindepräsident Ernst Wanner Jakob um einen Dienst der besonderen Art.

In Herblingen stand den zwei Schießvereinen, den Militärschützen und dem Schießverein, der gemeindeeigene Schießstand zur Erfüllung der obligatorischen Schießpflicht zur Verfügung.

Die Militärdienstpflichtigen, welche das Jahresprogramm als unliebsame Pflicht betrachteten, waren Mitglied im Miltärschießverein, die Sportschützen waren im Schießverein.

Der Vorstand des Schießvereins beschloss, dass die Militärschützen die alljährlichen Kosten für die Infrastruktur, Zielscheiben, Zeigerausrüstungen, Schießstandunterhalt, 50% : 50% zu bezahlen hatten.

Die Militär-Mussschützen, die die Schießanlage nur zur Erfüllung des obligatorischen Programms benützten, lehnten die 50% : 50% – Zahlung ab.

Aus dieser unfairen Festlegung entstand ein dorfbekannter Konflikt.

Ernst, der vorbildliche Lehrer, Gemeindepräsident und Turnerveteran, kam zum jungen Jakob mit der Bitte, mit den beiden Vorständen zusammenzusitzen und zu versuchen, den besprochenen Konflikt zu lösen.

An der Versammlung, die an einem Abend im Restaurant Falkeneck abgehalten wurde, stand Jakob, der Mitglied des Schießvereins war, als vom Gemeindepräsiden Delegierter vor zehn heiß diskutierenden Köpfen. Sechs vom Vorstand des Schießvereins, vier vom Vorstand der Militärschützen.

Jakob hatte Mühe, sich nicht von teilweise unsachgemäßen Anschuldigungen provozieren zu lassen.

Nach dem gegenseitigen Dampfablassen konnten die Versammelten eine einvernehmliche Lösung finden.

Jakob hatte erreicht, was der Gemeindepräsident von ihm gewünscht hatte.

Ausbau der Kunden- und Vertreter-Verbindungen

Auf in die verschiedenen Länder.

Neben dem Schweizer Markt musste Jakob für zukünftige Märkte sorgen.

Die Firma elmass stellte das elmass®-Stoß-Räumsystem im Jahr 1962 das erste Mal auf der Mustermesse in Basel aus.

Dieser öffentliche Auftritt zog Interessenten aus den verschiedensten Ländern Europas an.

Ein interessanter Kontakt wurde nach diesen Tagen mit dem ersten ausländischen Kunden, der Firma Wende Gerätebau in Westberlin, geknüpft.

Der Inhaber von Wende besuchte mit seiner Ehefrau im Herbst 1962 die Firma elmass in Herblingen.

Herr Wende hatte ein Werkstück herzustellen, das, wie sich herausstellte, nur durch die Anwendung der Elektroerosion zu fertigen war. Ein präzises Malteser-Kreuz für einen Antrieb in einem Gerät musste hergestellt werden.

Jakob wurde vom Kunden Wende gebeten, nach Berlin zu kommen, um die ganze Palette seines Bedarfs zu besprechen.

Durch den Besuch in Berlin begann für Jakob die Reiserei ins Ausland. Einige Male musste er die Flugreise nach der eingeschlossenen Stadt im Nachkriegs-Deutschland besuchen.

Seine Reise zu Wende führte immer über einen Stopp-Over der Flugplätze Frankfurt, München, Stuttgart, um nach Tempelhof zu gelangen.

Vaters Freund – Butz, der Vierbeiner

Alfred Rohr war von Beruf Bäcker/Konditor. Aus gesundheitlichen Gründen musste der Tüftler, aber seinen gelernten Beruf aufgeben. Alfred arbeitet nicht mehr als Bäcker/Konditor. Alfred, ein Schützenkollege von Jakob, war ein treffsicherer Mann im Schießstand. Auch in seinem zweiten Beruf als Spezialist in der Fertigung präziser Bohrungen. Alfred ließ sich in der Hontechnik schulen. In der Firma G+F in Schaffhausen war Alfred bald als Spezialist im Fertigen von präzisen Bohrungen anerkannt. Nach Jahren als Arbeiter bei der G+F machte sich Alfred selbstständig. Er entwickelte eine verstellbare Honahle, mit der er in der Praxis Erfolg hatte. Dann kam der Tüftler Alfred auf die Idee, eine nach seinen Bedürfnissen entwickelte Honmaschine zu fabrizieren.

Auf Industriemessen in der Schweiz konnten die Besucher einige Jahre lang zwei Herblinger sehen, die mit Erfolg ihre Eigenprodukte vorführten.

Alfred Rohr fertigte auch in Lohnarbeit für Jakobs Firma elmass präzise Bohrungen für das elmass® Räumwerkzeug.

Auf einen Telefonanruf von Alfred begab sich Jakob eines Tages in die Brüelstraße. Die Hündin der Familie Rohr hatte fünf Junge geworfen. Als die kleinen Vierbeiner acht Wochen alt waren, musste sich das Muttertier langsam von den aufblühenden Jungen trennen. Jakob, du bekommst von uns, gemeint war von seiner Frau und von ihm, beide ernsthafte Tierfreunde, einen Welpen.

Erstaunt dankend lehnte Jakob Alfreds Geschenk ab, denn in Jakobs Elternhaus hatten jahrzehntelang Hunde ihr Zuhause.

„Dann werde ich für dich keine Honarbeiten mehr ausführen", drohte Alfred dem Jakob.

In der Zeit, in der Jakobs Eltern weder Kühe noch Hühner hatten, wollten sie nur noch für ihre zwei Katzen da sein. Alfred erklärte Jakob, dass seine Frau und er an ihn gedacht hatten, weil die Rohrs den Eltern von Jakob vertrauten, einen Hund gut zu behandeln.

Nach einigem Hin und Her wurden die beiden Geschäfts- und Schützen-freunde einig, dass Jakob junior ein Hündlein auswählen und mit nach Hause nehmen werde. In der Gruppe der Welpen sah Jakob einen weißen Rüde. Komplett weiß bis auf die Nasenspitze und die schwarzen Augen war der Kleine in ein schön flaumiges, weißes Gewand umhüllt.

„So, jetzt nehme ich meine Drohung zurück, dir, Jakob, nie mehr eine einzige Bohrung zu bearbeiten, wenn du kein Hündlein von uns entgegennimmst."

Butzli, der geliebte, lustige Vierbeiner, wurde in der Familie im Haus zur Stege freundlich aufgenommen.

Jakobs Vater und Butzli wurden bald von den Dörflern als das untrennbare Zweigespann erkannt.

Auf einem Spaziergang bis zum Stroossacker erschien plötzlich vor Vater Jakob und Butzli ein Fuchs. Weil zu jener Zeit die Tollwut grassierte. war vor solchen Begegnungen am hellichten Tag, äußerste Vorsicht geboten. Beim Abendessen erzählte Vater Jakob der Familie, dass Butzli sich mit einem Ruck von der Leine losgerissen, schnurstracks und bellend auf den Fuchs zu gerannt und der Fuchs in den Wald geflohen war.

Ein andermal begab sich Vater Jakob mit Butz in den Wald bei der Oberwis.

Vater Jakob beabsichtigte, am Steilhang zum Bach die Haselsträucher zu lichten. Diese Absicht erklärte er vor dem Weggehen der Mutter Anna. Abzuschneiden, was zu entfernen war, um genügend Licht und Luft dem jungen Holz zu gewähren.

Beim Abhauen eines dicken Stiels mit dem Gertel, glitt Vater Jakob aus, fiel mit der Brust auf den scharfen Stumpf, der sich durch das Übergewand in die Brust bohrte.

Butz erschien, seine Leine hinter sich her ziehend, vor der Werkstatt, wo Jakob jun. gerade an der Tischbohrmaschine arbeitete. Jakob öffnete dem Vierbeiner die Werkstatttür. Butz bellte und tanzte vor dem fragenden Jakob umher.

Der Angebellte verstand sofort, dass etwas passiert sein musste, das nicht normal war. Mit seinem Velo verfolgte Jakob seinen vierbeinigen Freund bis zum Unglücksort, wo Vater Jakob aufgespießt, gefangen dalag. Der Sohn befreite seinen Vater aus der misslichen Lage, setzte ihn auf den Boden, um genau zu ermitteln, ob die Wunde stark blutete. Zum Glück war dies nicht der Fall.

Butz musste bei Vater Jakob bleiben, bis der Sohn mit einem Auto zur Stelle war.

Alles lief glimpflich ab, weil Butz der vierbeinige Freund, richtig reagiert hatte.

Zeitungsverträgerinnen

Zwei Frauen verteilten im Dorf die Tageszeitungen, die Arbeiter Zeitung und die Schaffhauser Nachrichten.

Frau Sigg war mit der AZ am Morgen in der Früh auf ihrem Rundgang, Frau Wäschle kam mit den SN meistens am späten Vormittag vorbei. Beide Damen hatten hatten Butz mithilfe von Leckerbissen bald so weit dressiert, dass der Hund mit der Zeit wusste, welche Zeiten er beim Hanggärtli zwischen den beiden Lindenbäumen sein musste, um ein feines Schöggeli zu erhalten, um dann die Zeitungen zu schnappen und dem Vater von Jakob zu bringen. Butz wusste, wann er im Hausgang sich auf den Stuhl beim Fenster setzen musste, damit er Frau Sigg und Stunden später Frau Wäschli am Hanggärtli nicht verfehlte. Wenn es regnete, schneite und sudelte, Butzli ließ sich nicht abbringen vom Botengang, den nur er zu besorgen verstand. Wenn er vergessen wurde, ihm manchmal niemand die Haustür öffnete, dann konnte der Vierbeiner unangenehm werden. Er wurde in einem solchen Fall sehr ungeduldig, sprang zur Haustür, gab mit lautem Gebell den Menschen seinen Auftrag kund.

Wenn der Vater in der oberen Stube auf dem Kanapee ruhte, dann trug ihm Butz die Zeitungen an seinen Ruheort.

Wenn an einem lauen Sommerabend Jakobs Eltern auf der Sitzbank vor dem Haus saßen, dann fand man Butz neben den beiden sitzen.

Die Eingemeindungsgeschichte

Im Jahr 1943, Jakoblis Vater war Gemeindeschreiber, beauftragten auf einer Gemeindeversammlung die Stimmbürger mehrheitlich den Gemeinderat, mit der Stadt Schaffhausen betreffend Eingemeindung in die Stadt Kontakt aufzunehmen.

Fünf Jahre später stimmten, anlässlich einer kantonalen Abstimmung, die Einwohnergemeinden für die Eingemeindung, die Bürgergemeinden stimmten dagegen.

Ein Jahr später befasste sich der große Rat mit dem Thema Herblinger Eingemeindung. Mit 40 zu 32 Stimmen wurde diese abgelehnt.

Wie schon angedeutet, fühlte sich Jakob nach seiner Rückkehr ins Heimatdorf fremd.

Einige seiner ehemaligen Schulkollegen, die Söhne und Töchter von Bauernfamilien, waren aus dem Dorf ausgezogen.

Die Daheimgebliebenen sahen skeptisch auf Jakob jun. herab. Es kam gegen den Heimkehrer, wie schon erwähnt, im Turnverein und im Schießverein zu Mobbing und Zickereien, übertragen von Frauen auf ihre Söhne, oder auf ihre Brüder, ehemalige Kameraden, die mit Jakob die Schule besucht hatten.

Eine kameradschaftliche, vertrauensvolle Verbindung zwischen seinen Vereinskollegen war größtenteils nicht mehr möglich.

Der Stege-Bührer, wie sie ihn nannten, der Neuankömmling mit seiner Firma, der passte nicht mehr zu den, nie fremdes Brot gegessenen Herblingern. So fühlte Jakob sich immer wieder in der Dorfgemeinschaft hinterhältig behandelt.

Diese Auffassung musste Jakob mit der Zeit haben, weil er von den Verantwortlichen des Turnvereins und des Schießvereins nicht zu allen Anlässen eingeladen wurde.

Jakob wurde nur noch zu Vereinsanlässen eingeladen, wo Hilfe nötig war bei der Durchführung von Turnfesten, wo gute Resultate an Geräten oder beim Schießen erforderlich waren.

Gemeindeversammlungen, die Fragen aufwarfen

Auf den Gemeindeversammlungen, Jakobs Vater war noch Gemeindeschreiber, wurden Geschäfte behandelt, die Jakob jun., wie schon erwähnt, erstaunen ließen. Es konnte ein abendfüllendes Programm behandelt werden, dessen Langatmigkeit ihn wunderte.

Z.B. musste für die Anschaffung einer Kettensäge für die Forstverwaltung ein Betrag besprochen werden. Kleinlicher konnte, für seine Ansichten, nicht vorgegangen werden. Noch dafür eine Gemeindeversammlung mit solchen Trakdanden zu belasten. Solche Geschäfte konnte Jakob beim besten Willen nicht nachvollziehen. In solchen kurz zu behandelnden Geschäften konnte sich der Forstverwalter S. mit seinen Auftritten profilieren, als müsste eine Fläche von zig Hektar Wald gerodet und neu aufgeforstet werden.

Vorstöße von Wichtigkeit für die zukünftige Ausführung der bitter nötigen Infrastruktur auf Herblinger Gebiet, vorgetragen von Zuzüglern, die ihr Einfamilienhaus hier gebaut hatten, wurden von der Mehrheit des Gemeinderates unter den Tisch gekehrt.

Unter diesen Voraussetzungen erreichten mit der Zeit immer weniger Gemeindeversammlungen das nötige Quorum, was verständlich war, weil die Alteingesessenen meistens gegen zukunftsweisende Anträge von Neuankömmlingen stimmten.

Die Steuern zahlenden Stimmbürger fühlten sich mehr und mehr durch den Filz der Alteingesessenen verschaukelt.

Diese Stimmung gefiel Jakobs Vater und dem Gemeindepräsidenten gar nicht.

Die Beiden waren mit dem einzigen Gemeinderat der sozialdemokratischen Partei meistens in der Minderheit.

Vergebliche Suche nach Trinkwasser

Als die Wasserversorgung der Gemeinde dem Trinkwasserverbrauch nicht mehr gewachsen war, musste ein Ausweg gefunden werden.

Dem Rutengänger Gottlieb Spengler aus Buchthalen wurde das Suchen von Grundwasser auf dem Gemeindegebiet kurz nach dem Ende des Zweiten Weltkrieges in Auftrag gegeben.

Als Schüler konnte Jakobli dieses Vorgehen miterleben, weil sein Vater interessante Gespräche über die Ergebnisse von Vater Spengler am Familientisch erörterte.

Das größte Problem war schon damals die finanzielle Lage der Gemeinde.

Für eine Grundwasserbohrung im Tal bei den drei Bäumli mussten die Stimmberechtigten auf einer Gemeindeversammlung den Kredit von Fr. 130'000,00 besprechen.

Dieser Kredit wurde nach einigem Zögern und Abwägen eines Zusammenschlusses mit der Wasserversorgung der Stadt Schaffhausen auf einer denkwürdigen Gemeindeversammlung gutgeheißen.

Mit großem Interesse wurden die Arbeiten des Bohrvortriebes im Tal verfolgt. Die Spezialmaschinen mit den hohen Aufbauten waren auch für Jakobli eine interessante Angelegenheit.

Gehofft wurde, dass das Wassersuchen im Grundwasserstrom im Tieftal zu einem erfolgreichen Ende führen werde. Vorgesehen war, von dem Grundwasser für die Zukunft genügend vom köstlichen Nass abpumpen zu können.

Eine vorsorgliche Eingabe der Bierbrauerei Falken in Schaffhausen an den Gemeinderat von Herblingen hatte zum Inhalt, dass wenn die Qualität des Quellwassers der Brauerei einen Schaden für die Bierproduktion zufügen würde, dieser von der Gemeinde vollumfänglich verantwortet werden müsste.

Es kam zu keinem Schaden des Grundwassers gegenüber der Brauerei.

Als das Budget für die Probebohrung aufgebraucht war, stieß der Bohrkopf der Sondierbohrmaschine auf eine Nagelfluhschicht, die den Versuch vorzeitig zum Abbruch der Arbeiten brachte.

Kehrichtentsorgung

Vorerst und weil kein besserer Ort auf Gemeindegebiet gefunden wurde, entsorgte die beauftragte Firma den Kehricht der Gemeinde im ehemaligen Steinbruch beim Notausgang des Bunkers West.

Durch diese Entsorgung wurde der Notausgang des Bunkers zugedeckt.

Eine Rattenpopulation und je nach Windrichtung Geruchsemissionen sorgten für Reklamationen aus der Bevölkerung von Herblingen und Stetten. Um dieses Übel zu beenden, konnte nach Absprache zwischen dem Gemeinderat und der Stadt das Abfuhrunternehmen der Gemeinde seine unerwünschten Ladungen an der Tanscherhaalde, Gemarkung der Stadt Schaffhausen, entsorgen.

Realschule in der Stadt

Die Herblinger Realschülerinnen und -schüler durften in den beiden Realschulen, GEGA und Bachschulhaus, der Stadt ihre schulische Weiterbildung fortführen.

Die Mädchen besuchten das Schulhaus am Bach, die Knaben das GEGA-Schulhaus.

Die fehlenden Finanzen

Der Gemeinde fehlten nicht die nötigen Finanzen, um Land im Herblinger Tal zu erwerben.

Das Bewirtschaften der Felder im Tal war für die Landwirte nicht rentabel, peripher und daher ungünstig gelegen. Zu jener Zeit wurden Distanzen vom Hof aufs Feld mit Zugtieren zurückgelegt. Dazu kam die Beschaffenheit des Bodens im Tal. In den tiefer gelegenen Landstücken war nach der Schneeschmelze im Frühling viel Feuchte, der Boden war sauer und wenig ertragreich.

Mancher Landwirt, Besitzer von Grundstücken im Tal, wäre nicht abgeneigt gewesen, der Gemeinde seine Felder für eine spätere, nicht landwirtschaftliche Nutzung zum Verkauf anzubieten.

Die Gemeinde hätte mit solchem Landbesitz an Verhandlungsstärke gewonnen, anlässlich der Diskussionen zur Umlegung des Bodens in Gewerbe- und Industrieland.

DB und Bus

Zwei Verbindungen durch den öffentlichen Verkehr waren damals garantiert. Der Bus-Postautoverkehr nach den Reiatdörfern bediente auch Herblingen. Die Deutsche Bahn war die zweite, weit abgelegene Variante.

Das Postauto bediente mit der Haltestelle Radenbahn das Gebiet von Neuherblingen, mit der Haltestelle Dorf beim Haus zur Stege das Wohnzentrum.

Der DB-Bahnhof Herblingen war vom Dorf aus zu Fuß in 15 Minuten erreichbar.

Die Variante mit der Deutschen Bahn wurde, als er in der Stadt zur Schule ging, vom Realschüler Jakob und seinen Schulkolleginnen und Schulkollegen während der Wintermonate, wenn zu viel Schnee und Glatteis auf den Straßen lag, benutzt.

Weil die Straßen damals noch häufig eis- und schneebedeckt waren, konnte die Fahrt per Velo abenteuerlich und auch gefährlich sein. Manchmal verlief die Velofahrt bis zum Niveau-Bahnübergang bei der Bierbrauerei Falken relativ gut. Nach dem DB-Gleiseübergang, an der Buch-Druckerei Nohl vorbei, kam dann plötzlich der erste Fall vom Velo auf die Straße. Auf den gefrorenen, spiegelglatten Kopfsteinen rutschten die Veloräder unter dem Fahrer weg. Mann mit Fahrrad und Schulmappe lagen dann, voneinander entfernt, auf der Straße. Nach kurzer Weiterfahrt erreichte der Velofahrer dann die Zone, wo vom Ebnat her die Tramgleise der +GF+-Tramlinie in die Fulachstraße einmündeten. Nur mit äußerster Aufmerksamkeit konnte bei gefrorener Straße die Zone beim Flügelrad erreicht werden. Dort kamen die Tramschienen der Linien vom Güterbahnhof mit denjenigen der Fulachstraße zusammen. Das nächste und gefährliche Hindernis war kurz vor dem Ziel zu überwinden. Vom Tramdepo führten die Schienen in die Gleise zur Bach- und Bahnhofstraße. Schienenweichen waren das gefährlichste Hindernis für die Velofahrer.

Die Bahnvariante war preislich viel günstiger als der Bus. Über die Stoßzeiten fuhr die Bahn im Stundentakt, das Postauto verkehrte nur viermal am Tag.

Zu Jakobs Zeiten kostete ein Monatsabonnement der Deutschen Bahn DM 5,00, wenn die Schüler ihren Schüler-Ausweis, in der Stadt Studierende, vorweisen konnten.

Infrastruktur-Mängel Kanalisation

Die Straßen und Wege im Dorf waren zum größten Teil nicht beschildert. Die Straßen und die Wege waren teilweise in fragwürdigem Zustand. Um sich zu orientieren wurden von den Einheimischen für Ortsbezeichnungen die Flurnamen verwendet. Komplizierter war es für Fremde, die an einem bestimmten Ort im Dorf vorsprechen sollten.

Die Abwasserkanalisationen waren bemessen für das ehemalige Dorf. Zu klein dimensioniert, nicht für zukünftige Belastungen vorgesehen. Es drohten enorme Kosten für die Erstellung einer Infrastruktur, die benötigt wurde für zukünftige Bebauungen, benötigt für Einfamilienhäuser zuziehender Bewohner. Solche Gedanken bewegten die Eingemeindungsbefürworter.

Fehlende Baulandreserven

Gemeindeeigenes Bauland war spärlich vorhanden. Vom Zukauf nötiger Baulandreserven musste sich die Gemeinde zurückhalten. Geld für solche zukünftige Immobilien war nicht vorhanden, wurde auch nicht von Geldgebern vorgeschossen.

Die Kanalisation der Hauptwohngebiete genügte, wie schon erwähnt, schlecht und recht den damaligen Bedürfnissen.

Der Wille zur Eingemeindung

Seit einigen Jahren waren die Herblinger Stimmberechtigten in der Mehrheit dafür, dass die Eingemeindung Herblingens in die Stadt Schaffhausen vorangetrieben werden sollte.

Nachdem schon vor Jahren solche Kontakte durch hinterhältige Aktionen von Gegnern abgewürgt wurden, beschlossen Jakob und seine Mitstreiter, den Weg zur Eingemeindung mit einer Initiative demokratisch, klar und strikt voranzugehen.

Jakob junior wurde an einem Nachmittag, nachdem ihn der Zahnarzt Walter Streich schon darauf vorbereitet hatte, mit dem Besuch von René Steiner, Josef Hiltebrand und Josef Kuderer beehrt. Die drei Besucher legten dem Herblinger Bürger dar, wie vorzugehen sei, damit die Sache der Eingemeindung unumstößlich zu einem demokratisch ausgehandelten Resultat und in einer kantonalen Volksabstimmung geführt werden könne.

Jakobs Vater hatte seinen Sohn ernsthaft gewarnt, reiflich zu überlegen, welche Probleme sich ergeben könnten, wenn er den Weg einer Initiative wählen würde.

„Kollegen" im Gemeinderat und auch Berufskollegen hatten vor Jahren seinen Vater und auch Jean Müller, den damaligen Gemeindepräsidenten, auf hinterhältige Weise hintergangen.

Bei dem offiziellen Vorgehen in dieser Sache, bei Besprechungen mit der Stadt und die Abstimmungen auf Herblinger Gemeindeversammlungen hatte eine gewisse Gruppe Herblinger Bürger, mit ihnen ein zugezogener Scharfmacher, in der Öffentlichkeit das JA vertreten, um im Nachgang hintenherum diese Aktionen anonym zu torpedieren.

Nach solchen Seitenhieben war dem jungen Jakob klar, dass diese Verzögerungstaktiken bei ihrem Vorgehen nicht infrage kämen.

Junior Jakob setzte sich für das Vorgehen der drei Besucher ein. Er war einverstanden mit der Wahl des politischen Weges durch eine Initiative. Er als Bürger von Herblingen unterstützte die drei aus fester Überzeugung.

Für die Zukunft

Weitere wichtige Überlegungen waren angebracht:

A. In der Gemeinde Beringen, Kanton Schaffhausen, wurde zu jener Zeit gutes Kulturland, eben und für die Landwirtschaft rationell zu bewirtschaften, als Gewerbe- und Industrieland bereitgestellt.

B. In Herblingen war das Landwirtschaftsland im Tal für die landwirtschaftliche Bewirtschaftung nicht das beste.

C. Der Brand, der die Lagergebäude der Landwirtschaftlichen Genossenschaft des Kantons verwüstete, erforderte einen schnellen Ersatzbau.

D. Der beste Standort der neuen landwirtschaftlichen Genossenschafts-Gebäude war im Herblingertal vorgesehen und schnell realisiert.

E. Die +GF+-Gießerei in Brugg, Kanton Aargau, stand vor ihrer zwingenden Schließung. Der Standort der dortigen Gießerei in der, sich immer näher an die Industrieanlage ausbreitende Wohnzone, war wegen Emissionen, aus gesundheitlichen Bedenken und aus politischer Sicht auf die Dauer nicht mehr vertretbar.

F. Die städtischen Gewerbe- und Industriegebiete Enbnat, Gruben, Mühlenen und Mühlental waren überbaut.

G. Die nahe Stadt musste für ihre zukünftigen Gewerbe- und Industrielandvorräte Ausschau halten.

H. Das Herblingertal musste vom Volk Beachtung finden, denn die Zukunft der Region war sicherzustellen.

Der Schritt in die Öffentlichkeit

Jakob hatte zur Deckung der Vorbereitungen, die Eingemeindungsinitiative unters Volk zu bringen, René Steiner, den führenden Jungpolitiker und Artikelschreiber, in seinem Geschäft angestellt.

René, der gewiefte Fuchs, hatte diese Vorbereitungen abgesichert. Zuallererst wurde der Text der Initiative dem in der Region bekannten Rechtsanwalt Gerold Meier vorgelegt. Gerold Meier, ein Rechtsvertreter der Sonderklasse, musste für die Initianten gegen Bezahlung den Initiativ-Text auf seine Rechtsgültigkeit prüfen. Dies geschah innert kurzer Zeit, sodass René dem Jakob auf der Mustermesse in Basel, wo Jakobs Firma elmass ihre Maschinen und Werkzeuge ausstellte, den Initiativtext zur Unterschrift vorlegen konnte. Diese, seine Unterschrift als Erstunterzeichner, der seinen Kopf hinhält, wenn die Aktion Schiffbruch erleiden sollte, erfolgte erst, nachdem René sich zu einem Regierungsrat des Kantons Baselstadt, den er aus seinen politischen Aktivitäten persönlich kannte, begab, um einige Satzstellungen zu ändern. Die Frau jenes Baselstädtischen Politikers schrieb innert kurzer Zeit den Text nach Jakobs Wunsch um.

Mit der Veröffentlichung ihrer Eingemeindungsinitiative begann Jakobs langfristige, einzige, nervenaufreibende politische Laufbahn.

In den nächsten Monaten, der Zeit bis zur Abstimmung durch die Stimmbürgerinnen und Stimmbürger des Kantons Schaffhausen, konnte Jakob in der Praxis lernen, was die Politik für eine dreckige, falsche und unehrliche Sache sein kann.

Nach außen strengste Eingemeindungsgegner, steuerten nicht wenige wegen ihrer Parteizugehörigkeit und um den nächsten Stimmenfang zu wahren, ansehnliche Beträge auf das Eingemeindungs-Konto bei. Anonyme Aktionen in Schrift und in der Zerstörung von Werten, mussten die Initianten möglichst subtil verdauen. Scharfmacher in ihren Reihen musste Jakob, manchmal gegen den Willen seiner engsten Eingemeindungsfreunde, einige Male in die Gegenwart zurückholen, um keine schädlichen, unnötigen Aktionen zu generieren.

René Steiner, Ernst Jaggi, Walter Streich, Sepp Hiltebrand und Jakob Markwalder waren Jakobs große Unterstützer in den Tag- und Nachtaktionen, die keine Verzögerungen im weiteren Vorgehen erfahren durften.

Sepp R. und Walter O. mussten manchmal zurückgepfiffen werden, weil einige Ideen dieser Eingemeindungs-Befürworter in der Öffentlichkeit negative Stimmungen hervorgerufen hätten.

An schlaflose Nächte war Jakob durch seine Arbeiten in Genf gewohnt. Während der Zeit der Eigemeindungs-Aktionen kamen schlaflose Nächte über ihn, wenn er daran dachte, dass er die Verantwortung über seine Firma hatte. Seine Betriebsangehörigen hatten ihre Arbeiten vorzulegen, diese Arbeiten mussten geprüft und weitergeleitet werden. Hugo, sein Stellvertreter, musste auf den guten Kontakt Jakobs zählen können. Die Kunden der Firma elmass durften nicht vernachlässigt werden, sie erwarteten prompte, klare Antworten auf ihre Fragen bei einem gestellten Problem.

Schwer ins Gewicht eines normalen Betriebsablaufes fiel die Frage der Liquidität.

Vielfach musste Jakob eine Bestellung, die René geschrieben hatte, unterzeichnen, dass ein wichtiger Werbe-Artikel zum richtigen Zeitpunkt an das Eingemeindungskomitee ausgeliefert wurde.

Eine Bestellung zu unterzeichnen ist keine Sache, die geforderte Summe zu begleichen eine andere. Bei solchen Gedanken kamen für Jakob nicht selten Albträume auf.

Geschäft und Politik

Beides gleichzeitig zu bewältigen stellte für Jakob eine hohe Belastung dar, musste doch alles gut koordiniert werden, damit nichts übersehen wurde.

Für seine Firma musste Jakob, nachdem das Fertigungssystem der Firma elmass immer bekannter wurde, immer in entferntere Länder reisen. Zukünftige Kunden besuchen, neue Vertriebswege organisieren und Interessenten die Vorteile seiner Maschinen und Werkzeuge praxisnah demonstrieren.

Jakob durfte in dieser Zeit und zu seinem Glück auf seine Eltern, auf Hugo und auf Lily, seine Verlobte, zählen.

An die Öffentlichkeit mit elmass®-Produkten

1961 Muba Basel – dazumal war für die Firma elmass ein in den Platzabmessungen kleinstmöglicher Norm-Standplatz reserviert, der direkt an den Ausstellungsplatz der weltbekannten Firma Eduard Ifanger, in Uster, anschloss.

Die Firma Ifanger produzierte die qualitativ besten Räumnadeln, die auf dem Weltmarkt zu finden waren.

Jakob fragte sich, wie er sich neben der großen, weltbekannten Firma der Stoß-und Ziehräumnadelnhersteller verhalten sollte.

Am ersten Morgen der Ausstellung begrüßte Jakob den von kleiner Statur, sich hinter seinem Ausstellungsstand präsentierenden Inhabers der Firma Ifanger. Eduard Ifanger freute sich über die Kontaktnahme seines Standnachbarn aus Schaffhausen. Vom ersten Moment an war bei Jakob die Scheu gengenüber seinem weltbekannten Standnachbarn verflogen. Zwischen den beiden entspann sich ein interessantes Fachgespräch. Eduard Ifanger fragte den Jungunternehmer mit seinem Artikel, dem elmass® Keilnuten Ausstoßkopf, und antwortete ihm: „Junger Mann, wissen Sie, was Sie da erfunden haben?" Jakobs Antwort war: „Ja, ein Werkzeug zur Fertigung von genauen Innenformen in Durchgangs- und in Sackbohrungen." Darauf kam Eduard Ifangers Antwort: „Ich gratulieren Ihnen, es erstaunt mich, dass bei uns niemand auf diese Idee gekommen ist."

Die persönliche Distanz war gebrochen. Vom Tag der ersten Kontaktnahme zwischen den beiden Wettbewerbern entstand eine jahrelange, erfreuliche Geschäftsverbindung. Wenn bei elmass eine Anfrage für das Innenräumen von Durchgangsbohrungen in einem Massenartikel vorlag, dann empfahl Jakob dem Anfrager die Firma Ifanger in Uster. Wenn bei Ifanger eine Anfrage für das Räumen von Innenformen in einer Sackbohrung vorlag, dann wurde diese an elmass weitergeleitet.

Jahre später übernahm Ifanger von der Firma SIG die Fabrikation der gesamten Räumwerkzeuglinie.

Fräulein Lily Dätwyler

Jakobs Verbindung mit Lily Dätwyler entwickelte sich zur schriftlichen Freundschaft durch Bobby, dem Inder in Genf.

Anlässlich des MUBA-Messe-Aufenthalts 1961 lud Jakob das Fräulein Dätwyler, von dem er durch Bobby in Genf vieles gehört, aber die Dame noch nie gesehen hatte, ins Kaffee Sutter an der Aeschenvorstadt für ein erstes Date ein.

Jakob wusste beim ersten Blick, das ist SIE.

An dem Ausstellerabend am letzten Tag der MUBA lud Jakob Lily Dätwyler zum zweiten Date ein.

Der erste Besuch in Bottenwil diente Jakob dazu, sich bei Lilys Familie persönlich vorzustellen.

Schüchtern fragte Jakob Vater Dätwyler, ob er bereit sei, seine älteste Tochter an ihn, Jakob, zu verlieren. Vater Dätwylers Antwort war offen und klar: „Wenn ihr euch versteht, dann bin ich erfreut und einverstanden."

Als junge Frau und im Dorf Bottenwil beliebte, freundliche Posthalterin, fürsorgliche Mutter und Hausfrau war Lilys Mutter kurze Zeit vor Jakobs erstem Besuch im Aargauerdorf nach einem ärztlichen Eingriff gestorben. Der Liebhaber von Tochter Lily musste erfahren, dass Mutter Lily durch einen Fehler in der Bestimmung ihrer Blutgruppe nach einer Nierenoperation verstorben war.

Die traurige Nachricht verbreitete sich bis nach Herblingen.

Jakob erfuhr von seiner Freundin, dass sie demnächst für ein Jahr nach England ziehen werde, ihre englischen Sprachkenntnisse zu verbessern.

Lilys Frage war: „Was meinst du dazu?" Jakobs Antwort: „Wenn du in der Schweiz zurück bist, und wir uns dann noch lieben, dann ist alles gut"-. So kam es auch. Jakob hatte mit Lily immer Briefkontakt.

Nach einem Jahr Trennung wurde in Paris das Wiedersehen gefeiert. Von Paris fuhren vier junge Menschen mit Jakobs Volvo nach Spanien in die wohlverdienten Ferien. Die vier waren Lilys Bruder Heinz, Margit, seine Braut, Lily und Jakob. Jakob hatte diesen Aufenthalt mit Besuchen bei seiner Spanien-Vertretung verbunden. Für ihre Erholung in privater Umgebung hatten die Schweizer genügend Zeit.

Verlobung mit Lily

Am 25. Dezember 1962 reiste Jakob mit seinen Eltern nach Bottenwil im Uerkental.

Den Besuch in Bottenwil an diesem Sonntagnachmittag hatte Jakob mit seinem heimlichen Wunsch, sich mit Lily zu verloben, verbunden.

Frau Holle war am Samstagabend vor der Reise in den Aargau sehr fleißig gewesen. Eine beträchtliche Schicht Neuschnee lag auf den Straßen.

Die Autobahn war erst einen Teil, ab Zürich bis Lenzburg, für den öffentlichen Verkehr befahrbar. Auf dieser Strecke hatten die Schneeräumarbeiten schon gute Arbeit geleistet. Vater Jakob und Mutter Anna genossen die Fahrt im neuen Volvo und in der für sie unbekannten Gegend.

Jakob durfte seinen Eltern viel von ihm in diesen Gegenden Erlebtes erzählen.

Ab Lenzburg ging die Fahrt in gemächlicherem Tempo über Hunzenschwil-Obrentfelden-Kölliken ins Uerkental weiter.

In der Post Bottenwil wurden die Schaffhauser von Vater Adolf und seinen vier Kindern herzlich begrüßt, willkommen geheißen und zum sich Wohlfühlen eingeladen.

Nach dem feinen Mittagessen verabschiedeten sich Lily und Jakob zum Skifahren in der frisch verschneiten Winterlandschaft. Die beiden bestiegen den Abhang bei der Sandplatte bis zum nahen Wald. Dort oben betrachteten die Verliebten das im Sonnenschein liegende Dörflein Bottenwil, wo Lily ihre Jugend verbringen durfte.

An diesem verlassenen Platz, unter Tannenbäumen, übergab Jakob Lily die Verlobungsringe. Die Ringe ausgetauscht, schworen sich die beiden ewige Treue. Nach inniger Umarmung und dem Austausch von Küssen, fuhren die beiden in weichem Pulverschnee fröhliche und unfallfrei zur Post hinunter.

Lilys Vater Adolf, sein Sohn Heinz, seine Töchter Elsbeth und Marliese sowie Jakobs Eltern erfuhren in der wohlig warmen Stube von der einmaligen Skitour der beiden Jungverlobten.

Ein ausgeklügeltes Kontrollsystem

Durch das Lösen der Fertigungsoperation einer präzisen Innenform bei SIG waren die Chefs auf elmass aufmerksam geworden.

Die höheren Stellen der Waffenfabrik wurden mit der Anschaffung eines Kontrollsystems für die Gewehrläufe des Sturmgewehrs 1958 beauftragt.

Wieder bekam Jakob von Onkel Franz einen Telefonanruf mit der Bitte, sich in den nächsten Tagen bei ihm zu melden.

Ein weiteres Mal hatte sich Jakob beim Herrn Oberst, Chef der Waffenfabrik, zu melden.

Zum zweiten Mal vergaß Jakob bei der Begrüßung die empfohlene Anrede des hohen Militärs.

Der Fabrikationschef begrüßte Jakob in freundschaftlicher Manier, erklärte dem elmass-Mann das Anliegen und den Wunsch, ein Kontrollwerkzeug für die Endkontrolle der Gewehrläufe zu entwickeln.

Jakob begriff, hatte aber seine Bedenken, dass dieser Wunsch in Erfüllung gehe.

Ein heikles Unterfangen, das war allen klar. Jakob hatte in seiner Genfer Zeit mit Kontrollmöglichkeiten verschiedener Fertigungssysteme zu tun gehabt, dadurch hatte er Kontakte mit verschiedenen Messgeräteherstellern.

Etamic G.m.b.H. war der nächstliegende Partner, von dem Jakob schon einige Messinstrumente bezogen hatte.

Ein Gewehrlauf mit seinen drei verschiedenen Mess-Stellen in einer Messoperation zu prüfen, das war eine neue Herausforderung für Jakob.

Ein Messkaliber mit drei getrennten Staudruckkammern war zu fertigen.

A. Laufdurchmesser. B. Zugdurchmesser, C. Zugbreite.

Dieses Messkaliber durfte einen Durchmesser von maximal 7,20 mm nicht überschreiten. Das Messwerkzeug musste eine Mindestlänge von 900 mm aufweisen, damit der Kontrolleur genügend Möglichkeiten hatte, jede Stelle im Gewehrlauf abzutasten. Praktisch waren alle Eigenheiten herstellbar, bis an die Zuführleitungen zum Messkaliberkopf. Wie die Pressluft für den Staudruck zu den einzelnen Messdüsen bringen? Jakob hatte aus der Genfer Zeit Verbindungen zu einer Firma in Agno im Tessin. Diese fabrizierte Kugelschreiber. Um die Schreibertinte dosiert zu den Kügelchen zu führen, wurden dünne Messingröhrchen verwendet. Von diesen meterlangen Messingröhrchen bestellte Jakob in Agno 20 Meter. Damit war das Luftzuführproblem zu den Messkaliberköpfen zu lösen.

Die ersten zwei Messwerkzeuge waren bei SIG noch keine sechs Monate im Einsatz, kam eine Anfrage für solche Messwerkzeuge aus Zofingen im Aargau.

Die Firma Hämmerle stellte für SIG Gewehrläufe her. Die Leute von Hämmerle hörten von ihrem Kunden SIG, dass die in Zofingen hergestellten Gewehrläufe an den, zum Messen, unmöglichsten Punkten einen Fehler aufwiesen.

Der Fabrikationschef bei der SIG gab dem Fabrikationschef der Hämmerle den Hersteller der Messkaliber bekannt. So bekam Jakob nochmals eine Bestellung für drei der sehr speziellen Messkaliber.

Der Tag, den Jakob nie vergisst

Am 22. September 1963 hatten die Stimmbürger des Kantons Schaffhausen mit 8'210 JA- zu 5'561 NEIN-Stimmen klargemacht, dass der beste Weg für die Gemeinde Herblingen, auch für die Stadt Schaffhausen und für die weitere Umgebung sowie auch für die kantonalen Bedürfnisse, der Zusammenschluss ist.

Ein klarer Beschluss des Stimmvolks im Kanton Schaffhausen.

Mit großer Erleichterung und mit dem verdienten Stolz der Gewinner erlebte Jakob einen Abend der Befreiung von seinem offenen politischen Kampf gegen die Eingemeindungsgegner.

Er feierte mit seinen treuen Mitkämpfern und Walther Bringolf, der Stadtpräsident von Schaffhausen war, auch im Kreis der Sieger, im Restaurant Löwen in Herblingen den Sieg.

Der Sieg bedeutete das Ende von Jakobs politischen Aktionen.

Nach Jahren wollten einige Bürger, unter der Leitung von O. S., des unfairsten Eingemeindungsgegners, Jakob zurück in die Politik bewegen.

Ein Inserat in der AZ und der SN erklärte, dass Jakob, der Herblinger Bürger, er war schon seit Jahren Schaffhauser Stadt-Bürger, der Mann für den Bürgerrat sei. Auf Anfrage von Jakob, was dies zu bedeuten und wer diese Inserate beauftragt habe, erfuhr Jakob den Namen des Urhebers dieser schlechten Aktion.

Auf Anfrage beim O. S., was ihm in den Sinn gekommen sei, etwas zu veröffentlichen, ohne die betreffende Person vorgängig zu informieren, erhielt Jakob die saloppe Antwort, man müsse manchmal auch ungewöhnliche Wege gehen. Der bekannte Urheber erklärte Jakob, die ganze Sache sei nicht sehr teuer, koste nur Fr. 850,00, die seine Gruppe bezahlen werde, wenn Jakob die Kosten der Inserate nicht übernehme.

Jakob machte dieses unehrliche, verleumderische Spiel nicht mit.

Die Gruppe der Verschlagenen und Uneinsichtigen um den stadtbekannten Politiker hatte die Kosten zu übernehmen.

Heirat mit Lily

Die Verlobte von Jakob, Lily Dätwyler, hatte Verständnis gegenüber seinem Wunsch, erst zu heiraten, wenn die Eingemeindungsgeschichte vorüber sei. Am 03. Juli 1964 war die Zeit für diesen Akt des Zusammenlebens gekommen. Edy Keucher, der Zivilstandbeamte der Stadt, hat die offizielle Trauung von Lily Dätwyler mit Jakob Bührer vorgenommen. Zwei Tage später erteilte Pfarrer Walter Kuster dem frisch vermählten Paar in der Münsterkapelle Schaffhausens den kirchlichen Segen.

Das vollbesetzte Konstanzerli der Schifffahrtsgesellschaft URH geleitete die Hochzeitsgesellschaft auf sanften Fluten hinauf nach Stein am Rhein, zur selben Stadt, wo vor Jahrhunderten die Ehrlichkeit über die Verschlagenheit einen Sieg errang. „No e Wili" – zahlt sich immer aus.

April 1970 MUBA, mit Prototyp

An dem Mittwochmorgen, an dem die Rattin AG die Maschine transportieren musste, es war im April 1970, lag als nächtliche Überraschung eine Schneeschicht von ca. 15 cm. auf Wiesen und Straßen. Die Transportforma Rattin AG, Schaffhausen, hatte den Transport des Prototypen der ersten elmass®-Stoß-Räummaschine übernommen. Auf einem Greuter-Tiefganganhänger stand gut gesichert der Prototyp, hergestellt in der Firma von Jakob. Tage- und nächtelanges Überlegen, Berechnen, Herstellen der Maschinenteile und Montieren hatten endlich zum Ergebnis geführt. Die fertige Maschine konnte auf die Reise nach Basel gebracht werden.

Jakob hatte Hansueli, seinem Außendienst-Verantwortlichen, Wochen vor dem Eintreffen der Maschine auf dem Messeareal aufgetragen, der Messeleitung schriftlich die Abmessungen des Prototypen mitzuteilen.

Der Ausstellungsstand wurde der Firma elmass auf dem Zwischenboden der Hallen 5/6 zugewiesen. Ein sehr guter Ausstell-Standplatz, wo die Messebesucher von einer Halle zur anderen, von beiden Seiten durch Rolltreppen hochgetragen, die Zwischenetage direkt vor dem elmass-Stand durchwanderten.

Jakob, Hugo und Hansueli waren begeistert von dieser Standplatzzuweisung.

Darum bestand Jakob frühzeitig darauf, der Messeleitung die Abmessungen und das Gewicht der Maschine schriftlich bekannt zu geben.

Im Warenlift zur Zwischenetage wurde ohne Umstände der Prototyp befördert. Auf dem Boden abgestellt, stellten die Helfer fest, dass die untere Kante der Glastrennwand vom Vorplatz zum Ausstellungsraum zu niedrig war. Hansueli setzte sich mit dem technischen Dienst der Messe in Verbindung. Mit der Kopie seines damals an die Messeleitung versandten Briefes, mit allen Angaben über das Messegut von der Firma in elmass Herblingen, marschierte Hansueli zum Hallenchef. Für den zuständigen Hallenchef begann ein nächtlicher Arbeitseinsatz. Gegen Mitternacht konnte der Prototyp auf den vorgesehenen Standplatz verschoben werden. Jakob mit seinen Leuten, der Leiter des technischen Dienstes der Messe, alle Beteiligten der Sonderaktion wünschten einander eine gute Nacht.

Froh waren Jakob und seine Leute, im Messerestaurant in nächster Nähe noch einen Mitternachts-Imbiss einnehmen zu können.

Donnerstag und Freitag waren die Arbeiten der Messestandeinrichtungen angesagt. Am Samstagmorgen standen Jakob, Hansueli und Ruedi in festlicher Aufmachung an ihrem Stand, bereit, den Besuchern Auskunft zu geben.

Ein Besucher hatte Jakob seine besondere Aufmerksamkeit geschenkt. Paul Maier, Sohn des damaligen Firmengründers der Firma Carl Maier, Jakobs ehemalige Lehrfirma, besuchte Jakobs Ausstellungsstand. Herr Paul Maier freute sich, seinen ehemaligen Lehrling auf einer wichtigen, nationalen Messe treffen zu können. Er interessierte sich für die Ausstellungsgüter der noch jungen Firma aus Herblingen. Begeistert äußerte sich Paul Maier, dass Jakob die elektrischen Ausrüstungsteile für den Leistungsteil der elmess-Maschine von seiner Firma CMC verwendete. Jakob war der Lehrfirma CMC immer treu geblieben, weil deren Lieferungen prompt und nach Wunsch ausgeführt wurden.

Während der zehntägigen Messedauer erfuhr Jakob, durch das Besucherinteresse, die technische Wichtigkeit seiner Idee.

September 1970 EMO-Hannover

Der erste Auftritt auf einer internationalen Werkzeugmaschinenmesse musste gut überlegt werden.

Auf welche Punkte musste der Inhaber einer kleinen Firma besonders achten, wenn er seine Produkte auf einem Ausstellungsstand einer EMO-Messe zeigen und praktisch vorführen wollte?

Neben den finanziellen Überlegungen musste das Problem des Know-hows über die Fabrikation gut überlegt werden.

Jakob wusste aus den Erfahrungen, die er als Angestellter bei der Firma Charmilles AG gesammelt hatte, dass auf einer internationalen Messe gut ausgebildete Industriespione sich vor allem für Neuheiten interessierten. Er erinnerte sich an die Warnungen seines damaligen Vorgesetzten: „Jacques, si un Japonais entre dans votre stand, et que le visiteur dispose d'une caméra, demandez lui de placer son apparail foto sur la table de réunion …"

Als Jakobs Entschluss, auf der EMO auszustellen, gefallen war, meldete er im Jahr 1969 seine Firma frühzeitig zur Teilnahme an der damals wichtigsten internationalen Ausstellung an. Die EMO-Hannover galt als der Ort, an dem Weltneuheiten gezeigt wurden.

Margrit Dätwyler, seine Schwägerin, wurde als Jakobs Vertrauensperson von ihm gefragt, ob sie als Standsekretärin walten würde. Margrit war die Dame, die sich bestens auskannte mit der Begrüßung von Besuchern, und wie die Präsentation der ausgestellten Produkte angegangen werden musste. Jakob legte Wert darauf, seine Maschine, die eine Weltneuheit war, sowie das Standmobiliar nach auserlesenen Gesichtspunkten zur Schau zu stellen. Die Schreibmaschine für Margrit musste das Produkt neuester Technik sein. Also wurde auch in dieser Hinsicht nicht lange überlegt. Eine IBM-Kugelkopfmaschine musste auf den Ausstellungsstand.

Davids Sieg gegen Goliath

Vierzehn Tage vor dem EMO-Messebeginn erhielt die Firma elmass von ihrem Rechtsanwalt in München die Mitteilung, dass eine jahrelange Klage eines deutschen Großkonzerns gegen elmass zugunsten von elmass seinen Abschluss gefunden hatte. Weiter wurde die elmass-Stoß-Räummaschine vom Messe-Generalkommissariat als Neuheit deklariert. Für Jakob war das eine erfreulichen Mitteilung, kurz vor einer der wichtigsten Ausstellungen.

Mit Interesse und in Erwartung, was während der zehn Tage Ausstellungsdauer alles auf sie zukommen möge, vertrauten Jakob und seine Messe-Belegschaft dem Produkt, das sie als Made in Switzerland der interessierten Fachwelt zeigten.

Am Vormittag des dritten Messetages befanden sich Margrit und Jakob allein auf ihrem Stand.

Der Betriebsangehörige Hans-Jörg, Hans-Jörg war in Jakobs Firma der Außendienst-Mann für Maschinen-Inbetriebsetzungen bei den Kunden, hatte sich für kurze Zeit abgemeldet. Da passierte ein Mann von kleinem Wuchs in schnellem Schritt die Front des elmass-Standes. Dieser fremde Besucher betrachtete kurz die zwei Personen, die da auf ihrem Stand weilten. Dann schaute er nochmals hinauf zum Firmenschild, hielt in seinem schnellen Vorübergehen an, kam zurück, schaute Margrit und Jakob an und stellte folgende Frage: „elmass® – Herblingen – Schaffhausen – Schweiz?" Schon hielt Jakob die Visitenkarte des Herrn in der Hand. Margrit, stets freundlich zu Diensten der Stand-Besucher, lud Herrn Paolo Wanner, Präsident des Verwaltungsrates der Firma Ferro-Stahl Brasilien, auf den Stand der Firma elmass ein.

Nun begann in der Besprechungsecke des elmass-Standes, abgeschieden vom Besucherstrom, ein Gespräch, das jeden Zeitdruck vergessen ließ. Paolo Wanner war der Bruder von Ernst Wanner, Gemeindepräsident von Herblingen, der Lehrer an der Elementarschule in Herblingen war. Paolo Wanner war der Zwillingsbruder von Willi Wanner. Willi Wanner war Lehrer an der Mädchenrealschule Schaffhausen. Zwischen dem weitgereisten Paolo und Jakob entspann sich eine Gesprächsrunde, unterbrochen von Margrit, die bemüht war, dass die beiden Gesprächspartner nicht zu kurz kamen mit Kaffee und Pflümli.

Paolo Wanners Abschied von Jakobs Messestand war herzlich und kurz. Paolo hatte im privaten Gespräch, das ihn in seine Jugendzeit nach Trasadingen im Klettgau zurückversetzt hatte, vergessen, dass er eigentlich längstens beim Messe-Generalkommissariat hätte sein sollen.

Für Jakob bedeutete diese zehntägige Messe den Eintritt in den internationalen Markt. Wie im Frühling an der Basler Mustermesse hatten hier in Hannover die Leute um Jakob die Gewissheit, in den Märkten der Praxis ein den Anforderungen in Präzision genügendes Produkt gefunden zu haben.

Jetzt galt es in Bezug auf die Serienfertigung, die Lagerhaltung und Kundenbedienung zu organisieren.

Besucherkontakte aus vielen verschiedenen Ländern mussten nach den Erstkontakten, die während der Messe stattfanden, nun gefestigt werden.

Jetzt war die Zeit gekommen, sich persönlich in aller Welt zu zeigen.

Die interessierten Firmen zu besuchen, sich mit den verantwortlichen Menschen bekannt zu machen, sich auf ihre Fertigungsprobleme auf der Stufe des Räumens einzulassen. Die erforderlichen Kundenwünsche in ihren Betrieben, in den laufenden Produktionsanlagen sich erklären zu lassen.

Nun begann für Jakob, Lily und für ihre Familie die Zeit des Organisierens, des Abwägens, wann, wie und wo es nötig war, sich der Familie, dem Geschäft und der Kundschaft zur Verfügung zu stellen.

Im gemeinsamen Gespräch legten Lily und Jakob fest, dass wenn immer die Möglichkeit bestand, Jakob sich am Freitagabend, spätestens am Samstagmorgen in die Schweiz zurück zur Familie begab. Dieses Abkommen ließ sich einhalten, wenn die Geschäftsreisen im Raum Europas und Skandinaviens stattfanden.

Ferien in Tschiertschen

Im Sommer 1975 verbachten Lily und Jakob mit ihren Kindern vier Wochen Sommerferien im Bergdorf Tschiertschen.

Angekommen beim altehrwürdigen, heimeligen Blockhaus, zu dem Jakob mit seinem Ford 2.3-Kombi fahren durfte, nahm Lily mit den drei Kindern Umgebung und Haus in Augenschein. Jakob trug die Ladung vom Wagen in die geräumige Stube. Die Kinder bezogen unter freudigem Geplapper ihre Schlafzimmer.

An einem strahlenden Sommernachmittag nahmen für die Unterländer vier schöne, erholsame Ferienwochen ihren Anfang.

Jakob machte sich mit Andreas mit der Umgebung vertraut. Die beiden stiegen einen schmalen Bergpfad bis zum nächsten Bauernhaus hinauf. Beim Vorbeigehen am Kuhstall erblickte Jakob den Bauern, der dabei war, den Kuhmist zum Miststock zu fahren. Im Anschluss an die gegenseitige Begrüßung, fragte der Bauer nach dem Woher und wie lange der Aufenthalt der Familie dauere. Nach der gebührenden Antwort fragte Jakob den Mann, ob er Kuhmilch direkt ab Hof verkaufe. Nachdem sich die beiden näher bekannt gemacht hatten, wurde abgemacht, dass Jakob jeden Morgen zwischen 08.00 Uhr und 09.00 Uhr drei Liter frische Milch beziehen könne. Somit hatte Jakob schon am ersten Tag ihres Ferienaufenthalts eine allmorgendliche Abwechslung organisiert, während Lily die Kinder auf den neuen Tag vorbereitete. Manchmal durfte eines der Kinder Jakob zum Bauernhof begleiten. Doris, die Älteste, freute sich jedes Mal mit ihrem Vater zu den Tieren wandern zu dürfen.

Schon am dritten Ferientag hatten die Kinder den schmalen Bergbach, der durchs Gebüsch neben dem Blockhaus floss, entdeckt. Jakob wurde gebeten, jedem Kind ein Wasserrad zu bauen, um diese im klaren Wasser drehen zu lassen.

Die Umgebung vor dem Eintritt des Bachlaufes ins Gebüsch eignete sich gut zum Stauen des frischen, kalten Wassers, ohne dass es sich einen nicht gewünschten Lauf suchte. Freudig begrüßten die drei Kinder ihre Wasserräder, die sich in der schmalen

Rinne des korrigierten Wasserlaufes drehten. Während der Ferientage unternahm die Familie abenteuerliche Wanderungen.

Vom Blockhaus hinauf zum Urdenseelein. Auf der Wiese beim idyllischen Ort, vor sich das Aroser Weißhorn, hatte Jakobs Familie genügend Zeit sich auszuruhen, zu spielen und sich auf den Heimweg vorzubereiten.

Von den Wanderungen zurück, vor dem Blockhaus, mussten die Kinder vor dem Eintreten ins gemütliche Heim immer nachschauen, ob alle drei Wasserräder sich noch drehten.

An einem Tag begann die Wanderung unmittelbar nach dem Morgenessen. Tante Margrit und ihr Ehemann Heinz, Lilys Bruder und ihre Schwägerin, waren für drei Tage im Blockhaus zu Besuch. Es wurde eine Tageswanderung vereinbart zum Urdensee, von dort hinauf zum Weißhorn, dann mit der Sesselbahn bis zur Mittelstation, um von dort über die Ochsenalp nach Tschiertschen zurückzuwandern.

Den ganzen Tag wurden die Wanderer mit schönem Wetter beglückt. Die Kinder bewegten sich beschwingt der Höhe entgegen, erholten sich schnell bei jedem Marschhalt. Sie hielten bei den Picknicks mit den Erwachsenen mit.

Beim Sonnenuntergang erreichte die müde Wandergruppe das Blockhaus.

An einem Abend, kurz bevor die Sonne sich hinter den Horizont senkte, fragte Jakob die Kinder, wer mit ihm zum Felsen, wo die Murmeltiere wohnten, mitkommen möchte. Andreas war kurzentschlossen bereit, die Wanderschuhe nochmals anzuziehen, um mit dem Vater das Abenteuer bei dem Felsen zu erleben. Ein lauer Abendwind wehte den beiden Wanderern entgegen, als sie die Murmeltierfamilie erblickten. Ein Elterntier stand hoch aufgerichtet auf dem Felsen, das zweite hielt sich beim Spielen mit drei kleinen Munggen vor der Höhle auf. Jakob und Andreas schlichen sich auf den Bäuchen so nahe an die spielenden Tiere, dass der Wächter auf dem Felsen die beiden Menschen nicht wahrnahm.

Daheim in der gemütlichen Stube erzählte Andreas seiner Mutter und seinen beiden Schwestern vom Abenteuer beim Felsen, wo die Murmeltiere wohnten. Vier Wochen Sommerferien waren schnell vorbei, Jakob mit seiner Familie kehrte gut erholt heim.

Märkte erschließen

Um sein Patent auch außerhalb Europas bekannt zu machen, musste sich Jakob in den Märkten, die weit weg waren, zeigen.

So wurde auf einer Betriebsversammlung festgelegt, dass der Chef zur zukünftigen Sicherung der Arbeitsplätze sich in ferne Gebiete wagen müsse. Denn wenn schon Interessenten aus diesen Gebieten sich nach Europa auf Industriemessen begaben und sich für das elmass-System interessierten, dann müssten auch diese Menschen nach Bedarf besucht werden.

Afrika

Robert Skok, Inhaber der Südafrikanischen Verkaufsorganisation von Werkzeugmaschinen, der Robert Skok S.A. in Johannesburg, wurde auf der ICM-Ausstellung, die im September 1982 in Chicago abgehalten wurde, auf die Produkte von elmass aufmerksam.

Robert Skok, Inhaber der SKOK S.A., empfahl sich als Generalvertreter für das Gebiet Südafrika.

Jakobs Nachforschungen über diese Firma ergaben, anfänglich, ein positives Bild.

Skoks Empfehlung wurde von Jakob angenommen mit der Voraussetzung, dass der Vertrag vorerst für zwei Jahre Gültigkeit habe.

Nach der Vertragsunterzeichnung wurde von Skok S.A. verlangt, dass elmass eine ihrer-Stoßmaschinen für die nächste Industriemesse in Johannesburg bereitstellte. Die angepeilte Messe fand im Februar 1983 statt. Jakobs Belegschaft sorgte für die Bereitstellung des Messegutes für die Johannesburger-Messe.

Familienferien

Während der Schulferien 1983 verbrachten Lily und Jakob mit ihren Kindern in Bergün/GR vierzehn Tage Skiferien. In der schönen Gegend, im verschneiten Dörflein, genoss die Familie aus Herblingen bei guten Schneeverhältnissen und sonnigen Tagen das Skifahren, Langlaufen und Ausruhen.

Lily nutzte ihre freien Stunden auf der schön angelegten Loipe, Jakob begab sich jeweils mit den Kindern auf die Skipisten.

Am Samstag vor Wiederbeginn der Schule reiste die glückliche, sonnen-gebräunte Familie nach Herblingen zurück.

An diesem Samstagabend übernahm Lily die Aufgabe, ihrem Mann die nötigen Sachen für die Reise nach Südafrika vorzubereiten.

Vor seiner Reise nach Johannesburg wurde auf Jakobs Anfrage bestätigt, dass seine Maschine auf dem elmass-Ausstellungsstand gut angekommen und betriebsbereit sei.

Das hieß, die Maschine sei am elektrischen und am pneumatischen Netz angeschlossen.

Eine lange Reise

Am Sonntag, zwölf Stunden nach der Heimkehr der Familie aus dem Berggebiet, hob das DC-10-Swissair-Flugzeug Kloten-Johannesburg, Jakob als Fluggast an Bord, ab.

Die Werkzeugmaschinenmesse in Johannesburg, die im Februar 1983 stattfand, besuchte Jakob mit seiner automatischen elmass-Stoß-Räummaschine Typ ELM-P4-AH-400. Auf der Johannesburger Industriemesse wurde Jakob durch Robert Skok mit seinen Gebietsvertretern Rainer Lämmle, verantwortlich für den Markt in Krugersdorp und Umgebung, Eugen Ege, in Pietermaritzburg, verantwortlich für die Gegenden Browen Odendal, Kloff/Kwazulu Natal, bekannt gemacht. Jakob war zuständig für die Einführung seines Räumsystems bei Robert SKOK SA in Johannesburg.

Der Ausstellungsstand von elmass befand sich gleich neben der Firma Weiler, Drehmaschinen-Fabrik aus Deutschland.

Chef-Verkäufer und Maschineningenieur Erwin Fischer, Jakobs Bekannter aus Bayern, stand staunend, den Vermissten aus der Schweiz herzlich begrüßend, da, als Jakob nach einer langen Odyssee auf dem elmass-Ausstellungsstand eintraf.

Eine der unvergesslichen Reisen hatte verspätet ihren glücklichen Abschluss gefunden.

Der Flug von Zürich nach Johannesburg hatte einen vorgesehenen Stoppover in Kinshasa, wo die Maschine betankt wurde.

Die Passgiere mussten sich, inklusive der Flugzeug-Besatzung, 18 Stunden im Flughafengebäude von Kinshasa/Uganda infolge eines Defekts am DC-10-Flugzeug aufhalten.

Auf der Flugroute von Zürich verabschiedete sich ein Messfühler am dritten Strahltriebwerk ins Unbekannte. Dieser Fühler hatte die Aufgabe, die Konzentration des Flugbenzins in den Abgasen zu messen.

Ganze 17 Stunden dauerte der Transport eines Ersatzfühlers, den eine BEA-Maschine von Brüssel zum Flugplatz in Kinshasa brachte.

Weil Herr Idi Amin keine unangemeldeten Gäste in seinem Reich duldete, mussten die Swissair Passagiere mit der Besatzung im Flughafengebäude auf die Erlösung, den Weiterflug nach Johannesburg, warten.

Jack, ein freundlicher schwarzer Chauffeur der Firma Skok hatte die Aufgabe, den Schweizer zu empfangen, ihn vom Flughafen zum Hotel zu fahren. Jakob bedankte sich bei Jack, fragte ihn, ob er die ganze Zeit am Abholort auf ihn gewartet habe. Jack erwiderte, das sei nicht schlimm, er habe schon viel mehr Geduld haben müssen.

Vor dem nächtlichen Abschied erklärte Jack dem Schweizer, dass der Wagen für ihn, ein Jaguar XJ, im Hotel-Parking auf dem Platz Nr. 45 geparkt sei. Für diese Mitteilung bedankte sich Jakob bei Jack. Er antwortete, er möge seinem Chef Grüße ausrichten und ihm mitteilen, dass der Ankömmling aus Schaffhausen ihm für das Vertrauen, einen fast neuen Wagen für die nächsten 2 ½ Wochen zur freien Verfügung zu stellen, herzlich danke. Am ersten Tag nach der Ankunft konnte Jakob sich noch nicht an den Linksverkehr auf den Straßen von Johannesburg gewöhnen.

Müde von der über 30-stündigen Reise kam Jakob am Mittwochmorgen um 03.00 Uhr im Carlton Hotel an. Wie gewohnt machte der Gast aus der Schweiz die Kontrollrunde in seinem Zimmer. Dann begab er sich, aus erklärlichem Grund, Jakob war Feuerwehroffizier, auf den Gang hinaus, lief dort dem Notausgangsymbol zu und kam am Ende des Gangs an einer stählernen Tür an. Jakob versuchte die Notausgangstür zu öffnen. Die Tür gab trotz großer Kraftanwendung nicht nach. Jakob, zu jener Zeit Chef des Rettungszuges der Feuerwehr, war sich sofort bewusst, was dies im Notfall bedeutete. Mit dem rechten Fuß an die Wand gestützt, mit beiden Händen einen letzten Kraftakt ausübend, öffnete sich die quietschende Tür dann doch noch. Ein angenehmer Lufthauch strich um die Nase des Nachtwandlers. Eine stählerne Wendeltreppe führte zwei Stockwerke nach oben und zweiunddreißig nach unten.

Im Feuerwehrmann aus Schaffhausen erwachte durch das Erreichen der Freiheit eine Lust am Auskundschaften. Er wollte nun wissen, wie lange der Abstieg dauerte, bis der Boden hinter dem Hotel erreicht war. Jakob kam aus dem 32. Stock nicht bis zum Ende seines Abstieges. Eine tiefe Männerstimme ließ den neuen Hotelgast seinen Gang nach unten unterbrechen. Ein im aufkommenden Morgenlicht ihm entgegensteigender Mann sprach ihn im Befehlston an: „What are you doing here?"

Jakob erklärte dem Wachmann, dass sein Interesse dem Notausgang diente, dass er sich mit der Sicherheit von Mensch und Tier in seinem Feuerwehr-Dienst zu befassen habe. Auf der Nottreppe des Carlton Hotels, in einer Steighöhe von 8 Metern über

Grund, entfachte sich mit der Zeit eine Gesprächsrunde zwischen einem schwarzen Sicherheitsbeamten und einem weißen Neuankömmling.

Praktische Vorführung

Um die Messepräsenz interessant zu gestalten, setzten Erwin und Jakob eine supponierte Fabrikation in Gang.

Erwin hatte genügend Stahl-Rohlinge auf seinem Stand. Diese fertigte er auf einer seiner Drehmaschinen zu Werkstücken, mit einer Bohrung im Zentrum von 50,00 mm Durchmesser. In diese Stücke räumte Jakob mit seiner automatischen Stoß-Räummaschine je eine 8er-Vielkeilnabe in der ISO-Toleranz H9.

Die Produktionslinie Weiler-elmass brachte das gewünschte Resultat. Die Besucher wollten erfahren, was die zwei Europäer mit ihren Maschinen fertigten. Durch die praktischen Vorführungen gewannen Erwin und Jakob die nötige Aufmerksamkeit, dadurch eine Menge Firmenadressen.

Jakob waren vor seiner Südafrikareise von seinem Freund, einem Swissair-Piloten, der schon manchen Flug nach Johannesburg hinter sich gebracht hatte, einige Eigenartigkeiten erzählt worden. Zum Beispiel die für Jakob unbegreifliche Vorschrift, dass die schwarzen Menschen nur von morgens fünf Uhr bis abends einundzwanzig Uhr sich in der Stadt aufhalten dürfen, nach dieser Zeit hatten sie die Stadt zu verlassen.

Der schwarze Sicherheitsmann, der vom Sicherheitsdienst des Hotels fest angestellt war, folgte dem neuen Hotelgast aus der Schweiz zurück in die Höhe des 32. Stockes. Er ließ sich von Jakob das Problem der klemmenden Notausgangstür erklären. Der schwarze Mann dankte seinem Feuerwehrfreund für den wichtigen Hinweis.

Als Jakob sich endlich zum verdienten Schlaf hinlegte, schlichen bereits die ersten Sonnenstrahlen in sein Zimmer.

Am Nachmittag, gegen Feierabend des Messelebens, trat Jakob endlich auf seinen Messestand. Zwei schwarze Personen, ein Mann und seine Gemahlin, waren beschäftigt, die Ausstellungs-Vitrinen, die Stoßmaschine und den Teppichboden zu reinigen. Jakob konnte keine Metallspäne auf dem Tisch seiner Stoßmaschine entdecken. Er fragte die beiden vom Standreinigungsdienst, ob sie die Metallspäne schon abgeräumt hätten. Der Mann schaute den Frager ungläubig an. Jakob erklärte den beiden, worum es sich dabei handele, und dass die Späne eine wichtige Tatsche erklärten und zeigten, welche Späne das Stoß-System von elmass schäle. Natürlich konnten die beiden nicht verstehen, was Jakob ihnen zu erklären versuchte. Als Jakob ihnen vorführen wollte, wie die Automatik der Stoßhübe vor sich gehe und sich nichts bewegte, stellte er fest, dass die Maschine weder elektrisch noch an der Luftversorgung angeschlossen war. Jetzt entfaltete Jakob seine ihm gewohnte Initiative. Mit der Übergabe eines Trinkgeldes verabschiedete er die Standreinigungspersonen mit Dank für die saubere Instandhaltung des Standes. Er rief die Firma Skok S.A. an, die die Vertretung von Jakobs Firma festlegen wollte. Es meldete sich überraschenderweise Robert Skok, der Boss, persönlich, der für das Versprechen, es sei alles in Ordnung, gerade der richtige Ansprechpartner war.

Jakob erklärte Robert Skok, dass er, wenn bis zum Abend, wie von Skok vorgänggig versprochen worden war, die Maschinen nicht funktionsfähig angeschlossen seien, er, Skok, mit Jakob das letzte Mal gesprochen habe.

An diesem Abend um 09.00 Uhr konnte Jakob die Funktion seiner Maschine prüfen.

Erst jetzt, einige Tage nach Beginn dieser 10-tägigen Messe, konnte Jakob den Besuchern die praktische Arbeit seiner Maschinen vorführen. An diesem Abend erklärte Jakob dem Ehepaar des Reinigungsdienstes seine Ausstellungsgüter.

Kundenbesuche

Nachdem die Tore der wichtigen Industriemesse Südafrikas geschlossen waren, musste Jakob während der darauffolgenden Woche mit drei von Skoks S.A.-Verkaufsingenieuren in und um Johannesburg die wichtigsten Firmen, die um Besuche ihrer Fabriken baten, besuchen. Diese fünf Tage der Besuchsreihe zeigten Jakob, wo er mit der Firma Robert Skok S.A. stand.

Ein Tag privat

Nach zehn Tagen Messepräsenz hatte Jakob endlich ein Weekend zu seiner privaten Verfügung.

Das war während der Zeit, wo noch die Apartheid-Regierung das Sagen hatte.

Jakob schlenderte am Sonntagmorgen vom Carlton-Hotel über Hillbrow hinauf auf die Straße zum Zoo-Garten. Dort verbrachte der seltene Tourist einige erholsame Stunden in der großzügig angelegten Umgebung des Zoogeländes.

Am darauffolgenden Montag startete eine Fokker F-27-Friendship von Johannesburg nach Pietermarizburg mit Jakob als einem der wenigen Fluggäste.

Jakob hatte die Aufgabe, den Chef-Vertreter Eugen Ege, der mit seiner Crew die Gebiete zwischen Wernbesi-Underberg-Umzimkulu-Umzinfo-bis zur Nordostseite Mandini bearbeitete, über das elmass-Räumsystem zu instruieren.

Nach zwei Wochen anstrengender Instruktion mit einer Menge Besuchen in mechanischen Werkstätten und Fabrikationsbetrieben, hatte Jakob mit seinem Gewährsmann interessante Kontakte schließen können.

Sein Beschluss über das weitere Vorgehen mit Skoks S.A. fasste Jakob während seines Besuches im Zoogarden Johannesburg. Wie erwähnt, eine große, schöne, tiergerechte Anlage außerhalb, hoch über der Stadt gelegen, betrat der Besucher aus Herblingen am sonnigen Sonntagmorgen. Jakob atmete die frische Luft genussvoll ein. Er labte sich am guten Essen im Zoorestaurant, erholte sich von den stressigen Tagen, die er in den vergangenen Tagen absolvieren musste.

Am Montagmorgen der neuen Woche, die der Ausstellungszeit folgte, telefonierte Jakob mit Robert Skok. Jakob dankte dem Mann, einem in Südafrika bekannten Industrie-Belieferer, für seine Gastfreundschaft, die er dem Schweizer während der verflossen 1 ½ Wochen entgegengebracht hatte.

In Gedanken stand Jakobs Entschluss schon fest: Skok S.A. würde nicht Jakobs Geschäftsvertretung werden.

In Pietermaritzburg

Am späteren Nachmittag dieses Montags flog, wie schon erwähnt, Jakob nach Pietermaritzburg, in die östliche Region des Landes. Dort wurde er von Eugen Ege und seiner Frau Hilde herzlich empfangen. Eugen, ein Sohn der Familie Ege aus Schaffhausen, Hilde, eine Bauerstochter aus der Bodenseeregion, hatten für den Herblinger ein Zimmer im Carmen Hotel in Pitermaritzburg reserviert.

Die folgenden Tage verbrachte Jakob mit Eugen und mit seinem Schwager Otto Weder. Otto holte Jakob, für ihn eine Überraschung, am Morgen nach der ersten Übernachtung im Hotel Carmen, ab. Der Herblinger staunte nicht schlecht, als Otto, in kurzen Bermuda-Jeans im Mercedes vors Hotel fuhr. Der Hotelbesitzer war gerade dabei, Jakob zu erklären, wie er sein Haus vom kleinen Gasthaus zum jetzigen Hotel ausbaute. Jakob fragte Otto nach der herzlichen Begrüßung, was ihn, den Carchauffeur bei Rattin AG in Schaffhausen nach Südafrika führe. Ottos Antwort: „Um dich jeweils vom Hotel Carmen abzuholen."

Nochmals vier anstrengende Tage hatte Jakob durchzustehen. Eugen kannte seit seiner Emigration aus der Schweiz in dieses Land eine Menge interessanter Firmen, die sich für das Innenräumen mit dem elmass-System entschlossen hatten.

Eugen, Otto und Jakob hatten in diesen Tagen erlebnisreiche Kontakte mit Inhabern und mit Werkmeistern von Diamant-, Gold- und Kohleminen, die ein einfach zu handhabendes System suchten zur präzisen Fertigung von Innenformen. Im Osten Südafrikas wurde von Indern in großen Mengen Zuckerrohr angebaut. Die Zuckerrohr verarbeitende Industrie ist, wie die Lebensmittelindustrie überhaupt, eine interessante Kundengruppe für Jakobs Räummaschinen und seine elmass®-Werkzeuge. Diese Industriegruppen arbeiten ausschließlich mit Ausrüstungen aus rostfreiem Stahl. Die hochwertigen, rostfreien Metalle sind nicht leicht zu zerspanen. Aus diesem Grund besitzen gerade diese Kunden weltweit das elmass®-Stoß-Räumsystem.

Eindrücke vor der Heimreise

Vom ersten arbeitsfreien Tag, ein Freitag, bis zu Jakobs Abschied von Südafrika, besuchten die drei Schweizer Eugen, Otto und Jakob innerhalb von vier Tagen verschiedene Orte der Pietermaritzburger Umgebung. Die beiden Schaffhauser führten den Besucher in abgelegene wunderbare Gegenden, die eine geführte Gruppe von Touristen kaum entdecken würde.

Jakob lernte viele wichtige Dinge, die in der Schweiz nicht bekannt waren, kennen. Zum Beispiel Schlangen, die flüchten, wenn die Erde nur leicht vibriert. Wie die Baumschlange, ein ca. 1,3 Meter langes grünes, sehr gefährliches Reptil, sich aus ihrem Versteck auf die Beute fallen lässt.

Diese Schlangen sind für den Menschen nicht gefährlich, nur wenn sie gejagt oder bedroht werden.

Eine Ausnahme ist eine der giftigsten Reptilien, eine Schlange von ca. 80 cm Länge, ihre Haut sandbraun gefärbt, mit breitem, flachen Kopf. Dieses gefährliche Reptil verharrt, um sich zu wärmen, auf Wegen im Sand und auf sonnenbeschienenen Plätzen. Im Sand sind nur zwei Augen und ein Stück vom Schwanz zu sehen. Die einheimischen Menschen und Tiere sind vorsichtige, gewöhnte Kreaturen, aber ein Neuling kann durch seinen Entdeckungsdrang leicht den Fehler machen, das vermeintlich arme Reptil am Schwanz zu berühren. Wie eine gespannte Feder fliegt der Kopf der Schlange gegen den Störenfried. Wenn die Giftzähne sich ins Fleisch des Opfers festbeißen, dann dauert es 3 bis 5 Minuten, bis der Tod eintritt.

Die Schlangenfarm in Pretoria hatte Jakob in der vorhergehenden Woche, mit einem Vertreter von Robert Skok S.A., besuchen können. Dort konnte Jakob neben der mechanischen Werkstätte die Sammelstellte mit Laboratorium der verschiedenen Schlangengifte besichtigen.

Die beiden Kollegen führten Jakob auch an eindrückliche Orte wie das Natur-Reservat im Bisley Valley, das Reservat Cumberland, den Trinkwasser-Speicher für Durban, den Nagl-See am Mangesi Fluss, das Wildschutzgebiet Mkhomazi, den Gariep See, das Zulu Homland, wo Jakob seine Begleiter in Angst und Schecken versetzte. Dort stieg der Besucher aus Herblingen, ohne dass seine Führer ihn anfänglich beachteten, zu einer kleinen Siedlung hinauf. Aus weiter Entfernung tönten seine Kollegen, die ihm warnend zuriefen, dass er sofort vorsichtig zu ihnen zurückkehren müsse. Oben angekommen stand Jakob auf einem sauber gereinigten kleinen Dorfplatz mit Naturbelag, der von Lehmbauten umgeben war. Einer der typischen Wohnorte mit den runden Hütten aus Lehmmauern, gedeckt mit Dächern aus kunstvoll geflochtenen Palmwedeln. Der Fremde tat, als ob er die Rufe seiner Beschützer nicht höre. Keine Seele zeigte sich dem forschenden Mann auf dem Dorfplatz. Jakob bewegte sich nicht, er suchte nur nach etwas, das seinen Blick erfassen würde.

Doch plötzlich erschien zaghaft ein Haarschof eines kleinen Menschen, eines schwarzen Kindes, das vorsichtig, langsam hinter einem Rundhaus erschien. Der weiße Mann machte mit der rechten Hand eine Bewegung wie zur Begrüßung. Dann erschienen langsam tastend viele kleine, nackte schwarze Kinder hinter der Mauer auf den Platz. Jakob lächelte den Kindern zu, nahm langsam seine Zeiss Ikon-Kamera in die Hände, schaute durch den Sucher. Plötzlich war kein Mensch mehr zu sehen, verschwunden waren die kleinen Bewohner. Nach einer Weile erschien eine hübsch gekleidete schwarze Frau. Ihr farbenfrohes Gewand ließ eine Festtracht vermuten. Jakob lächelte mit einer einladenden Handbewegung der Dame zu. Mit seiner frohen Geste erreichte der fremde Mensch, dass sich die Mutter still hielt, das, was kommen werde, vorsichtig verfolgend. Wieder ergriff Jakob seine Kamera, wollte ein Bild von der Frau mit den Lehmhütten im Hintergrund machen, da erkannte der fremde Besucher sein gefährliches Vorhaben. Die Frau hielt ihre Hände vor ihr Gesicht, rief in ihrer Sprache einige Worte, wartete in der angenommenen Stellung, bis eine Schar ihrer Nachbarinnen auf dem Platz erschien. Jakob stand wie zur Salzsäule erstarrt vor der Schar Frauen. Mit Handgebärden und einem Lächeln zeigte Jakob auf seine Kamera, führte den Sucher vor sein Auge, und drückte bei Sicht der Gruppe auf den Auslöser. Klick, kein Knall, alle Anvisierten war noch heil und ganz.

Langsam bewegte sich Jakob auf die Frauen zu, legte seine Kamera, auf gut Glück, einer zögernden Frau in ihre Hände. Diese begutachtete, unter den mitverfolgenden Blicken ihrer Freundinnen, das Ding. Die fragenden Blicke der Kontaktperson ließen Jakob zur nächsten Aktion schreiten. Er erklärte der Frau den Mechanismus der Kamera, ließ die Hübsche durch den Sucher blicken, reichte die Kamera den anderen Frauen, bis jede mit positiver Gebärde dastand. Jetzt war der lang ersehnte Moment erreicht, wo Jakob in für Europäer verbotener Gegend in privater Instruktion die Technik eines Fotoapparates einer interessierten Frauengruppe erklären durfte. Die nächsten Minuten waren einem Fototermin gewidmet. Nachdem Jakob einige Bilder vom Dorf, von den Menschen, vom Innern eines angenehm kühlen Hauses geschossen hatte, machte eine Bewohnerin nach der anderen Fotos von irgendeinem selbst gewählten Gegenstand.

Nach dem vorsichtigen Abstieg zu den verwirrten Kollegen, die Jakob nicht freundlich begrüßten, berichtete der Besucher aus Herblingen von seinem Kontakt mit den abseits der Zivilisation lebenden Menschen. „Und was ist noch passiert"?, wollte Eugen wissen. „Ein mit vielen fröhlichen Gebärden dankender Abschied, nachdem ich der Erstkontaktierten einen Geldschein von 10 Rand überreicht hatte", antwortete Jakob. „Bist wohl verrückt!", entgegnete Eugen. Er erklärte Jakob, dass dieses Trinkgeld für diese Menschen zwei Monatslöhne bedeutete. „Dann freut mich diese Begegnung doppelt", antwortet Jakob gut gelaunt.

Nach 3 ½ Wochen Einsatz in Südafrika reiste Jakob zufrieden, sich in heimatlicher Geborgenheit fühlend, in einer DC-10-Maschine der Swissair vom Flughafen Johannesburg mit einem Stoppover auf dem Flugplatz Kilimanjaro im Steigflug und einer Zusatzrunde um den heiligen Berg geradewegs der Heimat entgegen.

Segelfliegen

Jakob hatte schon als kleiner Bube Interesse an Flugzeugen gezeigt. Sein Vater besuchte mit seinem Sohn an manchen Sonntagen den Flugplatz Schmerlat zwischen Löhningen und Neunkirch.

Später flog Jakob mit Segelflug-Freunden viele Male über der Schaffhauser Gegend, bei günstigen Thermiken bis zum Säntis und zurück.

Während den Sommer-Schulferien konnte sich die Segelfluggruppe Schmerlat auf dem damaligen Militärflugplatz Gstaad-Saanen bewegen, sich von dort mit ihren Segelflugzeugen durch das Schleppflugzeug in die Alpengegenden hochziehen lassen.

Jakob hatte einige unvergessliche Tage bei den Kameraden der motorlosen Fliegerei verbringen dürfen.

Röbis 500. Flug

Während eines Gstaader-Sommerurlaubs erlebte er mit seinem Freund Robert einen einprägenden Flug ins Lötschental.

Ein schöner Julimorgen begrüßte die Kameraden beim Briefing, wo unter anderem die zulässigen Flughöhen festgelegt wurden.

An diesem unvergesslichen Tag wurde den Militärpiloten der Flugraum ab mindestens 5'000 Meter über Meer, den Segelfliegern bis maximal 4'500 Meter über Meer festgelegt. Die Funkfrequenzen waren klar getrennt zu halten.

Um 10.00 Uhr, bei guten Wetterbedingungen, ließen sich Jakob und Robert im motorlosen Twin Astir in die Nähe eines Luftschlauchs schleppen. Nach 3 ½ Minuten Schlepp klinkte Robert den Twin Astir vom Schleppseil, Jakob und er hatten kurz über dem Felsabschnitt zum Almiwald einen Schlauch gekreuzt, das Variometer sendete die erfreulichen Pipstöne aus. Erstaunliche 8 bis 11 Meter/Sekunde ließ sich das Flugzeug mit den beiden Piloten in die Höhe steigen. Zwischen Gummfluh und Fruggenspitz flogen sie nahe über Ober Meiel – Meielchälen. Hoch über dem Arnisee, das Arnenhorn rechts von ihrer Flugrichtung zum Col du Piollon, über dem Col, wieder in einem wunderbaren Schlauch von 7 bis 9 Meter/Sekunde Höhe gewinnend, zum Sanetschpass. Links über den Berg-Kämmen, die in blauer Schönheit herauf grüßenden Seen überfliegend bis zum Lötschental.

Beim Einbiegen ins Tal kam den beiden Überflieger in den Sinn, dass sie etwas bei der Bordkontrolle vergessen hatten. Die Sauerstoffgeräte lagen bereit, vergessen im Zelt auf dem Flugplatz. Ab einer Flughöhe über 4'000 Meter über Meer musste aus Sicherheitsgründen die Saustoffmaske verwendet werden. Der Twin Astir flog über das Tarrenthorn in einer Höhe von 4'000 Metern über Meer. Nun war klar, dass der vorgesehenen Flugroute nicht gefolgt werden durfte. Sie hätten den Rückflug über die Lötschenlücke zwischen dem Grosshorn und dem Mittaghorn antreten wollen.

Dann geschah das unbedachte Manöver. Beim Dahingleiten über Wiler spürten die beiden Freunde plötzlich einen Stoß unter ihren Sitzen, kurz darauf sahen sie zwei Hunter der Flugwaffe vor ihnen gegen das Talende rasen.

Ein Segelflugzeug, ohne Motorantrieb erschien damals dem Hunterpiloten im günstigsten Fall als ein Strich auf seinem Screen.

Als sie sahen, wie die beiden Jäger sich auf den Rückweg gegen das Talende, ihnen entgegen, machten, waren Jakob und Robert sofort bereit, ihre Anwesenheit mit dem Aufstellen der Tragflächen ihres Twin Astirs zu signalisieren, dass von jemanden etwas überschritten wurde, nämlich von den Militärfliegern die Vorschrift der Flughöhenerlaubnis. Die beiden Hunterpiloten zogen ihre Maschinen in einen steilen Steigflug. Beim Überflug des Twin Astir schwenkten die beiden Fehlbaren zum Gruß ihre Tragflächen.

Jakob und Robert wählten den Rückflug über das Gasterntal – Lenk –Turbach – Saanen.

Nach über 7 Stunden reine Flugzeit, nur die Thermiken und günstigen Windströmungen ausnützend, landeten die beiden Hobby-Piloten auf dem Flugplatz Saanen. Roberts 500. Flug hat ihm und Jakob in kurzer Zeit sehr viele Ereignisse erleben lassen.

Die beiden Hobbyflieger behielten das gefährliche Unterschreiten der Flughöhe durch die Militärpiloten für sich. Insgeheim dankten sie ihren Schutzengeln, dass die stählernen Militärmaschinen den Twin Astir nicht gerammt hatten. Beim Zusammenstoß der Jagflieger mit dem Twin Astir hätten die Fallschirme an Jakobs und Roberts Rücken rein gar nichts genützt.

Markt Nordamerika

elmass N.A. wurde mit Adolf Meinhardt im Jahr 1987 gegründet.

Adolf Meinhardt wanderte nach dem Zweiten Weltkrieg mit seiner Familie nach Nordamerika aus. In Milwaukee ließ sich der tüchtige Berufsmann nieder.

Auf einer EMO-Messe in Hannover entdeckte Vater Meinhardt das Stoß-Räumsystem von elmass. Kurze Zeit nach Meinhardts Besuch erhielt Jakob einen Brief aus Millwaukee. In dem Schreiben wurde Jakob gebeten, in die USA zu kommen, um den dortigen Markt zu prüfen.

Währen der zwei Wochen seines ersten USA-Besuchs fragte Adolf, ob Jakob ihm das Vertrauen schenken würde, ihm die Vertretung von elmass für das ganze Gebiet Nordamerikas zu übergeben.

Nach einer Testperiode von einem Jahr wurde der Vertrag zwischen Jakob und Adolf unterzeichnet.

Jakob reiste in der Zwischenzeit, auf die Bitten von seinem Geschäftspartner, etliche Male nach Millwaukee. Adolf führte den Schweizer zu Kunden, die spezielle Fertigungsabläufe mit dem elmass-System aufrüsten wollten.

Nach vielen Jahren einer erfreulichen Zusammenarbeit mit Adolf, der mit praktischer und finanzieller Unterstützung von Jakob den ersten Messestand an der IMT-Messe in Chicago organisierte, trat Magdalenas und Adolfs Sohn Markus in die elmass-NA ein. Durch diese Messebeteiligung erfuhr das Geschäft-NA einen erfreulichen Kundenzuwachs.

Jakob lernte in Begleitung von Vater und Sohn Meinhardt viele Staaten der USA kennen. Vom östlichen Norden bis zum südlichen Westen musste Jakob in die verschiedensten Firmen, um sein Zerspanungssystem zu erklären, mit Verantwortlichen der Fertigung von Werkstücken Hauptzeiten zu berechnen und Lösungen zu finden für den schnelleren Ablauf der Herstellung ihrer Produkte.

Einer dieser Besuche mit Adolf Meinhardt ist dem Herblinger noch in guter Erinnerung.

Die beiden hatten im Saat Arizona einige Firmen in Chandler, Coolige, Glendale, Mesa und Phoenix zu besuchen.

Aus der Wintergegend Millwaukees mit -21 °C führte die Flugroute über Denver zum Flughafen Scottsdale, wo sich die beiden Geschäftspartner in der Nähe des Flugplatzes bei bei +28 °C für die nächsten vier Tage in einem Hotel nahe des Flughafens Zimmer einmieteten.

Der Nacht-Rückflug aus der sommerlichen Gegend nach dem winterlichen Millwaukee führte, mit einer Maschine der

Braniff-Co., über die Route Lubbock, Oklahoma City, Kansas City nach Millwaukee.

Die seit Kurzem gegründete Braniff-Co. ließ Jakob erstaunen, als er vernahm, dass die Gesellschaft 28 Maschinen des gleichen Typs wie der, welcher die beiden von elmass-USA sicher nach ihrer Destination führte, geordert habe.

Amerika, das Land der unbegrenzten Möglichkeiten. Das Land mit seinen Filmstars, hübschen Damen und Herren, die auf den Werbeartikeln prangten, die den Menschen in Europa gezeigten, schönen Menschen der Amerikaner.

Die amerikanischen Farmer, wie sie mithilfe der modernsten Landwirt-schaftstechnik ihre unübersehbaren Ländereien bebauen, die Ernten einbringen. Die Bilder der Wirklichkeit widersprachen denen der Propaganda. Die weit entfernt von diesem Wunderland lebenden Menschen wurden für Jakob durch seine Erfahrungen während seiner Aufenthalte im wirklichen Amerika gelöscht.

Hornet-F/A-18

Jakob als Mitglied der off set Gruppe für die Beschaffung des Militär-Jagdflugzeuges Hornet-F/A-18 musste sich mit seinen Geschäftspartnern Adolf und Markus zu einem mehrtägigen Meeting nach St. Louis in die Flugzeugwerke McDonnelld Douglas begeben.

Von der Organisation in diesem Werk war Jakob begeistert. Hier herrschte Disziplin, Ordnung und Freundlichkeit.

Die Fabrikation in den zwei ISO-Maßsystemen wurde in getrennten Abteilungen ausgeführt. Nach den Umkleideräumen vor den Eingängen zur Arbeitswelt waren gut sichtbar die Angaben „LEFT WAY = in this factory hall, the metric system is used!" und „ RIGHT WAY = in this factory hall, the inch system is used !".

In den betriebseigenen Restaurants wurde die Belegschaft und deren Gäste von freundlichem Personal bedient.

Die Hotelunterkunft war für die elmass-Leute aus Millwaukee in geschichtsträchtigen Personenwagen, auf den Bahnschienen in der Main Railway Staion St. Louis reserviert.

Wenn von legendären Musikern aus den Staat gesprochen wurde, schwärmte Jakob von Louis Armstrong und Glenn Miller. Damit war für seine Geschäftspartner klar, dass sie für Jakob den Waggon Louis Armstrong frei halten mussten. Diese schön renovierten Waggons, umgebaut in Hotelzimmer, mit Dusche, WC, Aufenthaltsraum und Schlafecke, waren für den Schweizer eine Neuentdeckung. Beim gemütlichen Ausruhen im Waggon Louis Armstrong konnte sich Jakob in Gedanken an sein Idol von den Strapazen der technischen Vorstellungen und Diskussionen durch die Tage hindurch gut erholen.

Die Bahnhofshotellerie auf den Gleisen des Hauptbahnhofs wurde sorgfältig besorgt von Damen und Herren. In den bekannten blauen Übergewändern mit weißen Streifen, wie diese auch in der Schweiz von den Lokführern getragen wurden, trat das Bedienpersonal auf.

Während eines Frühstücks, das den Hotelgästen in ihre Waggonzimmer gebracht wurde, vor dem Beginn der täglichen Meetings, begegnete Jakob einer Dame im sauberen, exakt gebügelten Lokführerdress. Bei der Begrüßung fragte Jakob, wie ihr diese Arbeit gefalle. Die freundliche Bedienung antwortete mit einer ausführlichen Erklärung über ihren Arbeitsbereich, erwähnte die Aufgaben, die jeder zu erfüllen habe.

Ein außergewöhnlicher Service

Eine weitere Entdeckung war für Jakob das erste Abendessen.

Zu dritt begaben sich Jakob, Adolf und Markus in das hoch über den Gleisen eingebaute Bahnhofsrestaurant. Ein nach amerikanischer Art modern ausgestatteter Rundraum mit glänzender Theke. An den Fensterfronten ringsherum standen schöne, mit Blumen geschmückte Tische.

Bedient wurden dort die Gäste von Damen, hübsch gewachsene Models auf Rollschuhen, bekleidet mit knielangen, auffallend farbigen Strümpfen, mit schwarzen Shorts, kurzem roten Taillengürtel und oben ohne.

Das moderne Amerika im Modestil à la Hollywood. Erstaunlich elegante Serviererinnen mit den schönsten Körperformen. Damen, die es verstanden, die Herrenwelt mit schön geformten Brüsten zu entzücken und das Bestellte sicher und elegant vor den Gast zu stellen. Jakob staunte ob der Behändigkeit der Hübschen, dass keiner dieser Damen ein Fehlstart passierte oder der Bremsweg schlecht bemessen war.

Diese anspruchsvollen Tage, wie auch die jeweiligen Ausgänge im privaten Bereich, zeigten Jakob und seinen Geschäftspartnern, dass nicht nur vollschlanke, dicke Menschen sich in Amerika bewegten, sondern dass auch freundliche, hübsche Menschen in Büros, Fabrikationshallen und Restaurants beschäftigt waren.

Stunden der Erholung

So wie Lily und Jakob den Eltern Meinhardt sowie auch Sohn Markus mit seinem Freund John Schaffhausen und die Umgebung zeigten, so durfte Jakob mit seinen Geschäftsfreunden Millwaukee und die Umgebung erkunden.

An einem Weekend-Nachmittag wurde dem Schweizer die Gelegenheit geboten, mit einem Piper Hochdecker vom Flugplatz Rockford aus die Gegend rund um die Westküste des Lake Michigan zu erkunden.

Äußerst achtsam steuerte der Gast, neben ihm der Besitzer des Flugzeuges, die Maschine vorerst im Steigflug in Richtung Westen. Vorsicht war geboten wegen der vielen Antennenmasten, die sich gegen den Horizont abhoben.

Vom Wendepunkt über dem Effigy Mounds Nationalpark näherten sich die Hobbyflieger bald ihrem Heimatflugplatz. Jakob touchierte sanft den Pistenboden, rollte nach Instruktion seines Fluglehrers zum Standplatz der Privatmaschinen. Mit einem herzlichen Dankeschön und der Übergabe eines Schweizer Offizierssackmessers verabschiedete sich der Gast aus Herblingen.

Der Hobbyfischer

Anlässlich eines seiner USA-Aufenthaltes wünschte sich Jakob an einem freien Wochenende eine Auszeit auf einem der vielen kleinen Seen.

Er bat Markus, ihm fürs nächste Weekend eine Lizenz zum Fischen zu besorgen, sich zu erkundigen, ob dort Ruderboote zu mieten seien, ihm den Geschäfts-Pkw zu leihen und ihn bis zum kleinen See bei Fort Atkinson zu begleiten.

Am nächsten Freitag fragte Markus, ob Jakob gerne in der Morgenfrühe aufstehe, denn er möchte mit ihm zum Fischen fahren. Ja natürlich, antwortete Jakob und fragte Markus, was er unter früh verstünde. So etwa um 09.00 Uhr, lautete die Antwort von Markus. Jakob lachte, erklärte dem Gegenüber, zum Fischen fahre man in der Schweiz so früh, dass man, wenn die Sonne aufgehe, am oder auf dem Wasser sei.

Also abgemacht, wurde der Gast aus der Schweiz beruhigt.

Am Samstagmorgen um 05.00 Uhr befand sich Jakob wie abgemacht in der Empfangshalle seines Hotels. Kurz darauf fuhr der Pkw mit dem Nummernschild elmass2 vor den Hoteleingang. Markus war mit seinem Vater Adolf, der Jakob mitteilte, dass sie mit ihm anstelle des Fort Atkinson Sees den Lake Michigan ausgewählt hätten. Oje, dachte der Gast, schon wieder des Guten zu viel.

Die Dreiergruppe fuhr zum Privathafen bei Highland Park. Dort wurde Jakob mit Logan, dem Besitzer der bereitstehenden

Luxusjacht, mit Dean, seinem Sohn, und mit David, einem Fabrikationschef der Glasfabrik in Millwaukee, bekannt gemacht.

Auf Deck des in der aufgehenden Sonne glitzernden Schiffes wurde Jakob in die diversen Annehmlichkeiten und in die unpersönliche mechanische Hobby-Fischausrüstung eingeweiht.

Im Heck des Schiffes waren vier modernste Fischerruten installiert. Motorbetrieben die Silch-Rollen. Ein Echolot zeigte an, wo die Fischschwärme sich befanden. Außerhalb der Heckgitter auf beiden Seiten die Ablagewannen für gefangene Fische.

David sprach Jakob plötzlich in Schaffhauser-Deutsch an! Er sei in Diessenhofen geboren und dort auch aufgewachsen.

So weit die Wege auch sein können, so nah können sich Menschen sein.

Es wurde zu Ehren des Herblingers beschlossen, dass er der Erste sei, der die ihm zugewiesene Rute behändige und den Köder ins Wasser lassen dürfe.

So blöd, einfältig, das nennen die Sport-Fischen, dachte Jakob und ließ seinen Köder ins Wasser sinken. Nach kurzer Zeit begann der Einrollmotor seiner Silch-Rolle sich zu drehen, hatte Mühe, die Drehbewegung zu halten, und siehe da, nach ca. 15 Minuten zappelte, nahe unter der Reling, eine prachtvolle Seeforelle am Haken. Die prächtige Beute wurde mit dem Klappfeumer aus dem Wasser gehoben, in die Auffangwanne gelegt, der Köderhaken vorsichtig mit der Schrägzange aus der Vorderlippe gelöst. Dabei musste Jakob den Fisch mit beiden Händen niederdrücken, Vorsicht walten lassen, dass das Prachtstück sich durch seine wuchtigen Flossenschläge nicht neben die Wanne schleuderte. Umgeben von seinen Fischerkollegen zeigte der fremde Petrijünger aus der Schweiz, wie man eine Beute, sorgfältig geführt, zurück ins Wasser fallen lässt. Den fünf Kollegen blieb vor Schreck der Mund offen stehen. Dann fragte Adolf, warum Jakob dies getan habe. „Weil die Technik den Fisch gefangen hat und nicht ich", antwortete Jakob.

Australien

Durch ein Inserat in der NZZ, hatte Jakob erfahren, dass ein Interessent in Brisbane, Australien, ein Schweizer Produkt auf dem Gebiet der Metallzerspanung für den Vertrieb suchte.

Jakob war interessiert, auch in Australien den Markt für sein Produkt zu eröffnen. Er nahm Kontakt auf mit dem NZZ-Inserenten. Es war Martin Forrer, ein Turgauer Ingenieur, der mit seiner Familie in Brisbane wohnte.

Die beiden vereinbarten, sich auf der nächste EMO-Messe in Hannover persönlich bekannt zu machen.

Die EMO-Messe in Hannover war für Jakobs elmass-Räumsystem in vielen Fällen der Anfang neuer Kundenverbindungen.

So auch mit Ingenieur Martin Forrer, einem Berufsmann mit solider technischer Ausbildung.

Martin war in jungen Jahren mit seiner frisch angetrauten Gattin Verena nach Australien ausgewandert. In Australien war er bei Aluswiss tätig.

Der elmass-Geschäftsführer für Australien

Schon einige Zeit im Voraus hatte Jakob mit Martin Forrer eine Abmachung getroffen, den Markt in Australien mit einer Vorführmaschine zu eröffnen.

Martin hatte seine Firma, in die er für die nötige Infrastruktur investierte.

Jakob sorgte dafür, dass Martin zu den besten Konditionen eine elmass®-Stoß-Räummaschine mit den nötigsten elmass®-Stoß-Werkzeugen für seine Firma erhielt.

Im Februar 2001 reiste Jakob von Zürich über Kuala Lumpur nach Brisbane. In den Wochen von Mitte Februar bis Ende März 2001 weilte Jakob für 6 Wochen als Instruktor in Brisbane. Kost und Logis wurde Jakob bei der Familie Forrer in Brisbane dargeboten. Es wurde ihm bei Forrers gratis ein Zimmer zur Verfügung gestellt, mit allen Annehmlichkeiten eines Familienlebens. Vreni Forrer, ihr Mann Martin und ihre beiden Töchter Denise und Sandra sorgten für Jakobs Wohl. Essen, Wäsche reinigen und bügeln waren im Gratisaufenthalt inbegriffen.

Während der Arbeitstage vertieften sich Martin und Jakob in die Räumtechnik mit dem elmass-System.

Mit Martin besuchte Jakob im Osten des Landes viele Groß- und Kleinbetriebe, die Produkte auf dem Gebiet der Metallzerspanung herstellten, wie Autofabriken, Getriebebaufirmen, Lohnfertigungsbetriebe, Maschinenfabriken, Reparaturwerkstätten, um das elmass®-Räumsystem in der Praxis bekannt zu machen.

Die Firmenbesuche führten die beiden Geschäftspartner von Brisbane bis Melbourne – Ballarat – Castlemaine – Bendigo – Charlton – Kerang – Cohuna – Echuca.

Treffen nach Jahren

Hans-Peter Knöpfli, ein Herblinger Kollege aus Jakobs Jugendzeit, betrieb mit seiner Frau Erica, einer ehemalige Nachbarin von Lily und Jakob, in Tennyson eine Milchfarm.

Jakob hatte schon Tage vor der Geschäftsreise in den Süden mit Hans Peter vereinbart, dass er mit seinem Geschäftspartner Martin Forrer nach Tennyson fahren werde.

Martin hatte in Echuca im Georgian Motor Lodge für sich und Jakob zwei Zimmer reservieren lassen.

Auf der Fahrt nach Echuca, zwischen Bendigo und Rochester gelegen, wurde zwischen Jakob und Hans Peter per Handy folgender Treffpunkt abgemacht.

Hans Peter hatte Jakob erklärt: nach dem Niveaubahnübergang, bei der großen Eiche vor dem Städtchen Elmore. Martin und Jakob trafen sich mit Hans Peter und seiner Erika am vereinbarten abgelegenen Ort. Nach der herzlichen Begrüßung zwischen Jakob, Hans Peter und Erika, machte Jakob die beiden Knöpflis mit Martin bekannt.

Anschließend ging die Fahrt nach Echuca ins Georgian Motor Lodge. Dort hatte Jakob seine drei Begleiter zum Nachtessen eingeladen. Auf Anraten von Hans Peter wurde ein Menue, bestehend aus Kängurusteaks und vielem Drum an Dran, bestellt.

Bis spät in die Nacht wurden Begebenheiten aus Herblingen, aus Martins Heimatdorf Muolen und über die Gegenwart ausgetauscht.

Hans Peter und Martin vereinbarten, sich in Zukunft über Belange auszutauschen, die für beide von Interesse sein könnten.

Nach dem Abschied von Erika und Hans Peter, diese mussten noch zurück nach Tennyson fahren, und nach einer anstrengenden langen Reise kehrten Jakob und Martin in ihre Zimmer im Georgian Motor Lodge in Echuca ein.

Am nächsten Tag ging für Jakob und Martin die Geschäftsreise weiter über Nathalia – Tocumwal – Yarrawonga – Corowa – Rutherglen – Albury – Wodonga – Wangaratta – Benalla – Seymour – Melbourn.

Martin war immer besorgt, ein schweres Werkstück, von ihm in seiner Firma mit einer Innenverzahnung präzise geräumt, auf seinem Rücken zu den interessierten Kunden zu tragen.

Jakob war besorgt, die elmass-Werkzeugsätze dabeizuhaben.

Verschiedene Firmeninhaber hatten, nachdem ihnen die Musterstücke vorgelegt worden waren, das gezeigte Räumsystem positiv bewertet.

Zurück nach Brisbane

Von Melbourne flogen die beiden mit vielen neuen Eindrücken heim nach Brisbane.

An einem freien Weekend in Brisbane besuchten Vreni und Martin mit Jakob die Naturparks Mount Glorious – Mount Nebo. Der wunderbare Regenwald mit den mächtigen Tropenbäumen faszinierte Jakob.

An einem weiteren Weekend fuhr Martin mit Jakob nach Petrie. Dort besuchten sie das Dampfmaschinenmuseum mit all den alten Antriebsmaschinen, die mit ihrem ruhigen Lauf die verschiedensten Transmissionen in Bewegung setzten. Dann ging es auch noch zur Fire Brigade in Petrie, wo Jakob mit einem freundlichen Offizier der Feuerwehr Bekanntschaft machte.

Wie in allen Städten der Welt, wo Jakob Gelegenheit hatte, die Feuerwehren zu besuchen, kam, wie überall, nach kurzer Begrüßung ein Gespräch zustande. Die Interessen am Metier, in der Not Hilfe zu bieten, Feuer zu bekämpfen, diese Themen betrafen die Gespräche an jedem Ort. In Bangalore, in Brisbane, in Petrie, in Millwaukee, in Pietermaritzburg, in Tampere und an jedem Ort, wo Jakob den Feuerwehren einen Besuch abstatten konnte, wurde in kameradschaftlichen Gesprächen über die internationale Organisation Feuerwehr diskutiert.

Vor dem Abschiednehmen in Petrie wollte der Feuerwehr-Chef Jakob ein Andenken in Form eines ausgemusterten Kreislaufgerätes übergeben. Jakob bedankte sich herzlich für diese Geste, erklärte dem Mann, dass dieses Andenken zu sperrig sei, um es auf die Rückreise in die Schweiz mitzunehmen.

Jakob überreichte dem freundlichen Feuerwehrkollegen ein Offiziers-Sackmesser der Schweizer Armee.

Auf der großen Messerklinge des Offiziers-Sackmessers war die Wortmarke elmass eingeätzt.

Jakob hatte von seinem Gastland Australien viele Eindrücke in die Schweiz mitgenommen.

Martin besuchte mit Jakob Abendmeetings, wo technische Vorträge gehalten wurden.

Martin ließ Abhandlungen über das Fertigen von präzisen Innenformen in technische Zeitschriften veröffentlichen.

Seit dieser Einführzeit mit Jakob baut Martin für seine elmass-Firma im ganzen Land seinen Kundenstock erfreulich aus.

Belgien

Vorerst wurde die Vertretung an die Firma Laperche übergeben. Laperche und seine Gemahlin waren ohne Kinder. Die Laperches waren anständige, reiche Personen, jedoch hatte Herr Laperche wenig praktische Kenntnisse in der Metallzerspanung. Die Firma Laperche hatte Erfolg im Handel mit Kleinwerkzeugen des Bedarfs im Hobbybereich. Einen Nachteil für das elmass-Geschäft in Belgien war ihre Einstellung, nur französisch sprechende Leute zu bedienen. Diese Einstellung gefiel Jakob nicht. In Kundengesprächen wurde Jakob vielfach wegen dieses seltsamen Verhaltens von Herrn Laperche angesprochen.

Der Vertreter-Wechsel

Anlässlich einer Werkzeugmaschinenausstellung, der NORTECH in Brüssel, wurde Herr Etienne Verlie, Inhaber der Firma VERLIE/UIB, in BE-1500 Halle, auf das elmass-System aufmerksam. Herr Verlie bemühte sich um ein Gespräch mit Jakob, in dessen Verlauf sich herausstellte, dass Verlie Interesse zeigte für die Vertretung des Metallzerspanungssystems von elmass. Anderntags besuchte Vater Verlie mit seinem Sohn Eric wieder Jakobs Ausstellungs-Stand.

Es entstand eine Diskussion über den ernsthaften Willen der UIB-Leute, das elmass-System in den Niederlanden zu vertreten. Im Lauf dieser zweiten Besprechung konnte Jakob die Einstellung der beiden Verlie erfahren.

Jakob beschloss, dem Wunsch nach einer Zusammenarbeit der Antragsteller mit elmass näher auf den Grund zu gehen.

Nach sechs Monaten der Vereinbarung zur Zusammenarbeit mit VERLIE/UIB, war Laperche die belgische Vertretung los. VERLIE/UIB hatte einen Vertrag unterzeichnet, das neue Produkt elmass in ihr Verkaufsprogramm aufzunehmen. Nach der Festlegung der Geschäftsverbindungen mit UIB entschloss sich Jakob, dieser vorzüglich ausgerüsteten Firma Aufträge zur Herstellung von Einzelteilen für die elmass-Werkzeuge zu geben.

Aus dieser Verbindung entwickelte sich eine jahrelange Zusammenarbeit zwischen UIB und elmass.

Chile

Felix Spahn war Geschäftsführer der Néstle-Milchfabrik in Osorno.

In seiner Jugend im Pantli aufgewachsen, war er ein Schulkamerad von Jakob. Felix hatte nach seiner Berufslehre einige Zeit bei der Schaffhauser Polizei gearbeitet.

Auf hoher See war er einige Jahre im Dienst auf Handelsschiffen einer Schweizerischen Reederei.

Felix kannte Jakobs Stoß-Räumsystem. In der modernen Service-Werkstatt von Néstle in Osorno wurden und werden heute noch rostfreie Stähle verarbeitet. Felix wusste, dass mit dem elmass®-Stoß- Räum-System diese schwer zu zerspanenden Werkstoffe bearbeitet werden können. Durch die Anschaffung des elmass®-Räumwerkzeuges wurde Felix ein Referent für den Markt in Chile.

Durch die Markt-Erfolge des elmass®-Zerspanungssystems kontaktierten Menschen aus allen Himmelsrichtungen die Kleinfirma in Herblingen.

Ehrlich Interessierte, aber auch Gesandte, Spione von Groß-
konzernen, die im Auftrag ihrer Arbeitgeber möglichst viel Know-
how des elmass-Systems zu erforschen versuchten.

Jakob und seine Getreuen waren auf Messen gefordert, Besucher freundlich, aber vorsichtig über ihre Produkte zu informieren.

China

Tian Zahâng, Honkong, interessierte sich für das elmass®-Sys-
tem an einer AMB-Werkzeugmaschinen-Ausstellung auf dem
Killesberg in Stuttgart.

Bevor mit dieser Firma ein Vertrag unterzeichnet wurde, besuchte Jakob die Firma von Tan Zahâng in Honkong.

Nach seiner Einsichtnahme vor Ort wurde keine Zusammenarbeit festgelegt.

Die Chinesen hatten wie die Inder großes Interesse am Know-
how und an der Fertigung des elmass®-Systems. Aus diesem
Grund ließ Jakob diese Verbindung auf freundliche Art auslaufen.

Dänemark

Bent Christiansen, Kopenhagen.

Beim ersten Besuch war Jakob mit Bent drei Tage auf Kun-
denbesuchen. Das Interesse und die besuchten Firmen veranlassten Jakob, mit Bent einen Vertreter-Vertrag zu unterzeichnen.
Seitdem existiert eine erfreuliche Zusammenarbeit.

Deutschland

Die Firma Schaufler + Schmiedberger wurde im Jahr 1972, auf der ersten Industriemesse in Hannover, während der Jakob seine Produkte zeigte, auf das Räumsystem der Herblinger Firma aufmerksam.

Herr Schmiedberger, ein sympathischer Geschäftsmann im mittleren Alter, wurde auf dieser Messe von seinem zukünftigen Nachfolger Karl Kaufmann begleitet.

Die beiden Herren verfolgten interessiert die präzise Fertigung einer Keilnut auf einer alten Säulenbohrmaschine.

Herr Schmiedberger besuchte, kurz nachdem die Hannovermesse geschlossen hatte, die Schweiz, um Jakobs Kleinfirma in Herblingen zu besichtigen.

Nach Herrn Schmiedbergers Firmenbesichtigung verließ der freundliche Geschäftsmann aus Stuttgart die Schweiz.

Jakob hatte in vollem Vertrauen zu dem Geschäftsführer und Inhaber der Schaufler + Schmidberger einen Vertretervertrag auf drei Jahre Gültigkeit abgeschlossen.

Schwaben-Präzision in Nördlingen

Durch die Vermittlung der Firma Schaufler + Schmiedberger wurde Jakob von der Firma Schwaben-Präzision, Getriebefabrik in Nördlingen, zu einem Besuch nach Nördlingen eingeladen.

Eine der ersten Räummaschinen aus der Fabrikation elmass konnte Jakob nach Nördlingen an die Firma Schwaben-Präzision verkaufen.

Die Inbetriebsetzung dieser Stoß-Räummaschine und die Einführung des Personals, das mit der Maschine aus der Schweiz arbeitete, nahm Jakob persönlich vor. Der Inhaber der Firma Schwaben-Präzision war Diplom-Ingenieur Stephan Hopf.

Bei Jakobs Vorstellung in der Firma begrüßte Herr Hopf den Schweizer wie einen alten Bekannten, den er, der graumelierte Fabrikinhaber, wieder einmal in seinem Werk empfangen durfte.

Herr Hopf war fünf Monate vorher in Herblingen. Er mit seinen drei Fachmännern wollte bei seinem Besuch in Herblingen das Haus elmass kennenlernen.

Direktor Hopf führte den Schweizer Maschinenlieferanten durch seinen Betrieb, in dem präzise Kleingetriebe hergestellt wurden. Am Schluss des Rundgangs zeigte Herr Hopf dem müden Besucher, Jakob hatte den Weg von Herblingen nach Nördlingen mit dem Pkw zurückgelegt, noch seinen Fabrikationsneubau, der gerade fertiggestellt worden war. Er teilte Jakob mit, dass die elmass-Maschine als erste Anschaffung für die Fabrikation im Neubau bestimmt sei.

Logie im altehrwürdigen Haus

Das Hotel Sonne in Nördlingen war Jakobs Bleibe für drei Tage.

Am nächsten Morgen begrüßte Herr Hopf den Schweizer mit der Frage, ob der Gast gut geschlafen habe. Sehr gut, war die Antwort. Das Hotel sei ein schöner Altbau, Jakob habe sich sofort daheim gefühlt.

Nur eine Frage habe er, ihm als neuer Gast wurde das Zimmer Nr. 10 reserviert. Die hübsch gekleidete Dame habe ihn mit der Bemerkung, „er solle sich bei ihnen unter dem Eagle Neil Armstrongs wohlfühlen, empfangen. Jakob hatte seinen Blick in Richtung des ausgestreckten Zeigefingers der jungen Dame gerichtet und die große silbrige Tafel mit dem eingravierten Eagle der USA erfasst.

Herr Hopf erklärte Jakob, dass er Wert darauf gelegt habe, dem Schweizer das Bett frei zu halten, in dem Neil Armstrong geschlafen hatte während der Trainingswochen, die die erste Mannschaft, welche zum Mondflug bestimmt war, hier in Nördlingen absolviert hatte.

Vorbildliche Kundschaft

In den folgenden Jahren lieferte Jakob in die Gegend von Baden Württemberg über seine Vertretung in Stuttgart Räummaschinen an die Firmen:

A. Cross Europawerke in Wendlingen.
B. Eberhart Bauer in Esslingen.
C. Hüller-Hille in Ludwigsburg.
D. Elbe Werke in Bissingen.
E. Voith Maschinenbau in Heidenheim.
F. Voith-Turbo in Crailsheim,
G. dazu unzählige Handwerkzeugsätze in Mechanische- und Reparatur- Werkstätten.

Die Karl Kaufmann GmbH, KG & KO., vormals Schaufler & Schmidberger, war nach Backnang umgezogen. Karl Kaufmann ist seit mehr als 50 Jahren mit Jakob in geschäftlicher Verbindung.

Mit Karl Kaufmann und seiner Belegschaft bestehen heute noch erfreuliche, gute Geschäftsverbindungen.

Finnland

Die Getriebefabrik Zetterstöm, Helsinki, erkannte den Vorteil des elmass®-Räumsystems auf einer EMO-Messe in Hannover.

Einige Wochen nach dem ersten Kontakt mit elmass®-Metallzerspanungs- System besuchte Vater Torsten Zetterström Jakob in der Schweiz.

Nach dem Gegenbesuch von Jakob in Helsinki unterzeichneten die beiden Geschäftsinhaber den Vertreter-Vertrag für Finnland.

Zetterström ernannte, nach dem zweiten Finnland-Besuch Jakobs, die Firma Örie Manninen, in Tampere als Untervertreter.

Bis heute bestehen mit den Finnen erfreuliche Geschäftsverbindungen.

Indien

Bobby Murthy, wohnhaft in Bangalore, kannte Jakob aus seiner Genfer Zeit.

Wie schon erwähnt hatte Jakob die noble Aufgabe, jedes Jahr einen Inder in Genf und bei Charmilles einzuführen.

Schon während der Zeit, als Bobby noch in Genf weilte, besuchte er einige Male Jakob in seiner neu gegründeten Firma in Herblingen.

Bobby wurde bei Jakobs Eltern als Gast aufgenommen und von Jakob in Schaffhausen und Umgebung herumgeführt. Der Munot, Stein am Rhein, Schloss Hohenklingen, der Randen, Hagenturm, Schleitheimer-Randenturm wurden besucht. Ein Rundflug, unter Lilys Führung, um den Säntis war für Bobby ein Erlebnis, das er, wenn Jakob in Bagalore war, immer wieder erwähnte.

Jakob bevorzugte, wenn er auf Geschäftsreisen in Indien war, die Centaur Hotels. Annehmbare Preise und saubere Zimmer waren für Jakobs Budget und Gesundheit wichtig.

Indian Railways

In Neu-Delhi hatte er mit Managern der Indian Railways im Centaur-Hotel ein Meeting, das von morgens 09.00 Uhr bis nachmittags 16.00 Uhr dauerte. Selbstverständlich wurden die Herren von Jakob zum Mittagessen eingeladen. Aus diesem Gespräch resultierte eine elmass-Werkzeug-Bestellung von einigen Tausend Schweizer-Franken. Für Jakob ein vermeintlich guter Anfang für zukünftige Geschäfte in diesem Land.

Bis jedoch dieses Geschäft zur Abwicklung und zu einem glücklichen Ende gelangte, lernte Jakob mit seiner Sekretärin, einer Inderin, die seit Jahren in der Schweiz wohnte, einen zeitintensiven Büroablauf kennen.

Eine ähnliche Geschichte erlebte Jakob anlässlich eines Besuches bei der Firma BMD in Bangalore. Jakob lud zum Meeting mit drei Ingenieuren ins Centaur-Hotel in Bangalore ein.

Aus Erfahrung von einem Gespräch in Delhi, das drei Jahre zuvor mit Herren der Indian-Railways Jahren stattgefunden hatte, reservierte er einen Tisch für vier Mittagessen. Aus dieser Sitzung resultierte außer Spesen nichts.

In seinem Zimmer, beim Schreiben seines Rapports, kam Jakob die Gewissheit, dass dieses Volk an möglichst viel Knowhows interessiert ist, um die Produkte am Ende selbst herzustellen.

Wechsel in die Privatsphäre

Bobby und Bobbys Frau Deveki Murthy baten Jakob anlässlich eines seiner Besuche in Bangalore, dass er sich für Pensionsgeld bei ihnen niederlasse.

Dieser letzte Besuch eröffnete Jakob den wahren Grund von Bobbys Interessen am elmass®-System.

Bobby wollte nach einigen Jahren der Zusammenarbeit mit Jakob Einzelteile für das elmass®-Stoß-Räumwerkzeug in Indien unter Lizenz herstellen.

Zu dieser Zusammenarbeit konnte sich Jakob entschließen, unter der Voraussetzung, dass Bobby die in Indien hergestellten Teile nach den Vorschriften der elmass®-Qualitäts-Sicherungen einer strengen Kontrolle unterziehe.

Es wurde von den beiden Geschäftspartnern ein Lizenzvertrag unterschrieben.

Nach Überprüfungen der in Lizenz hergestellten Teile, musste Jakob eines Tages Bobby erklären, dass seine Teile nicht zu elmass®-Konditionen hergestellt wurden. Jakob lehnte das schlampige Vorgehen Bobbys ab.

Damit hatte Jakob den Stolz des Inders derart verletzt, dass eine weitere Zusammenarbeit nicht mehr infrage kam.

Indian Railways bestellten direkt in der Schweiz, bezahlten sehr schleppend, sodass elmass-Schweiz in Zukunft auf Bestellungen aus Indien verzichtete.

Irland

Mike Molony aus Sahnnon, Ireland, besuchte eine AMB-Messe in Stuttgart, zeigte sein Interesse für das Zerspanungssystem aus der Schweiz.

Jakob besuchte auf Mikes Bitte dreimal seine Firma in Shannon und begleitete ihn zu Interessenten. Mike ist ein freundlicher Mann, jedoch kein initiativer Geschäftsmann.

Diese Vertretung läuft auf Sparflamme.

Italien

Gebrüder Simonini, tüchtige Brüder.

Einer davon der Praktiker, der andere ein kühler Kaufmann.

Fitec SA, Kurt Fischer mischte sich zwischen die oben genannten Brüder.

Jakob ließ die nicht sehr vertrauenswürdige Verkaufsstrategie gewähren, bis die Firma elmass an seinen Sohn Andreas als Geschäftsführer übertragen wurde.

Die elmass-Schaffhausen AG wurde gegründet.

Die Italiener kopierten, wo sie nur konnten.

Eine Firma –X- in Mailand, die Jakob zum Ausspionieren wesentlicher Fabrikations-Know-hows nach Mailand eingeladen hatte, stellte dann auf der Hannovermesse ein Konkurrenzprodukt auf der Stufe Räumwerkzeuge aus, genau in der Form des elmass®-Räumwerkzeuges.

Markus Meinhart, der elmass-Geschäftspartner von Jakob in den USA, besuchte anonym den Messestand der Firma –X–, ließ sich das ausgestellte Wettbewerbsprodukt erklären. Markus erzählte Jakob und seinen Freunden, dass er sich schwer Mühe geben musste, beim Demonstrieren des Produktes sich nicht zu verraten, denn der Ausstoßkopf Fabrikat –X– habe in keiner Weise funktioniert.

Israel

Herr Engler, Hamenai Pumps LTD aus Tel Aviv, wurde aufmerksam auf einer AMB-Messe in Stuttgart.

Trotz unsicherer Lage in Israel besuchte Jakob auf Bitte von Herrn Engler das Land. Die Fabrikation der Hamenia Pumps zeigte dem Besucher aus der Schweiz klar, dass die Teile von präzisen Innenformen in Sacklochbohrungen nur mit dem elmass-System nach den vorgeschriebenen Sollmassen gefertigt werden konnten. Der Inhaber stellte während Jakobs Besuch eine erfreuliche Bestellung von Handwerkzeugen aus.

Die Hamenia Pumps werden vorteilhaft aus den USA mit elmass-Produkten beliefert.

Japan

Von Jakob wurde die Firma Consultec AG in Osaka gegründet. Die Firma Consultech musste als unabhängige Firma im Handelsregister von Japan eingetragen werden. Jakob als Präsident dieser Tochterfirma setzte in vollem Vertrauen zu Fredy Huber, Maschineningenieur mit guten Japankenntnissen, diesen als seinen Stellvertreter ein. Nach einer Probezeit von sechs Monaten übergab Jakob an Huber die Geschäftsleitung der Consultec AG.

Fredy Huber hatte sich einige Jahre als Verkaufsingenieur der Schlatter Schweißtechnik in Japan bewährt.

Auf der Maschinen- und Werkzeugmesse in Takasaki, stellte die Consultec AG ihre elmass-Produkte in einem ersten Schritt in der Öffentlichkeit aus.

Isamu Kaneko, Inhaber der Verkaufsorganisation Kaneko Tokio, wurde auf die neue Firma Consultech AG mit ihren elmass-Maschinen und den dazugehörenden Werkzeugen als Erster aufmerksam.

Herr Kaneko empfahl sich als Japan-Generalvertreter des elmass®-Systems.

Jakob und Fredy Huber wurden für eine nähere, persönliche Verbindung in die Firma Kaneko nach Tokio eingeladen.

Als zweiter Interessierter meldete sich Akira Seo, Inhaber der Firma SANWA international in Osaka. Herr Seo bat Jakob und Fredy, sich zu ihm nach Osaka zu begeben, um seine Firma zu besichtigen und sich wie bei Kaneko, gegenseitig besser kennenzulernen.

Huber hatte Zeit, sich nach der Takasaki-Messe mit allen Besuchern, die sich für Kauf oder die Vertretung des elmass®-Räumsystems interessierten, in Verbindung zu setzen und mit ihnen zu verhandeln.

Die erste Bestellung aus Japan

Zwei Jahre nach dem Beginn des Japangeschäftes besuchten Ryoji Yasui, Präsident der JONAN-KEY, mit seinem Lieferanten Akira, SEO Inhaber Firma SANWA international, auf der EMO in Hannover den Ausstellungsstand der elmass®-Schweiz.

Jakob war erfreut über dieses Wiedersehen mit den Leuten aus Japan. Er war sehr erfreut, als Akira Seo Jakob mitteilte, dass Herr Yasui eine elmass®-Stoß-Räummaschine des ausgestellten Typs kaufen will.

Herr Seo erklärte Jakob, dass sein Kunde noch nach Italien reisen möchte, um dort einen Wettbewerber von elmass® zu besuchen. Jakob lud die beiden Japaner zu sich nach Schaffhausen ein, die Firma in Herblingen zu besichtigen.

Am Tag darauf erschienen die beiden Japaner auf dem elmass-Stand in Hannover. Akira Seo erklärte Jakob, dass Herr Yasui seine Reisepläne ändere. Nach der Hannovermesse wolle er sich nach Herblingen begeben, um Jakobs Firma zu besichtigen.

Die beiden Japaner verbrachten vier Tage in Herblingen. Im Gasthof „Löwen" hatte Jakob für die beiden Besucher aus dem fernen Osten auf seine Kosten die Zimmer reserviert.

Neben der ausführlichen Besichtigung der Firma im ehemaligen Bauernhaus in Herblingen wurden die schönsten Orte der Stadt Schaffhausen und Umgebung besucht.

Japans Markt

Jakobs zweiter Japanbesuch galt der Festsetzung geschäftlicher Verträge für die Vertretungen sowie dem Besuch der Firma JONAN-KEY in Tokio.

Jakobs Auftrag an Fredy Huber war, dass die Generalvertretung von Kaneko ordentlich aufgekündigt wurde.

Die Firma Yasui bestellte bei SANWA eine elmass®-Stoß-Räummaschine wie gesehen auf der EMO-Messe in Hannover.

Die Firma KANEKO Tokio war das Haus, welches Jakob als seriös erschien.

Also hatte Fredy Huber mit den beiden Firmenchefs Kaneko und SANWA so zu verhandeln, dass zwei Vertreter-Verträge unterzeichnet werden konnten.

Die beiden Wettbewerber KANEKO und SANWA waren mit Jakobs Empfehlung einverstanden. Unter diesen Voraussetzungen konnte ein erfreulicher Japaner-Markt aufgebaut werden.

Nach einigen Jahren erreichte Jakob die Mitteilung, dass die beiden Firmen KANEKO und SANWA fusionierten, was Jakob nur begrüßen konnte.

Durch die geschäftlichen Verbindungen wurden auch auf privater Ebene Kontakte geknüpft, aus denen jahrelange, gegenseitige Besuche resultierten.

Die Japaner haben in der Schweiz das Käsefondue entdeckt, den Schweizer Käse als fein qualifiziert. Jedes Mal bevor Jakob oder Lily die Besucher zum Flughafen führte, wurde das „Chäsmarili" in Schaffhausen besucht. Schweizer Käse verschiedenster Sorten wurde als Geschenk zum Mitnehmen gekauft. Schweizer Weine, rot und weiß, wurden im GVS geordert für den Transport nach Tokio.

Herr Kaneko starb nach einigen Jahren an einer unheilbaren Krankheit.

Akira Seo übernahm die Interessen der Firma Kaneko, vertraglich wurde festgelegt, dass Kaneko von Sanwa übernommen wurde.

Akira Seo und seine Familie sind immer noch in guter Verbindung mit Jakob und seiner Familie und selbstverständlich mit der Schweiz.

Bei ihren Europabesuchen kommen die Seos immer zuerst von Kloten nach Herblingen, logieren im Löwen, wo sie gut bekannt sind.

Jugoslawien

Aleksandar Gavrilovic war der Nachfolger von Herrn Milo Melentijevic.

Herr Milo Melentijevic knüpfte Verbindungen mit Jakobs Firma wie die meisten Vertreter oder wie die meisten Industriespione auf einer EMO-Maschinen-Ausstellung in Hannover.

Milo Melentijevic hatte damals, als Jugoslawien noch Jugoslawien war, eine Stelle in einem politischen Staatsbetrieb. Planwirtschaftlich geregelt florierte die industrielle Produktion nach außen und im Volksverständnis gut. Der Waren-Import musste, wenn immer möglich, mit Exportwaren kompensiert werden.

Der erste Auftrag aus Jugoslawien erfolgte erst nach Monaten, nachdem Jakob mit Herrn Melentijevic zwei Wochen lang Betriebe in Jugoslawien besucht hatte. An der Produktionsfront wurde dem Hersteller aus der Schweiz vorgeführt, wo seine Stoß-Räummaschine und sein elmass®-Stoß-Räumsystem eingesetzt werden sollten. Er, Jakob, hatte da die Vor- und die Nachteile der Fertigung mit dem elmass®-System zu untersuchen, zu besprechen, wo die Hauptzeiten, die Präzision und die Ablaufzeiten gegenüber der im Moment angewendeten Methoden zu verbessern waren.

Nach dem ersten Jugoslawien-Besuch kamen Direktanfragen aus dem Land, das er besucht hatte. Aus dem Land, das ihm ordentlich geführt erschien. Es waren interessante Anfragen, zugespitzt auf die Aussagen, die Jakob vor Betriebsverantwortlichen und vor seinem Vertreter geäußert und schriftlich festgehalten hatte.

Die erste Bestellung aus Jugoslawien

Die Firma Petoletka in Trstenik hatte, unter anderem, eine für das elmass®-System typische Anwendung, die eine vorteilhaftere Fertigung garantierte.

Die erste elmass-Maschine sollte unter den Vertragsbestimmungen verkauft werden, die beinhalteten, dass der Importeur Wein aus Jugoslawien im Wert der elmass-Produkte verkaufen musste. Jakob konnte auf diese Forderung des Kunden nicht eingehen. Jakob hätte vom Empfänger seiner Maschine und den elmass-Werkzeugen 6'000 Flaschen Rotwein beziehen müssen. Nach Verhandlungen über die Gegenleistung konnten sich elmass und Petoletka einigen, dass elmass 2'000 Flaschen Rotwein kaufte. Dieser Deal erlaubte Jakob, seinen Kunden und der elmass-Belegschaft, denen man Alkohol schenken durfte, am Jahresende mit einem guten Wein zu danken. Je nach Jahresumsatzhöhe wurde den Schweizer Kunden ein qualitativ guter Rotwein als Neujahrsgruß übergeben.

Die Petoletka-Maschine wurde im Betrieb des Kunden und im Beisein des Personals, welches mit der elmass-Maschine zu arbeiten hatte, von Jakob persönlich in Betrieb gesetzt.

Im Lauf der Jahre wurden sechs weitere elmass-Maschinen nach Jugoslawien geliefert.

Bei einer vom Kunden festgesetzten Inbetriebsetzung musste der ehemalige elmass-Lehrling Rolf Meier, nun Außendienstmann von elmass, erleben, dass die vom Empfänger der Maschine organisierte Inbetriebsetzung nicht möglich war, weil das Gebäude des Kunden noch nicht fertiggestellt war. Die Logistik der Planwirtschaft hatte bei diesem Staatsbetrieb nicht funktioniert.

Rolf konnte, um Kosten zu sparen, bei einem anderen Kunden, der nicht sehr weit vom unorganisierten Betrieb entfernt war, eine elmass-Maschine in Betrieb setzen.

Der neue Mann

Vor dem Krieg wurde in dieser Region eine der wichtigsten Industriemessen in Belgrad abgehalten.

Jakob hatte aufgrund einer Neuorientierung der Vertretung auf dieser Messe einen Ausstellungsstand geordert.

YUGOIMPORT-SDPR, eine staatlich organisierte Werkzeugmaschinen-Händlerin, hatte unter der Leitung von Aleksandar Gavrilovitsch Milo Melentijevic ersetzt.

In der Zwischenzeit war Jakob 67 Jahre alt, er arbeitete als vertrauensseliger Verwaltungsratspräsident in der elmass Schaffhausen AG. Sein Sohn Andreas hatte die Geschäftsleitung der Firma übernommen.

Jakob beharrte darauf, dass die neue Vertretung anerkannt werde und dass Gavrilovic mit der Beteiligung an der Messe in Belgrad Unterstützung im Markt geboten werden müsse. Andreas wollte von der Messebeteiligung zurücktreten, Jakob aber beharrte darauf, denn wer A gesagt habe müsse auch B sagen.

Die zehntägige Messe war für Jakob eine unerfreuliche Angelegenheit. Zehn Messetage gingen unter einer bedrückenden Atmosphäre vorüber.

Stevan Vesiç, der Schwiegervater von Andreas, half Jakob jeden Tag als Beobachter und Gewährsmann beim Erklären von täglichen (politischen) Angelegenheiten.

In der Besprechungsecke stand ein Tisch mit vier Stühlen. Auf dem Tisch standen, neben den üblichen Büroutensilien, drei Gefäße, eines mit Schweizer Käse-Stücken, in jedem ein Zahnstocher mit einem Schweizer Fähnchen, ein zweites mit kleinen Schokoladen-Mustern von Néstle und ein drittes mit den bekannten Herblingerli-Süßigkeiten vom Herblinger Adlerbeck.

Der Staats-Spitzel

An einem Messetag kam ein Herr mit seiner Familie, Ehefrau, zwei Kinder im Alter von etwa vier und sechs Jahren, auf den Ausstellungsstand von elmass.

Der Herr mit seiner Familie setzte sich, ohne Jakob zu begrüßen, in die Büroecke und rief Jadranka, die staatlich zugeteilte Übersetzerin zu sich. Jadranka kam zu Jakob mit der Aufforderung des Herrn, dass mindestens je zwanzig Stück von den Präsenten für ihn einzupacken seien.

Jakob begab sich, nachdem er die Arroganz des wichtigen Besuchers verdaut hatte, zum Staatsspion mit einer ordentlichen Begrüßung in englischer Sprache. Jakob erklärte dem Herrn, dass die kleinen Geschenke für Besucher des Ausstellungsstandes der Firma elmass vorgesehen seien. Wenn er seine Produkte den Interessenten habe erklären dürfen, dann gebe es für jede Person eines dieser Präsente aus der Schweiz. Ob Jakob dem Herrn seine Maschine erklären dürfe. Der Herr antwortete, das interessiere ihn nicht, er wolle seinen Wunsch erfüllt haben. Bevor Jakob sich vom Herrn verabschiedete und sich zur Stoßmaschine begab, bat er Jadranka, dem Herrn und seiner Ehefrau sowie jedem Kind ein Präsent zu überreichen.

Die Auszeichnung

Aleksandar kam an einem Morgen auf den Messestand und fiel dem überrumpelten Jakob um den Hals, küsste ihn auf beide Wangen und gratulierte Jakob zu seinem Erfolg, denn er, Aleksandar, habe von der Messeleitung erfahren, dass das technische Gremium das elmass®-System als hervorragend qualifiziert habe.

Trotz der klaren Antwort an jenen Spion mit Familie, erhielt die Schweizer Firma elmass vom Messedirektorium ein Diplom für die Erfindung der neuen Technik zur automatischen Fertigung von Innenformen.

Heimreise

Aleksandar Cavrilovitsch holte für die Fahrt zum Flughafen Jakob vom Hotel ab. Aleksandar war wie immer vom täglichen Überwacher begleitet.

Beim Durchgang zum Gate erhoben sich, wie auf Befehl, die Zollbeamten von ihren Sitzen, salutierten, als der Schweizer, seit den Tagen in Serbien gut behütet, sich von seinen zwei Begleitern verabschiedete.

Als die Swissair-Maschine, in der sich Jakob mit Erleichterung nach Hause fliegen ließ, sich schon eine Weile außerhalb des serbischen Luftraumes befand, bat er die Flugbegleiterin um ein Bier.

Wochen nach dieser Messe brach der Krieg aus, dessen Folgen die Geschäftsverbindungen in diesem zukunftsträchtigen Land zerstörten.

Finnland

Die Firmen Zetterström, Helsinki und Yrjö Maninnen, Tampere arbeiten für die elmass-Produkte im finnischen Markt auf dem Gebiet Werkzeuge und Werkzeugmaschinen für die Metallzerspanung.

Herr Zetterström entdeckte, wie schon erwähnt, das elmass-System auf der Hannover-Maschinenmesse. Er besuchte Jakobs Messestand mit seinem Sohn, der als Nachfolger der Firma Zetterström vorgesehen war.

Yrjö Maninnen besuchte zur gleichen Zeit den elmass-Stand. Beide Herren kannten sich aus ihrer Geschäftstätigkeit. Jakob begrüßte die Zusammenarbeit auf dem Gebiet Präzisions-Räumen dieser zwei Wettbewerber.

Beide Interessenten der elmass-Vertretung besuchten im Jahr darauf Jakobs Firma. Beide lernten innert drei Tagen den Aufbau und die Funktionen der elmass-Werkzeuge und der elmass-Stoß-Räummaschinen kennen.

Nach zusätzlichen zwei Tagen privater Zusammenkünfte, zeigte Jakob den beiden Herren die Schaffhauser Gegend, die Schaffhauser Sehenswürdigkeiten, so auch das schöne Städtlein Stein am Rhein.

Auf der abendlichen Schifffahrt von Stein am Rhein nach Schaffhausen, wurde ein Zusammen-Vertreter-Vertag zwischen elmass, Maninnen und Zetterström besprochen und festgelegt, um diesen am darauffolgenden Tag zu unterzeichnen.

Anlässlich eines Besuches von Jakob in Finnland teilte Vater Zetterström Jakob mit, dass die Familie ein Problem wegen der Gesundheit ihres einzigen Sohnes habe.

Zetterström junior war dreiundzwanzig Jahre alt. Der einzige Sohn der Familie Zetterström war lungenkrank. Ein Arztbericht lag vor, dessen Empfehlung den Eltern zu schaffen machte. Ihr Sohn sei in fortgeschrittenem Stadium an Lungentuberkulose erkrankt. Müsse, wenn Rettung erhofft werden könne, in kürzester Zeit operiert werden. In Helsinki sei eine spezielle Klinik, die für solche Lungenoperationen zu empfehlen sei.

Jakob spürte die Sorge der Eltern des jungen Firmennachfolgers. Er empfahl dem Vater, die Schweizerische Lungenklinik in Davos zu kontaktieren.

Noch am selben Nachmittag telefonierte Jakob aus Helsinki mit der Klinik in Davos.

Nach kurzer Zeit kam der Rückruf aus der Schweiz, der Patient soll in einer Woche sich in Davos zu einer Untersuchung einfinden.

Jakob erfuhr Wochen später, dass Sohn Zetterström operiert wurde, sich in Behandlung der Lungenspezialisten in Davos befinde. Monate später war der junge Mann soweit geheilt, dass er wieder in Vaters Betrieb aktiv mithelfen konnte. Als nach Jahren die Firma offiziell an den geheilten Sohn überging, wurde Jakob eingeladen, sich an der Feier zu beteiligen. Der Einladung folgte Jakob in Verbindung mit einer Geschäftsreise nach Norwegen, Finnland, Schweden und Dänemark.

Frankreich

Auguste Ernst, Vertretungen von Drehmaschinen, Pressen und Metall-Zerspanungswerkzeugen, sah Jakobs Räumsystem auf einer AMB-Messe auf dem Killesberg in Stuttgart. Sein Besuch anderntags galt nur dem elmass-System, respektive seinem Vorhaben, die Vertretung für ganz Frankreich zu organisieren.

Herr Ernst behauptete, nach zwei Tagen Einführung das elmass-System praktisch zu beherrschen. Jakob und Hugo waren anderer Meinung. Herr Ernst war ein Kaufmann vom Scheitel bis zur Sohle. Jakob konnte ihm nicht erklären, dass das Räumwerkzeug und die Stoß-Räummaschine vor dem interessierten Kunden sorgfältig und im praktischen Einsatz vorgeführt werden müsse. Auguste Ernst war anderer Meinung, nämlich dass seine Kunden ihn seit Jahren kennen und er nicht ins Detail gehen müsse.

Herr Ernst verließ Schaffhausen ohne einen Tag mehr Kenntnisse zu erfahren, ohne noch einen Tag persönliche Kontakte zu pflegen, indem ihm Jakob noch die Sehenswürdigkeiten Schaffhausens und Umgebung zeigen könnte.

Die späteren Jahre zeigten, dass auch in Frankreich nur mit kaufmännischem Können das Räumsystem keine Umsätze generierte.

Frankreich wird heute direkt aus Halle in Belgien beliefert.

Norwegen

Herr Gerry Weber, wohnhaft in Drammen, Norwegen, besuchte die Basler Mustermesse, wo auch Jakob damals seinen Ausstellungsstand hatte.

Die Firma elmass zeigte seine Stoß-Räummaschine mit den Hand-Räumwerkzeugen. Herr Weber besuchte als Vertreter seiner Firma die Messe, auch Jakobs Ausstellungsstand. Für Herrn Weber war es kein Problem, die Firma elmass später zu besuchen. Er besuchte jeweils seine Eltern, die in Zürich ihren Wohnsitz hatten.

Ein Jahr nach seinem Kontakt mit Jakob in Basel, besuchte Herr Werber für drei Tage die Firma in Herblingen. Gerry ist ein gebildeter Kaufmann und ein guter Techniker, der die Praxis beherrscht. Er ist der Frontmann, dessen Vorführungen bei seinen Kunden Anklang zum Kauf des elmass-Systems fanden.

Unter Mithilfe von Gerry Weber stellte Jakob, nach zwei Jahren des ersten Kontakts mit Herrn Weber, seine Produkte auf der Messe in Oslo aus.

Auf dem elmass-Ausstellungsstand mussten immer das Hand-Räumwerkzeug und die Maschine im praktischen Betrieb gezeigt werden. Das beste Mittel, die Besucher zu interessieren war, ihnen die Einsatzmöglichkeiten anhand praktischer Arbeiten vorzuführen.

Spätere Besuche von Gerry in Herblingen und von Jakob in Drammen zeugten von dem guten persönlichen Kontakt zwischen den beiden Geschäftspartnern.

Jakob erlebte Norwegen anlässlich arbeitsfreier Momente.

Um Mitternacht, nach einer Einladung bei der Familie Weber, begab sich Jakob auf den Heimweg durch einen Wald hinunter zum Städtchen Drammen.

Die Nachtwanderung fand in trügerischem Tageslicht statt, während dem Wanderer die Mitternachtssonne den Weg beleuchtete.

Die frühmorgendliche Begegnung zwischen einem großen vierbeinigen Waldbewohner, einem Ren, und dem Wanderer aus der Schweiz war für Jakob ein spezielles Erlebnis.

Schweden

Herr Stig Segerberg, mit seiner Firma Verktygsbolaget SA in Karlstad, Vänerland, nahm den ersten Kontakt mit Jakobs Firma auf einer EMO-Messe in Hannover auf.

Stig Segerberg war mit seiner netten Frau Elsa kurze Zeit nach der Hannover-Messe nach Herblingen gekommen.

Elsa wurde betreut von Lily, Jakobs Frau, Stig hatte drei Tage für die Schulung am elmass-System reserviert.

Nach diesen erfolgreichen Einschulungstagen, unternahmen Jakob, Lily und die Kinder Doris, Andreas und Susanne erholsame Wanderungen mit Elsa und Stig.

Die Stadt Schaffhausen mit seinen Sehenswürdigkeiten, Stein am Rhein mit dem Schiff ab Schaffhausen, mit der Bahn zurück nach Schaffhausen. Zum Randenturm auf dem Hagen. Durchs Eschheimertal zum Beringer Randenturm, zurück über die Wirtschaft von Frau Christen. Anlässlich eines Besuches der Familie Segerberg bei Jakobs Familie in Herblingen, machte der Kunde aus Karlstad nach den geschäftlichen Angelegenheiten eine Woche Ferien in der Schweiz.

Für vier wunderbare Septembertage reisten die Schweden nach Tschiertschen, wo Jakob mit seiner Familie in den Ferien weilte. Von dort aus wurde eine Wanderung zum Urdenseelein nach Arosa unternommen. Am nächsten Tag nach Arosa, von dort zurück nach Tschiertschen über die Ochsenalp.

Stig Segerbergs Verktygsbolaget SA entwickelte sich zu einem der geschätzten Vertreter der elmass-Produkte.

Verbindungen in geschäftlichen und persönlichen Bereichen hielten bis weit in die Zukunft an.

Nach Stigs Tod wollte seine Ehefrau Elsa nicht mehr allein die Firma weiterführen. Der junge Ehemann von Kerstin, der einzigen Tochter der Segerbergs, übernahm die Firma ohne Erfolg. Ein flotter Mann ohne Erfahrungen in der Praxis zeigte, wie schnell eine florierende Firma in den Konkurs getrieben werden kann.

Feuersbrunst in der Gewerbeschule

Während Jakob eine vierwöchige Geschäftsreise durch Skandinavien auf sich nehmen musste, war Lily während dieser Zeit allein mit den Kindern.

Nach zwölf Tagen Firmenbesuchen, Besprechungen und Einladungen interessierter Geschäftsinhaber kam Jakob an einem Abend müde im SAS-Hotel in Helsinki an. Am Empfang überreichte ihm der Mann ein Fernschreiben der Kantonspolizei Schaffhausen. Der Chef des Erkennungsdienstes schrieb: „Jakob, bitte sofort nach Schaffhausen kommen. Thema – Schadenfall Neubau der Gewerbeschule. Vermutung – Auslöser des Brandes – Erosionsmaschine". Heinrich Stamm, der Chef des Erkennungsdienstes, kannte Jakob seit Jahren.

Am nächsten Morgen nahm Jakob als Erstes mit Heini Kontakt auf. Jakob fragte seinen Kontaktmann in Schaffhausen, ob dieser Aufforderung sofort Folge geleistet werden müsse. Heini erklärte dem Anrufer, dass er kurz zu seinem Chef umschalten müsse.

Wenige Minuten später war Heini wieder am Telefon. Er erklärte Jakob, dass sein Chef darauf bestehe, dass Jakob sofort reisen müsse, es dürfe keine Zeit verstreichen, deren Verzögerungen nicht belegt werden können, diesen Bericht gab Heini an Jakob weiter. Jakob gab seinem Gesprächspartner zur Antwort, dass er nicht daran denke, diese hohen Zusatz-Reisespesen, geschweige denn die Umtriebe, die sich aus dem Unterbruch seiner Reiseabmachungen ergeben, mit seiner kurzfristigen Rückreise auf sich zu nehmen. „Jakob, diese Auslagen werden dir vollumfänglich vergütet", war Heinis Antwort. Jakob war nicht gewillt, sich für solche unnötigen Auslagen zu entscheiden. Er machte Heini den Vorschlag, die Polizei solle die Zugänge des Brandobjektes plombieren.

Am Abend telefonierte Jakob mit seiner Frau. Lily erzählte ihm, was die Polizei ihr erklärt habe, um welchen Schaden es sich bei diesem Ereignis handle. Ob Menschen Schaden genommen hätten, Verletzte, gar Tote? Nein, das Feuer sei ausgebrochen während der Mittagszeit, aber ein großer finanzieller Schaden sei entstanden.

Die Erklärung seiner Frau war für Jakob eine Erleichterung, aber sein Gefühl, dass Lily müde war, täuschte ihn nicht. Am Schluss dieses Gesprächs machte Jakob seiner Frau den Vorschlag, sich bei Imbach-Reisen über die Kosten für die Israel-Weihnachts-Reise, die er in einem Zeitungsinserat gelesen hatte, zu erkundigen.

Jakob beendete ohne Unterbruch seine Geschäfts-Besuche in Skandinavien.

Nach seiner Rückkehr in die Schweiz traf sich Jakob mit Heini Stamm, den zwei Polizisten in ihren Uniformen begleiteten. Der eine davon, um mitzuhören und zu protokollieren, was gesprochen wurde, der andere, der die Utensilien zur Durchtrennung der Plombierungen beim Gewerbeschulhaus bei sich hatte. Jakob machte seine Kontrolle um die Elektroerosionsmaschine und stellte fest, dass der Brand ausgelöst wurde, weil das Dielektrikum im Werkstückaufnahmebehälter keine Niveau-Sicherheitskontrolle hatte.

Jakob stellte fürs Polizei-Protokoll klar fest, dass diese Erosionsmaschine nicht eine von Charmilles hergestellte war. Die von Charmilles hergestellten Maschinen sind mit den automatischen Niveaukontrollen für das Dielektrikum bestückt, eine Erfindung von Jakob während seiner damaligen Charmilleszeit. Diese Niveaukontrolle unterbricht den Fertigungsprozess. Der Leistungsstromkreis wird somit aus Sicherheitsgründen automatisch unterbrochen.

Eine Zündung des brennbaren Dielektrikums kann durch den Unterbruch des Fertigungsvorganges nicht stattfinden.

Die Israelreise

Ausgelöst durch die Empfehlung von Jakob an Lily, dass sie sich bei Imbach über die Israel-Weihnachtsreise erkundigen soll, wurde die Israelreise für die ganze Familie bestellt.

Lily und Jakob reisten am Abend des 22. Dezember im Jahre 1985 mit den drei Kindern zum Flugplatz Kloten.

Empfangen von Marianne, der Reiseleiterin von IMBACH, erhielt jede Person die gelben Anhängeetiketten für die Reisekoffer und das Handgepäck.

Checkin abgefertigt, die Zollkontrolle durchschritten, ging es zum Gate des El-Al-Fluges. Hier erfuhren die fröhlichen Israel-Reisenden, dass sich der Abflug verzögern werde. Eventuell müsse hier übernachtet werden, denn die Flugsicherungen Frankreichs würden streiken.

In der Zwischenzeit kam die Reiseleiterin zu Jakobs Familie mit einem Gruß von IMBACH und der Übergabe an Jakob von 500,00 Franken. Der Chef der Firma IMBACH habe ihr aufgetragen, Jakobs Familie diese Entschädigung zu überreichen, weil Lily und Jakob die drei Kinder mitführten.

Es war kurz vor 23.30 Uhr, als Marianne die freudige Botschaft mitteilen konnte, dass das Flugzeug nach Jerusalem über eine Umwegschlaufe doch starten dürfe, wenn die Gruppe sich schleunigst zur Maschine begebe. Und es klappte. Noch vor 24.00 Uhr verabschiedete sich der Pilot über dem Zürichsee vom Kontrollturm Kloten. In der Nacht vom 22. auf den 23. Dezember belegten die Reisenden ihre Zimmer im Hashimi Hotel in Jerusalem.

Am Morgen des 23. Dezember begann eine unvergessliche Wanderschaft im gelobten Land.

Von Jerusalem über Hebron – Ein Bokek – zur Festung Masada – das Jordantal hinauf zum Nof Ginnosar – zum See Genezareth – Kapernaum – auf die Golanhöhen – von dort hinunter auf romantischen Pfaden zur Jordanquelle – von der Jordanquelle – nach Haifa – weiter nach Cäsarea – bis zum Flughafen nach Eilat. Vom 12. bis zum 15. Reisetag war Schwimmen und Ausruhen am Roten Meer angesagt. Auf Susannes Wunsch nahm Jakob an einem Ausflug in die Wüste teil. Dieser fand auf dem Rücken eines jungen Kamels statt.

Singapur

Drei Herren von Hitachi Elevators Asia Ltd in Singapur betraten während einer EMO-Messe in Hannover den Ausstellungsstand, ausgestattet mit Maschinen und Werkzeugen von Jakobs elmass-Stoß-Räum-System. Margrit Dätwyler-Rumo, Jakobs Schwägerin und Kundenbetreuerin, empfing mit ihrer angeborenen Freundlichkeit das Trio, bat die drei Herren, da Jakob sich im Moment mit zwei anderen Interessenten beschäftigte, in der Besprechungsecke Platz zu nehmen.

Jakob traf mit drei hochgradigen Einkäufern einer Weltfirma aus Singapur in seiner bescheidenen Büroecke zusammen.

Nach dem gebräuchlichen Austauschen der persönlichen Visitenkarten, nahm ein brisantes technisches Gespräch seinen Anfang. Drei Fragesteller bearbeiteten Jakob mit interessanten technischen Fragen über das Stoß-Räum-Verfahren. Nach dem ersten Abtasten zwischen den vieren, legte einer der Hitachi-Herren eine technische Werkstück-Zeichnung vor Jakob auf den Tisch. „Ist es möglich, mit dem elmass-Räum-System diese präzise Innenform zu fertigen?" Der fragende Herr zeigte mit dem Finger auf die zu fertigende Innenverzahnung. Nach ISO-Norm in der 6-er Stufe war das Einhalten der Sollmaß-Angaben kein leichtes Unterfangen. Weil eine Sacklochbohrung nur mit dem System von Jakob zu fertigen war, konnte er den Herren erklären, dass mit der elmass-Stoß-Räummaschine und den dazugehörenden elmass®-Räumwerkzeugen diese Innenformen im automatischen Fertigungsablauf herzustellen seien.

Wochen nach dieser Besprechung reiste Jakob auf Bitte von Hitachi Elevator Asia Pte. Ltd. nach Singapur.

Jakobs Dame, die sich im Betrieb in Herblingen mit Kundenkontakten und Kundenreisen zu befassen hatte, musste für ihn eine Rundreise aus der

Schweiz über Singapur – Thailand – China – Indien – Japan – Schweiz organisieren. In jedem der aufgeführten Länder musste Jakob seinen Vertretungen einen Höflichkeitsbesuch abstatten.

Sigi Jaeger, elmass-Vertreter für Singapur, hatte sich bereitzuhalten, um mit Jakob die Firma Hitachi Elevatores zu besuchen. Sigi reservierte für Jakobs Übernachtungen ein Zimmer in einem Hotel in der Nähe von Sigis Wohnort.

Im auf Reinheit und Sauberkeit bekannten Singapur war das First-Class-Hotel an der Stamford Road reserviert. Jakob meldete sich spät abends am ersten Tag und vom Flug ab Zürich nach Singapur müde, den Temperaturunterschied schockartig wahrnehmend, am Empfang des Hotels.

Eine auffallend freundliche Empfangs-Crew führte den müden Reisenden über den Empfangsdesk zur Anmeldung des Frühstücks, wo ihm der Frühstücksbon überreicht wurde, dann zum Lift.

Im 32. Stock empfing ein freundlicher Boy den Schweizer, zeigte ihm die Richtung zum Zimmer. Eine Angewohnheit Jakobs war, in Hotelzimmern immer zuerst einen Blick in den Nassraum, in die Schränke und Schubladen und unter die Bettdecken sowie unter das Bett zu tun. Die Bettdecke aufgeschlagen war der Blick des sehnlich auf Ruhe Wartenden auf das fokussiert, was er dort sah. Auf dem Leintuch waren schwarze gekrauste Haare von den vorgängigen Benutzern zu sehen, die erahnen ließen, was diese Liege die letzte Nacht erlebte.

Jakob ergriff des Telefon, nahm mit dem Homeservice Verbindung auf, es war inzwischen morgens um 01.30 Uhr geworden. Die erste Person, eine korpulente schwarze Floormanagerin, die nach seiner Reklamation erschien, trat zu Jakob ins Zimmer. Ohne Begrüßung, mit schroffem Auftritt, fragte sie, was hier nicht in Ordnung sei. Jakob deutete auf das freigelegte Leintuch. Was das wohl zu bedeuten habe, fragte der Angesprochene. Die robuste Dame erwiderte dem müden Gast, das sei nicht so schlimm und wischte mit einer flotten Handbewegung die schwarz gekrausten Schamhaare weg. Dann fragte sie, ob er nun zufrieden sei. Nein, absolut nicht, war Jakobs Antwort. Die schwarze Schönheit verließ ohne ein weiteres Wort das Zimmer und zog unsanft die Tür zu. Schnell besann sich Jakob, nahm Kontakt auf mit dem Mann am Hotelempfang und bat diesen, ihn mit der verantwortlichen Person des Flormanagements zu verbinden. Kurz darauf erschien, Jakob stand mit seinem Reisekoffer vor der betreffenden Zimmertür, ein Herr mit der Dame, die vor Minuten Jakob schroff abgeputzt hatte. Die drei traten ins Zimmer, der Chef Floormanager betrachtete das noch freigelegte Leintuch, eröffnete Jakob, seine Kollegin schützend, dass die Kleinigkeit, an der sich der Gast aus der Schweiz störe, doch nicht sooo schlimm sei.

Ohne eine Antwort an die beiden, ergriff Jakob seinen Reisekoffer, trat den Weg zum Lift an und glitt sanft, aber empört dem Hotelausgang zu. Als er in dunkler Nacht die Stamford Road betrat, folgten ihm der Herr Chef Floormanager und ein Mann vom Empfangsdesk. Mit entschuldigenden Worten wollten die Herren den erzürnten Fast-Gast zur Umkehr bewegen. Aber Jakob folgte der Straße bis zum Haus Sigi Jägers an der Flag Road. Sigi öffnete verschlafen die Wohnungstür, begrüßte erstaunt Jakob, der bei einem beruhigenden Bier seinen Bericht über die Bescherung im Hotel erzählte. Sigi bot dem übermüdeten Schweizer einen gemütlichen, ruhigen, sauber aufgeräumten Schlafraum an. Beim Morgenessen übergab Jakob an Fredy, Sigis Geschäftsfreund, den Hotel Morgenessen-Bon für ein späteres Gratis-Morgenessen.

Nicht alle ausländischen Geschäftsverbindungen waren erfreulich, sodass Jakob mit einigen wenigen keine engen Bande schließen wollte.

Gespräche im privaten Kreis

Das Schloss Herblingen gehört politisch zur Gemeinde Stetten/ SH und ging von der ehrwürdigen Frau Detwyler an den Käufer Gschwend, Fahrradfabrikant aus dem Kanton Zürich.

Nach Gschwend ging es an die drei Herren Arne Siegfried, Max Rutishauser und Henk Nijboer über.

Die drei neuen Schlossbesitzer investierten ins renovierungsbedürftige Schloss mit den anliegenden Landwirtschaftsgebäuden so viel Geld, dass die Bevölkerung von Stetten, Herblingen und der weiteren Umgebung sehr positiv reagierte.

Das ehemalige Ökonomie- und Wohnhaus der Landwirtschaftspächter Tüller wandelten die findigen Besitzer in ein wunderbares Speiserestaurant um. Das Ökonomiegebäude in einen schönen Antiquitätenladen. Den Zwischenbau, die Verbindung des Ökonomiegebäudes und der Schlossmauer, bauten die Herren zum gemütlichen Kaffee-Puppenstübchen um. Der Schlosshügel und die nähere Umgebung wurden in natürliche Schönheiten verwandelt.

Es war eine Freude, wie die drei Schlossbesitzer in ihrem neuen Anwesen die Gäste willkommen hießen. In die Taverne des Schlosses Herblingen lud Jakob alle seriösen elmass-Kunden, ohne Ausnahme, zu einem Abendessen ein.

Wenn die Besucher ihre Zeit in Herblingen mit Damenbegleitung verbrachten, sie wenigstens sechs Stunden pro Tag in der Firma von Jakob verbringen mussten, war Lily, die Französisch und Englisch spricht, immer bereit, den Damen die schönen Orte der Schaffhauser Gegend zu zeigen.

Jeweils am letzten Besuchstag der Kunden verbrachten sie bei einem fürstlichen Nachtessen einen unvergesslichen Abend mit Jakob und Lily in privater Sphäre der Schlosstaverne.

Im Lauf solcher Unterhaltungen erfuhren Lily und Jakob manchmal wichtige Sachen, die nützlich waren für spätere Verbindungen.

Spanien

Den Markteintritt in Spanien suchte Jakob mit der Teilnahme an der Industriemesse in Bilbao.

Mit einer elmass-Stoß-Räummaschine Typ ELM-P4-300-HA und einer Vielzahl von elmass®-Räumwerkzeugen bestückte er seinen Ausstellungsstand. Er entschloss sich, die Bezeichnungen der Ausstellungsstücke in den Sprachen Englisch und Französisch zu machen.

Am Mittwoch vor seiner Abreise ins unbekannte Land, wollte Jakob noch einige Stunden Erholung einschieben. Dies tat er mit einer Wanderung über den Reiat. Auf dem natürlichen Wanderpfad von Stetten nach Herblingen verstauchte er sich beim Abstieg über die Schotterhalde des Steinbruchs seinen linken Knöchel. Mit zusammengebissenen Zähnen und mit der Wanderhilfe zweier Haselstecken, die er sich besorgte, fand der Heimkehrer mit seinem lädierten Knöchel zu seiner Wohnung. Lily begutachtete den Knöchel, der mit einer dunkelblauen Verfärbung den Fehltritt erklärte.

Lily rief kurzentschlossen Dr. Hans Holder an. Dieser hilfsbereite, dem Jakob immer zugetane Arzt, öffnete dem Verunglückten in später Abendstunde seine Praxis. Nach der Untersuchung des schmerzhaften Fußes eröffnete der Arzt dem Patienten, dass es nicht ratsam sei, morgen in ein Flugzeug zu steigen, zudem müsse der Fuß drei Tage lang hochgehalten werden.

Seine wichtige Reise nach Bilbao war organisiert, somit gab's für Jakob kein Zurück. Die Reise klappte, Jakob traf einen schön eingerichteten Ausstellungsstand an. Zwei Tage nach seiner Ankunft, an einem Samstag, konnte die Schau für Jakob, mit seinem gelb gefärbten Knöchel, beginnen.

Nicht alle Besucher und Interessenten am elmass®-Fertigungs-Produkt waren ehrliche Geschäftsleute.

Mit den Jahren stellte sich heraus, dass einige Messebesucher Spione aus Firmen waren, die Interesse hatten, Jakobs Patent zu kopieren.

Das Geschäft in Spanien dümpelte so vor sich hin, sodass Jakob sich nach vier Jahren entscheiden musste, diesen Markt aus Kostengrüden vorläufig abzubrechen.

Mitmachen bei der Feuerwehr

Am nächsten Montag nach ihrer Niederlage machten die Eingemeindungsgegner bei einer nicht nachvollziehbaren Aktion ihrem Frust Luft, indem diese Unverbesserlichen ihre Feuerwehruniformen ohne Vorwarnung vor die Tür des Feuerwehrmagazins in Herblingen warfen.

Welche Folgen hätte die unüberlegte Aktion wohl gezeigt, wenn nach dieser Tat ein Haus von einem der frustrierten Menschen in Flammen gestanden hätte.

Wie schon als einer der jüngsten Kriegsfeuerwehrler während des zu Ende gehenden Zweiten Weltkriegs, so auch in der Gemeindefeuerwehr Herblingen, hatte Jakob seit dem Jahr 1964, als Inhaber der Firma elmass, in der städtischen Feuerwehr so oft wie möglich seine Dienste zur Verfügung gestellt.

Neben den familiären Verpflichtungen und dem Geschäft hatte er kantonale und schweizerische Feuerwehr-Offiziersausbildungen absolviert.

Dadurch wurde Jakob kantonaler Instruktor.

Als letzte Feuerwehrfunktion in der städtischen Feuerwehr trug er siebeneinhalb Jahre die Verantwortung als Chef Rettungszug. Im Rettungszug und auch in den anderen Zügen herrschte bei den Kameraden eine strenge Ordnung, auch eine gute, heute noch spürbare Kameradschaft.

Der Abschluss seiner Feuerwehrkarriere fand, Jahre später, mit einer Viertagesreise nach Westberlin und zurück über Nürnberg statt.

Zu viert mussten die drei schweizerisch ausgebildeten Feuerwehr-Offiziere nach Vorschrift der Versicherungsgesellschaft als Begleitgruppe eines wertvollen Transportgutes von Schaffhausen und zurück nach Schaffhausen hinter einem Spezialmöbeltransporter als Sicherungstrupp fahren.

Bilder der „Maler der „Brücke" wurden im September 1972 eingesammelt für die, von Walther Bringolf, Stadtpräsident, organisierten unvergesslichen Ausstellung im Museum zu Allerheiligen in Schaffhausen.

Gründung des Quartiervereins Herblingen

Kurz nach dem Zusammenschluss, der offiziell für den 01. Januar 1964 festgelegt wurde, gründeten die Eingemeinder in einem Zimmer des Trüllenbuckschulhauses, unter Jakobs Vorsitz und im Beisein von Walther Bringolf, des Stadtpräsidenten von Schaffhausen, den Quartierverein Herblingen.

Ernst Jaggi, Schreinermeister und getreuer Eingemeindungshelfer, wurde einstimmig zum ersten Vereinspräsidenten gewählt.

Endlich konnte Jakob ins hintere Glied der Eingemeindungsbefürworter treten.

Die Gegner des Zusammenschlusses hatten keine Person mehr, der sie persönlich schaden konnten. Dafür zeigte eine ganz kleine Gruppe ihre Schwäche, indem diese „Eidgenossen" das 1. Augustfeuer vor dem Abend der Feier auf dem Hohberg abfackeln ließen. Ein Grund für unsere Hitzköpfe, Öl in die Flammen der entzweiten Bevölkerung zu gießen.

Kein Problem für die Frauen und Mannen der Herblinger Quartiervereinler. Am nächsten Abend wurde trotzdem, auf dem Hohberg, mit dem Entfachen eines noch größeren Holzstoßes die erste 1. Augustfeier des Quartiervereins Herblingen in kameradschaftlicher Atmosphäre begangen.

Utrechter Werkzeugmaschinen-Ausstellung

Die Beteiligung an der Utrechter Ausstellung hatte Jakob zur Erweiterung seines Kundenstammes in den Niederlanden vorgesehen.

Vom ersten Messetag an bis zum Messeschluss waren die Kontakte von Kunden und Interessenten an den von Jakobs Firma fabrizierten Maschinen und Werkzeugen sehr erfreulich.

Jakob konnte zu dieser Zeit an einem Messetag die Eltern von Kos Penninga, seines Vertreters in den Niederlanden, persönlich kennenlernen.

Während eines Utrechter Abendspaziergangs, den Jakob zum Ordnen der vielen Eindrücke des vergangen Messetages unternahm, ging er an einer Gracht entlang.

Vor der nächsten Brücke, die den Spaziergänger auf die gegenüberliegende Seite zum Rückweg führte, erblickte Jakob eine Kleintierhandlung, deren Pforte noch offen stand. Jakob starrte in ein mit Drahtgitter gesichertes Gehege, darin drängte sich dicht aneinander eine Schar junger Hündlein.

Der fremde Schweizer betrat das Geschäft. Kurz darauf näherte sich dem Eintretenden mit finsterem, fragendem Blick der Geschäftsinhaber und fragte in der Landessprache, was Jakob wolle.

Jakob hatte, unwissentlich, am Revers seiner Ausgehjacke das Abzeichen des schweizerischen Turnerverbandes. Das Abzeichen besteht aus einem weißen Kreuz auf rotem Feld umrahmt von den vier „F" für Frisch, Fromm, Fröhlich, Frei. Jakob antwortete vorsichtshalber auf Französisch. Nach Jahrzehnten war in diesem Land das Wüten der Nazis während des Zweiten Weltkriegs immer noch im Bewusstsein der Menschen. Der schlecht gelaunte Inhaber schüttelte den Kopf und brachte zum Ausdruck, dass er Jakob nicht verstehe. Also versuchte es der späte Besucher in der englischen Sprache. Jetzt wurde eine Kommunikation möglich. Der mürrische Ladeninhaber ging auf Jakob zu, fragte, ob er aus der Schweiz sei, auch Schweizer Bürger sei, was das Abzeichen auf seinem Revers bedeute. Nach Klärung aller Fragen wurde der Besitzer der Tierhandlung freundlicher. Auf die Frage nach seinem Wunsch, erklärte Jakob dem Utrechter Tierhändler, dass es eine Schande sei, diese Hündlein in einem so engen Käfig gefangen zu halten. Jakobs Verabschiedung vom Inhaber der Kleintierhandlung war kurz.

Lumpereien der Eingemeindungsgegner

Wo sie glaubten, Jakob, dem Befürworter zum Zusammenschluss der beiden Gemeinden Herblingen und Schaffhausen schaden zu können, versuchten einige dieser Kurzsichtigen, mit schäbigen Aktionen Jakob zu schaden.

A. Mobbing im Turnverein.
B. Mobbing im Schießverein.
C. Steuerfahnder wurden dem Jakob auf den Hals gejagt.

Weil Jakobs Firma während des Aufbaus ihre Patente bis zum verkaufsbereiten Produkt in Prüferländern bestätigen lassen musste, waren während dieser Jahre nur kleine Reingewinne vorzuzeigen. Selbst finanzierte Erfindungen kosteten ein Vermögen, bis die Produkte anerkannt wurden. Diese Tatsache war für viele daheim gebliebene Herblinger aus verständlichen Gründen nicht nachvollziehbar.

Dass Jakob mit seiner Firma in den Anfangsjahren nicht die von seinen Gegnern erwarteten Steuerbeiträge erwirtschaftete, diese Tatsache wurde den Landwirten, welche seit Jahren nur die Kopfsteuern entrichteten, vonseiten der Gegner von Jakob, bekannt gemacht.

Ein Scharfmacher im Dorf fand einige Gegner Jakobs. Dieser Politiker brachte seine Hörigen dazu, dass Steuerfahnder Jakobs Einkünfte prüfen sollten.

Eines Tages erschienen, unangemeldet, in Jakobs Firma zwei Steuerfahnder des Kantons. Diese Herren verlangten sämtliche Geschäftsunterlagen, suchten einen geschlagenen Tag lang nach Steuerhinterziehungen.

Wochen nach dem Tag der Fahndung erhielt Jakob einen Brief der Kantonalen Steuerkommission.

Jakob erfuhr aus dem Schreiben, dass ihm ein ansehnlicher Geldbetrag, für in den vergangenen Jahren zu viel bezahlte Steuern, auf sein Bankkonto zurückerstattet werde.

D. Das 1. Augustfeuer wurde zweimal, jeweils in der Nacht vom 31. Juli zum 1. August, auf dem Hohberg angezündet.

Mit diesen heimlichen Aktionen zeigte eine kleine Gruppe ihre Schwäche, indem diese „Eidgenossen" das 1. Augustfeuer vor dem Abend der Feier auf dem Hohberg abfackeln ließen. Ein Grund für die Hitzköpfe der Eingemeindungsbefürworter, Öl in die Flammen der entzweiten Bevölkerung zu gießen.

Die hinterlistigen Aktionen der Eingemeindungsgegner hatten nicht den erhofften Erfolg.

Wie schon erwähnt, beflügelten diese Aktionen die Frauen und Mannen des Herblinger Quartiervereins. Am nächsten

Abend wurde trotzdem auf dem Hohberg mit dem Entfachen eines noch größeren Holzstoßes die erste 1. Augustfeier des Quartiervereins Herblingen in kameradschaftlicher Atmosphäre begangen und begossen.

Ein Herblinger SVP-Politiker, mit ihm ein städtischer Forstmeister.

Um Jakob, den Eingemeinder, zu ärgern und ihm zu schaden, suchte ein SVPler, der während seiner Arbeitszeiten mehr Zeit in die örtliche Politik als in seine Firma investierte, in der er als Ingenieur eine gut bezahlte Stelle innehatte, nach Verfehlungen, die Jakob angelastet werden könnten.

Dieser Ingenieur, mit ihm der städtische Forstmeister, ersann auf hinterhältigste Art Aktionen gegen Jakob.

Mit dem Einverständnis des Pächters des Landwirtschaftslandes, das im Besitz von Jakobs Mutter Anna und Jakob war, ließ der bekannte Forstmeister 37 Ar Kulturland mit Rottannen bepflanzen.

Der verbotene Waldbaumwuchs konnte sich so lange halten, bis Jakobs Mutter zu Ohren kam, dass ihr Landwirtschaftsland, für dessen Erhalt im Lauf der Eingemeindungsdebatte die Eingemeindungsgegner mit allen Mitteln gekämpft hatten, mit Waldbäumen bepflanzt wurde.

Die schönen Jungpflanzen mussten, aus Gründen des Flurgesetzes, auf Kosten der Übeltäter ausgerissen werden. Die falsch platzierten Rottannen endeten, gegen jede Vernunft, am nahen Bord im städtischen Wald.

Die Bonanza

Jakobs Bonanza, ein unbenutzter ehemaliger Heuschopf, überließ er Eltern, deren Kinder in den speziell gebastelten Käfigen Kaninchen und Meerschweinchen hielten. Jakob legte Wert darauf, dass die Tierkäfige groß genug waren, und dass die Eltern über die Tierhaltung wachten.

Mit der Zeit kamen zur Kleintierhaltung Schafe und Reitpferde dazu.

Eine Armbrustschützengruppe meldete sich bei Jakob, mit dem Anliegen, eine Hütte neben dem Heuschopf aufstellen zu dürfen.

Jakob erlaubte den Freizeit-Tierhaltern unter der Voraussetzung, dass eine namentlich aufgeführte Person für Ordnung sorgte, das Verbringen deren Freizeit im und um den Heuschopf.

Der Friede im Freizeitort Bonanza dauerte so lange, bis der oben genannte Forstmeister Jakob beim Zentralstrafamt in Bern anzeigte.

Jakobs Bonanza wurde durch die Anzeige vom Forstmeister im Zentralstrafregister in Bern aktenkundig.

Jakob wurde freigesprochen, seine Gegner hatten eine weitere Niederlage zu verdauen, und die Stadtkasse hatte für einen weiteren Streich, ausgelöst durch ihren gut entlohnten Forstmeister, zu zahlen.

Den Eingemeindungsgegnern wurde durch die uneinsichtigen frustrierten Scharfmacher empfohlen, dem Erstunterzeichner der Eingemeindungs-initiative und deren Befürwortern mit dümmsten Aktionen zu schaden.

Familie und Geschäft

Die erste 3½-Zimmer-Mietwohnung bezogen Lily und Jakob im Muracker Nr. 35, im Dorf.

Im Muracker kam 1965 Doris, ihr erstes Kind, zur Welt. Lily war von diesem Moment an glückliche Mutter. Sie kündigte ihre Stelle bei der Post und besorgte als junge Hausfrau für ihre Lieben die Verrichtungen im Haushalt.

Die Kundschaft der Firma wurde durch Jakobs internationale Aufbauarbeiten, durch die gute Qualität der im Markt geschätzten Erzeugnisse immer größer. Die Arbeiten durch diese wichtigen

Kontakte beschäftigten Jakob vollumfänglich. Auslandseinsätze, die ihn mit verschiedenen Menschen in Verbindung brachten, nahmen ihn manchmal sechs Tage in der Woche in Anspruch.

Vater Caspar Oswald auf Schwandegg

Der Schlossherr zu Schwandegg, Caspar Oswald, war eine weltbekannte Persönlichkeit.

In jungen Jahren arbeitet Caspar Oswald als Koch im dänischen Königshaus, war bei der Königsfamilie ein angesehener, beliebter Schweizer, der sein Können in der Praxis zeigte.

Caspar liebte die gemeinsamen Ausritte mit Prinz Bertils.

Einer der fröhlichen Ausritte endete durch einen Unfall tragisch. Auf einem Ritt durch den Wald in der Nähe des Familienbesitzes scheute des Schweizers Pferd, warf den überraschten Reiter ab, dessen Sturz an einem Baumstamm endete. Caspar erlitt durch diesen Sturz einen lebenslangen Gehörschaden.

Oswalds hübsche Tochter Ruth, ausgebildete Krankenschwester, war durch Vaters Wunsch vorgesehen als verheiratete Dame in die Familie Bernadotte auf der Insel Mainau Einzug zu halten.

Caspars Kochkünste waren in der Firma elmass bekannt, darum verbrachte Jakob mit Hugo Wegmann, seinem Vertreter, und der gesamten Belegschaft, manches Weihnachtsessen im schönen Anwesen hoch über dem Dorf Waltalingen.

Im Lauf des Zweiten Weltkriegs, als die Nazis tobten, Land um Land überrollten, besuchte General Guisan einige Male Schloss Schwandegg. Mit dem unvergesslichen Heerführer der Schweizer Armee trafen sich dort oben Offiziere der Schweizer Armee zu geheimen Gesprächen.

Dabei war der bekannte Oberst i.G. Egg. ein scharfer Landesverteidiger, der keine Abweichung der Reglemente erlaubte. In einer Nacht, während der Zeit, in der die Mobilmachung herrschte, kontrollierte dieser Vorgesetzte eine Wache am Rhein. Der wachhabende Soldat tat nach Reglement. Er rief den sich anschleichenden, vermeintlichen Spion dreimal an, erhielt vom Unbekannten nie einen Rückruf mit dem Passwort. Der Soldat schoss gegen den Anschleicher. Es war der Oberst Egg, der tödlich getroffen ward. Auf dem Sterbebette entlastete der Vorgesetzte seinen Soldaten mit den letzten Worten: „Der Wachsoldat hat seine Pflicht getan, es trifft ihn keine Schuld, der Schuldige bin ich." Dann schloss Herr Oberst Egg für immer seine Augen.

Auch die Schwester von John F. Kennedy verbrachte, inkognito, Tage in friedlicher Ruhe im altehrwürdigen Schloss, bevor sie jeweils nach der Insel Mainau weiterreiste

Schwiegersohn Marcel

Marcel Kunz, ein ehemaliger CMC-Elektromechaniker, arbeitete in Jakobs Firma. Marcel kannte seinen Chef Jakob seit den Zeiten, als Marcel seine Elektromechaniker-Lehre bei CMC absolvierte.

Damals, als Jakob noch als Leiterstellvertreter in der Lehrwerkstatt bei seiner Lehrfirma tätig war, begab sich Marcel manchmal zu Jakob, seinem persönlichen Vorgesetzten. Marcels Gemüt war hin und wieder getrübt von Fragen über Liebschaften, die in geschütztem Umfeld gemeinsam erörtert wurden. Der verliebte Marcel vertraute Jakob.

Marcel, ein erfolgreicher Armbrustschütze, bei Wettschießen gewann er als Sieger manch goldenen Kranz, war verliebt in die Tochter des Schlossherrn auf Schwandegg. Die hübsche Tochter ihrerseits war fest entschlossen, den Elektromechaniker aus Schaffhausen zu heiraten. Ein Ansinnen, das Vater Oswald nicht in seinen Kram passte. Mutter Oswald war vor Jahren gestorben, aus diesem Grund befehligte Caspar in Familienangelegenheiten allein.

An einem Montagmorgen kam Marcel in gedrückter Verfassung in Jakobs Büro. Der junge Mitarbeiter hatte wieder einmal ein Problem in privater Angelegenheit.

Marcel eröffnete seinem Chef das Erlebnis, das ihn schwer bedrückte. Am gestrigen Sonntag, als er seine Geliebte besuchen wollte, sei ihm der zornige Schlossherr vor der Tür des Anwesens begegnet, habe ihn kurzerhand am Kragen gepackt und vor die Schlossmauer gesetzt. „Jakob, was soll ich machen?", fragte Marcel seinen Chef. „Über den Vorfall einige Nächte schlafen, warten, was die nächsten Tage bringen", war die Antwort von Jakob.

Noch in der gleichen Woche betrat Marcel freudestrahlend Jakobs Büro. Der glückliche Mitarbeiter konnte seinem Chef berichten, dass Ruth daheim ihre Koffer gepackt habe. Sie wohne nun im spitaleigenen Schwesternhaus, das Zimmer für ihre Angestellten vermiete.

Schweiz. Feuerwehr-Offizierskurse

Neben der Familie und dem Geschäft hatte Jakob sich für den Einsatz in der städtischen Feuerwehr entschieden.

Die Öffentlichkeit musste erfahren, dass der „böse" Eingemeinder sich auch weiter für die Mitmenschen einsetzte. Nicht in der Politik, sondern im zivilen Leben.

Die ehemalige Dorf-Feuerwehr Herblingens wurde, nach dem Zusammenschluss der Gemeinde mit der Stadt, in das städtische Korps integriert.

Um mit den Kameraden der Stadt Schritt zu halten, musste Jakob vorgeschriebene Kurse der kantonalen Brandassekuranz besuchen.

Weiter wurde er zu schweizerischen Offizierskursen, die jeweils eine ganze Woche dauerten, aufgeboten. Keine einfache Sache für einen Familienvater mit einem eigenen Geschäft, das seine Kunden in der ganzen Welt zu betreuen hatte.

In Absprache mit seiner Frau Lily und mit Hugo Wegmann, seinem zweiten Mann im Geschäft, konnten die Zeiten seiner Abwesenheit von Familie und Geschäft jeweils anstandslos über die Bühne gebracht werden.

Im Notfall war der Kursteilnehmer aus Schaffhausen telefonisch erreichbar.

Nachdem Jakob die vorgeschriebenen schweizerischen Offizierskurse in Basel, Bern, Genf und Zürich absolviert hatte, die in Abständen von je einem Jahr zu besuchen waren, wurde er zum Feuerwehr-Instruktor ernannt.

Übungsobjekte für Feuerwehroffiziere

Das damalige Kiesgrubenareal im Brüel wurde einige Jahre lang von den Feuerwehroffizieren der Stadtfeuerwehr Schaffhausen mit den Feuerwehroffizieren der umliegenden Ortsfeuerwehren als Übungsort für die praktische Brandbekämpfung genutzt.

Jedes Jahr wurden an einem Tag aus der Kiesgrube Rauchsäulen gen Himmel gesandt, hervorgerufen von Flüssigstoff- und Feststoffbränden.

Anlässlich dieser praktischen Einsatzübungen wurden neue Fabrikate für die Brandbekämpfung getestet, aus neutraler und aus praktischer Sicht begutachtet, als GUT oder als NICHT GEEIGNET qualifiziert.

Das Vorbereiten dieser Übungsanlagen nahm Jakob aus persönlicher Verpflichtung gegenüber der Bevölkerung ehrenamtlich auf sich, ohne jegliche Vergütung seitens der Feuerwehrkasse. Jakob wurde durch Walter Bührer, Sohn des Kiesgrubenbesitzers, bei diesen Arbeiten großzügig unterstützt.

Hans Fankhauser, angestellt bei den Besitzern der Kiesgruben, Feuerwehr-Soldat schon zu Zeiten der Dorffeuerwehr, fuhr ohne einen Lohn zu beziehen, freiwillig den Raupentraks.

Eine Übungsanlage stellten die beiden einmal auf dem, vermeintlich seit Jahren getrockneten, flachen Sandboden des ehemaligen Waschwassersees auf.

Hans, der treue Feuerwehr-Kamerad, bewegte sein Raupenfahrzeug gezielt nach Jakobs Angaben so, um eine Vertiefung im feinen Sand zu erreichen.

Kurz vor dem Erreichen der gewünschten Form bewegte sich die schwere Erdbewegungsmaschine plötzlich weder vornoch rückwärts.

Die Bodenabdeckplatte des Traks stand auf dem, durch das Hin- und Herbewegen breiigen Untergrund des Sandsees auf. Unter Zuhilfenahme von Flecklingen, die die beiden vor und hinter die Traksraupen schoben, gelang Hans das Freischaffen der schweren Maschine, sodass das Erdbewegungs-Fahrzeug, zum Glück der beiden Gratisarbeiter, aus der Grube gesteuert werden konnte.

Modern, nicht praktisch

Eine praktische Übung, bei der ein mächtiger Flüssigstoffbrand mit dem neuen 750-ziger Staublöschfahrzeug bekämpft wurde, hat Jakob nicht vergessen.

Als Instruktor hatte Jakob die Ehre, die Verantwortung über diesen Einsatz zu übernehmen. Zwei seiner Offiziers-Kameraden, die beiden Oblt. Jakob Schilling und Ernst Tanner, kommandierte er an die Staubpistolen.

ROT und BLAU waren die beiden Pistolenbezeichnungen, um im Einsatz die klare Auseinanderhaltung zu gewährleisten.

Eine neuartige Kugel-Kupplung, das Verbindungsstück zwischen der Staub-Pistole und dem Staubzuführschlauch, musste nach den Vorschriften der Feuerpolizei im praktischen Einsatz geprüft werden. Diese neue Kupplung hatte es Jakob und Ernst, auch Instruktionsoffiziere, an den Pistolen angetan.

Jakob, dem Verantwortlichen über die bevorstehende Aktion, gefiel der Umstand nicht, dass seine beiden Kameraden, die auf den Angriffsplätzen bereit waren, immer noch an den Kugel-Kupplungen herumhantierten, während der Flüssigstoffbrand eine gewaltige Rauchsäule mit enormen Flammengarben in die Höhe trieb.

Auf dem über der Kiesgrube gelegenen Weizenacker von Emil Wehrli waren zum Trocknen frisch gemähte Weizen-Puppen in gerader Linie aufgestellt.

Von der Feuerstrahlungshitze ausgelöst, brannten bereits die ersten Puppen.

Die Spezialhelme der beiden Feuerbekämpfer waren mit einem Sicht-Schutzschild aus plexiglasähnlichem, angeblich feuerfestem Material, ausgestattet. Ein vermeintlich guter Schutz vor der starken Strahlungshitze.

„ROT – BLAU Angriff!", gab der Befehlshabende an seine beiden Kameraden durch. Anstelle eines gezielten Löschstaubstrahls aus der Pistole von Kamerad Ernst, flog sein Helm nach hinten auf seinen Nacken. Eine weiße Staubwolke ergoss sich aus seinem Zubringerschlauch. Ernst sah im ersten Moment aus wie der Bäcker, welcher sich kopfüber in den Mehlsack gestürzt hatte. Kamerad Jakob, der zweite am Angriff Beteiligte, hatte das Glück, dass die Kugelkupplung seiner Pistole nicht ausgeklinkt war. Kamerad Schilling konnte sich gegen die zu bekämpfenden Flammen bewegen. Er lenkte den mächtigen, unter hohem Druck austretenden Staubstrahl gegen den Flammensee, während der Einsatzleiter Jakob Ernsts Zuführschlauch mit dem Abschlusshebel sperren konnte. Helm auf, Pistole einkuppeln, gegen das Feuer vorrücken, war der geübte Ablauf, der nun auch von Ernst, in der gemeinsamen Löschaktion, praktisch angewendet wurde.

Nach getaner Arbeit, nachdem auch die Weizenpuppen gelöscht waren, kamen die Mannen, welche die Löschaktion ausführten, zur Übungsbesprechung.

A. Feuer gelöscht O.k.
B. Zwölf Weizenpuppen angebrannt, Vergütung an Landwirt Wehrli.

C. Die neuen Kugel-Kupplungen zu riskant in der Handhabung. Im Ernstfalleinsatz diese nicht geeignet.

D. Die Spezialhelme mit dem Schutz gegen Strahlungshitze unbrauchbar. Blasen hatten sich über dem Sichtfeld gebildet, sodass es unmöglich war, einen gezielten Einsatz zu gewährleisten.

Chruut

Jahre zurück zum Areal der Kiesgruben, zu den Erlebnissen, die sie in jener Gegend hatten, als sie noch Buben waren, lenken Jakobs Gedanken bis zum guten Heinrich Wehrli, Chruut sein Rufname, ein Großonkel des heutigen Landwirt Koni Wehrli-Bernhard.

Chruut war ein arbeitsamer, guter Mensch. Er war glücklich, in der Nähe seines Wohnortes seinen Lohn beim Kiesgruben-Georg verdienen zu können.

Manchen Lastwagen Kies, auch feinen Sand ab der Wand, hatte der Chruut-Heinrich an jenem Ort von Hand auf die Lastwagenbrücken befördert. Jener Ort befand sich dort, wo heute die Einfahrt zur Tankstelle des Shoppingcenters von Herrn Beno Spiro ist. In der Nähe, wo jetzt die neue Kirche Jesu Christi der Heiligen der Letzten Tage steht.

Noch einen Schritt weiter in vergangene Zeiten zurück, zu den Seifenkistenfahrten.

Um zum Startplatz ihrer abenteuerlichen Fahrten zurückzukehren, benutzten die Buben den Zick-Zack-Weg vom DB-Bahnhof Herblingen den Dützebüelwald hinauf, immer achtgebend, dass Nazi-Keller ihnen nicht über den Weg trat.

So wiederholten sich diese Fahrten einige Male hintereinander, bis die Zeit zum Helfen im Stall kam.

In der heutigen Zeit ist eine solche Abfahrtsstrecke Dützebüel Str./Thaynger Str./Neutal Str. an den Kiesgruben vorbei, benutzt von Buben mit ihren Seifenkisten, unvorstellbar.

Während der Jahre des Zweiten Weltkrieges, noch einige Zeit danach, wurden diese Straßen, die teilweise noch mit Naturbelag ausgestattet waren, sehr selten durch Militärfahrzeuge oder durch ein landwirtschaftliches Fuhrwerk befahren.

Vaters Tod

Im Jahr 1967, genau am 02. April 1967, drei Jahre und vier Monate nach der offiziellen Einverleibung der Gemeinde Herblingen in die Stadt Schaffhausen, erlitt Jakobs Vater einen tödlichen Unfall.

Der Lebenslauf eines gütigen Menschen, Dieners an Volk und Staat, hatte sich geschlossen.

Am Tag der Beerdigung von Vater Jakob sammelten sich vor dem Kirchen-Eingang Kränze von Verwandten und von Organisationen, im Sammeltopf unzählige Trauerkarten und im Gotteshaus voll besetzte Kirchenbänke, die die Beliebtheit des Verstorbenen veranschaulichten.

Einige dieser Gaben zeugten von Gewissensbissen seiner verschlagenen Gegner, die somit versuchten, Buse zu tun.

Umzug an die Falkenstraße Schaffhausen

Drei Jahre wohnte Jakob junior mit seiner Familie im Muracker. Nach dieser Zeit konnte in die neu erstellte Wohnung an die Falkenstraße 9 umgezogen werden.

Dort wurden die schönen 4½-Zimmer-Mietwohnungen von Max Bührer, Bruder von Walter Bührer, Sohn von Georg Bührer, dem Kiesgruben-Bührer, fertig erstellt. Lily und Jakob durften beim Verwalter dieser Überbauung, Edy Keucher, dem Mann, der das Ehepaar zivilrechtlich traute, eine Wohnung im obersten Stock, mit schöner Aussicht, auswählen.

Während sie an der Falkenstraße wohnten, kamen 1968 Andreas und 1970 Susanne zur Welt.

Jakob versuchte immer an den Wochenenden in die Schweiz zu gelangen. Wenn geschäftliche Einsätze in Europa anstanden, galt die Abmachung, nach einer Woche bei der Familie zu sein.

Bei Reisen außerhalb Europas erlaubten die Distanzen nicht, die wöchentlichen Kontakte einzuhalten. Diese Trennungen von der Familie überbrückte Jakob mit seiner damals modernen Fotokamera, mit der er Bilder festhielt von Gegenden und Eindrücken, die er seinen Angehörigen zeigen wollte. Diese Reiseeindrücke betrachteten Lily und Jakob dann jeweils im Familienkreis. Aufgrund der Farbbilder, die groß an die weiße Wohnzimmerwand projiziert wurden, war es Jakob möglich, seinen Lieben zu zeigen, was er in fremden oder ihm schon bekannten Ländern Neues erlebt hatte.

Seine Lily lernte viele Menschen aus aller Herren Länder kennen. Die Geschäftsfreunde wurden meistens bei Jakobs privat eingeladen.

Lily hat mit ihrer freundlichen Bewirtung sehr viel dazu beigetragen, elmass in gutem Ruf und in schönen Erinnerungen bei den Geschäftspartnern zu wahren.

Durch diese persönlichen Kontakte ist Jakobs Familie heute noch mit ihren Geschäftsfreunden in aller Welt in stetem Kontakt.

Im letzten Moment

Lily und Jakob wohnten, wie oben erwähnt, mit ihren Kindern an der Hochstraße. Doris war mit acht Jahren in der zweiten Elementarschulklasse, Andreas war fünf Jahre alt und im Kindergarten und Susanne zählte zwei Jahre.

Andreas hatte das Bedürfnis, wann immer möglich, vom Wohnort an der Falkenstraße mit dem Dreirad nach Herblingen loszuziehen. Die gefährliche Mutztäli Straßenüberquerung von der Kirche St. Peter zur Gräflerstraße machte den Eltern Sorgen.

Ein schulfreier Nachmittag im Sommer 1973 benutzte Andreas, mit seinem Fahrzeug über die Neutrottenstraße nach Herb-

lingen zu gelangen. Großmutter Anna begrüßte ihren Enkel mit
Freuden, gab ihm einige Rahmzeltli mit der Bitte diese zu schle-
cken und nicht mit den schönen Zähnen zu beißen. Der Kleine zog sich aufs Bänklein zwischen den beiden Linden vor dem
Haus zur Stege zurück. Im Schatten zwischen den beiden Lindenbäumen saß der Kleine mit Blick auf die Schlossstraße. Vom
Restaurant Löwen her überquerte, wie früher erwähnt, Frau
Schuhmann die Schlossstraße zum Trüllenbuck, Richtung ihrer Wohnung. Sie hatte an diesem Tag wieder einige Flaschen
der mehrfachen Bierkäufe in der Einkaufstasche. Beim Vorübergehen bei den Linden sah die kranke Frau den Buben von der
Stege. Jakob war im Büro, als er den Schrei seines Kindes hörte. Aus dem Fenster musste Vater Jakob zusehen, wie die nicht
mehr zurechnungsfähige Frau den kleinen Buben würgte und
ihn auf die Straße zu zerren versuchte. In dem Moment, als eine
Sekretärin zur Täterin lief und sie, die Närrin, von ihrem Vor-
satz zurückhielt, kam Jakob zum Geschehen. Die Täterin verließ mit einem Satz übers Hangärtlimäuerlein den Ort der Tat.

Vater Jakob versuchte am gleichen Abend dem Ehemann,
ein ehemaliger Schulkollege von Großvater Jakob, zu erklären,
was sich am Nachmittag vor dem Haus zur Stege ereignet hatte. Schuhmann Hans entschuldigte sich bei Jakob und gab ihm
zu verstehen, dass es mit seiner Frau nicht mehr auszuhalten sei.

Als Chef Rettungs-Zug

Sieben Jahre war Jakob verantwortlich für den Rettungszug der
Feuerwehr der Stadt Schaffhausen.

Von den nachfolgend aufgezählten Ereignissen lernte er wichtige Dinge, die im täglichen Leben, beim Helfen, zur Anwendung kommen.

A. Ereignis, Fensterfabrik Hauser, Jakobs Aufgabe als Offizier
   im Feuer.

B. Ereignis, Warenhaus Wieser, Jakobs Aufgabe als Offizier im Feuer.

C. Ereignis, 1. Gasexplosion Furkastraße, Jakob mit seinen Kameraden vom Rettungszug im Ersteinsatz.

D. Im Einzelnen aufgeführt das Ereignis, zu dem Jakob kam, weil er seinen Offizierskameraden Fritz Schneeberger vertrat.

E. Der Fall Ökonomiegebäude Familie Spengler Usserwiidle.

Fritz Schneeberger, Schnebi sein Rufname, Chef Pikett-Löschzug, übergab seinen Pikettdienst für das kommende Wochenende an Jakob, Stege sein Rufname, Chef Rettungszug.

Im Löschzug von Schnebi waren Jakob bekannte Feuerwehrkameraden der Stadtfeuerwehr.

Kamerad Fritz Schneeberger war in jener Woche, in der er nach der Jahreseinteilung den Pikettdienst innehatte, berufshalber im Ausland.

Während des Mittagessens wurde Jakob alarmiert. Ereignis in Buchthalen, Uusserwiidle, meldete Gust Waldvogel, Postenchef der Stadtpolizei. Jakob antwortete dem Postenchef: „Gust, du musst die folgenden Züge alarmieren: Atemschutz-, Löschund Rettungszug."

Kurz nachdem Jakob beim Feuerwehr-Hauptmagazin eigetroffen war, meldeten sich Wachtmeister Angelo De Vettori, Angi sein Rufname, Uof. Toni Renggli, Toni sein Rufname, und fünf weitere Kameraden. Der wichtigste Mann, Chauffeur Kurt Kundert, Kuk sein Rufname, kam als Letzter an.

Schon von Weitem war die mächtige, gelb-schwarze Rauchwolke, die im östlichen Zipfel des Quartiers Buchthalen sich in die Höhe bewegte, zu sehen.

Jakob, noch bevor er mit seinen Kameraden am Brandobjekt ankam, ließ per Funk über den Polizeiposten sämtliche Züge der Wehr alarmieren.

Angekommen beim in vollem Brand stehenden Objekt, entdeckte Jakob den Vater des jungen Landwirtes, dem der brennende Hof gehörte. Neben dem alten Bauern stand der in der Zwischenzeit herbeigeeilte Max Brütsch, Chef des Erkennungsdienstes der Kantonspolizei. Bei der Versammlung seiner Kameraden vor dem Brandobjekt, zur Besprechung des Einsatzes, hörten die Feuerwehrleute nichts außer Krachen und Knistern. Jakob wunderte sich, warum die Stalltüren der Kühe und Schweine geschlossen waren. Er eilte zum Vater Spengler, neben dem stand Max Brütsch, und fragte den Bauern, wo die Kühe seien. „Alle draußen", war Vater Spenglers Antwort. Max erklärte Jakob, dass der Senior einen Schock erlitten habe, darum versuche er den Schockierten zu beruhigen. Zurück bei seinen Kameraden machte Jakob die Einsatzkräfte darauf aufmerksam, dass die Tiere sich noch in den Ställen befinden müssen. Dass zu beachten sei, wie die vom Dachfirst herabschleifenden Dachziegel sich auf der überhängenden Dachpartie sammeln. Dass das Vordach in den nächsten Minuten, wegen dem Übergewicht der Ziegellast, abkippen werde. Kurz darauf, war ein Ächzen und Krachen zu hören. Mit lautem Getöse schlug das überlastete Dach vor den Türen der Tierställe zu Boden.

Jetzt war für die Retter der Moment gekommen, einzugreifen. Gegen jede Reglements-Vorschrift, befahl Jakob Angi: „Du übernimmst zwei Strahlrohr-Gruppen, die uns, während Toni und ich in den ersten Stall vordringen, den Rücken mit Wasserstrahlen so weit wie möglich kühlen."

Jakob und Toni rissen eine Stalltür auf. Im Kuhstall herrschte Totenstille. Alles war bereits stark verraucht, sodass die beiden Retter nur mit Mühe zu den Tieren gelangen konnten. Vierzehn Kühe marschierten hinter Toni zu den draußen wartenden Feuerwehrmännern. Von diesen wurden die Tiere zum nahen Baumgarten hinuntergeführt.

Ein Tier stand noch allein im nun stark verrauchten Stall. Der Muni Hans musste noch befreit werden. Toni startete mit Jakob einen letzten Versuch, Hans zu befreien. Der Lärm, die fremden Stimmen bedeuteten dem Tier eine drohende Situation. Jakob sprach mit ruhiger Stimme das Tier an, nur ein Schnauben kam an Jakobs Ohr. Vorsichtig wollte Jakob die Anbinde-Kette lösen, als mit einem unsanften Ruck Jakobs Mittelfinger der rechten Hand gequetscht wurde. Soll Hans durch eine Rauchvergiftung sterben?, fragte sich Jakob. Nein!, lieber kurz durch Erschießen. Jakob eilte zum Max, bat ihn mitzukommen weil … Im gleichen Augenblick raste ein Militärjeep auf den Hofplatz. Der junge Landwirt Gottlieb Spengler der seinen WK in Merishausen absolvierte, verließ den Jeep, begab sich mit Jakob in den Stall und führte den Muni Hans am Nasenring aus dem Stall, hinunter zu den Kühen in den Baumgarten.

Im anderen Stall-Gehege mussten noch vierzehn schlachtreife Schweine gerettet werden. Den Feuerwehmännern gelang es, mit vereinten Kräften diese Tiere aus ihrer tödlichen Lage zu befreien. Von den vierzehn Schweinen mussten zwei, wegen Verletzungen, die sie von herabfallenden Deckenblatten erlitten hatten, umgehend zum Schlachthaus geführt werden.

F. Ereignis, Todesfall des Inhabers der Klein-Tierhandlung, der in der Repfergasse Schaffhausen seinen Laden hatte.
Der Inhaber war beim Einsammeln von Wasserflöhen, der Nahrung der Zierfische, im Beringer Weiher ertrunken. Während jener heißen Julitage war ein Großteil der Feuerpflichtigen in den Sommerferien.
Jakob, der während der Betriebsferien in seiner Firma anwesend war, wurde durch die Polizei aufgeboten, sich mit allen zur Verfügung stehenden Mitteln zu beteiligen.

G. Ereignis, Neustadt Schaffhausen. Während eines seiner Pikettdienste wurde die Feuerwehr in die Neustadt gerufen. Jakobs Suche nach Kindern, die ihre Puppen im Haus des Ereignisses liegen gelassen hatten, war erfolglos.
Eine Nachbarin erlöste die Feuerwehrmänner mit der Mitteilung, dass die Kinder bei ihr in Obhut seien. Die Eltern waren bei einer Theateraufführung.

H. Das Ereignis, Betz Wohn- und Bürodesign, im Beckengässli in der Stadt bleibt Jakob in Erinnerung, weil der Brandplatz, Operationsraum, so eng war, dass nur mit Anstell-Leitern operiert werden konnte. Aufgrund dieses Einsatzes kam die Feuerwehr auf unüblichem Weg zum ersten TLF (Tanklöschfahrzeug). Um jenes Ereignis zu erklären, ist hier zu wenig Platz.

I. An einem Samstagnachmittag wurde Jakob mit seiner Pikettgruppe zur Rettung von zwei Buben von einem Flachdach in der Unterstadt gerufen.

Die sieben und acht Jahre alten Bürschlein hatten sich, während der Abwesenheit ihrer Eltern, auf das ausgebaute Flachdach begeben, das rundherum mit einem stabilen Gitterhag gesichert war. Den Abschlussdeckel hatten die beiden Abenteurer mit einem Sicherungshebel, der außen angebracht war, verriegelt damit sie ungestört sein konnten. Passanten, welche sich tief unten durch die Unterstadt bewegten, wurden auf das lebensgefährliche Tun der beiden übermütigen Buben aufmerksam.

Die beiden Ahnungslosen bewegten sich außerhalb des Gitterhages.

Die zwei fühlten sich wie Gipfelstürmer, die den Mitmenschen beweisen Möchten, was für Helden sie seien.

Die Verriegelung, die die Buben eingelegt hatten, blockierte von außen den Abschlussdeckel.

Das Bitten und Rufen der erzürnten Eltern brachte die beiden Lausejungen nicht dazu, ihr gefährliches Spiel abzubrechen und den Sicherungshebel umzuschwenken. Jakob versuchte die Buben zur Mithilfe zu bewegen, indem er auf der Treppe unter dem Abschlussdeckel den beiden Abenteurern zurief, sie sollten der Feuerwehr helfen, auf das Flachdach zu steigen. Die Antwort der Freiluftakrobaten war: Holt uns doch mit der Drehleiter!

Jakob war mit der Drehleiter Typ DL-32 ausgerückt. Der Platz unten vor der Liegenschaft war gerad groß genug, um das Fahrzeug mit dem Leiterfuß richtig zu platzieren.

Die Leiter war in der Abmessung gerade genügend, dass mit dem letzten Ausstoßstück die Zinne des Flachdaches erreicht werden konnte. Die beiden Buben ließen sich mit Freude auf den Rettungsschlitten binden, durch die Feuerwehrmänner retten, den unten wartenden Eltern übergeben.

Was sich nach der geglückten Aktion ereignete, dies zu berichten überlassen wir den erleichterten Eltern.

Der Kunststoffhahn

An einem Sonntag erhielt Jakob einen ungewöhnlichen Besuch. Konrad, ein junger Landwirt aus dem Klettgau, hatte von Jakobs Erfindergeist gehört.

Konrads Vater, der mit seinem Sohn einen beachtlichen Landwirtschaftsbetrieb führte, hatte ein Problem. Vater und Sohn waren hauptsächlich in der Milchwirtschaft tätig. Sie lieferten die Kuhmilch der Geschäftsstelle des Milchverarbeiters TONI ab. Eine neue Vorschrift für die Euterpflege schrieb vor, dass vor dem Melken die Euter mit einem speziellen Schampoo eingeschäumt, gewaschen und mit sauberem Wasser gereinigt werden müssen.

Konrad erzählte dem Jakob seine Geschichte mit der Bemerkung, dass die Geschäftsstelle von TONI vorschreibe, dass als Schampoo nur dasjenige angewendet werden dürfe, das nur bei der TONI-Geschäftsstellen bezogen werden kann. Dieses Schampoo wurde den Landwirten in Behältnissen geliefert, die zwei Liter Inhalt hatten. Der Auslauf-Schlauch war mit einer Klemmbride aus Stahl versehen. Das Problem bestand darin, dass diese Bride den Auslaufschlauch so zusammendrückte, dass nach einigen Tagen kein Schampoo mehr durchfloss. Die Firma TONI habe bis zu Konrads Besuch noch keine Lösung gefunden, um dieses Problem zu beheben.

Konrads Bitte an Jakob war, eine Verschlussmöglichkeit zu finden, die funktionierte.

Weit entfernt seiner Ausbildungslinie versuchte Jakob Konrad zu beruhigen, ihm zu versprechen, dass eventuell etwas zu machen sei. Die Idee für eine sichere Verschlussmöglichkeit kam Jakob, wie meistens, in einer Nacht. Er skizzierte einen leicht rezyklierbaren Kunststoffhahn der mit Fingerdruck den Durchlauf frei machte. Wenn der Fingerdruck nachließ, sperrte der Verschluss den Durchlauf ab.

Nach einigen Monaten Forschen und nächtelangem Verharren bei einem Kunststoff-Spritzwerk-Betrieb waren mit einer Einfach-Kunststoff-Spritzform die ersten 5'000 Stück Muster-Drückerhähne geboren, um im praktischen Einsatz geprüft zu werden. Jakob erhielt, von einigen Staaten, in denen Milchwirtschaft betrieben wird, die Patenturkunden.

Das Budget für dieses Patent war erschöpft. Jakob hatte wieder einmal ein, aus eigener Finanzierung erarbeitetes Produkt, zum Verkauf bereit.

Weder der junge Konrad mit seinem Vater noch der Milchverband TONI konnten sich durchringen, Jakobs Drückerhahn anzuwenden.

Zu viel Mühe fürchteten die damaligen Bittsteller, um eine nicht zur Befriedigung stellende Linie zu verlassen und das neue Produkt von Jakob einzuführen.

Die E- und F-Abteilung der chemischen Fabrik Ciba-Geigy bezog von Jakob, zu einem guten Verkaufspreis, die Hähne für ihre Abteilungen. Ciba-Geigy hatte erkannt, dass das für Jakobs Fabrikationslinie fremde Produkt für die Anwendung in ihren Laboren einen Vorteil bot.

3. Off.-Kurse, Instruktor

Eine letzte Ausbildung zum Brevet des Feuerwehr-Instruktors absolvierte Jakob in Stein-Säckingen.

René Aubry, Betriebs-Feuerwehrkommandant der Ziba-Geigy, war einer der Ausbilder. René bleibt in Jakob Gedächtnis haften. René Aubry war ein vorzüglicher Lehrer, einer der wenigen, die kurz und prägnant die wichtigen Dinge an die Kursteilnehmer brachte.

Nach diesem Kurs erhielt Jakob die Auszeichnung zu einem schweizerischen Feuerwehr-Instruktor. Eine Ernennung, die ihn für spätere öffentliche Aufgaben einteilte.

Feuerwehr-Instruktor

An verschiedenen schweizerischen Offizierskursen hatte Jakob sich zu beteiligen, um die vorgeschriebenen Zielsetzungen zu bestehen. Diese obligatorischen Teilnahmen hatte er neben den Mannschaftübungen in der städtischen Wehr zu befolgen.

Nach allen diesen, mit Erfolg abgeschlossenen Instruktions-kursen wurde Jakob, wie schon erwähnt, anlässlich einer Dele-gierten-Versammlung der Kantonalen Brandassekuranz zum Ins-truktor der Feuerwehr ernannt.

Das Amt des Instruktors übte er, neben den Übungen mit sei-nen Kameraden des Rettungszuges, einige Jahre aus.

Mit Hans Vogel in Genf

Eine, für Jakob die letzte, Offiziersausbildung hatte er mit Hans Vogel, dem Feuerwehr-Kommandanten der Gemeinde Neuhau-sen am Rheinfall, zu absolvieren.

Die zwei oben Ausgewählten des Kantons Schaffhausen hat-ten den schweizerischen Off.-Kurs, der eine Woche lang dauer-te, in Genf zu besuchen.

Hans Vogel drückte am Telefon seine Freude aus, dass Jakob sein Begleiter war.

Der Kurs wurde in Schrift-Deutsch abgehalten. Die Kurslei-tung nahm an, dass die Welschen und die Tessiner Kameraden das Schrift-Deutsche beherrschten.

Wenigstens die Kursunterlagen waren in drei Sprachen aus-gefertigt.

Die französische Sprache war Hans fremd. Im Verlauf des Te-lefongesprächs fragte er seinen Begleiter über das Nötigste bei Ausgängen in Genf.

Der Kurs fand in der Militärkaserne statt. Der Schulkommandant, ein später in der Öffentlichkeit bekannt gewordener Brigadier, erklärte beim Antrittsrapport, vor den in Formation angetretenen Kursteilnehmern, in jener Zeit waren Frauen in Feuerwehren nur in Sanitätsabteilungen, dass der Kursort sein Haus sei. Dass die Kursteilnehmer den Ausgang in Uniform zu begehen hätten. Hans sah Jakob fragend an. Kein Problem, Jakob war immer mit ihm, in Zivilkleidung.

Jakob kannte aus seiner Genfer Zeit die Umgebung des Kasernenareals. Er wusste, wo sich die Wachposten der Kasernenausgänge befanden. Beim Wachposten-Ausgang „Nord" Richtung Altstadt, vis à vis dem „Moulin Rouge", begaben sich die beiden Schaffhauser in Zivil zum Wachtsoldaten. Ein Welscher Rekrut tat dort seinen Dienst. Jakob fragte den Kasernenwächter, bis wann er Wache halten müsse, somit waren Hans und Jakob frei im Ausgang.

Die beiden Wanderer besuchten gute Freunde von Jakob aus seiner Genfer Zeit, die Genfer Altstadt, Victoria-Halle, den Ort, wo Jakob vor vielen Jahren eine Urkunde des Technikums entgegennahm, das Grand Théâtre, die aus Stein gehauenen Reformatoren an der Mauer im Uni-Gelände, oben in der Altstadt das Hotel de Ville, in der Bar des Navy Clubs nahmen sie meistens ein Schlafwohl-Bier.

Beim Einkehren ins Kasernenareal stand noch der treue Wachsoldat, der, nach dem Empfang eines Trinkgeldes, den beiden Nachtschwärmern ohne Weiteres den Weg zur Kaserne freigab.

Austritt aus der Feuerwehr

Nachdem er 25 Jahre Feuerwehrdienst geleistet hatte, entschloss sich Jakob zum Austritt aus der Feuerwehr.

Mitte September 1973 sandte Jakob seinen Brief mit der Kündigung an seinen Feuerwehr-Vorgesetzten. In diesem Schreiben hielt Jakob seine Kündigung aus der Wehr auf den 31. Dezember 1973 fest.

An einem Abend, kaum eine Woche nach der öffentlichen Ankündigung seines Scheidens aus dem Feuerwehrdienst, teilte Lily ihrem Ehemann mit, dass ein Herr Dr. Greutmann angerufen habe. Dieser Herr möchte mit Jakob über eine neue Sache, betreffend Industrievereinigung, sprechen.

Im Lauf des Telefongespräches vom nächsten Tag erklärte Herr Dr. Greuter, Geschäftsleiter der +GF+ Schaffhausen, dass der Vorstand der IVS, Industrie-Vereinigung Schaffhausen, beschlossen habe, sich an den neu zu gründenden Wirtschaftswochen der Schmidheiny-Stiftung zu beteiligen.

Dieser Beschluss verpflichte, Fachlehrer aus den Schweizerischen IV's an die Wirtschaftswochen zu stellen.

Die Fachlehrerkurse seien gratis, jedoch die Arbeitszeiten sowie die Reisekosten müssten von den Kursteilnehmern, oder deren Arbeitgebern, getragen werden.

Jakobs Antwort war; „Diese Aktion der Wirtschaft unterstütze ich." Doch kurz aus einer Verantwortung entlassen, möchte er über diese neue Verpflichtung vorerst mit seiner Frau sprechen.

Nach zwei Wochen Besinnung und Besprechung mit seiner Frau meldete sich Jakob zur Ausbildung zum Wirtschafts-Fachlehrer an.

Ausbildung als Wirtschafts-Fachlehrer

Im Februar 1974 reiste Jakob nach Holderbank zum Ausbildungszentrum der Schmidheiny AG. Mit Otto Heller, Direktor der Uhrenmanufaktur IWC Schaffhausen, und mit Dr. Dietmar Zimmermann, Stadtpräsident Greifensee, absolvierte Jakob in der oben aufgeführten Dreiergruppe die Ausbildung zum Wirtschafts-Fachlehrer.

Mit den beiden Vorgenannten fand sich Jakob schnell in guter Gesellschaft. Die Dreiergruppe büffelte, mit Teilnehmern aus der Deutschschweiz, um gut gerüstet in die „Arena" der Wirtschaftswochen treten zu können.

Sein erster Fachlehrer-Auftritt

Jakobs ersten Auftritt in der Praxis bestand er im Monat September 1974 in Sigriswil/BE.

Im gut ausgestatten Seminarraum des Hotel Bären in Sigriswil saßen an ihren Plätzen 23 Damen des Lehrerinnenseminars Thun.

Die Damen hatten ihre Matura bestanden, sie erwarteten von Jakob, mit seinem Lehrer-Kollegen Dr. Dietmar Zimmermann, die Ausführungen und Erklärungen über das wirtschaftliche Leben.

Den Begriff, die Erklärung, wie die Wirtschaft funktioniert, warum diese existieren kann, welche Punkte zu beachten sind, dass ein Produkt zum Verkauf bereit entstehen kann. Warum die monatlichen Löhne wie die staatlich vorgeschriebenen Sozialleistungen sowie die Sozialabgaben in die zweite und dritte Säule erbracht werden können. Wie eine Geschäftsführung kaufmännisch und menschlich gerecht zu handeln hat. Diese vielseitigen Verpflichtungen den Schülerinnen klarzumachen, war die Aufgabe der beiden Vortragenden.

Als Fachlehrer bestritt Jakob 26 Jahre lang in den Bildungsstätten Gymnasien und Seminaren, meistens im Kanton Bern, die Fächer Forschung, Entwicklung, Marketing und Sozialpolitik.

Nach den 26 Jahren Einsatz vor jungen Menschen erhielt Jakob einen Karton erstklassigen Rotwein und eine Dankesschreiben für geleistete Dienste.

Der Bau des eigenen Heimes an der Gugerhalde 11, Herblingen.

Im Spätsommer 1977 bezogen Lily und Jakob mit ihren Kindern das neu erstellte 8-Zimmer-Haus EFH an der Gugerhalde. Diese Immobilie wurde die Hausnummer 11 an der Gugerhalde.

Lilys und Jakobs Kinder entwickelten sich am neuen Wohnort, mit schönster Aussicht über das Quartier, nach und nach zu selbstständigen Menschen.

Doris, die älteste Tochter, arbeitete nach der kaufmännischen Lehre einige Jahre als Sekretärin bei der Einwohnerkontrolle der Stadt Schaffhausen. Nach drei Jahren im Dienst der Stadt wechselte sie zur Swissair. Sohn Andreas konnte mit seinem Vater im großen Hobbyraum viele freie Stunden mit dem Bau von Modell-Segelflugzeugen verbringen.

Nach seinem Lehrabschluss, im ersten Rang, als Elektro-Mechaniker bei der gleichen Lehrfirma, wie sie sein Vater Jakob abgeschlossen hatte, blieb Andreas noch einige Jahre in den Diensten von CMC. Nachdem er einige Außendienst-Einsätze in Kraftwerken und in Unterwerken abgeschlossen hatte, wechselte er zu einer Firma, die Druckmaschinen für Vierfarbendrucke herstellte.

Tochter Susanne, die Jüngste, hatte schon in ihrer frühen Jugend den Wunsch, den Weg Richtung Kunst einzuschlagen. Maskenbildnerin wollte sie werden. Die Eltern erfuhren bei einem Besuch im Schauspielhaus in Zürich, dass die Maskenbildner eine Lehrabschlussprüfung des Coiffeur-Berufs erfüllen sollten. Susanne lernte Coiffeuse, schloss ihre Lehre mit Erfolg ab, konnte aber keine Lehrstelle für ihren sehnlichst gewünschten Beruf finden.

Ihre Eltern fragten bei vielen Schauspielhäusern, Theatern, TV-Stationen in der Schweiz, Jakob hatte auch vorzügliche Verbindungen im Ausland, nach, ob eine Lehrstelle für Susanne frei sei. Aber der Maskenbildner-Beruf war in jener Zeit scheinbar so begehrt, bei jeder Anfrage war die Antwort, dass ihre Tochter in die Lehre als Maskenbildnerin gern angenommen werde. Sie möchte sich doch bitte melden, in zwei, bei anderen Lehrstellen sogar erst in drei Jahren sei eine Lehrstelle frei.

Frustriert, die nächsten Jahre überbrücken zu müssen, besuchte Susanne die Kunstgewerbeschule in Basel. Dort lernte sie die Grundlagen der Malkunst. Ohne Abschluss musste sie ins Elternhaus zurückkehren.

In Schaffhausen wollte die gelernte Coiffeuse nicht mehr im gelernten Beruf arbeiten. Susanne arbeitete bei der Post in der Stadt als Briefträgerin, sie arbeitete bei der Migros als Verkäuferin und bei einem Landschaftsgärtner, bis sie die Stelle bei der Firma Amsler in Feuerthalen annahm, wo sie einen festen, vielseitigen Arbeitsplatz innehat.

Während 30 Jahren an der Gugerhalde konnten Lily und Jakob erleben, wie sich jedes ihrer drei Kinder auf seine Weise entwickelte.

Nach zwei Jahren als Flight Attendant verließ Doris die Swissair, versehen mit den besten Qualifikationen.

Andreas arbeitete bei verschiedenen Arbeitgebern bis zu seinem Eintritt in Vater Jakobs Firma.

Susanne arbeitet in der Firma Amsler in gehobener Stellung.

Messe in Belgrad

Jakobs Sohn Andreas, zu jener Zeit Geschäftsführer der Firma, riet, wie schon erwähnt, seinem Vater von einer Beteiligung an dieser Messe ab.

Jugoslawien befand sich im Jahr 2001 in politisch unsicherer Lage.

Zu jener Zeit war nicht klar, wie die Lage in dem Land war, wie sich das Land mit seiner Regierung in der Zukunft entwickeln würde.

Beim Versuch, mit ihnen Kontakt aufzunehmen, reagierten die Menschen vorsichtig apathisch.

Vater Jakob bestand darauf, wie schon erwähnt, an jener Messe, auf der normalerweise aus den Ländern des Nahen Ostens interessierte Besucher zu erwarten waren, teilzunehmen.

Vier Jahre vorher hatte die Geschäftsleitung der Firma elmass-Schaffhausen AG, der Firma YUGO IMPORT, Generalvertretung Jugoslawiens, ein Versprechen gegeben, drei Jahre lang die Generalvertretung zu überlassen.

Verantwortlicher war Alexandar Cavriloviç der in Herblingen eine Woche lang seine technische Einführung in das Räumsystem in der Firma absolviert hatte. Alexandar Cavriloviç war ein freundlicher, gebildeter Mann.

Er hatte in der freien Zeit mit Jakob Schaffhausen und die Umgebung kennengelernt.

Das Versprechen wurde nach dieser Woche des sich näher Kennenlernens nochmals schriftlich abgegeben, an der Belgrader-Messe im Jahr 2001 eine Maschine der neuen Maschinen-Generation auszustellen.

Vater Jakob ermahnte seinen Sohn, dieses Versprechen trotz unsicherer Zeiten zu halten.

Ein unüblicher Empfang

Drei Tage vor Messebeginn reiste Jakob in einem (noch) Swissair-Flugzeug nach Belgrad.

Im Sitz neben ihm hatte eine junge Mutter mit ihrem Baby auf dem Schoß Platz genommen. Kurz vor dem Start kam eine Flugbegleiterin zur jungen Frau und schnauzte die Ahnungslose an: „Schnallen Sie sofort Ihr Kind an!"

Jakob, der langjährige Swissair-Passagier, „hörte das unfreundliche Gespräch neben ihm. Er meldete sich spontan bei der Hostess, fragte, ob solche Begrüßungen bei Swissair nach neuer Vorschrift seien. Ob sie als Kundenbetreuerin sich nicht freundlicher an ihre Gäste wenden möchte.

Daraufhin rastete die Kabinendienerin völlig aus und murmelte im Weggehen einige unverständliche Worte. Jakob wendete sich an die ratlose Mutter und half ihr, ihr kleines Kind, das den alten Mann anlächelte, mit den speziellen Sicherheitsgurten für Kleinkinder zu sichern.

Die unschöne Begrüßung der Flugbegleiterin war Anstoß für ein kurzweiliges Gespräch während der kurzen Flugzeit von Zürich nach Belgrad.

Die junge Mutter erzählte dem fremden Helfer, dass sie mit ihrem Ehemann, der Jugoslawe sei, und mit ihren Eltern aus dem Aargau, das erste Mal zu ihren Schwiegereltern reise. Es sei der erste persönliche Kontakt zwischen ihr und ihren Eltern mit ihren Schwiegereltern, die in der Nähe von Belgrad lebten.

Jakob wurde durch die nette Mutter neben ihm mit ihren Eltern, die in der Sitzreihe hinter ihr saßen, und mit ihrem Ehemann, der im Sitz vor ihr seinen Platz hatte, bekannt gemacht.

Jakob war erstaunt über die Reaktion, die keine war, vom Vater des Babys.

Der musste das Zwiegespräch zwischen der Flugbegleiterin und seiner Ehefrau gehört haben, aber er hatte keine sichtbare Notiz vom Geschehen genommen.

Er hatte keine Anstalten gemacht, seiner Frau beim Sichern ihres kleinen, süßen Babys beizustehen.

Beim Verlassen des Flugzeuges hatte Jakob den vom Piloten gereichten zusammengelegten Kinderwagen aufgestellt. Die Mutter des Kindleins legte ihr Baby in den Wagen und freudig Abschied nehmend, richtete sich Jakob auf. Gemächlich spazierte er im Gedränge des Passagier-Pulks den Grenzzollposten entgegen.

Vor den Zollposten standen in zwei Kolonnen schon Menschenschlangen, die geduldig auf ihre Abfertigung warteten.

Jakob befand sich in der gleichen Kolonne, hinter der die Schweizer Familie wartete.

Plötzlich kam eine unerwartete Bewegung in das geduldige Warten.

„Mr. Jakob, oh finally we find you. We looked for you, stood in front of the Swissair machine, did not see you!"

Jakobs Generalvertreter Alexandar Cavriloviç war in Begleitung von einem Herrn „Unbekannt" (Geheimpolizisten).

Alexandar nahm Jakob seinen Reisekoffer ab, führte ihn aus der Reihe der verblüfften Wartenden.

Die zwei von YUGO IMPORT Delegierten steuerten mit ihrem Gast aus der Schweiz die Grenzkontrollen an. Die Grenzkontrolleure erhoben sich, stramm grüßend, von ihren Sitzen, um sofort wieder zurück auf ihre Arbeitsplätze zu fallen.

Jakob hatte verstanden, in welcher Begleitung und unter welchen Umständen er sich in den nächsten drei Wochen bewegte. Er schämte sich, als bevorzugte Person neben den geduldig Wartenden auf kürzestem Weg in eine andere „Freiheit" zu gelangen.

Alexandar mit seinem „Unbekannten" fuhr den Schweizer Geschäftsfreund im modernen Pkw ins Hotel.

Der Gewährsmann

In den folgenden Tagen stand Jakob der Schwiegervater seines Sohnes Andreas, Stevan Vesiç, der mit seiner Ehefrau Daniça jeweils die Sommerzeit in ihrem schönen Einfamilienhaus in Mostaniça verbrachte, mit Dolmetscherdiensten bei. Eine beruhigende Tatsache, von der Jakob sehr profitierte. Stevan half viel bei Unklarheiten, die Alexandar in der englischen Sprache nicht klar ausdrücken konnte.

Während der zehn Tage Messedauer war jeden Tag Jadraka, eine intelligente Dame vom staatlichen YUGO IMPORT, als Messestand-Dolmetscherin bei Jakob auf dem Messestand.

Jakob musste bei den wenigen Rundgängen an den Messeständen erfahren, dass die Besucher, gedrückt wegen der momentanen politischen Lage, großes Interesse an den ausgestellten Produkten zeigten, jedoch keine Käufe abschließen konnten.

Er musste zudem sehen, dass einige Firmen aus der Schweiz ihre Messestände vorbereitet und wie gewöhnlich 50% der Standkosten im Voraus bezahlt hatten, aber keine Produkte, weder Werkzeuge noch Werkzeugmaschinen, ausgestellt waren.

Auf den Tischen und auf den rohen, ohne ausgelegte Teppiche, Standböden lagen nur massenhaft Prospekte.

Einzig die Firma elmass-Schaffhausen AG aus Herblingen hatte ihre neueste Innräummaschine Typ ELM-P4-AFX-400 auf ihrem Messestand in Betrieb. Diese automatische Stoß-Räummaschine interessierte die Besucher, welche sich mit Innräum-Operationen in Durchgangs- und in Sacklochbohrungen zu befassen hatten.

Für Jakob war das ein klarer Beweis dafür, dass Jugoslawien an einem schwierigen Wendepunkt angelangt war.

Im Anschluss an den letzten Messetag war für die Aussteller und für eine (politische) Delegation eine Diplomfeier angesagt.

An diesem letzten Messetag kam im Laufe des Vormittages Alexandar auf den Messestad gestürmt, umarmte Jakob, küsste ihn auf beide Wangen. „James, you have been chosen by the technical qualification group for a first prize."

Jakob bekam an diesem Abend, Stevan Vesiç begleitete ihn, eine, für Jakob unverständliche Ansprache durch einen Staatsdiener zu hören. Der erste Sprecher führte zu einer quasi Diplomfeier ein. Der Firma elmass-Schaffhausen AG aus der Schweiz wurde ein erster Preis für das Know-how und für die praktischen Operationsmöglichkeiten einer neuen, automatisch arbeitenden Stoß-Räummaschine zuerkannt.

Am zweiten Wochenende meldete sich Jakob bei Alexandar für zwei Tage ab.

Seinem behördlichen Auftrag gemäß musste sich Alexandar Klarheit verschaffen, wohin sich Jakob an diesen zwei Tagen begeben möchte.

Im Beisein von Stevan erklärte Jadranka dem Alexandar, Jakob schenkte der Dame Jadraka sein Vertrauen, dass Jakob zu den Vesiçs nach Mostaniça eingeladen sei.

Im Lauf der letzten Woche in Jugoslawien besuchten Alexandar und Jakob mit ihrem ständigen, oben erwähnten Begleiter einige Firmen, die seit einigen Jahren Räummaschinen aus Herblingen in der Fabrikation hatten.

Jakob erinnerte sich noch an gute Kontakte aus jener Zeit, in der noch Herr Tito das Land regierte. Alte Stoßräummaschinen, die von weither gehört wurden. Die, so die Antworten der gefragten Personen, die mit den Maschinen arbeiteten, immer gut funktionierten.

Beim Abschied aus Jugoslawien wurde Jakob von seinen Begleitern bis zum Flugzeug begleitet. An der Zollkontrolle vorbei. Jakob hatte keine Gepäckvisitationen vor dem Check-In.

In die Maschine mit dem Schweizer Kreuz am Seitensteuer eingetreten, seinen Sitzplatz eingenommen, atmete Jakob erleichtert auf. Dann hob das Flugzeug ab zum Flug in das freie Land.

Jubiläum ref. Kirche Herblingen

Im Jahr 1970 feierte die reformierte Kirche in Herlingen das 650. Jubiläum ihres Bestehens.

Jakob wurde gebeten, in der Jubiläums-Festkommission mitzuwirken. Als erster Mann der Eingemeindungs-Bemühungen Herblingens in die Stad Schaffhausen, fühlte sich Jakob verpflichtet, hier mitzumachen. Beizutragen zur Schlichtung der zerstrittenen Herblinger Bevölkerung.

Er meldete sich und war einverstanden, in der zu gründenden Kommission mitzuarbeiten.

Jakob wurde zum Chef Unterhaltung bestimmt.

Er hatte die Idee, mit einer außergewöhnlichen Attraktion das Festprogramm zu ergänzen.

Nachdem Jakob, unter etlichen Beschwernissen, die schriftlichen Zustimmungen des Stadtpräsidenten von Schaffhausen, diejenige vom Bazel und die vom Landbesitzer, dessen Land neben der Transformatorenstation lag, in seinem Besitz hatte, sah er die Möglichkeit, Helikopterrundflüge während der Festtage durchzuführen.

Jakob hatte seit einigen Jahren Verbindung zum Gründer der Air Zermatt.

Beat Perren, der vor kurzer Zeit seinen ersten Helikopter für die Air Zermatt, eine Maschine vom Typ Jet Ranger, geliefert bekommen hatte, besprach mit Jakob seine Anfrage bezüglich der Durchführung von Flügen über der Gegend von Schaffhausen.

Die Verhandlungen mit Beat Perren über das Bereitstellen seiner einzigen, teuren Flugmaschine, konnten mit einer Akontozahlung durch Jakob in Höhe von Fr. 5'000,00 zum hoffentlich guten Gelingen des einmaligen Auftretens der Air Zermatt in Herblingen abgeschlossen werden.

Sigi Stangier, der als Chefpilot bei der Rettungsflugwacht angestellt war, flog die Maschine am Freitagnachmittag vor Festbeginn, mit einem Passagier aus Herblingen an Bord, nach Herblingen.

Hans Brantschen, Chef-Flughelfer bei Air Zermatt, lenkte das für den Flugbetrieb nötige Begleitfahrzeug zum Festplatz. Hans nahm auf die dreitägige Reise, nach dem für ihn unbekannten Ort Herblingen, seine frisch vermählte Frau Erika mit.

Jakob war besorgt, dass alle drei aus der Mattertaler Gegend im Gasthof Löwen in Herblingen logierten.

Für den Helikopter wurde zwischen Sigi Stangier und Jakob als erster Abstellplatz die Wiese, welche das Wasserreservoir an der Gugerhalde überdeckte, vereinbart.

Zum vereinbarten Zeitpunkt befand sich Jakob auf dem vorläufigen Landeplatz, um Sigi beim Anflug auf den Standort einzulenken.

Während sich die Sonne hinter dem Hohberg senkte, stellte Sigi sein Fluggerät auf dem vorgesehenen Platz sachte ab.

Nach der Begrüßung zwischen Jakob und Sigi wurde vereinbart, dass der Helikopter auf einen, über die Festtage, sicheren Standplatz, auf das Dach der Transformatorenstation an der Kirchbergstraße, verlegt wurde.

Jakob hatte nach der Abklärung sämtlicher Sicherheitsvorkehrungen mit der Direktion des Elektrizitätswerks des Kantons die Abmachung, dass der Helikopter dort für drei Nächte platziert werden durfte. Jakob hatte am Freitagmorgen auf der Dachfläche dicke Holzbretter zur Verteilung der Kufenlasten ausgelegt. Am Gebäude stand eine, von Jakob organisierte, Anstellleiter bereit, sodass die Maschine auf den gesicherten, gut vorbereiteten Platz abgestellt werden konnte und der Abstieg vom Dach gesichert war.

Nach einem kleinen Hupf von zwei Minuten Flugzeit, stellte Sigi das teure Fluggerät auf dem Dach der Transformatorenstation ab.

Nachdem Sigi die Abschlusskontrolle beendet hatte, verließen die beiden über die Anstellleiter das Dach. Jakob stellte die Leiter im Transformatorenraum unter, dessen Schlüssel ihm vom EKS-Verantwortlichen übereicht worden war.

Angekommen vor dem Gasthaus Löwen begrüßten Erika und Hans Brantschen die beiden von der Kirchbergstraße Eingetroffenen.

Für die Abwicklung des Flugbetriebs, der wegen schlechten Wetters erst am Samstagnachmittag aufgenommen werden konnte, hatte der Männerchor Herblingen zugesagt.

Jakob hatte gute Verbindungen zu einigen Mitgliedern des Männerchors, die ihm gut gesinnt waren. Mithilfe dieser Gutgesinnten, konnte Jakob die Verantwortung zur Abwicklung des Flugbetriebes dem Chor übergeben.

Am Ende der Festivitäten erfuhr Jakob erleichtert und erfreut zugleich, dass die Helikopterflüge einen Reingewinn erwirtschaftet hatten. Sein „A-fonds-perdu" vorgeschossener Betrag wurde ihm zurückbezahlt.

Beim nachträglichen großen Helferfest, das den Reingewinn, der nach Jakobs Meinung dem Kirchenfonds einbezahlt werden sollte, durch eine erkleckliche Summe schmälerte, war Jakob nicht anwesend.

Ferienglück

Ferien mit der Familie organisierte Jakob jeweils gemeinsam mit seiner Frau.

Diese Auszeiten waren für alle von größter Wichtigkeit.

Als die beiden noch ohne Kinder waren, verbrachten sie zwei Wanderwochen im Sommerdorf S-Charl.

Der Arvenwald Tamangur, die verfallenen Schmelzöfen am Eingang des Dorfes sind uralte Zeugen aus früheren Jahrhunderten, wo Blei und Silbermineralien geschmolzen wurden. Die Wanderungen Richtung Tamangur über den Costainaspass ins Münstertal oder jene über Fuorcla Funtana da S-Charl auf den Ofenpass waren für Geist und Seele erholsame, unvergessliche Erlebnisse.

Das Heim an der Gugerhalde 11

Im Jahre 1977 bezogen Jakob und seine Familie das Einfamilienhaus an der Gugerhalde. Ihre Kinder wurden am neuen Wohnort, mit schönster Aussicht über das Dorf, selbstständig. Ihr Sohn Andreas konnte mit Jakob im großen Hobbyraum viele freie Stunden mit dem Bau von Modell-Segelfliegern verbringen.

Während 30 Jahren an der Gugerhalde konnten Lily und Jakob erleben, wie sich jedes ihrer drei Kinder auf seine Weise entwickelte.

Doris, die Älteste, arbeitete nach der kaufmännischen Lehre einige Jahre bei der Einwohnerkontrolle der Stadt. Nach der städtischen Arbeitsstelle als Flight Attendant bei der Swissair. Nach zwei Jahren Flugdienst verließ sie diese, versehen mit den besten Qualifikationen, noch rechtzeitig vor dem Grounding der Swissair.

Andreas wählte den gleichen Weg wie sein Vater, er absolvierte eine Elektromechanikerlehre bei CMC, verließ die Firma nach vier Jahren Lehrzeit mit der Bestnote.

Susanne, die Jüngste, wünschte sich eine Lehre als Maskenbildnerin. Für diesen Beruf wurde ihr angeraten, zuerst eine Damencoiffeuselehre zu absolvieren. Anschließend besuchte sie ein Jahr die Kunstgewerbeschule in Basel.

Ferien in Ischia

Die ersten Ferien auf der Insel verbrachten Lily und Jakob noch ohne Kinder. Dort fanden die beiden Aufnahme bei Maestripieris, einer liebenswürdigen Familie. Das Gästehaus der Maestripieris liegt an der Hauptstraße von Ischia-Porto nach Casamicciola, umgeben von der Natur eines Garten Edens. Ihren Feriengästen öffnete die Gastgeberfamilie den schönen Garten zum Flanieren und zum Ruhen.

Ferien im Bündnerland

In späteren Jahren erfreuten sich die Eltern mit den Kindern Doris, sieben Jahre alt, und Andreas, vier Jahre alt, vier Wochen lang in einem gemieteten Bauernhaus in S-Charl.

Susanne, die jüngste Tochter, war erst neun Monate alt, diese konnten die Eltern nicht in die Berge mitnehmen. Lily durfte für die Dauer dieser Auszeit ihr jüngstes Kind sorglos der verwandten Hebamme Marianne in die Obhut der Familie Rebsamen in Schaffhausen geben.

Zweimal Ferien im Dörflein Tschiertschen

Durch Jakob Engi, der aus Tschietschen nach Schaffhausen umzog, wurde Jakobs Familie mit dem Dörflein Tschiertschen bekannt gemacht.

Jakob Engi war ein Kollege von Vater Jakob. Die beiden Jakobs absolvierten jeweils im selben Schießverein das obligatorische Schießprogramm. Vom Bündner Kollegen erfuhr Jakob die Adresse eines Onkels von Engi Jakob. Dieser Onkel besaß ein Ferienhaus im schmucken Engadienerdörflein.

Jakobs Onkel vermietete an bekannte Familien sein altes, schönes Blockhaus.

Durch die Vermittlung seines Schützenkollegen konnten Lily und Jakob dieses Blockhaus vier Wochen mieten.

Der Familie aus Schaffhausen war es erlaubt, mit der Bewilligung des Tschiertschemer Gemeinderates, mit ihrem Pkw bis zum Mietobjekt zu fahren. Beim Blockhaus durften die Feriengäste, während der Mietdauer, ihr Auto abstellen. Eine angenehme Begünstigung, die Gepäck- und Proviantladung leicht bis zum Ferienhaus hochzufahren.

Kuhmilch direkt vom Hof

Während Mutter Lily mit den beiden Mädchen den Hausrat umluden, wanderte Jakob mit Andreas zum nahen Bauernhaus hinauf, um zu erkunden, ob der Bauer Milch ab Hof verkaufe.

Die beiden Fremden aus dem Unterland trafen im Moment der Melkzeit beim Hof ein. Durch das offene Kuhstalltor konnte Jakob den Bauern erkennen, wie er eine Kuh molk.

Nach der Begrüßung und der Erklärung der Störung, begab sich der Bauer zu den beiden Besuchern. Der überraschte Mann fragte, was sie möchten. Jakob erklärte dem freundlichen Bergbauern, wer sie sind, woher sie kommen und dass er mit seiner Familie für die nächsten vier Wochen im Blockhaus von Engis wohne.

Jakob fragte den Mann, ob er ihm Milch direkt vom Hof verkaufen würde. „Ja, natürlich", war des Bauern Antwort. Wie viel er jeden Tag kaufen möchte. Der Milchlieferant vereinbarte mit Jakob, dass er jeden Morgen um ca. 08.00 Uhr drei Liter Milch beziehen könne. Eine faire, gesunde Abmachung war festgelegt. Zu günstigsten Konditionen holte Jakob für seine Familie beim Bauernhof vier Wochen lang frische Kuhmilch.

Wasserräder

Jene ersten Sommerferien verbrachte die Familie das erste Mal mit allen drei Kindern in dem schmucken Blockhaus oberhalb des Dörfchens.

Nicht weit entfernt fließt ein schmaler Bergbach durch den angrenzenden Baumbestand.

Für die Kinder ein schöner Ort, sich zu tummeln, unter Schatten spendenden Bäumen zu verweilen.

Vater Jakob erhielt von seiner Frau schon in den ersten Tagen den Auftrag, die Wünsche seiner Kinder zu erfüllen. Jedem Kind ein Wasserrad zu basteln.

Die ersten Ferientage waren mit dem Basteln von drei Wasserrädern ausgefüllt. Jakob halfen seine Kinder in freudigem Dienen, im nahen Holzwuchs Haselstauden, feine Hartriegeläste und Steine zuzutragen.

Mutter Lily trug zum Räderbau leere Yoghurtbecher zum Fertigen der Radschaufeln und Uhukleber zum Leimen der Radringe bei.

Die Wasserräder mussten sich im Bach drehen, also waren die nötigen Stauungen zu erstellen. In freudiger Erwartung halfen die drei Kinder ihrem Vater, die Stauwehre zu bauen.

In Abständen von etwa je drei Metern wurden mit Steinen Dämme errichtet, sodass das klare Bergwasser in engem Lauf den Stau verließ. In den Ausflüssen hatte Jakob die drei Wasserräder montiert. Die Kinder jubelten beim Betrachten ihrer funktionierenden Wasserräder.

Jeden Morgen war der erste Gang der Kinder zu ihren Wasserrädern, um zu kontrollieren, ob alles in Ordnung sei, ob jedes Rad sich drehe.

Wandern in gesunder Bergluft

Schöne Wanderungen unternahm die ganze Familie, zum Beispiel hinauf bis zum Urdenseelein. Dort wurde bei schönstem Sommerwetter die Gegend genossen, gevespert und in fröhlicher Verfassung zurück ins traute Haus gewandert.

Ein Tagesausflug mit dem ÖV nach Arosa, von dort die Wanderung über die Ochsenalp nach Tschiertschen, war ein schönes Erlebnis,

Eine weitere Wanderung hinauf zum roten Tritt, dort Vespern bei klarer Sicht im wärmenden Sommerwetter, und müde zurück ins traute Blockhaus.

Einen Tagesausflug unternahm die Familie zum Maranerhüschi. Oben angelangt entfachte Jakob ein Feuer. Zur Freude aller wurden Servelats gegrillt und die Aussicht genossen. Beim farbenprächtigen Sonnenuntergang begab sich die Wandergruppe auf den Rückweg. Groß und Klein sangen fröhliche Lieder, so verkürzte sich der Heimweg.

An einem Tag kamen Tante Mariette und Onkel Hans zu Besuch. Die Wandergesellschaft, aus sieben Leuten bestehend, schlug den Pfad zum beliebten Urdenseelein ein. Die drei Kinder marschierten voraus, die drei Pfadfinder waren stolz, dem Besuch aus Herblingen zu zeigten, wo der Pfad jeweils weiterführte.

Während eines weiteren Tages hatten die fünf Blockhausbewohner den Besuch von Tante Margrit und Onkel Heinz aus dem Aargau. Wieder einmal ging's hinauf zum roten Tritt. Das sonnige Wetter begleitete während des ganzen Tages die Wanderschar. Den Kindern wurde freier Lauf gelassen. Die einzigartige Aussicht auf die Bergwelt wurde von der Schar bewundert.

Ein ehemaliger Herblinger zu Besuch

An einem Tag holte Jakob mit den Kindern in Felsberg Oskar Peter, den einstigen Messmer der Kirche Herblingen, zum Blockhaus hinauf.

Der Alte, man fühlte es, war in der neuen Gegend nicht glücklich. Er konnte sich in die neue Umgebung nicht integrieren. Oskar hatte sich gefreut, als Jakob ihn anrief. Jakob erzählte dem Nachbarn aus früheren Zeiten, dass er ihn gern nach Tschiertschen holen möchte. „Nach wo?", fragte Oskar. „Nach Tschiertschen, dort verbringen wir mit der Familie unsere Sommerferien", war Jakobs Antwort. Oskar war sofort einverstanden, abgeholt zu werden.

Jakob fuhr mit den Kindern am festgelegten Morgen nach Felsberg hinunter, holte den ehemaligen Nachbarn für einen Tag zu sich nach Tschiertschen ins Familien-Feriendomizil hinauf. Oskar genoss, sichtlich erfreut, die Stunden des Beisammenseins in der schönen Bergwelt, hoch über dem Rheintal.

An jenem Abend führte Jakob den Besucher aus Felsberg an seinen Wohnort, wo Oskar mit Freudentränen sich von seinem ehemaligen Turnerfreund verabschiedete. Als Jakob von der Fahrt nach Felsberg heimkam, rannten ihm die Kinder entgegen. Sie konnten sich nur mit Mühe zurückhalten, ihm zu erzählen, was sie am heutigen Tag alles vom alten Oskar erfahren hatten. Nach dem Abendessen, in der guten Stube des Blockhauses, erfuhr Mutter Lily, was ihr Ehemann als junger Bursche alles geleistet hatte, als Oskar in der reformierten Kirche noch Messmer war.

Jene Sommerferienzeit war eine wunderbare Erholungsphase für die ganze Familie.

Lily konnte erholt ins Haushalt- und Mutterdasein zurückfinden, Jakob konnte gut ausgeruht seinen Geschäften für seine Belegschaft und für die elmass-Kunden nachgehen.

Keinem der beiden Eltern war Langeweile beschieden.

Mit der Familie im Mattertal

Zwei Jahre nach den Ferien in Tschiertschen reiste Jakobs Familie ins Mattertal.

Im Hotel Täscher Hof waren die fünf Unterländer untergebracht. Auch in dieser Gegend wurden schöne, für die Kinder abwechslungsreiche Wanderungen unternommen. Die Alpenwelt mit ihren blühenden Wiesen und die hohen Berge mit ewigem Schnee erfreuten die Feriengäste jeden Tag.

Ein Besuchstag war bei der Familie von Erika und Hans Brantschen in Randa vorgesehen.

Erika und Hans mit ihren drei Kindern Brigitte, Marco und Edith empfingen die Familie aus Schaffhausen mit offenen Armen.

An diesem Besuchstag wurden unter den Eltern die vergangenen Zeiten aufgefrischt.

Die Brantschen Kinder zeigten den Ferienkindern Doris, Andreas und Susanne ihre Randaer Umgebung.

Hans Brantschen, der Chef-Flughelfer und Co-Pilot bei Air Zermatt, organisierte für Jakob und seine Familie einen Helikopter-Rundflug.

Am Nachmittag des zweitletzten Ferientages bestieg Jakob mit seiner Familie einen Jet Ranger der Air Zermatt. Mit Pilot Meili, ihm zur Rechten Jakob, auf den drei Hintersitzen Lily mit den drei Kindern, schraubte sich die Maschine in einem Steigflug der Felswand entlang, über das Gipfelkreuz des Matterhorns empor. Ein hoch über dem Fluggerät kreisender Steinadler verfolgte das Flugmanöver der Maschine. Nach einer Runde um den Gipfel des weltbekannten Berges drehte Meili den Heli zum kleinen Matterhorn hinüber. Von dort über den Gonergrat. Zum Abschluss in einem kurzen, nach rechts abwärts ziehenden Sturzflug zum Heli-Landeplatz, wurde die erlebnisreiche Luftfahrt abgeschlossen.

Familie Sportelli im Haus Trüllenbuck

Im alten Wohnhaus der ehemaligen Familie Brand, das Jakobs Eltern vor Jahren gekauft hatten, wohnte die liebenswürdige Italiener-Familie Sportelli mit ihren Kindern.

Sportellis waren freundliche Nachbarn, die Ordnung und Sauberkeit pflegten, solange sie im Haus am Trüllenbuck wohnten.

Die Sportellis siedelten sich in der Schweiz an, um den Kriegswirren in ihrem Heimatland zu entgehen.

Frau Sportelli besuchte ihre Nachbarin Anna, Jakoblis Mutter, bei jeder Gelegenheit. Wenn bei Sportellis unklare Begebenheiten vorlagen, wenn für die Gastarbeiter unverständliche Briefe zu beantworten waren, Frau Sportelli fand immer eine Lösung bei Jakoblis Eltern.

Mit den Jahren entwickelte sich eine freundschaftliche Beziehung zwischen den beiden Familien.

Im Jahr 1975 empfanden alle Trauer beim Abschied der lieben Leute aus der schönen Gegend von Levico im Trentino.

Wanderferien in der Türkei

Vom 10. bis 24. Juni 1995 verlebte Jakob mit Lily zwei Wochen erholsame Wanderferien.

Im Hotel Dedeman Antalya war die Gruppe von Imbach auch zwei Tage einquartiert.

Diverse Tagestouren eröffneten der Wanderschar neue, schöne Gegenden von der Türkei. Aspendos, Kekova, Myra, Phaselis, die Ruine des Tempels von Didyma, Bakanligi mit seinem sehenswerten Museum. Nach einer Woche Wandern unternahm die Gruppe eine Fahrt nach Bodrum ins Sea Garden Village, wo Liliy und Jakob in einer Ferienwohnung von Hapimag eine weitere Woche verbringen durften.

Bodrum Sea Garden Village

Dieser Ort am Ufer des blauen, klaren Wassers war Jakob und Lily bereits von vorherigen Aufenthalten bekannt. Im Juni 1996 verbrachten sie mit Doris und Patrice, mit Arlette und ihren Kindern Chantal und Jv auch dieses Jahr ihren Sommerurlaub in altbekannter Umgebung.

Leider hatten die Feriengäste von Hapimag nicht mehr die Möglichkeit, zur Landzunge südlich des Ressorts zu wandern.

Anstelle des für die Hapimaggäste gesperrten Fleckens, besuchten sie die Fischerbucht, wo Ali und seine Kumpanen frische Fische darboten. Diesen Eiheimischen war es nicht erlaubt, die Gäste an Tischen zu verköstigen. Doch der Ideengeist kannte keine Grenzen. Die Gastgeber stellten Holzpaletten zum Sitzen auf den steinigen Uferboden. Eine einfache, nicht ganz bequeme Sitzgelegenheit, den frischen Fisch zu genießen und sich gegenseitig aus nächster Nähe kennenzulernen.

Die Fischerbucht befand sich etwa 45 Wanderminuten vom Ressort der Hapimag entfernt. Ein schmaler Pfad führte durch eine wunderbare Macchia zum geheimen Verpflegungsort. Wegen dieses Wanderpfads und dank des vortrefflichen Fischgerichts, legten Lily und Jakob während ihrer Ferien jeweils einige Male diese Wegstrecke zurück.

Garantiert frischer Fisch wurde von Alis Dorfkollegen serviert. Wenn eine Bestellung aufgenommen war, nahm ein Bursche seine Harpune zum nahen Meer mit. Nach kurzem Tauchgang kam der Schwimmer mit der Beute an Land.

Ein anderer Kollege, der Koch, bereitete den Fisch im Beisein der Gäste zu. Zum Essen wurde fest gebackenes Brot serviert. Der köstliche Weißwein aus heimischen Reben wurde gekühlt dargeboten. Für die Kinder war Coca Cola zu einem erschwinglichen Preis zu haben.

Mit dem Taxi in die Löwenmauer

Jakob und seine Büroangestellten arbeiteten an einem Juninachmittag. Ein dumpfer Knall schreckte die Arbeitenden auf.

Jakob begab sich vors Haus, um zu erfahren, was passiert war.

Ein schwarzer Pkw stand frontal zur Hausmauer des Restaurants Löwen.

Jakob konnte erkennen, wie ein Mann sich um das Auto bewegte, einer Frau unter die Arme griff, die korpulente Dame über die Schlossstraße zur Bank zwischen den beiden Lindenbäumen begleitete.

Das Auto, ein Taxi, stand mit eingedrückter Front an der Mauer.

Während der Chauffeur des verunfallten Wagens sich zur Haustür des Restaurants begab, saß die Frau nach vorn gebeugt auf der Bank. Jakob fiel das bleiche Gesicht der Zurückgelassenen auf. Er trat zur bleichen Verunfallten, bat diese, ihm zu sagen, wo es wehtat. „Nirgends tut's weh, nur es wird mir so warm im Bauch." Jakob bat die Frau zu versuchen sich zu erheben, mit ihm ins Haus der Firma zu folgen. Gemeinsam erreichten die beiden den Hauseingang. Jakob rief ins Büro, man solle ihm sofort einige Kissen bringen.

Beim sorgfältigen Ablegen der Verwundeten mit ihrer rechten Seite auf die weichen Kissen, wusste Jakob, dass ein Milzbruch die Wärme im Bauch des Opfers hervorrief.

Er bat zwei Sekretärinnen, sich zur Frau zu begeben, während Jakob den Notdienst der Stadtpolizei aufforderte (einen Spitalnotdienst 144 gab's damals in Schaffhausen noch nicht) umgehend den Notdiensttrupp zur elmass zu senden.

Der Postenchef kannte Jakob von der Feuerwehr. Innert 15 Minuten fuhr der Sanitätswagen der Stadtpolizei vor. Ein Wachtmeister mit seinem jungen Kollegen meldete sich. Der ältere Polizist fragte beim Anblick der am Boden Liegenden: „Jakob, ist diese Sache so pressant?" – Jakob erwiderte: „Pressanter als pressant, bitte macht, dass ihr sofort ins Spital kommt!"

Am nächsten Morgen kamen die beiden Beamten mit der erleichternden Meldung zu Jakob: „Dr. Nuot Ganzoni lässt dich grüßen und danken." Die Sache mit der Frau sei in letzter Minute, bevor sie verblutete wäre, durch eine Notoperation glimpflich abgelaufen.

Wirtschaftsfachlehrer

Als Fachlehrer bei den Wirtschaftswochen wurde Jakob nach dem Austritt aus der Feuerwehr in eine neue Benevol-Funktion eingeführt.

Dr. Bernhard K. Greuter, Geschäftsleiter der G+F, hatte in den Schaffhauser Nachrichten gelesen, dass Jakob aus dem Feuerwehrdienst ausgetreten sei. Der beliebte Chef der G+F kam auf Jakob zu mit dem Wunsch, der neu gegründeten Fachlehrerorganisation der Schmidheiny Stiftung beizutreten.

Lily, mit den drei Kindern im Schulalter, stellte Jakob die wichtige Frage: „Wie willst du diese Aufgabe mit der Familie und dem Geschäft vereinbaren?"

Nach sorgfältigem Abwägen mit Lily verpflichtete er sich zur Fachlehrer-ausbildung.

Der Einsatz in dieser neuen Organisation lohnte sich in privater und in geschäftlicher Hinsicht.

Pro Jahr eine Woche, dazu zwei bis drei Wochen Ausbildungen und Vorbereitungen, stellte sich Jakob als Fachlehrer zur Verfügung. Bei seinen Auftritten lernte er Persönlichkeiten aus Politik und Wirtschaft kennen, die ihm für seine Tätigkeiten im Geschäft wertvolle Hinweise gaben.

Sechsundzwanzig Jahre konnte er sich vor den Damen und Herren der Wirtschaftswochen bewähren. Meistens in den Kantonen Aarau, Bern und Zug.

Dass seine Lektionen, er als Nicht-Akademiker, gut qualifiziert waren, davon zeugen die vielen positiven Rückmeldungen, die er von den Lehrkräften der verschiedenen Gymnasien

erhielt, bei denen er seine Lektionen der Wirtschaftswochen aus-
übte. Brief- und Kartengrüße von Lehrern, Studentinnen und
Studenten haben ihn und seine Frau jeweils gefreut.

Das Waldhaus am See

Die Auszeiten in St. Moritz waren ohne Ausnahme Erholung pur.

Dreimal verbrachten Lily und Jakob ihre Sommerferien im
Waldhaus am See.

St. Moritz war den beiden schon aus ihrer Schulzeit bekannt.

Einkaufszentren in Herblingen

Die zwei Inhaber der großen Baulandfläche im Stüdliacker-Ge-
biet wollten, jeder für seine Vorteile, die wichtigsten Punkte für
ihre zukünftigen Bauvorhaben festlegen.

Die beiden Besitzer und Wettbewerber, Herr BUGMANN
(MIGROS-Genossenschaft) und Herr SPYRO (SHOPPING
CENTER AG), verlangten vor der Bauprojekteingabe gegen-
seitige Fundierungsgespräche im Beisein von Gewährsleuten.

Herr Bugmanns Interessen vertrat Dr. Rudolf Hädener, Rechtsanwalt aus Schaffhausen.

Herr Spyros Vertrauter war Walther Bringolf, Stadtpräsident
von Schaffhausen.

Als neutrale Beisitzer bei den Verhandlungen wurden von
beiden Bauwilligen der Präsident des Quartiervereins Herblingen, Jakob und sein Vizepräsident Rudolf Baldauf gewünscht.

Die beiden vom Quartierverein waren beauftragt, die Bedürfnisse und die Wünsche der Quartierbewohner zu vertreten.

Während der Verhandlungen über die Projekte des Einkauf-
zentrums Herblingen, die meistens im kleinen Saal des Gast-
hauses zum Adler in Herblingen stattfanden, mussten Jakob und

Rudolf manchem Streitgespräch beiwohnen, das sich zwischen den beiden Bauwilligen entspann. Manchmal wurden böse Worte zwischen den beiden Kontrahenten gewechselt. Jeder der beiden versuchte, für seine Firma die Platzherrschaft zu ergattern.

Nach einigen Verhandlungsrunden fanden die beiden Firmenvertreter den Punkt, auf dessen Grundlage die Baueingabe ausgefertigt werden konnte.

Ende der militärischen Laufbahn

Als Jakob sein 55. Altersjahr erreicht hatte, wurde er aus der Militärdienstpflicht entlassen.

Das Dienstbüchlein der Schweizer Armee konnte er als Andenken mitsamt seiner persönlichen Ausrüstung mit nach Hause nehmen.

Beim Zivilschutz

Nachdem Jakob sein graues Dienstbüchlein in der Schublade versorgt hatte, wurde ihm das gelbe Zivilschutzbüchlein übergeben, mit der Aufforderung, am nächsten April sich im Zivilschutz-Zentrum Oberwiesen einzufinden.

In der Eidgenössischen Zivilschutzorganisation wurde er bei den Pionieren als Instruktor eingeteilt.

In den obligatorischen Zivilschutzkursen führte er mit seinen Kameraden praktische Einsätze aus.

Bei den Grenzschutz-Bunkern Feuerthalen/Flurlingen und im Gebiet Tanksperren Freudental wurden die Moorpfahl-Hindernisse abgebaut.

Seine Verbindungen zur Armee und dem Festungswachtkorps verdankte Jakob seinem ehemaligen GEGA-Schulkollegen Bruno Bommeli. Bruno war zu jener Zeit der Bunker-Organisation unserer Gegend zugeteilt.

Durch seine guten Verbindungen mit der Armee und dem Festungswachtkorps wurde den Zivilschutzpionieren das nötige Material zum Abbau der oben erwähnten Hindernisse vom Festungswachtkorps ausgeliehen.

Sämtliche Gruppen des Zivilschutzes kamen bei diesen Rückbauarbeiten zum Zug. Die Motorfahrer, der Pionierzug, die Rettungszüge, die Schutztruppen, die Sanitätsabteilung und die Verkehrsabteilung arbeiteten Hand in Hand.

Das abgebaute Material, Stacheldraht, Stahlprofile, alles was dem Recycling zugeführt werden konnte, durften die Zivilschützer zu ihren Gunsten im Recycling-Zentrum abgeben. Der Reingewinn ergab manchen „Znüni" für die genannte, interessante und wertvolle Betätigung. Durch diese Aktionen gewann das Mitmachen im Zivilschutz eine positive Bedeutung.

Die Übung DREIZACK

… erlebte Jakob mit seinen Kameraden im Zivilschutz-Zentrum 15.

Die Großübung war für die Truppe, für Militär und Zivilschutz, eine praktische Aufgabe, bei der nicht alle „Hohen" die nötigen Kenntnisse beherrschten. Theorie und Praxis müssen Hand in Hand gehen, sodass jeder, der in einer solchen Organisation involviert ist, sich mit allen anderen versteht und zusammenarbeitet.

Viel Gold am Hut bedeutet keineswegs praxisnahes Beherrschen all der Aufgaben, die gestellt werden. Das Lösen der Aufgaben ist nur möglich aufgrund der Lebenserfahrung und des Bildungsstandes der Verantwortlichen.

Ruhestand

Als Jakob das 65. Altersjahr erreicht hatte, war der Zeitpunkt gekommen, an dem er, nach dem Gesetz, seinen Dienst auch im Zivilschutz beenden konnte.

Nach dieser obligatorischen Zivilschutzzeit von zehn Jahren Einsatz wurde Jakob angefragt, ob er noch einige Zeit als Instruktor weitermachen würde, was er dankend ablehnte.

Die Geschäfts-Nachfolge

Sohn Andreas entschied sich, nach langen Überlegungen, von seinem Arbeitsstelle, in der Zylinder für die Tiefdruckmaschinen zur Gravierung vorbereitet wurden, in Vater Jakobs Firma überzutreten.

Jakob war erleichtert, sehr erleichtert und erfreut in der Gewissheit, dass Sohn Andreas, ein noch junger, intelligenter Mann, die Geschäftsführung übernehmen würde.

Nachdem Andreas in der Armee die Feldweibelschule beendet hatte, den Feldweibel abverdient, dadurch wichtige menschliche Erfahrungen gesammelt hatte, trat er in Vaters Firma ein. Jakob überantwortete seinem Sohn die Geschäftsleitung.

Der neue Geschäftsführer führte schnell neue Betriebs-Ablaufmethoden ein, die seinem Vater nicht immer genehm waren. In manchen Fällen musste Jakob seinem Nachfolger, aus Gründen der zu schnellen Beschlussfassungen, seine Bedenken in Bezug der nicht immer sorgfältig vorbereiteten Abläufe bekannt geben.

Die vom neuen Geschäftsführer zu schnelle Personalaufstockung empfand Jakob als zu kurzsichtig und unübersichtlich. Bei jeder zu treffenden Entscheidung handelte er zu schnell.

Andreas mit seinen jungen „Königinnen" und „Königen", die er eingestellt hatte, äußerte viele Male gegenüber seinem Vater: „Ihr Alten seid zu langsam, ihr überlegt immer viel zu lange."

So liefen in den folgenden Jahren die Betriebsabläufe mit immer mehr Bedenken des Gründers, der nicht bei jedem Vorgang dreinreden wollte. Doch er sah, wie das junge Volk langsam den Geldhaien in die Falle ging.

Im Lauf der Zeit entglitt dem Firmengründer der moderne Trend der Jugend.

Jakob warnte seinen Sohn mehrere Male vor dem Abgrund. Jakob warnte vor einem hinterhältigen Menschen, der den alteingesessenen Betrieb kurz vor dem Konkurs übernahm. Diesem Mensch war nicht an der Weiterführung des weltbekannten Betriebes gelegen. Sein Interesse galt nicht dem Erhalt der Arbeitsplätze. Das Know-how wollte der Neubesitzer sich einverleiben, um daraus den höchsten Profit zu erzielen.

Während dieser, für Jakob bedrückenden Phase hatte der Gründer zu viel Vertrauen in die Taktgeber. Jakob war in dem Fall zu langsam, zu tolerant.Er hätte zu einem früheren Zeitpunkt den Konkurs anmelden sollen.

Monate zu spät machte sich Jakob mit seinem Sachwalter auf zum Richter, um den unumgänglichen Entscheid bekannt zu geben, den Konkurs der Firma elmass-Schaffhausen AG anzumelden.

Nun kam der Moment, wo Jakob alle Patente und Wortmarkenansprüche zurückkaufen konnte.

Nun war der Zeitpunkt gekommen, wo die neue Firma elmass-production gegründet wurde.

Der dritte Lebensabschnitt

Nachdem das Know-how auf der Zerspanungstechnik mit dem elmass®-Räumsystem einen hohen Wert erlangt hatte, tauchten die bekannten „Haie" auf. Das sind, wie Jakob feststellen musste, Menschen, welche nur ein Interesse haben, mit der Aussicht auf schnelles Geld, Know-how zu rauben, um ihre unmenschlichen Wünsche zu erfüllen. Arbeitsplätze spielen für diese Kriminellen keine Rolle, nur Gewinn in kurzer Zeit, nur diesen wollen diese gemeinen Menschen generieren.

Und immer noch, nachdem Jakob mit der Hilfe von geschätzten Geschäftsfreunden die elmass Sache aus den Klauen dieser „Haie", der ganz Gescheiten, Oberstudierten nur auf Geld versessene Kreaturen reißen konnte, darf er sein Know-how an die jungen Generationen der elmass-Firmen weitergeben.

Seine diversen Patente sind wieder im Besitz von elmass, dies zu seiner großen Genugtuung. Durch elmass dürfen Lily und Jakob das bescheidene AHV-Einkommen aufbessern.

Großvater mit den drei Enkelbuben

An den Tagen seiner Freizeit, die Jakob selbst bestimmen konnte, unternahm er mit seinen drei Enkeln Dennis, Patrice und Robin manche abenteuerliche Velotour.

Das Gwölb, der Paffensee, der Morgentshofsee, das Randengebiet, der Klettgau luden zu vielfältigen solch unvergesslicher Touren ein.

Patrice, der Älteste, Robin der Mittlere und Dennis, der Jüngste, haben die ersten Fahrten im Kindersitz auf dem bekannten Militärfahrrad, das eigentlich für Indien bestimmt gewesen war, erlebt. Großvater Jakob war gern bereit, sich mit seinen jungen Nachkommen in der Natur zu bewegen.

So eine abenteuerliche, glücklich zu Ende gegangene Radtour sei nachfolgend erwähnt.

An einem sonnigen Augustmorgen versammelten sich vier sportliche Männer verschiedensten Alters vor Jakobs Heim. Der Großvater hatte seinen drei Enkeln eine interessante Tour vorgeschlagen.

Ausgerüstet mit allem Nötigen, fuhren Jakob, Patrice, Robin und Dennis gegen Merishausen.

Der alte Pfadfinder fuhr als Spitzenmann voran. Die Strecke führte den Waldweg im Längenberg entlang bis zur Merishauser Badi. Von dort gings, die Velos schiebend, neben dem Laabach den Feldweg entlang bis zum Nuck. Vom Nuck, wo der erste Halt zum Trinken gemacht wurde, auf der Waldstraße, über den Chatzstiieg zum Ooschterberg hinauf. Vom Punkt 765 auf Wald- und Feldwegen über Tigenacker, Strickrank, Polizeihütte bis zum Grillplatz beim Hagenturm. Der schöne Lagerplatz neben der Feuerstelle war bei der Ankunft der vier Abenteurer menschenleer. Jakob hatte während der Fahrt vom Ooschterberg bis hier vieles zu erklären. Auskünfte konnte er seinen Enkeln geben aus den Erfahrungen, die er bei seinen unvergesslichen Wanderungen mit seinem Paten Ludwig gesammelt hatte.

Nachdem genügend Feuerholz gesammelt war, wurde zum Feuermachen geschritten. Der Großvater zeigte seinen Gefährten immer, wie das Feuermachen ohne Zeitungspapier und ohne andere künstliche Hilfsmittel, nur mit den dürren Ästen von Rottannen, gemacht wird.

Über einer respektablen Gluthitze grillten die hungrigen Entdecker ihre mitgebrachten Würste und den Emmentaler Käse. Die Velofahrer genossen das Beisammensein. In solchen Momenten, in der freien Randenwelt, konnten viele Fragen, die im gewohnten Tagesablauf nicht auftauchten, gegenseitig gestellt und beantwortet werden. Fröhliches Geplauder erfüllte die ruhige Wiesenecke. Bis die Feuersglut sich mit der üblichen Grauschicht überzogen hatte, blieben die vier Naturfreunde, in Erwartung der Abfahrt nach Merishausen, auf der Holzbank sitzen. Erst als der Großvater sicher war, dass kein Wind das niedergehende Feuer neu entfachen konnte, wurde im Abendsonnenschein der Aufbruch zur bevorstehenden Abfahrt beschlossen.

Der Fahrbefehl von Jakob lautete: *Jeder zieht seine Windjacke an, Helme auf, ich bin bis zur Hauptstraße in Merishausen immer der vorderste Fahrer, keiner überholt mich, gebt Acht aufeinander!"* Und los ging's auf eine abenteuerliche Fahrt. Alle vier kamen, auf übersichtlichen Abschnitten in sporadischen Schussfahrten, heil auf der Hauptstraße an. Zu Hause angelangt dankten die Enkel ihrem noch sportlichen Großvater für den interessanten Tag.

Abschied von der Gugerhalde

Nach dreißig Jahren an der Gugerhalde waren Lily und Jakob allein zu Hause. Mit den Jahren wurden ihre Kräfte weniger, sodass das Zurückstecken der Anstrengungen, die Freuden am Garten und im Haus die Oberhand gewannen.

Eine tiefgreifende Wirbelsäulenoperation war für Jakob der Moment, nach dem es ihm nicht mehr möglich war, die geliebten Gartenarbeiten auszuführen. Seine Frau und er beschlossen, von der Gugerhalde Abschied zu nehmen. Die beiden wechselten vom Achteinhalb-Zimmer-Haus in die schöne Wohnung an der Kirchbergstraße.

Ohne Auto, ohne belastende Verpflichtungen leben sie nun am Ort in Herblingen, von dem aus in drei Minuten die Bushaltestelle erreicht werden kann. In sieben Minuten erreichen sie das Einkaufszentrum.

Mutter Annas Tod

Am 18. Mai 2008 legte Mutter Anna ihr Haupt nieder zur Reise ins Nirwana.

Im hohen Alter von 99 Jahren, 3 Monaten und 7 Tagen war ihre letzte Bitte an ihren Sohn: „… Weisch, ich han kein Durscht, ich bi soo müed und möchti jetzt schloofe." Jakob verließ seine Mutter im Glauben, dass sie, dieses unermüdliche Menschenkind, die ewige Ruhe wohl verdient habe. Daheim eingetroffen erzählte er seiner Frau von der letzten Begegnung bei seiner Mutter.

Kurz darauf klingelte das Telefon. Eine Pflegefachfrau teilte Lily mit, dass Mutter Anna friedlich eingeschlafen sei.

Freies Entscheiden

Seine elmass-Bürozeiten kann Jakob, wenn nichts Dringendes anliegt, frei wählen.

Lily und er freuen sich, die Tage nach ihren Gutdünken zu gestalten.

Sie haben endlich mehr Zeit für private Unternehmungen.

Lily und Jakob freuen sich, wenn Geschäftsfreunde aus aller Welt die Schweiz besuchen, die Schaffhauser Gegend, die einigen schon seit Jahren bekannt ist, immer wieder zu genießen.

Lily und Jakob freuen sich an ihren Kindern und an ihren Enkelkindern, die den beiden von Zeit zu Zeit in Erinnerung rufen, dass Mutter und Vater, Großmutter und Großvater mit ihnen die Beweglichkeit beim Spielen und bei Wanderungen testen sollen.

Am 20. Dezember 2019 fuhr Jakob mit dem Bus Nr. 5 nach Herblingen. Bei der Haltestelle CMC dachte er an die Zeit vor 67 Jahren.

Damals durfte er, wie schon erwähnt, als angehender El.-Mech. während ein paar Wochen, weit weg von Herblingen, auf Auswärtsmontage nach Inwil, wo seine Absteige im Gasthof „Zur „Sonne" bei Familie Knüsel war. Im bekannten Gasthof „Zur Sonne" hatte der Jungmonteur sein Zimmer. Sein Arbeitsort war das Unterwerk Mettlen.

Am Montag, den 12. August 2019, begann im Leben der Nachbarn von Lily und Jakob ein schöner Abschnitt.

Die beiden Zwilinge von Arsu und Serdar Duran, Ahsen und Ihsan, vier Jahre alt, wanderten mit ihrer Mutter Arsu den Trüllenbuchstieg hoch, zum Kindergarten Trüllenbuch.

Die Kindergärtnerinnen des Doppelkindergartens empfingen in ihren Klassen je eines der Kinder Durans.

Der Tod seines langjährigen Gebietsvertreters

Am 29. November 2019 erfuhr Jakob von Frau Elke Burkhardt, c/o Karl Kaufmann KG & Co., dass Karl Kaufmann, Inh. Kaufmann KG & Co., in der Nacht vom 26./27. November 2019 gestorben sei.

Mit dem Tod von Karl ging eine erfreuliche, kameradschaftliche und segensreiche Geschäftsverbindung, die 49 Jahre und 11 Monate andauerte, zu Ende. Am 31. Januar 1969 wurde der Vertrag der Zusammenarbeit der elmass/Schaufeler + Schidberger in Blöchlingen bei Stuttgart unterschrieben.

Karl war damals Angestellter in der Firma Schaufler und Schmidbderger. Er war Verantwortlicher Außendienstmann.

Als Herr Schmidberger aus der Firma Schaufler und Schmidberger ausschied, übernahm Karl Kaufmann die Firma, bezog den Neubau in Backnang und wandelte die Schaufler und Schmidbrger um in die Firma Karl Kaufmann K.G. & Co.

Wunsch.

Jakob, du alter Mann, was nun?

Das Tun während der Tagesabläufe entschleunigen.

Sich Dingen zuwenden, die man aus Zeitgründen unbeachtet ließ.

Wieder Vogelstimmen wahrnehmen, wie im Alter, als man Kind war.

GESUNDHEIT, GLÜCK, ZUFRIEDENHEIT, was sonst noch ist nötig?

Außer Zufriedenheit ist NICHTS weiter nötig!

Wenn Jakob seinen Spaziergang unterbricht, auf einer Bank am Rheinfallbecken eine Ruhepause einlegt, betrachtet er staunend die fallenden Wassermassen, die sich durch die Felsen schlängeln.

Die glänzende Gischt, die in der Sommerhitze in die Höhe schwebt, Bäume und Büsche mit ihrem kühlen Wasserschleier benetzt.

In einem solchen Moment überlegt der alte Wanderer, wie viel Energie die Natur verwendet, bis Millionen Kubikmeter Wasser vom Meer in die Luft gehoben werden. Sich zu Wolken sammeln, mit den Luftströmungen zu uns befördert im Unterland regnen lassen, auf den Bergen als Schnee abgeladen werden, sich in den Bächen, Flüssen im Rhein vereinigen, bis diese Wassermassen sich den Rheinfall hinunterstürzen.

Es ist ein schöner Oktobernachmittag im Jahr 2019.
Lily und Jakob sitzen auf ihrem Balkon in der milden Herbstsonne.
Sie schauen den Staren nach, die in dichten, großen Schwärmen nach Süden fliegen.

Die beiden Alten genießen die Gegend von ihrem hohen Standort aus, freuen sich auf den nächsten Frühling, wenn sich alles wieder belebt, sich die Knospen der Bäume öffnen, das zarte Grün in den Wäldern und Wiesen sich wieder zeigt.

So bewegen sie sich, jeden Morgen fröhlich den neuen Tagesanfang empfangend. Behutsam wandern ihre Gedanken dem ewigen Frieden entgegen.

Bundesratswahl 2019

Auf der Bundesratswahl wurde der von der Kandidatin Ritz herausgeforderte Bundesrat Ignazio Cassis mit einem erfreulichen Resultat wiedergewählt.
Diese Wahl gibt Jakob ein gutes Gefühl. Die Demokratie funktioniert noch, zum größten Teil in der Schweiz.

Seinen Dank richtet Jakob an alle, die in seinem Leben lebenswert und menschenwürdig aufgetreten sind und heute noch menschliche Züge bewahren.

An die Menschen, welche Ehrlichkeit und Idealismus pflegen, welche das eigene ICH hintenanstellen.

An Mitmenschen, die dem allgemeinen Wohlergehen frönen, ohne im Voraus an Eigenvorteile zu denken.

An Menschen, welche die nötige Toleranz der Jugend gegenüber walten lassen, mit dem Bekanntgeben klarer Richtlinien für Ordnung in der Öffentlichkeit und Anstand gegenüber den Mitmenschen.

Auf dem letzten Rest seines Lebenslaufes bewegt sich Jakob in gemütlichen, genießerischen Schritten, die Wunder der Natur betrachtend.

Er freut sich an den Taten der Jugend. Jakob versucht, die ihm manchmal nicht mehr verständlichen Aktionen der Gegenwart zu verstehen.

Julien Green schrieb in seinem achtzigsten Altersjahr in sein Tagebuch:

Ich habe kein Problem damit, Fähigkeiten zu verlieren und sterben zu müssen.

Gott nehme den Schwamm und lösche, was auf der Tafel geschrieben steht, wieder aus, um seinen eigenen Namen darauf zuschreiben.

Der Tagebucheintrag von Julien Green inspiriert Jakob.

In dieser Gewissheit genießt er mit seiner Ehefrau Lily das gemächliche Vorwärtskommen auf dem Weg zum NIRWANA.

FÜR AUTOREN A HEART FOR AUTHORS À L'ÉCOUTE DES AUTEURS MIA ΚΑΡΔΙΑ ΓΙΑ ΣΥΓ
FÖR FÖRFATTARE UN CORAZÓN POR LOS AUTORES YAZARLARIMIZA GÖNÜL VERELIM S
PER AUTORI ET HJERTE FOR FORFATTERE EEN HART VOOR SCHRIJVERS TEMOS OS AU
ERZÖINKÉRT SERCE DLA AUTORÓW EIN HERZ FÜR AUTOREN A HEART FOR AUTHORS À L'ÉCO
ẠO ВСЕЙ ДУШОЙ К АВТОРАМ ETT HJÄRTA FÖR FÖRFATTARE À LA ESCUCHA DE LOS AUT
ΚΑΡΔΙΑ ΓΙΑ ΣΥΓΓΡΑΦΕΙΣ UN CUORE PER AUTORI ET HJERTE FOR FORFATTERE EE
ERZÖINKÉRT SERCE DLA AUTORÓW EIN HERZ F
CORAÇÃO ВСЕЙ ДУШОЙ К АВТОРАМ ETT HJÄRTA F

Der Autor

Walther Bührer wurde 1933 in Herblingen bei
Schaffhausen in der Schweiz geboren. Nach neun
Jahren Schule absolvierte er eine Lehre als Elektro-
mechaniker und bildete sich dann in Elektrotechnik
und Maschinenbau weiter. Mit 25 Jahren gründete
er seine eigene Firma elmass für Räumwerkzeuge
und Räummaschinen zur Herstellung von Keilnuten, Keilnaben und Sonderformen in langen Durch-
gangs- und Sacklochbohrungen. Seine Erfindung
fand weltweit Beachtung und Verwendung.
Walter Bührer ist verheiratet und Vater von drei
Kindern. Mit dem Schreiben hat er neue Betätigung im Alter gefunden.

Der Verlag

*Wer aufhört
besser zu werden,
hat aufgehört
gut zu sein!*

Basierend auf diesem Motto ist es dem novum Verlag
ein Anliegen neue Manuskripte aufzuspüren, zu veröffentlichen und deren Autoren langfristig zu fördern.
Mittlerweile gilt der 1997 gegründete und mehrfach
prämierte Verlag als Spezialist für Neuautoren in
Deutschland, Österreich und der Schweiz.

**Für jedes neue Manuskript wird innerhalb we-
niger Wochen eine kostenfreie, unverbindliche
Lektorats-Prüfung erstellt.**

Weitere Informationen zum Verlag und
seinen Büchern finden Sie im Internet unter:

www.novumverlag.com